EIN TRAUM VON EINEM LAND

Dr. Daniel Stelter ist Bestseller-Autor und Gründer des auf Strategie und Makroökonomie spezialisierten Forums beyond the obvious. Er ist Experte für Wirtschafts- und Finanzkrisen und berät internationale Unternehmen und Investoren zu den Herausforderungen der sich stetig wandelnden globalen Märkte.

Daniel Stelter

EIN TRAUM VON EINEM LAND

Deutschland 2040

Campus Verlag
Frankfurt/New York

ISBN 978-3-593-51277-8 Print
ISBN 978-3-593-44514-4 E-Book (PDF)
ISBN 978-3-593-44521-2 E-Book (EPUB)

Das Werk einschließlich aller seiner Teile ist urheberrechtlich geschützt. Jede Verwertung ist ohne Zustimmung des Verlags unzulässig. Das gilt insbesondere für Vervielfältigungen, Übersetzungen, Mikroverfilmungen und die Einspeicherung und Verarbeitung in elektronischen Systemen.
Trotz sorgfältiger inhaltlicher Kontrolle übernehmen wir keine Haftung für die Inhalte externer Links. Für den Inhalt der verlinkten Seiten sind ausschließlich deren Betreiber verantwortlich.
Copyright © 2021. Alle Rechte bei Campus Verlag GmbH, Frankfurt am Main.
Umschlaggestaltung: total italic, Thierry Wijnberg, Amsterdam/Berlin nach einem Design von sense:ability, Andreas Otto
Satz: Publikations Atelier, Dreieich
Gesetzt aus der Minion und der Barlow Semi
Druck und Bindung: Beltz Grafische Betriebe GmbH, Bad Langensalza
Printed in Germany

www.campus.de

Inhalt

Vom Träumen zum Handeln 9
   Deutschland 2020 – kein glückliches Land 10
   In den 2020er-Jahren kippt die Entwicklung 12
   Politikwende unerlässlich 15
   Was Sie in diesem Buch erwartet 16

1. Das Ziel: Mehrung des Wohlstands 19
   Auf der Suche nach dem Glück 20
   Wohlstand ist nicht alles 24
   Wohlstand ist kein Zufall 27

2. Ordentliche Buchführung 28
   Das Märchen von der »schwarzen Null« 29
   Gewinnen wir jeden Monat im Lotto? 31
   Rentenversicherung als Ponzi-Schema 33
   Die Lösung: Erstellen einer Bilanz 37
   Entscheidungen transparent machen 44
   Sauber rechnen 46

3. Denken in Zusammenhängen 48
   Mietenpolitik zugunsten von Reichen, Besitzenden
   und Alten 50
   Kohleausstieg – 80 Milliarden Euro für nichts? 58
   Systemisches Denken ist Pflicht 60

4. Von anderen lernen ... 66
Mehr Ikea wagen ... 67
Das Beste der Welt nutzen ... 75

5. Sauber rechnen – jemand muss es machen ... 80
Qualitätsprüfung für Gesetze ... 82
Weniger ist mehr ... 85
Das Instrumentarium steht fest ... 87

6. Das ungenutzte Jahrzehnt ... 89
Zehn tolle Jahre ... 90
Boom dank externer Faktoren ... 93
Die Fitness leidet ... 96
Die Strukturkrise ist da ... 101
Corona als Brandbeschleuniger ... 108
Armes Volk, reicher Staat? ... 111
Massive versteckte Lasten ... 114
    1. Kategorie: Unterlassene Investitionen ... 114
    2. Kategorie: Zu geringe Ausgaben ... 116
    3. Kategorie: Ungedeckte Leistungsversprechen für die Zukunft ... 117
Private Vorsorge gefährdet ... 120
Vertane Chancen ... 121

7. Mehr Menschen in Arbeit bringen ... 122
Deutschlands globaler Abstieg scheint ausgemacht ... 123
Die Erwerbsbevölkerung schrumpft ... 125
Szenarien für eine größere Erwerbstätigenzahl ... 127
    Stärkere Migration ... 127
    Erhöhung des Renteneintrittsalters ... 136
    Höhere Erwerbsbeteiligung ... 140
    Längere Arbeitszeiten ... 145
    Verkleinerung des Staatssektors ... 148
2030 machbar – 2040 schwer ... 152

8. Der Weg zum Produktivitäts-Champion 153
    Ein Kraftakt 154
    Mehr Investitionen sind unerlässlich 161
    Bereinigung der Corona-Folgen 168
    Staatliche Investitionen 169
    Energieversorgung und Energiekosten 171
    Erhalt der Regionalbanken 173
    Bildung und Qualifikation 174
    Automatisierung als Chance 180
    Mehr Innovationen 186
    Priorität für produktive Sektoren 189
    Wirtschaftsfreundliche Rahmenbedingungen 190
    Deutschland – Produktivitäts-Champion 191

9. Investitionen sind Pflicht 192
    Investitionen statt Konsum 195
    Wie hoch soll die Staatsquote sein? 198
    Prioritäten bei den Staatsausgaben neu ordnen 201
        Umbau des Sozialstaats 203
        Umbau des Gesundheitssystems 206
        Umbau der Staatsverwaltung 209
    Es wird Zeit, dass wir ein reiches Land werden 212

10. Neustart im Klimaschutz 214
    Energie ist eine Grundlage des Wohlstands 217
    Die Bekämpfung des Klimawandels ist teuer 220
    Der spezielle deutsche Weg 229
    Der wirtschaftliche Blick 235
    Wenn Innovation die Lösung ist, warum geben
    wir so wenig dafür aus? 241

11. Reform der Europäischen Union 247
    Machen wir uns ehrlich 248
    Schulden- und Transferunion – kein Konzept zur
    Lösung der Probleme 256

	EU-Zerfall führt zu hohen Kosten	262
	Der Euro muss reformiert werden	264
	Altschuldenfonds und Parallelwährungen	267
	Ein Programm zur Stabilisierung der EU	270
	Deutschland muss auf Wandel dringen	272
12.	**Wehrhaft und hilfsbereit**	**275**
	Verteidigung ist auch unsere Aufgabe	277
	Effizient und effektiv in der humanitären Hilfe	279
13.	**Mehr Vermögen für alle**	**285**
	Das fehlende Vermögen der Mitte	286
	Ahnung von Geld macht glücklich	289
	Nur 25 Prozent haben Immobilien	293
	Staatsfonds zur Diversifikation des Vermögens	296
	Reiches Volk statt reichem Staat	304
	Target2 mobilisieren	306
14.	**Die öffentlichen Aufgaben gerecht finanzieren**	**310**
	Wer trägt den Staat?	311
	CO_2-Steuern wirken regressiv	320
	Grundeinkommen mit falschem Anreiz	322
	Chancen- statt Ergebnisgleichheit	325
	Ideen zum Umbau der Staatsfinanzierung	330
	Spielraum zur Abgabensenkung nutzen	338

Ein Traum, den wir gemeinsam realisieren können – und müssen!	340
Reformen der Politik	342
Ein neues Narrativ	344
Wir Bürgerinnen und Bürger sind gefordert	349
Anhang	351
Anmerkungen	353
Register	400

Vom Träumen zum Handeln

»Trotz der materiellen Zufriedenheit ist die Generation Mitte durch die weltweiten Krisen, den Verlust an politischer Stabilität in Deutschland und die Veränderung des gesellschaftlichen Klimas zutiefst verunsichert.«

Renate Köcher, Institut für Demoskopie Allensbach

»Keiner darf für sich den Besitz der Wahrheit beanspruchen, sonst wäre er unfähig zum Kompromiss und überhaupt zum Zusammenleben; er würde kein Mitbürger, sondern ein Tyrann. Wer das Mehrheitsprinzip auflösen und durch die Herrschaft der absoluten Wahrheit ersetzen will, der löst die freiheitliche Demokratie auf.«

Richard von Weizsäcker (1920 bis 2015), von 1984 bis 1994 Bundespräsident Deutschlands

Warum will ich mit Ihnen träumen? Warum von Deutschland im Jahr 2040? Weil ich Sie auf eine Reise mitnehmen möchte – eine Reise, die vom Träumen hinführt zum Handeln.

Der Traum ist schnell formuliert: Deutschland soll auch im Jahr 2040 ein glückliches und wohlhabendes Land sein, in dem sozialer Friede herrscht und der Wohlstand gerecht verteilt wird. Es soll ein Land sein, das seinen Verpflichtungen in Europa und der Welt nachkommt.

Wer würde sich diesem Traum nicht anschließen wollen?

Mit dem Träumen ist es nicht getan. Wir müssen prüfen, ob wir heute die Weichen richtig stellen, damit der Traum auch eine Chance hat, Realität zu werden. Diese Prüfung fällt in vielerlei Hinsicht ernüchternd aus. Die Voraussetzungen fehlen oft – und vor allem fehlt die Bereitschaft, heute das zu tun, was erforderlich ist. Noch können wir das ändern, und das sollten wir auch tun. Viel Zeit bleibt nicht mehr. Für viele Maßnahmen, die ergriffen werden müssen, bleiben nur wenige Jahre Zeit.

Deutschland 2020 – kein glückliches Land

Nicht erst mit Corona wird immer deutlicher, dass vieles entschieden falsch läuft mit der Wirtschaftspolitik in Deutschland. Die Unzufriedenheit in weiten Teilen der Bevölkerung trotz eines fast zehnjährigen Aufschwungs und eines deutlichen Rückgangs der Arbeitslosigkeit war schon 2019 nicht zu übersehen.[1] Ein Weiter-so wie vor Corona wird es nicht geben, und es wäre auch grundlegend falsch. Deutschland braucht eine massive Kehrtwende hin zu einer intelligenten Wirtschaftspolitik, denn nur so können wir die Zukunft sichern.

Obwohl Deutschland sich deutlich besser als andere Länder von der Finanz- und Eurokrise erholt hatte, lag das Wachstum auch hierzulande bis zum Ausbruch der Corona-Pandemie unter dem Vorkrisentrend von 2007. Eine wichtige Ursache dafür ist der deutliche Rückgang der Produktivitätszuwächse. Diese Entwicklung ist nicht allein auf Deutschland beschränkt. Dennoch ist ein Nullwachstum der Produktivität ein schlechtes Omen für ein Land, das vor einem erheblichen Rückgang der Zahl der Menschen zählt, die die Erwerbsbevölkerung bilden.

Zugleich hat Deutschland sich immer abhängiger vom Export gemacht. Während die Binnennachfrage zurückblieb, wurden die Exporte zur entscheidenden Stütze der Wirtschaft. Wesentliche Ursache für die geringe Binnennachfrage sind die seit Jahren langsam steigenden Löhne, die immer höhere Abgaben- und Steuerlast und die unzureichenden Investitionen des Staates in Infrastruktur, Innovation und Digitalisierung.

Die Exportüberschüsse, die wir erzielen, führen bei unseren Handelspartnern – nicht nur in den USA eines Donald Trump – zu zunehmender Unzufriedenheit und dienen als wesentliches Argument, wenn es darum geht, Zahlungen von Deutschland zu fordern, wie zuletzt beim EU-Gipfel im Sommer 2020 zu beobachten war. Leisten wir dann Transfers – allein für den europäischen Wiederaufbaufonds im Umfang von mindestens 80 Milliarden Euro –, dann ist das ökonomisch so, als würden wir beispielsweise unsere Autos verschenken. Das kann man machen, nur muss man dann auch fragen, wer die Lasten dieser Geschenke zu tragen hat und wer davon profitiert. Konkret gesprochen nützen sie den Eigentümern deutscher exportorientierter Firmen; die Kosten hingegen tragen alle Bürgerinnen und Bürger.

Hinzu kommt, dass mit Exportüberschüssen entsprechende Kapitalexporte einhergehen. Studien zeigen indes, dass niemand seine Ersparnisse im Ausland so schlecht anlegt wie die Deutschen. Wo immer es etwas zu verlieren gibt – zum Beispiel am US-Immobilienmarkt –, ist Deutschland ganz vorne mit dabei. Mindestens 400 Milliarden US-Dollar gingen allein dort verloren.

So vollbringen die Deutschen das »Wunder«, gut zu verdienen, zugleich aber über deutlich weniger Vermögen zu verfügen als ihre Nachbarn, vor allem jene in den Ländern, denen Deutschland mit großzügigen Zahlungen hilft. Liegt das Privatvermögen in Deutschland beim 3,8-Fachen des Bruttoinlandsprodukts (BIP), so freuen sich die Italiener über ein Privatvermögen in Höhe des 5,5-Fachen des BIP. Auch die Rentenansprüche sind in den meisten Nachbarländern deutlich höher als bei uns.

Hinzu kommt, dass die Vermögen in Deutschland besonders ungleich verteilt sind. Dies liegt aber nicht daran, dass die Reichen in Deutschland über mehr verfügen als die Reichen in Italien, Frankreich oder Spanien, sondern dass der deutsche Mittelstand kaum vermögend ist. Da tröstet es wenig, dass die Vermögensverteilung in Deutschland sich dann, wenn man Renten- und Pensionsansprüche berücksichtigt (was man natürlich tun sollte), als deutlich weniger ungleich darstellt.

Derweil gilt der deutsche Staat als »reich«, zumindest im Vergleich mit seinen europäischen Nachbarn. Dies aber nur, weil Deutschland im Kreis der OECD-Staaten die zweithöchste Abgabenlast trägt und weil zugleich die Zinspolitik der Europäischen Zentralbank (EZB) erhebliche Mittel, die im privaten Sektor erspart werden, zum Staat umverteilt.

Kurz gefasst: Deutschland ist ein Land mit enttäuschender realer Netto-Einkommensentwicklung, geringen Vermögen, die zudem auch noch ungleich verteilt sind, und einem Staat, der den Bürgerinnen und Bürgern viel Geld abnimmt, das er indes nur unzureichend investiert. Zugleich wird der vermeintliche Reichtum von der Politik ins Feld geführt, um zu begründen, dass das Land sich leisten kann, was politisch gewünscht wird: von einer großzügigen Migrationspolitik über eine teure Energiewende bis hin zur Rolle des europäischen Zahlmeisters.

In den 2020er-Jahren kippt die Entwicklung

Bis jetzt ging diese Politik noch einigermaßen gut. Das Wachstum vor dem Ausbruch der Corona-Pandemie war ausreichend, die sozialen Ausgabenprogramme der Regierung – Mütterrente, Rente mit 63 – stellten die Bürgerinnen und Bürger zufrieden, und die hohen Abgaben hat ja ohnehin nur eine Minderheit der Bevölkerung zu schultern – lebt doch mehr als die Hälfte von Transfers.[2]

So gilt auch hier der alte Spruch der ehemaligen britischen Premierministerin Margaret Thatcher, »dass es so lange gut geht, wie einem das Geld anderer Leute nicht ausgeht«. Doch genau vor diesem Punkt steht Deutschland in den kommenden Jahren: dem Punkt der völligen wirtschaftlichen Überforderung. Verschiedene Faktoren kommen dabei zusammen:

- Entscheidende Schlüsselindustrien – namentlich die Automobilbranche –, auf denen unser Wohlstand beruht, stehen vor einem existenzbedrohenden Umbruch, und wir können nur hoffen, dass dieser gelingt.
- Die Erwerbsbevölkerung beginnt in diesem Jahrzehnt zu schrumpfen, während die Zahl derjenigen, die Renten beziehen, stark steigt.
- Die unzureichende Integration der Eingewanderten in den Arbeitsmarkt – oft einer mangelnden Qualifikation geschuldet – wird in einer nicht mehr so stark wachsenden Wirtschaft zu einer zunehmenden Last.
- Die unterlassenen Investitionen des Staates werden zu einem Problem. Bei der wichtigsten Infrastruktur des 21. Jahrhunderts, dem Internet und dem Mobilfunk, hinkt Deutschland weit hinterher.
- Der Einstieg in eine Transfer- und Schuldenunion, der in Brüssel beschlossen wurde, bedeutet erhebliche Lasten für die hiesigen Steuerpflichtigen. Die Regierungen von Paris, Rom, Madrid und den anderen Empfängerstaaten sehen nun ein neues Instrument, um Geld aus Deutschland zu erhalten, und es ist unzweifelhaft, dass die EU in Zukunft Kredite in Billionenhöhe aufnehmen wird, für deren Tilgung Deutschland mindestens mit seinem Anteil am EU-Haushalt (rund 25 Prozent) haftet – und dies nur unter der Annahme, dass nicht andere Staaten dem britischen Beispiel folgen.
- Die Inflation wird infolge der immer offeneren Finanzierung der Staaten und der EU durch die EZB zurückkehren. Dies trifft keine Bevölkerung so hart wie die deutsche, die im Unterschied zu denen der anderen Euroländer einen Großteil ihrer Ersparnisse auf Bankkonten und in Lebensversicherungen hält, die von Inflation besonders hart getroffen werden.

Vor diesen Herausforderungen hätte Deutschland auch ohne Corona gestanden. Nun droht zum zweiten Mal in diesem Jahrhundert eine nachhaltige Verlangsamung des weltweiten Wirtschaftswachstums. Bereits seit 2009 gelingt es der westlichen Welt nicht, zum Vorkrisentrend zurückzukehren. Corona dürfte nach neuesten Studien ähnlich wirken. Das weltweite Wachstum wird noch geringer ausfallen. Dies trifft gerade Deutschland mit seiner exportabhängigen Wirtschaft besonders und macht die Anpassung noch schwerer.

Gut möglich, dass wir mit dem Ende der Corona-Krise zunächst einen kleinen Boom erleben werden. Optimisten sprechen gar von den neuen »goldenen 20er-Jahren«. Ursächlich für einen solchen Boom könnten die Maßnahmen von Staaten und Notenbanken zur Belebung der Wirtschaft sein. Konjunkturprogramme, Investitionen in Infrastruktur und Klimaschutz, flankiert von einer großzügigen Finanzierung durch die Notenbanken, werden schon seit Jahren von Organisationen wie dem Internationen Währungsfonds (IWF) und der Organisation für wirtschaftliche Entwicklung und Zusammenarbeit (OECD) gefordert, um die wirtschaftliche Stagnation zu überwinden. Der Corona-Schock hilft auch hier, wie beim Einstieg in die Schulden- und Transferunion auf europäischer Ebene, Widerstände zu überwinden. War die offene Finanzierung der Staaten durch die Notenbanken bislang tabu, so wird sie nun schnell zur Regel.

Gerade der von der Politik verschärfte Kampf gegen den Klimawandel wird zunächst wie ein Konjunkturprogramm wirken. Die Ausgaben der Staaten werden deutlich steigen, die Klimaauflagen werden die privaten Haushalte und die Unternehmen dazu veranlassen, neue Technologien anzuschaffen, und die Notenbanken werden diese Maßnahmen finanziell begleiten. Die Wirtschaft könnte dann durchaus ein paar Jahre lang kräftig wachsen.

So erfreulich dies wäre, so gefährlich wäre es für Deutschland. Zum einen wachsen damit, wie angesprochen, die Inflationsrisiken – Inflation ist sogar ausdrücklich erwünscht. Zum anderen würde es die Erosion der Wirtschaftskraft Deutschlands weiter kaschieren. Die vordergründig gute Entwicklung würde von der Politik als Beweis dafür genommen werden, dass Reformen nicht notwendig sind und man weitermachen kann wie bisher. Mit dem unweigerlichen Ende des künstlich erzeugten Booms käme dann das schmerzliche Erwachen.

Dann wäre es zu spät zum Gegensteuern. Handeln müssen wir jetzt. Die Maßnahmen, die wir ergreifen müssen und die ich in diesem Buch umreiße, unterscheiden sich grundlegend von jenen der Agenda 2010. Damals ging es darum, die Lohnkosten in Deutschland zu drücken, um die infolge der Euroeinführung verloren gegangene Wettbewerbsfähigkeit wiederherzustellen. Das war nicht populär, aber aus ökonomischer Sicht simpel. Die Herausforderungen, vor denen Deutschland in den kommenden 20 Jahren steht, verlangen nach differenzierteren Antworten.

Politikwende unerlässlich

Deutschland braucht eine komplette Neuorientierung in der Wirtschaftspolitik. Und dies ab jetzt. Nach den Reformen der Agenda 2010 – und sicherlich nicht unverständlich angesichts ihrer politischen Folgen – haben die Regierungen der letzten Jahre als unpopulär eingestufte Themen ausgeklammert. Man konzentrierte sich auf die Verwaltung des Status quo und den Ausbau des Sozialstaats.

Damit nicht genug. Zunehmend gebärden sich Politiker als die Manager der Wirtschaft. Sie beschränken sich nicht darauf, so wie in den Jahrzehnten des Wiederaufbaus nach dem Zweiten Weltkrieg Rahmenbedingungen zu schaffen und Leitplanken zu setzen. Stattdessen nimmt die Intensität der Eingriffe immer mehr zu. Die Politik findet ständig weitere Themen und Projekte, bei denen sie glaubt, durch Vorgaben, Regulierung und Planung gewünschte Ergebnisse erreichen zu können. Sie begnügt sich nicht damit, Ziele zu setzen. Nein, sie glaubt außerdem zu wissen, wie sich diese Ziele am besten erreichen lassen. Offensichtliches Versagen – vom Bau von Flughäfen bis zur Digitalisierung – wirkt indes nicht abschreckend. Im Gegenteil: Es sieht so aus, als würde die Politik sich immer weiter von der Lebensrealität entfernen und – getragen von lautstarken gesellschaftlichen Gruppen, die nicht unbedingt die Mehrheit der Gesellschaft repräsentieren – immer mehr auf staatliche Lenkung setzen.

Corona hat hier wie ein Brandbeschleuniger gewirkt. Getragen von der unstrittigen Notwendigkeit staatlicher Notmaßnahmen zur Verhinderung eines Zusammenbruchs der Wirtschaft, leitet die Politik daraus eine Legitimation für noch mehr staatliche Eingriffe ab. Dies, obwohl es offensichtlich ist, dass sie keineswegs das Geld »des Staates« ausgibt, sondern dasjenige seiner Bürgerinnen und Bürger. Und das, obwohl die Corona-Krise eine gesundheitliche Krise ist, die keineswegs als Beweis dafür taugt, dass staatliche Lenkung besser ist als privatwirtschaftliche Initiative.

In diesem Buch zeige ich an vielen Beispielen, dass der Staat in Deutschland dort handelt, wo er nicht handeln sollte, und dort versagt, wo er handeln sollte. Hier müssen wir die Weichen neu stellen, indem wir der Politik einen neuen Rahmen geben: klare Ziele, neue Instrumente und Aufgaben, die zu erfüllen sind, um unser Wohlergehen auch im Jahr 2040 zu sichern.

Wir können nicht davon ausgehen, dass die Politik ihre Agenda von allein ändert. Wir müssen sie dazu drängen. Das Wahljahr 2021 bietet die Chance dazu. Wir müssen sie nutzen, denn die entscheidenden Weichenstellungen müssen in den nächsten vier Jahren erfolgen.

Was Sie in diesem Buch erwartet

Das Buch orientiert sich an vier Grundideen.

Zunächst geht es um die Frage, wie wir *unser Land professioneller managen* können. In den Kapiteln 1 bis 5 stehen die Instrumente im Vordergrund, mit denen es besser als bisher gelingen kann, die richtigen Entscheidungen zu treffen. Es geht um klarere Zielsetzungen, mehr Transparenz über die Folgen politischen Handelns und eine saubere Buchführung. Ich bin überzeugt, dass nur so die richtigen Weichenstellungen überhaupt möglich sind.

Nach einer Standortbestimmung in Kapitel 6 wende ich mich in den Kapiteln 7 bis 9 der langen, keineswegs vollständigen Liste an Maßnahmen zu, die die Politik in Deutschland ergreifen sollte, um *ein reiches Land zu sein und zu bleiben*. Dabei geht es um eine Antwort auf den absehbaren Rückgang der Zahlen der Erwerbsbevölkerung in den kommenden Jahren und der daraus erwachsenden Herausforderung, die Lasten einer alternden Gesellschaft zu schultern. Die schlechte Nachricht ist, dass dies erheblicher Anstrengungen bedarf – die gute demgegenüber, dass es genügend Ansatzpunkte gibt, um zu handeln.

Nicht nur der Erhalt von Wohlstand wird definieren, ob Deutschland im Jahr 2040 ein glückliches Land sein wird. Ebenso wichtig ist es, dass wir *unseren Wohlstand intelligent nutzen*, um unserer Verantwortung in der Welt nachzukommen. In Kapitel 10 diskutiere ich die Notwendigkeit, auch im Klimaschutz die Grundsätze von Effizienz und Effektivität zu beachten. Thema des elften Kapitels ist die Notwendigkeit, die Europäische Union und den Euro zu reformieren, und in Kapitel 12 erinnere ich an Deutschlands Rolle in der Welt.

Natürlich dreht sich dieses Buch nicht allein um die Wahrung und Verwendung von Wohlstand, sondern auch um dessen *Verteilung*. Neben der Frage der Finanzierung des Staates (Kapitel 14) geht es in Kapitel 13 vor allem auch um die Frage, wie wir die Vermögensbildung in Deutschland fördern und Vermögen breiter verteilen können. Vermögen trägt schließlich zum Wohlbefinden und damit zum Wohlstand eines Landes entscheidend bei.

Immer wieder werden die Kernaussagen als »Hausaufgaben« für die Politik definiert. Sie sind gedacht als Zusammenfassungen der jeweils wichtigsten Punkte der vorangegangenen Ausführungen, aber auch als Instrumentarium und Gedankenstütze, wenn es um das Spiegeln der politischen Vorschläge der Parteien im Wahlkampf 2021 geht.

Eilige Leserinnen und Leser mögen sich auf diese Aufgaben konzentrieren, sollten sich aber durchaus die Zeit nehmen, deren Herleitungen und Begründungen nachzuvollziehen – vor allem auch dann, wenn sie den Vorschlägen und Forderungen kritisch gegenüberstehen. Letzteres dürfte an vielen Stellen der Fall sein. Auch das ist allerdings ein Ziel dieses Buches: zum Widerspruch anzuregen, denn letztlich gilt es, die Zusammenhänge zu ergründen, anstatt sich vorschnelle Meinungen zu bilden.

1. Das Ziel: Mehrung des Wohlstands

»Ich schwöre, dass ich meine Kraft dem Wohle des deutschen Volkes widmen, seinen Nutzen mehren, Schaden von ihm wenden, das Grundgesetz und die Gesetze des Bundes wahren und verteidigen, meine Pflichten gewissenhaft erfüllen und Gerechtigkeit gegen jedermann üben werde.«

Amtseid deutscher Minister

»Life, liberty and the pursuit of Happiness«

Unabhängigkeitserklärung der USA

»Wenn die Regierung kein Glück für ihr Volk schaffen kann, dann gibt es keinen Grund für die Existenz der Regierung.«

Bhutan

Ziel jeglichen politischen Handels sollte es sein, den Wohlstand zu mehren. Deutsche Minister und Bundeskanzler schwören bei ihrem Amtseid nicht zufällig, dass sie danach trachten werden, den Nutzen des Volkes zu mehren und Schaden von ihm abzuwenden. Das ist nicht ungewöhnlich. In anderen Ländern der Welt werden ähnliche Amtseide abgelegt.

»Wohlstand« ist dabei viel mehr als nur der materielle Wohlstand. Es geht nicht nur um möglichst hohe Einkommen oder um möglichst viel Konsum. Es geht auch um eine intakte Umwelt, ein soziales Gleichgewicht und um innere wie äußere Sicherheit. Es geht auch darum, für künftige Generationen vorzusorgen und ihnen das Land und die Welt besser zu übergeben, als wir sie übernommen haben. »Wohlstand« ist also ein sehr weiter Begriff, weshalb in der Ökonomie auch von »Wohlfahrt« gesprochen wird. Es ist ein Zustand, der ein Balancieren von Interessen erfordert. Interessen im Hier und Jetzt – Verteilung von Einkommen beispielsweise – und Interessen zwischen dem Heute und der Zukunft – also Konsum jetzt versus Investitionen für eine bessere Welt morgen. Es ist ein ständiger Interessenausgleich, den die Politik vorzunehmen hat, bei dem sie allerdings – wie ich zeigen werde – bewusst oder unbewusst mit unzureichenden Instrumentarien und fehlender Transparenz agiert, kurzfristigen Nutzen tendenziell deutlich über den mittel- und langfristigen Nutzen stellt – und damit auch versagt.

Auf der Suche nach dem Glück

Ein anderer Begriff für diesen Wohlstand ist »Glück«. Die amerikanische Unabhängigkeitserklärung spricht ausdrücklich vom Recht der Bürgerinnen und Bürger, nach Glück zu streben (»pursuit of happiness«). Das kleine Königreich Bhutan hat das Glück des Volkes zum Staatsziel erklärt und gilt seitdem für viele Menschen auf der Suche nach dem Glück als Sehnsuchtsort schlechthin. Was zu der Frage führt, ob das Land am Ende wirklich das Glück der Menschen, die es bewohnen, wird mehren können.[1]

Glück ist sicherlich schwer zu messen. Wissen wir doch aus eigener Erfahrung, dass das Glücksgefühl schwankt – im Verlauf des Tages, über längere Zeiträume und auch mit dem Alter. Modelle zeigen, dass das Glücksgefühl mit dem Eintritt in die Arbeitswelt kontinuierlich sinkt und im Alter von rund 55 Jahren den Tiefpunkt erreicht, bis es wieder nach oben geht.[2] Glück hat viel mit dem Umfeld zu tun, mit den eigenen Erwartungen an das Leben und individuellen Erlebnissen. Wie medizinische Studien zeigen, spielen neben psychischen Faktoren auch Hormone eine Rolle. Glück ist also kompliziert.

Es gibt neben dem individuellen Glücksgefühl auch das kollektive Glück einer Nation. Studien belegen beispielsweise, dass der Erfolg bei den Olympischen Spielen oder bei Fußballweltmeisterschaften eine deutliche Wirkung auf die Stimmung – also das Glücksgefühl – einer Nation hat und die Wirtschaft daraufhin schneller wächst.[3] Politiker freuen sich sehr über solche Erfolge, steigen doch ihre Wiederwahlchancen deutlich. Denn je glücklicher die Menschen sind, desto größer die Unterstützung für die Regierenden, unabhängig davon, ob diese etwas für das Glücksgefühl getan haben oder nicht.

Kein Wunder also, dass es Untersuchungen gibt, die versuchen, das kollektive Glücksgefühl von Nationen zu messen. Ein einfaches Unterfangen ist das sicherlich nicht, denn schließlich gibt es zwischen den Nationen auch strukturelle Unterschiede: die kollektive Psyche, zu verstehen als Summe der Charaktereigenschaften und der Historie einer Nation.

Diese Einschränkungen vorausgeschickt, sollten wir uns an dem orientieren, was verfügbar ist – etwa an den Studien, die regelmäßig messen, wie glücklich die Menschen in verschiedenen Nationen sind. Diese Studien zeigen für Deutschland ein gemischtes Bild. Laut World Happiness Report (Weltglücksreport) geht es den Menschen in den nordeuropäischen Ländern am besten. Finnland belegt Platz 1 vor Dänemark, Norwegen und Island. Deutschland belegt einen guten 17. Platz vor den USA (Platz 19). Am unglücklichsten sind Menschen im Südsudan, in der Zentralafrikanischen Republik und in Afghanistan.

Doch was steht hinter diesem »Glück«? Die Menschen werden gefragt, wie glücklich sie sich selbst fühlen. Außerdem werden Faktoren wie das Bruttoinlandsprodukt (BIP) pro Kopf, die Lebenserwartung sowie das Maß der Korruption in Regierung und Wirtschaft berücksichtigt.[4] Neben den Ergebnissen von Umfragen fließen also durchaus auch »harte« Fakten in die Berechnung des

Glücksgefühls der Bevölkerungen ein. Dies leuchtet ein. Denn wo Krieg und Armut herrschen, dürften nur die wenigsten glücklich sein.

Deshalb finden sich auch Korrelationen wie die folgende leicht: Die Menschen sind umso glücklicher, je größer ihr Wohlstand ist – gemessen am BIP pro Kopf. Die einfache Korrelation zwischen der in Umfragen geäußerten Zufriedenheit und dem BIP pro Kopf legt nahe, dass eine Verdoppelung des Wohlstands die Zufriedenheit um 0,7 Punkte steigert.

Doch ganz so einfach ist es nicht. So stieg das BIP pro Kopf in den USA zwischen 1946 und 1970 um 65 Prozent – ohne jegliche Wirkung auf das Glücksgefühl. In anderen Ländern gab es ähnliche Entwicklungen. Umgekehrt zeigen die Daten für Deutschland beispielsweise eine gleichläufige Entwicklung in den vergangenen zehn Jahren bis Corona: Die Deutschen erwirtschafteten pro Kopf mehr und wurden damit zugleich glücklicher.[5] Anders erging es den Menschen in Venezuela. Einst das fünftglücklichste Land der Welt, führten Misswirtschaft, Korruption und ökonomischer Niedergang zu einem starken Rückgang des Glücksgefühls der Bevölkerung. Kein Wunder, dass viele Menschen aus Venezuela vor den Folgen sozialistischer Politik flüchten; ihre Zahl ist größer als die der Menschen aus Syrien, die vor dem Bürgerkrieg geflohen sind.

Der *Economist*, den ich hier zitiere, hat 125 Länder untersucht und darunter kein einziges gefunden, in dem ein sinkendes BIP pro Kopf mit einem steigenden Glücksgefühl einherging. In zwei Dritteln der Fälle wuchs das Glück mit dem BIP pro Kopf, in den übrigen blieb es auf unverändert hohem Niveau.[6] Für die Zwecke der Politik ist die Schlussfolgerung klar: Es geht nicht allein darum, das Einkommen pro Kopf zu maximieren, um das Glück der Deutschen zu mehren. Höhere Einkommen wären vielmehr hilfreich, und die Einkommen sollten keinesfalls sinken.

Über die weiteren Faktoren, die das Glücksgefühl beeinflussen, lässt sich viel spekulieren. Ein Blick auf die Top 10 lässt zumindest einige Vermutungen zu:

- Finnland
- Dänemark
- Norwegen
- Island
- Niederlande
- Schweiz
- Schweden
- Neuseeland
- Kanada
- Österreich

Alle diese zehn Länder haben ein hohes Pro-Kopf-Einkommen, einen ausgebauten Sozialstaat, innere und äußere Sicherheit – Indikatoren für das Ziel, das wir setzen sollten.

Bhutan misst Glück übrigens an den folgenden acht Kriterien:[7]

- Lebensstandard – gemessen an Einkommen, finanzieller Sicherheit, Wohnen und Besitz von Vermögenswerten;
- körperliche und geistige Gesundheit;
- Bildungsniveau;
- Wahrnehmung des ökologischen Umfelds;
- Work-Life-Balance beziehungsweise Aufteilung der Zeit auf Arbeit, Freizeit und Schlaf;
- psychologisches Wohlgefühl, Zufriedenheit und Spiritualität;
- Verankerung in kulturellen Traditionen;
- Verankerung in der Gesellschaft, sozialer Zusammenhalt und gemeinnütziges Engagement.

Ein Blick auf diese Liste legt den Verdacht nahe, dass es genau diese Faktoren sind, die auch die zehn Länder an der Spitze dieser Liste kennzeichnen. Und man kann erahnen, woran es in Deutschland mangelt – wenngleich es mit Platz 17 nicht so schlecht rangiert. Die Herausforderung besteht darin, dieses Niveau zu halten und – so es in einem schwierigeren Umfeld möglich ist – zu verbessern.

Wohlstand ist nicht alles

Geld allein macht nicht glücklich. Das hat sich gezeigt. Dennoch ist klar, dass weniger Geld weniger glücklich macht. Deshalb möchte ich, bevor ich später in diesem Buch die Verteilung von Wohlstand thematisiere, seine Schaffung betrachten. Ohne finanzielle Leistungsfähigkeit kann ein Land nicht genug für die anderen wichtigen Themen tun, die im bhutanischen Glücksindex vertreten sind, weder für Bildung noch für Gesundheit und schon gar nicht für die Umwelt. Schauen wir uns also an, wie gut Deutschland sich beim Thema »Wohlstand« schlägt.

Gemessen am BIP pro Kopf liegt Deutschland stabil weltweit auf einem der vorderen Ränge. Nicht zu verwechseln mit »Spitze«. Gelingt es doch einer Reihe anderer Länder, ein noch höheres BIP pro Kopf zu erwirtschaften – unter anderem den USA, die trotz stabil höherem BIP pro Kopf gemessen am Glücksindex hinter Deutschland liegen.

Nach Daten des IWF betrug das kaufkraftbereinigte Pro-Kopf-Einkommen vor dem Ausbruch der Corona-Pandemie in Deutschland 52 559 US-Dollar. Vor Deutschland lagen neben einigen Ölförderländern unter anderem Singapur (100 345 US-Dollar), Irland (78 785 US-Dollar), Norwegen (74 356 US-Dollar), die Schweiz (64 645 US-Dollar) und die USA (62 606 US-Dollar). Von den zehn Ländern, die an der Spitze des Glücksrankings lagen, hatten nur Finnland, Österreich, Kanada und Neuseeland ein geringeres Pro-Kopf-Einkommen als Deutschland. Nimmt man das unbereinigte BIP pro Kopf, so schrumpft dieser Kreis sogar auf Kanada und Neuseeland.[8] Dies spricht ebenfalls für die These, dass das Einkommen dabei hilft, Glück zu empfinden.

Doch Einkommen ist – wie gesagt – nicht alles. Auch das Vermögen eines Landes dürfte eine erhebliche Rolle spielen, wenn es um dauerhaftes Glück geht. Verhilft es doch, wie auch im Falle Bhutans definiert, zu finanzieller Sicherheit. Wie ich immer wieder aufgezeigt habe,[9] ist Deutschland hinsichtlich des Vermögens nicht gut aufgestellt. Da sind zunächst die Zahlen des französischen Reichtumsforschers Thomas Piketty, der mit umfangreichem Datenmaterial der Entwicklung der Volksvermögen im Lauf der Zeit nachgegangen ist. Demnach lag die Vermögensquote – also das Vermögen relativ zum Volkseinkommen – im Jahr 2015[10]

- in Spanien bei 659 Prozent (2014),
- in Frankreich bei 591 Prozent,
- in Italien bei 587 Prozent,
- in Holland bei 530 Prozent (2014),
- in Griechenland bei 499 Prozent und
- in Deutschland bei 446 Prozent.

Schauen wir uns noch eine weitere Quelle zu den Vermögen im Euroraum an. Die Europäische Zentralbank (EZB) erhebt regelmäßig Daten zum Medianvermögen im Euroraum. Das Ergebnis deckt sich mit den Daten Pikettys und zeigt, dass die Deutschen, obwohl sie viel verdienen, lediglich über ein geringes Vermögen verfügen.[11]

Sieht man von den Ländern ab, die infolge der EU-Erweiterung hinzugekommen sind, so bildet Deutschland zusammen mit den Niederlanden und Griechenland das Schlusslicht. Die privaten Haushalte in Portugal, Spanien, Italien und Frankreich liegen deutlich vor denen in Deutschland. Natürlich sind die Deutschen im weltweiten Maßstab »reich«. Im Umfeld der EU und der Eurozone kann man diese Aussage so allerdings nicht treffen. Wir schaffen das Wunder, hart zu arbeiten und gut zu verdienen und dennoch weniger Vermögen zu besitzen

Dass die Privatvermögen in Deutschland relativ zum BIP deutlich geringer sind, liegt vor allem daran, dass die Bevölkerung in Deutschland in der unteren Hälfte der Vermögensskala über deutlich weniger Vermögen verfügt als in den anderen Ländern der EU. Während die Reichen hierzulande mit den Nachbarn mithalten können, sieht es im Rest der Bevölkerung anders aus. So besitzen die ärmsten 20 Prozent der Deutschen nach Daten der EZB weni-

Land	Medianvermögen pro Einwohner, in Euro
Luxemburg	498 500
Malta	236 100
Belgien	212 500
Zypern	195 900
Irland	185 000
Italien	132 300
Spanien	119 100
Frankreich	117 600
Finnland	107 200
Eurozone	*99 400*
Österreich	82 700
Portugal	74 800
Deutschland	**70 800**
Niederlande	67 400
Kroatien	61 500
Polen	60 500
Griechenland	60 000
Estland	47 700
Litauen	45 900
Ungarn	35 900
Lettland	20 500

Tabelle 1: **Vermögen im Euroraum**

Quelle: EZB, Umfrage zu Finanzen und Konsum der privaten Haushalte Seite 56, abrufbar unter: https://www.ecb.europa.eu/home/pdf/research/hfcn/HFCS_Statistical_Tables_Wave_2017.pdf?906e702b7b7dd3eb0f28ab558247efc5 S. 56

ger als 4 000 Euro, weit weniger als in Spanien (48 800 Euro), Italien (34 000 Euro) und Frankreich (11 500 Euro). Hier offenbart sich ein Ansatzpunkt für eine Verbesserung der Wohlfahrt im Land, der später in diesem Buch genauer in den Blick genommen wird.

Wohlstand ist kein Zufall

Was mich zum folgenden Fazit führt: Wohlstand ist mehr als materieller Wohlstand. Aber ohne materiellen Wohlstand ist es schwer, auf den anderen Gebieten, die zum Glücksgefühl der Gesellschaft beitragen, das Nötige und Wünschenswerte zu leisten. Deshalb ist es maßgebend, bei allen heutigen Entscheidungen auf ihre Wirkung bezüglich der Fähigkeit zur künftigen Wohlstandserzeugung zu achten.

Aufgaben für die nächste Bundesregierung

- Erstellung eines Index zur Messung von Glück und Wohlstand in Deutschland
- Verpflichtung der Politik, die Maximierung dieses Ziels als oberste Priorität zu verfolgen
- Kommunikation und Beteiligung der Bevölkerung zur Erläuterung der Ziele im Sinne von »Was wir jetzt *anders* machen werden«

2. Ordentliche Buchführung

»Ich ging soeben unsere Bücher durch, und bei der Leichtigkeit, wie sich der Zustand unseres Vermögens übersehen lässt, bewundere ich aufs Neue die großen Vorteile, welche die doppelte Buchhaltung dem Kaufmann gewährt. Es ist eine der schönsten Erfindungen des menschlichen Geistes, und ein jeder guter Haushalt sollte sie in seiner Wirtschaft einführen. Die Ordnung und Leichtigkeit, alles vor sich zu haben, vermehrt die Lust zu sparen und zu erwerben, und wie ein Mensch, der übel haushält, sich in der Dunkelheit am besten befindet und die Summen nicht gerne zusammenrechnen mag, die er alle schuldig ist, so wird dagegen einem guten Wirt nichts angenehmer, als wenn er sich alle Tage das Fazit seines wachsenden Glücks ziehen kann.«

Johann Wolfgang von Goethe (Wilhelm Meisters Lehrjahre)

»Die Rente ist sicher.«

Dr. Norbert Blüm (1935 bis 20209), CDU, ehemaliger Bundesminister für Arbeit und Sozialordnung, 1986

Lassen Sie mich also mit dem Projekt Wohlstandsmehrung für Deutschland beginnen. Grundvoraussetzung ist, wie im vorangegangenen Kapitel bereits angedeutet, korrektes Rechnen. Erst dies ermöglicht Erkenntnisse darüber, wie sich der künftige Wohlstand durch heutige Entscheidungen verändert. Es setzt voraus, dass der Staat beginnt, die Grundsätze Goethes zu beherzigen. Heute handelt die Politik in Deutschland »wie ein Mensch, der übel haushält, sich in der

Dunkelheit am besten befindet und die Summen nicht gerne zusammenrechnen mag, die er alle schuldig ist …«. Zwei Beispiele sollen den Zusammenhang verdeutlichen, bevor eine Lösung aufgezeigt wird.

Das Märchen von der »schwarzen Null«

Die »schwarze Null« war das ganz große Ding der deutschen Politik. Vorbild wollte man sein für die anderen Länder in der EU und der Eurozone. Vorsorgen wollte man für kommende Generationen. Populär wollte man sein, sind die Deutschen doch scheinbar von der Politik der »Sparsamkeit« überzeugt: In Umfragen sprachen sich rund 50 Prozent für die »schwarze Null« aus und nur 26 Prozent für mehr Schulden des Staates.[1]

Schauen wir uns die »schwarze Null« genauer an. Zunächst ist festzustellen, dass das Erreichen einer »schwarzen Null« keine Leistung der Politik ist. Der Grund dafür liegt vor allem bei der EZB. So berechnet die Bundesbank, dass der deutsche Staat von 2008 bis Ende 2019 Zinsaufwendungen im Umfang von 436 Milliarden Euro gespart hat. Allein im Jahr 2019 summierte sich die Ersparnis auf rund 58 Milliarden Euro.[2] In Form entgangener Zinsen bezahlt haben das die Kreditgeber, überwiegend also die Deutschen mit ihren Ersparnissen (direkt und indirekt, zum Beispiel über Lebensversicherungen).

Betrachtet man den Bundeshaushalt und analysiert man die Mehr- oder Minderausgaben und -einnahmen auf Bundesebene in der Zeit von 2009 bis 2018, so gelangt man zu einem ernüchternden Ergebnis. In den genannten zehn Jahren hat der Bund insgesamt

- rund 280 Milliarden Euro zusätzlich ausgegeben,
- rund 136 Milliarden Euro weniger für Zinsen aufgewendet und
- rund 46 Milliarden Euro weniger für die Versorgung von Arbeitslosen aufgewendet.

In der Summe hatte die Politik in diesen zehn Jahren also eine »Verteilungsmasse« von rund 462 Milliarden Euro. Während von »Sparen« die Rede war, wurden die Ausgaben deutlich gesteigert. Im selben Zeitraum sank die Verschuldung des Bundes um rund 70 Milliarden Euro. 390 Milliarden Euro wurden also nicht gespart, sondern für anderes verwendet.[3]

Vor allem lag die Zinsersparnis im betrachteten Zeitraum mit 136 Milliarden Euro deutlich über der Schuldentilgung. Geht man vom Höhepunkt der Bundesschulden im Jahr 2014 aus (1289 Milliarden Euro), so kommt man zu einer Reduktion der Schulden um 78 Milliarden Euro. Im selben Zeitraum betrugen die Zinsersparnis 36 Milliarden Euro (also 46 Prozent der Tilgung) und die Steuermehreinnahmen 148 Milliarden Euro. Wer tatsächlich spart, der hätte also weitaus mehr tilgen können.

Die »schwarze Null« hätte es ohne den viel gescholtenen Mario Draghi und die Zinspolitik der EZB nicht gegeben. Es gibt Berechnungen, denen zufolge die Deutschen 250 Milliarden Euro (oder mehr) an Zinsen auf ihr Erspartes verloren haben. Spätestens jetzt können sie nachvollziehen, wo das Geld geblieben ist. Zu einem guten Teil ist es beim Staat gelandet, der damit alles Mögliche finanziert hat, während den Steuerzahlerinnen und -zahlern das Märchen von der soliden Finanzpolitik erzählt wurde. Hier wird deutlich, welche Heuchelei es ist, wenn Politiker die EZB kritisieren.

Aus der Sicht des Wohlstands des Landes war es nur eine Umverteilung – weg von den privaten Sparkonten, hin zur Staatskasse. Die Politik konnte, ohne im eigentlichen Sinne eines ausgeglichenen Haushalts gehandelt zu haben, das Märchen von der »schwarzen Null« als Leistung ausgeben – und damit an Zustimmung gewinnen, weil die Deutschen stets vorzugsweise sparen. Leider wissen sie nicht, was sie mit ihrem Ersparten anfangen sollen, und legen es deshalb zu bestenfalls extrem niedrigen Zinsen an. Konto, Sparbuch und Lebensversicherung sind der Deutschen liebste Sparformen. Das ist neben der zu hohen Abgabenbelastung der wesentliche Grund dafür, dass sie, obwohl sie deutlich mehr sparen als ihre Nachbarn, in Europa zu den Ärmsten gehören.

Doch was hat die Politik mit dem vielen Geld getan? Nun, einer Antwort vorangeschickt sei die Feststellung dessen, was sie damit *nicht* gemacht hat: investieren. Von den 462 Milliarden Euro Verfügungsmasse im Bundeshaushalt flossen nur 50 Milliarden in Investitionen und nur 4 Milliarden in die Bundeswehr. Schätzungen gehen davon aus, dass der deutsche Staat sofort jeweils 120 bis 140 Milliarden Euro in Infrastruktur und Bundeswehr investieren müsste, um die Versäumnisse der vergangenen Jahre zu korrigieren.

Außerdem wären die laufenden Ausgaben zu erhöhen. Im OECD-Durchschnitt belaufen sich die Infrastrukturinvestitionen auf einen Wert entsprechend 3,2 Prozent des BIP. Für ein Industrieland wie Deutschland bedeutet diese Marke eher das Minimum. Ausgehend davon muss Deutschland seine laufenden Ausgaben um 1 Prozentpunkt des BIP steigern, was rund 33 Milliarden Euro pro Jahr entspricht. In Bezug auf die Bundeswehr wird Deutschland die Ausgaben auf den geforderten NATO-Durchschnitt von 2 Prozent erhöhen müssen, was pro Jahr 0,8 Prozent des BIP beziehungsweise 26 Milliarden Euro zusätzlich bedeutet.

Die genannten Zahlen geben einen Hinweis auf die »Dunkelheit« der deutschen Politik – um mit Goethe zu sprechen. Deutschland gibt vor, zu sparen, doch in Wirklichkeit verfallen seine Infrastruktur und seine Wehrfähigkeit. Indes sind beide Größen Determinanten künftigen Wohlstands.

Gewinnen wir jeden Monat im Lotto?

Die Situation entspricht jener eines Menschen, der das große Los gezogen hat: Wir haben auf einen Schlag viel Geld zur Verfügung, wissen jedoch, dass die entsprechende Situation nicht ewig andauern kann. Wenn man 1 000 Euro gewinnt, gönnt man sich etwas, spart vielleicht, zahlt womöglich Schulden zurück. Keinesfalls jedoch zieht man in eine neue Wohnung um, die 1 000 Euro pro Monat mehr kostet. Der Grund dafür liegt auf der Hand: Eine solche neue Wohnung könnte man sich nur dann leisten, wenn man weiterhin jeden Monat 1 000 Euro im Lotto gewinnen würde. In der Politik scheint man demgegenüber zu denken, Deutschland würde immer wieder von Neuem im Lotto gewinnen. Und zwar in allen kommenden Jahrzehnten! Denn so wurden die rund 462 Milliarden Euro verwendet:

- Immerhin rund 100 Milliarden Euro wurden zusätzlich an die Rentenkasse überwiesen. Eine weitere Steigerung der Zuschüsse ist angesichts der Rentenbeschlüsse der Großen Koalition unvermeidlich.
- Wenig thematisiert werden die deutlich anwachsenden Zuschüsse zur gesetzlichen Krankenversicherung. In der Summe wurden hier ebenfalls rund 100 Milliarden Euro zusätzlich aufgewendet, vor allem, um sogenannte versicherungsfremde Leistungen zu finanzieren.
- Gestiegene Leistungen für Familien mit kumuliert rund 15 Milliarden Euro fallen da kaum noch ins Gewicht.
- Den größten Zuwachs weisen mit über 117 Milliarden Euro die restlichen Ausgaben auf. Dahinter verstecken sich Zuweisungen und Zuschüsse an Sondervermögen, die zum Beispiel künftige Ausgaben in den Bereichen Klimaschutz, Kinderbetreuung und Integration von Migrantinnen und Migranten decken sollen. Allein 2017 wurden für die Aufnahme und Integration von Asylsuchenden und Flüchtlingen einschließlich der Fluchtursachenbekämpfung 20,8 Milliarden Euro ausgegeben.
- Die verbleibenden Mehrausgaben in der Zeit seit 2008 entfallen auf Investitionen (50 Milliarden Euro), Personal (26 Milliarden Euro), den Europäischen Rettungsfonds ESM (22 Milliarden Euro) und neue Ausrüstung für die Bundeswehr (4 Milliarden Euro).

Die dargelegten zusätzlichen Ausgaben sind überwiegend keine Einmalzahlungen, sondern in Gesetze gegossene nachhaltige Verpflichtungen. Während die Grundlagen für unseren künftigen Wohlstand erodieren – Infrastruktur, Digitalisierung, Bildung –, berauschen sich die Politiker und die Medien am Märchen vom reichen Land, das sich alles leisten kann.

Rentenversicherung als Ponzi-Schema

Im Jahr 1920 entwickelte Charles Ponzi, ein in die USA ausgewanderter Italiener, das Schneeballsystem, das auf Englisch bis heute seinen Namen trägt (»Ponzi Scheme«): Er kaufte in Italien sogenannte Postantwortscheine auf und tauschte sie in den USA gegen Briefmarken. Die beträchtlichen Preisunterschiede aufgrund der hohen Inflation nach dem Ersten Weltkrieg versprachen immense Gewinne. (In der Ökonomie spricht man in Fällen wie diesen von Arbitragegewinnen.)

Ponzi überzeugte Anleger mit dem Versprechen traumhafter Renditen, sein Geschäft zu finanzieren. Statt jedoch das ihm zugeflossene Geld in den Kauf von Antwortscheinen zu investieren und diese gegen Briefmarken einzutauschen, finanzierte er mit den Mitteln, die ihm vonseiten der neuen Anleger zuflossen, Ausschüttungen an die Altanleger. Die Erträge der Altanleger wurden somit nicht mit den Gewinnen des Arbitragegeschäfts bezahlt, sondern mit dem Geld, das neue Anleger einbrachten.

Angesichts der außerordentlich hohen Renditen, die er versprach – 50 Prozent innerhalb von 45 Tagen –, wurden Ponzi beträchtliche Beträge anvertraut, die er zur Zahlung der ersten »Gewinn«-Ausschüttungen und zur Finanzierung seines aufwendigen Lebensstils nutzte. Als der Betrug aufflog, verloren die Anleger 20 Millionen US-Dollar (was heute rund 250 Millionen US-Dollar entspricht). Seither werden solche Systeme als »Ponzi Schemes« bezeichnet: Neuanleger werden angelockt, damit Altanlegern die versprochenen Renditen ausgezahlt beziehungsweise Einlagen zurückerstattet werden können und damit der Betrüger, der das gesamte Schneeballsystem ins Leben gerufen hat, einen Gewinn erzielt.

Ein Ponzi-Schema funktioniert gut, solange die Einzahlungen höher sind als die Auszahlungen. Nur dann erhalten die Altinvestoren ihr Geld, und die Neuinvestoren vertrauen dem System und zahlen weiter ein. Genauso wie heute in der Rentenversicherung.

Die von Otto von Bismarck 1889 eingeführte deutsche Rentenversicherung war ursprünglich als kapitalgedeckte Versicherung konzipiert. Seit der Zeit Konrad Adenauers, der das Demografierisiko mit dem Kommentar »Kinder bekommen die Leute immer« beiseiteschob, ist sie nichts anderes als ein groß angelegtes Ponzi-Schema. Solange mehr Leute mehr Geld einzahlen, als auf der anderen Seite Geld entnehmen, funktioniert das System.

Tatsächlich funktioniert es schon seit Langem nicht mehr, nimmt doch der Bundeszuschuss seit Jahren zu. Er kaschiert die Defizite – und auch die Tatsache, dass die Rentenversicherung immer mehr Leistungen übernommen hat, die mit einer Versicherung nichts zu tun haben. Schon bald dürfte der jährliche Zuschuss die 100-Milliarden-Euro-Grenze durchbrechen. 100 Milliarden Euro, das sind immerhin rund 30 Prozent des Bundeshaushalts und 65 Prozent des Budgets für Soziales.

Damit ist nicht nur die Rentenversicherung ein riesiges Ponzi-Schema, sondern die gesamten Staatsfinanzen sind es. Haben doch die Bundesregierungen in den vergangenen Jahrzehnten die Ausschüttungen und Leistungsversprechen erhöht. Hinzu kommen die absehbar steigenden Defizite im Gesundheitswesen und die Beamtenpensionen, für die ebenfalls keine Rücklagen gebildet wurden.

Am schönsten ist es für alle Beteiligten, solange die Ponzi-Illusion funktioniert:

- Diejenigen, die die Ausschüttungen empfangen, freuen sich über das Geld.

- Diejenigen, die einzahlen, freuen sich über die Ansprüche, die sie erwerben, und sehen an den Empfängern, wie gut es ihnen eines Tages gehen wird.
- Die Organisatoren des Ponzi-Schemas können sich allseitiger Beliebtheit erfreuen.

Der Nobelpreisträger Milton Friedman brachte es auf den Punkt: Politiker sind Menschen, die fremder Leute Geld für fremde Leute ausgeben. Je häufiger sie dies tun, desto größerer Beliebtheit dürfen sie sich erfreuen und damit in ihren Ämtern verbleiben. Kein Wunder also, dass das Sozialministerium, abgesehen von seltenen Zeiten, in denen man »sparen« soll, äußerst beliebt ist. Man kann die Wählerinnen und Wähler mit immer neuen Leistungen beglücken.

Der Sozialminister ist der Charles Ponzi der Politik. Als solcher muss er oder sie sicherstellen, dass das System möglichst lange am Laufen bleibt. Deshalb das Vertuschen der wahren Kosten durch Verlagern in den Bundeshaushalt und Kleinreden der Verpflichtungen.

Das Problem ist offensichtlich: Jedes Ponzi-Schema verliert seine Funktionsfähigkeit, sobald die Auszahlungen die Einzahlungen übersteigen. Auf das Sozialsystem in Deutschland bezogen bedeutet dies, dass spätestens in 10 bis 15 Jahren der Offenbarungseid bevorsteht. Dann wechselt der geburtenstärkste Jahrgang seit der Zeit nach dem Ende des Zweiten Weltkriegs, die 1964 Geborenen, aus der Rolle des Finanziers in die des Empfängers. Der unweigerliche Zusammenbruch des Systems lässt sich anschließend durch immer drastischere Eingriffe und massive Umverteilung zwar aufschieben, jedoch nicht verhindern. Sinnvoller wären die folgenden Handlungsleitlinien:

- Für künftig höhere Einnahmen sorgen, indem die Produktivität und somit das Einkommen pro Kopf der erwerbstätigen Bevölkerung erhöht wird. Dazu muss Deutschland in Bildung, Innovation und den Kapitalstock investieren. (Die Politik in Berlin tut das Gegenteil.)

- Die Belastung derjenigen, die Beiträge zahlen, ansonsten so gering wie möglich halten. (Auch hier geschieht das Gegenteil. Man denke an die Energiewende, die bereits zu den höchsten Strompreisen in Europa geführt hat und nun mit dem Kohleausstieg noch teurer wird.)
- Für mehr Menschen sorgen, die Beiträge zahlen, indem qualifizierte Zuwanderungswillige angelockt werden, die im Durchschnitt mindestens so viel verdienen wie die bereits heute in Deutschland lebende Bevölkerung. (Dies gelingt derzeit nicht.)
- Für weniger Menschen sorgen, die Sozialleistungen empfangen, indem die Zuwanderung in das Sozialsystem konsequent verhindert wird. (Hier praktiziert die Politik in Deutschland das genaue Gegenteil.)
- Die Bezugsdauer der Leistungen reduzieren und die Beitragszahlungen erhöhen, indem das Renteneintrittsalter angehoben wird. (Genau das Gegenteil wurde in den vergangenen Jahren getan.)

Das Problem mit dem letzten Punkt ist für die Betreiber des Ponzi-Schemas offensichtlich. Nicht nur entfällt der Hauptnutzen – nämlich die Beliebtheit des Betreibers zu erhöhen –, sondern es droht auch der Verlust des Vertrauens in das Gesamtsystem. Der ohnehin einsetzenden Flucht der Beitragspflichtigen muss dann mit immer mehr Eingriffen – beispielsweise mit Änderungen der Beitragsbemessungsgrenze, dem Einbezug Selbstständiger oder noch weitergehender Steuerfinanzierung – begegnet werden.

Den Kollaps des Ponzi-Schemas beschleunigt man, indem man die Ausgaben erhöht und die Beiträge senkt. Das entspricht genau dem, was die Bundesregierungen seit Jahren tun. Noch funktioniert die Illusion perfekt, weil es bei Steigerungen der Auszahlungen immer wieder gelingt, deren Finanzierung im Ungewissen zu lassen. Da ist abstrakt von »Steuerfinanzierung« die Rede, von einer Einbeziehung weiterer Beitragszahler in das System und generell höheren Steuern für Reiche und Erben.

Nicht nur das Rentensystem gleicht einem Ponzi-Schema. Schlimmer sieht es bei den Pensionsverpflichtungen des Staates aus. Für die 1,3 Millionen Pensionäre fallen pro Jahr 46,5 Milliarden Euro an, verglichen mit 277 Milliarden Euro für rund 21 Millionen Rentnerinnen und Rentner. Das sind 38 000 Euro pro Kopf und Jahr, verglichen mit knapp 13 200 Euro.[4] Dieser Unterschied ist erheblich und die Folge politischer Entscheidungen, die Jahrzehnte zuvor getroffen wurden. Damals wurde – nicht zuletzt mit dem Ziel, die laufenden Ausgaben zu senken – auf Verbeamtung als Instrument gesetzt. Dass diese Einsparungen in keiner Relation zu den erheblichen künftigen Lasten standen, wurde bewusst verdrängt. Jetzt steht Deutschland vor einer wahren Kostenexplosion: Schon in den letzten 20 Jahren ist die Zahl derjenigen, die eine Pension beziehen, um 56 Prozent gestiegen, und höhere Zuwächse stehen noch bevor. Allein die Zahl der pensionierten Lehrkräfte hat sich seit dem Jahr 2000 vervierfacht. Das schlägt finanziell besonders durch, weil Lehrkräfte überdurchschnittlich gut verdienen. Im bundesweiten Durchschnitt erhalten ehemalige Lehrkräfte 3 220 Euro im Monat. Angesichts der erheblich gestiegenen Lebenserwartung bedeutet dies eine dauerhafte Belastung der Staatsfinanzen.

Die Lösung: Erstellen einer Bilanz

Offensichtlich müssen wir die Verdunkelung der Fakten durch die Politik beenden. Der Staat ist mit seiner Art der Rechnungslegung allein. Man spricht von Kameralistik, will heißen:[5]

> *»In einem ersten Schritt werden auf einem der Budgetstruktur folgenden Kontensystem (Haushaltssoll) die Ansätze des Haushaltsplans und deren eventuelle Änderungen im laufenden Haushaltsjahr erfasst. Sodann werden die im Rahmen der Haushaltsansätze erfolgten Aufträge, die Zahlungsanordnungen und die tatsächlich erfolgten Zahlungen verbucht. Darauffolgend werden im Rahmen der Haushaltsüberwachung*

Soll-Ist-Vergleiche vorgenommen und abschließend die Jahresabschlüsse ermittelt. Wichtigstes Rechnungsziel ist der Nachweis der Einhaltung des Haushaltsrechts und -plans sowie der tatsächlich erreichten Deckung der wirklichen Ausgaben (Überschuss- und Fehlbetragsermittlung).«

Übersetzt heißt dies, dass der Staat nur zwei Fragen stellt: ob er mehr oder weniger eingenommen und ausgegeben hat, als er geplant hatte, und ob sich, bezogen auf den Abrechnungszeitraum – faktisch also das Jahr –, ein Überschuss oder ein Defizit ergibt. Was hingegen fehlt, ist eine Betrachtung der Auswirkungen heutiger Entscheidungen auf die Zukunft. Deshalb sprechen Politiker auch immer von den erwarteten Kosten pro Jahr. Wenn zum Beispiel von der Grundrente die Rede ist, werden Ausgaben von so oder so vielen Milliarden Euro genannt. Das sind aber nur die Ausgaben eines Jahres. Ob und wie sich diese Ausgaben in Zukunft entwickeln, wird gerne verdrängt.

Das hält auch das *Gabler Wirtschaftslexikon* fest:[6]

»Da die Kameralistik in ihrer heute üblichen Form grundsätzlich nur fällige Ansprüche auf Zahlungen und erfolgte Einzahlungen sowie fällige Verpflichtungen zu Zahlungen und erfolgte Auszahlungen erfasst (Geldverbrauchskonzept), bestehen systematische Schwierigkeiten bei der vollständigen Erfassung des Ressourcenverbrauchs. Eine fehlende vollständige Vermögensrechnung sowie Schwierigkeiten bei der Konsolidierung von Kernhaushalten mit ausgegliederten rechtlich selbstständigen, privatrechtlichen Organisationsformen sind zwei weitere wesentliche Argumente, die von den Befürwortern einer Abschaffung der Kameralistik angeführt werden.«

Was im Klartext nichts anderes heißt, als dass ein Staat trotz »schwarzer Null« arm sein kann.

Die Alternative ist die doppelte Buchführung, auch Doppik genannt. Neben der Einnahmen- und Ausgabenrechnung, die der Kameralistik entspricht, gibt es als wesentliche Ergänzung eine Vermögensrechnung, die mit der Bilanz von Unternehmen vergleichbar ist und damit Auskunft über die Vermögenslage und die Kapitalherkunft gibt. Auf der Aktivseite stehen die Vermögenswerte des Staates, auf der Passivseite die Verbindlichkeiten, beispielsweise für Pensionen.[7]

Ein Beispiel soll das verdeutlichen. Investiert ein Unternehmen in eine neue Maschine für 100 000 Euro und plant, diese zehn Jahre lang zu nutzen, so werden jedes Jahr 10 000 Euro abgeschrieben. Um diesen Betrag sinken der Wert der Maschine in der Bilanz ebenso wie der jährlich ausgewiesene Gewinn. Die Führung des Unternehmens weiß also sofort, ob es genug abwirft, um auch in Zukunft wieder eine Maschine kaufen zu können. Idealerweise legt sie auch entsprechend Geld zurück.

Kein Wunder, dass das Handelsgesetzbuch Unternehmen verpflichtet, drei externe Rechnungslegungen wie folgt zu erstellen:

- eine auf das Jahr bezogene Gewinn-und-Verlust-Rechnung,
- eine den kameralistischen Prinzipien entsprechende Kapitalflussrechnung (faktisch die Erklärung der Veränderung des Kassenbestands) sowie
- eine Bilanz, die Auskunft über das Vermögen, die Verbindlichkeiten und die Eigenmittel des Unternehmens gibt.

Es leuchtet nicht ein, weshalb das, was für Unternehmen sinnvoll ist, nicht auch für Staaten und ganze Volkswirtschaften gelten sollte. Genauso wie Manager und Aktionäre würden auch die Politik und die Bürgerinnen und Bürger von dieser Transparenz profitieren. Die Politik vermutlich weniger, weil sie mit mehr Widerstand bei ihren Projekten rechnen müsste.

International gibt es bereits anerkannte Regeln für die staatliche Rechnungslegung. Das »International Public Sector Accounting System« (IPSAS) und das europäische Pendant EPSAS bestimmen, wie staatliche Vermögenswerte und Verbindlichkeiten zu bewerten sind. Und zwar so, wie seit dem 13. Jahrhundert üblich in Form einer Periodenrechnung mit Gewinn-und-Verlust-Rechnung und Bilanz.[8]

Wie wichtig und dringend eine solche Umstellung der Bilanzierung wäre, unterstreicht die Aussage der Bundesbank, die schon 2018 erklärte, dass es mit den vorhandenen Daten unmöglich sei, den genauen Schuldenstand des Staates zu ermitteln.
Es ist nicht so, dass die deutsche Politik davon noch nichts gehört hätte. In allen Bundesländern außer Schleswig-Holstein, Thüringen und Bayern ist es für Kommunen verpflichtend, bei der Rechnungslegung nach dem Verfahren der Doppik vorzugehen. Bremen, Hamburg und Hessen sind bisher die einzigen Bundesländer, die eine Bilanz erstellt haben.[9] Der Bund hat eine unvollständige Vermögensrechnung, in der beispielsweise das Immobilienvermögen fehlt.

In den Vermögensrechnungen werden die Aktiva – also Beteiligungen an Unternehmen, Maschinen, Anlagen – den Verbindlichkeiten – zum Beispiel Schulden oder Pensionsverpflichtungen – gegenübergestellt, und es wird ein Eigenkapital ausgewiesen. Im Beispiel Bremens wies die erste Bilanz ein negatives Eigenkapital von rund 13 Milliarden Euro aus.

Das unterstreicht den Vorteil der kaufmännischen Buchführung. Gewinne und Verluste werden sichtbar, sobald sie verursacht wurden – also im Moment der politischen Entscheidung und nicht erst Jahre später. Ein Beispiel mag das verdeutlichen.

Die Personalkosten sind im Fall von beamteten Staatsbediensteten auf den ersten Blick geringer als jene im Fall von angestellten. Bei Letzteren fallen schon in der aktiven Zeit die Beiträge für die Altersversorgung an. Beamtenpensionen werden im Rahmen der Kameralistik erst dann erfasst, wenn sie ausgezahlt werden. In der Bilanz muss man jedes Jahr Rückstellungen bilden – so führen dann mehr Beamte auch zu höheren Rückstellungen. Was das bedeutet, zeigt die Eröffnungsbilanz Hessens. Mit 38 Milliarden Euro war die Pensionsrückstellung der größte Posten auf der Passivseite. Bei Passiva von insgesamt 88 Milliarden Euro und einem Vermögen von 38 Milliarden Euro wies das Land ein negatives Eigenkapital von 58 Milliarden Euro aus. Das bedeutet nichts anderes als eine latente Last für all die Menschen im Land, die künftig Steuern zahlen werden.

Es ist offensichtlich, dass nicht nur die Kommunen und ausgewählte Länder auf eine ordentliche Buchführung umstellen müssen, sondern auch der Bund. So würde sofort deutlich, dass die Politik der »schwarzen Null« nicht zu mehr, sondern zu weniger Eigenkapital geführt hat: Die Infrastruktur hat sich in den vergangenen Jahren deutlich entwertet – Stichwort Autobahnbrücken –, und gleichzeitig sind die Versprechen für die Zukunft vermehrt worden.

Dabei schlägt sich vieles von dem, was die Politik entscheidet, in anderen Haushalten nieder. Auch ein solcher Effekt muss ausgeschlossen werden. Wenn beispielsweise die Politik Beschlüsse fasst, die das Rentenniveau beeinflussen, dann hat auch dies weitreichende Vermögensfolgen. Senkt man das Rentenalter auf 63 Jahre, so entspricht dies einer deutlichen Erhöhung der Verbindlichkeiten. Gleiches gilt für die Mütterrente und die Grundrente. Da spielt es keine Rolle, dass diese Kosten im Haushalt der Rentenversicherung anfallen werden. Die Politik muss so oder so die Finanzierung beibringen, entweder indem sie andere Beitragssätze beschließt und/oder den Steuerzuschuss anpasst. Wie gesehen, machen diese Zuschüsse schon heute die größte Position des Bundeshaushalts aus. Die Sozialversicherungen, in denen die größte Bombe lauert, müssten dringend ihre wahren Verpflichtungen offenlegen – die nichts anderes sind alsr Gegenwert zu künftigen Steuern und Abgaben.

Die Politik drückt sich davor, sauber zu bilanzieren. Sie weigert sich sogar, das EPSAS, wie von der EU gefordert, bis 2025 einzuführen. So sind wir bis jetzt auf Schätzungen von Experten angewiesen, wenn es darum geht, die Dimensionen zu erfassen.

Der Freiburger Finanzwissenschaftler Bernd Raffelhüschen erstellt regelmäßig eine Bilanz für die Bundesrepublik Deutschland. Dabei berücksichtigt er nicht nur die offiziell ausgewiesene Staatsverschuldung, sondern auch die Lasten, die sich aus allen staatlichen Leistungsversprechen ergeben und noch nicht durch das heutige Steuer- und Abgabenniveau gedeckt sind – also all das, was über das hinausgeht, was wir heute schon bezahlen, zum Beispiel weil in Zukunft mehr Menschen in Rente sind und damit die Ausgaben für Renten steigen. Für das Jahr 2020 schätzt der Experte den ungedeckten Betrag dieser Versprechen auf rund 9 800 Milliarden Euro. Dies muss man zur offiziellen Staatsverschuldung von 2 100 Milliarden Euro hinzurechnen, was zu einer Gesamtschuldenlast von 11 900 Milliarden Euro führt.[10] Diese 11 900 Milliarden wären auf der Passivseite der Bilanz auszuweisen, und es wäre sofort klar, dass diesen Verbindlichkeiten nur wenige Vermögenswerte entgegenstehen.

Ab sofort müssten wir je nach Szenario – also mehr oder weniger Zuwanderung, höhere oder geringere Erwerbsbeteiligung – zwischen 36 und 115 Milliarden Euro pro Jahr zusätzlich sparen, um die finanziellen Folgen der demografischen Entwicklung – steigende Gesundheits-, Pflege- und Rentenkosten bei gleichzeitig sinkender Zahl der Beitragspflichtigen – aufzufangen, rechnet selbst das Bundesfinanzministerium im offiziellen Nachhaltigkeitsbericht vor.[11]

Die EU-Kommission kommt in einer Studie über die Nachhaltigkeit der öffentlichen Finanzen zu keinem besseren Ergebnis. Zwar steht Deutschland besser da als die meisten anderen Mitgliedsländer der EU, aber auch hier wird eine Lücke von mindestens 58 Milliarden Euro ausgewiesen, die ab sofort jährlich zusätzlich gespart werden müsste, um die Versprechen zu erfüllen und die Beitragsbelastung stabil zu halten.[12]

Offensichtlich steht es um die Bundesrepublik Deutschland erheblich schlechter, als die Politik den Bürgerinnen und Bürgern erzählt. Dies zeigt auch eine Analyse von Ökonomen des Internationalen Währungsfonds (IWF), die in einem aufwendigen Verfahren die tatsächlichen Staatsbilanzen für 31 Volkswirtschaften ermittelt haben.[13]

In diesem internationalen Vergleich schneidet Deutschland sehr schlecht ab: Trotz Vermögenswerten im Wert von über 200 Prozent des BIP liegt das Nettovermögen des deutschen Staates im negativen Bereich. Unterm Strich hat die öffentliche Hand ein negatives Nettovermögen von 19,5 Prozent der Wirtschaftsleistung, als Folge

Öffentliches Vermögen in Prozent des BIP 2016

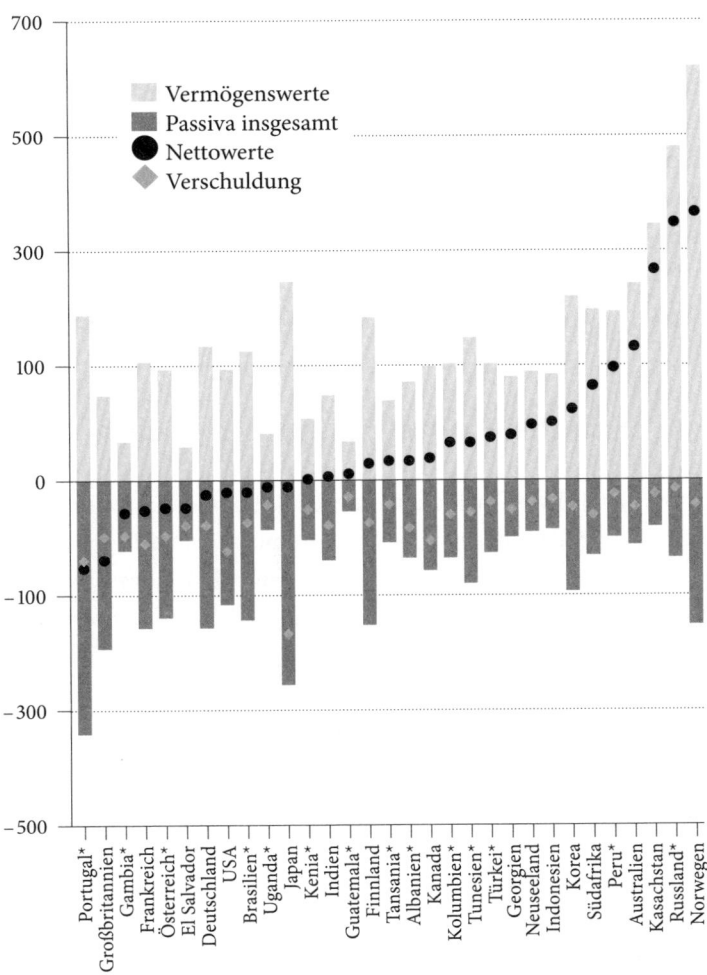

Hinweis: Angaben für Länder mit * basieren in den meisten Fällen auf Daten für ein einziges Jahr. Zusammengestellt als Teil der Bewertung der Finanztransparenz: Albanien, 2013; Österreich, 2015; Brasilien, 2014; Kolumbien, 2016; Gambia, 2016; Guatemala, 2014; Kenia, 2013; Peru, 2013; Portugal, 2012; Russland, 2012; Tansania, 2014; Tunesien, 2013; Türkei, 2013; Uganda, 2015.

Abbildung 1: Das Nettovermögen von Staaten

Quelle: IMF Blog: »The Wealth of Nations: Governments Can Better Manage What They Own and Owe«, 10. Oktober 2018, abrufbar unter https://blogs.imf.org/2018/10/09/the-wealth-of-nations-governments-can-better-manage-what-they-own-and-owe/?utm_medium=email&utm_source=govdelivery

hoher Pensionslasten und unzureichender Investitionen. Die bereits aufgezeigten Verpflichtungen aus den allgemeinen Sozialsystemen – also der Renten-, Kranken- oder Pflegeversicherung – sind in dieser Rechnung nicht enthalten.

Noch schlechter als Deutschland schneiden nur El Salvador, Österreich, Frankreich, Gambia und Großbritannien ab. Am schlechtesten steht es um Portugal mit einer Nettoverschuldung von rund 135 Prozent seiner Wirtschaftsleistung.

Entscheidungen transparent machen

Die Wirkung einer Umstellung der Rechnungslegung wäre erheblich. Das zeigt das Beispiel der Grundrente. Die Politik sprach anfangs von Kosten zwischen 2 und 5 Milliarden Euro. Dies klingt angesichts eines Bundeshaushalts von rund 330 Milliarden Euro nicht nach viel. Wer mag sich schon gegen eine Grundrente stellen, geht es doch um eine gute Sache. So hieß es, als die Grundrente während der Corona-Krise ohne solide Gegenfinanzierung eingeführt wurde, dass doch gerade dafür Geld da sein müsse, seien doch die Beträge verglichen mit anderen Ausgaben gering.

Anders sieht es aus, wenn man in die Zukunft blickt. Zum einen dürfte die Zahl derer steigen, die eine Grundrente beziehen, zum anderen ist die Zahlung jedes Jahr fällig. Nimmt man einen Zeitraum von 30 Jahren an und bleibt bei 5 Milliarden Euro pro Jahr, so entspricht das Gesetz einem Versprechen von 150 Milliarden Euro. Mit einem Federstrich wäre somit die Staatsverschuldung Deutschlands um 150 Milliarden Euro höher – eine Verpflichtung, die nicht irgendjemand, sondern künftige Steuer- und Abgabenpflichtige erfüllen müssen.

Umgekehrt würden Investitionen in den Kapitalstock, zum Beispiel der Neubau einer Brücke, künftige Kosten reduzieren und damit den Wert des Vermögens des Landes steigern.

Natürlich stoßen diese Berechnungen, gerade wenn es um Investitionen geht, an Grenzen. So schlagen sich Investitionen nur indirekt beim Staat nieder. Eine bessere Infrastruktur – damit ist alles gemeint, von Straßen über Mobilfunknetze und Breitbandanschlüsse bis zu Bildung – führt zu höherem Wirtschaftswachstum, einem höheren (Pro-Kopf-)Einkommen und damit zu höheren Steuereinnahmen. Wie sich einzelne Projekte rentieren, muss dabei gründlich berechnet und bewertet werden.

Gegner dieser Vorgehensweise wenden spätestens an dieser Stelle ein, dass man solche Projekte nicht verlässlich bewerten kann. Das stimmt nicht. Man muss sich die Mühe machen, gründlich zu planen und – vor allem – die Annahmen transparent darzustellen. Dann kann die Öffentlichkeit sich mit den Annahmen auseinandersetzen und Voraussetzungen für bessere Entscheidungen schaffen. Doch solange das niemand verlangt, wird es auch nicht gemacht.

Ein Beispiel dafür, dass es möglich ist, bildet die Studie des Deutschen Instituts für Wirtschaftsforschung (DIW) vom Herbst 2015.[14] In der Studie ging es um die wirtschaftlichen Folgen der Zuwanderungswelle. Die Autoren kamen zu dem Schluss, dass die Zuwanderung in jedem denkbaren Szenario einen Gewinn für Deutschland darstellt. Die Wirtschaft würde schneller wachsen und zugleich damit der Wohlstand steigen. Einfach gesagt: Das DIW machte aus der humanitär begründeten Entscheidung zu Grenzöffnung einen positiven »Business Case«. Es war – so die Berechnung – ein gutes Geschäft.

Das DIW veröffentlichte auch die Annahmen, die dieser Berechnung zugrunde lagen. Sie umfassten die Kosten für die Versorgung der Zugewanderten, Ausgaben für Bildung und Integration. Auf der anderen Seite standen die erwarteten Erträge durch die Eingliederung der Zugewanderten in den Arbeitsmarkt, aber auch durch die Konjunkturwirkung der staatlichen Ausgaben. Wer wollte, konnte sich damit auseinandersetzen und prüfen, inwiefern die Annahmen plausibel waren oder nicht – und so zu einem anderen Ergebnis kommen. Beispielsweise zeigte ein einfacher Vergleich mit den tatsächlichen Werten zu Erwerbsbeteiligung und Gehaltsniveau der Zugewanderten aus den Herkunftsländern, dass das DIW hier zu optimistisch war.[15]

Ausschlaggebend ist aber, dass die Folgen einer politischen Entscheidung in einer transparenten Art und Weise quantifiziert wurden. Die Annahmen waren für die Allgemeinheit nachvollziehbar und damit überprüfbar. Dass kaum jemand die Gelegenheit zur Überprüfung ergriff, spricht nicht gegen das Vorgehen.

Wir sollten generell bei Entscheidungen mit erheblichen wirtschaftlichen Konsequenzen so vorgehen und es in Zukunft verpflichtend machen, die Annahmen intensiv zu diskutieren. Dies setzt voraus, dass sich die Medien inhaltlich tiefer gehend mit den Projekten befassen und durch die Diskussion der Annahmen dem Publikum helfen, sich eine Meinung zu bilden.

Ja, ohne eine aktive Teilnahme der Bürgerinnen und Bürger und ohne das Einfordern einer gründlicheren Vorbereitung von Entscheidungen durch die Politik wird es nicht gehen.

Sauber rechnen

Ich habe gezeigt, dass man beim Verfolgen des Ziels, das Glück einer Gesellschaft zu mehren, bei bestimmten Entscheidungen auf eine Bewertung in Geldgrößen nicht verzichten sollte. Allerdings sind dabei die realen langfristigen Folgen zu ermitteln. Deshalb ist es zwingend, mit einer unternehmerischen Rechnung künftige Erträge und Aufwendungen zu quantifizieren, statt nur kameralistisch zu bewerten. Auch die Nebenhaushalte des Staates – konkret, die Sozialversicherungen – sind mit einzubeziehen. Diese Quantifizierung verbessert die Entscheidungsfindung und die öffentliche Diskussion, vorausgesetzt, die Medien und die Bürgerinnen und Bürger machen sich wirklich die Mühe, die Fakten zu erörtern. Doch das lohnt sich, denn es ist eine Kernvoraussetzung dafür, den Wohlstand von morgen zu schaffen und zu sichern.

Aufgaben für die nächste Bundesregierung

- Konsequente Umstellung auf Doppik (doppelte Buchführung) in der Rechnungslegung der öffentlichen Hand – also von Bund, Ländern, Gemeinden und den Sozialversicherungen
- Hauptaugenmerk auf die Bilanz richten statt auf die kameralistische Geldflussrechnung
- Bewertung politischer Vorschläge/politischen Handelns anhand der Wirkung auf die Bilanz des Staates
- Regelmäßiger Bericht über die Entwicklung von Vermögen und Verbindlichkeiten

3. Denken in Zusammenhängen

»Der Wirtschaftsinterventionismus kann nicht als ein System von Dauer angesehen werden. Er ist lediglich eine Methode, um allmählich und stufenweise vom Kapitalismus zum Kommunismus überzugehen.«
Ludwig von Mises (1881 bis 1973), österreichischer Nationalökonom

»We have, over the centuries, devised a management structure for running things, whether firms or whole countries. This structure depends absolutely on the limitations of the human hand, eye, and brain. The discoveries of management cybernetics, coupled with the techniques of operational research and with the new technology of automation, make possible a new way of running things which is not so limited. Yet we insist on retaining the original structures and automating them. In so doing, we enshrine in steel, glass, and semiconductors those very limitations of hand, eye, and brain that the computer was invented precisely to transcend.«
Stafford Beer (1926 bis 2002), Begründer der Managementkybernetik

»One of the great mistakes is to judge policies and programs by their intentions rather than their results.«
Milton Friedman (1912 bis 2006), amerikanischer Ökonom und Träger des Alfred-Nobel-Gedächtnispreises

»We have gotten into a terrible muddle. We have blundered in the operations of a delicate machine, the workings of which we do not understand.«
John Maynard Keynes (1883 bis 10946), britischer Ökonom

Ich habe gezeigt, dass es sich lohnt, das Mehren von Wohlstand als Ziel zu definieren. Zudem habe ich dargelegt, dass es eines anderen Messsystems für die Schaffung von Wohlstand bedarf. Wir müssen Annahmen treffen und sie transparent machen mit dem Ziel, so besser zu entscheiden und vor allem die Konsequenzen exakter zu erfassen.

Doch das genügt noch nicht. Notwendig ist auch eine genauere Betrachtung der Zusammenhänge. Nicht selten führen Eingriffe mit dem Motiv, ein bestimmtes Ziel zu erreichen, zu »unerwarteten« oder »überraschenden« Nebenwirkungen, was dann wiederum weitere Eingriffe zur Folge hat, mit ebenso »unerwarteten« oder »überraschenden« Nebenwirkungen – und so weiter und so fort. Ökonomen wie Ludwig von Mises und Friedrich von Hayek warnten deshalb vor Interventionsspiralen, die sich immer mehr beschleunigen.

»Unerwartet« und »überraschend« sind diese Nebenwirkungen deshalb, weil derjenige, der die Eingriffe vornimmt, vorher unzureichend darüber nachgedacht hat. Besonders gilt das für die Politik: zum einen, weil bei heutigen Entscheidungen aufgrund der Art der Rechnungslegung die wahren Kosten oft im Verborgenen liegen, zum anderen, weil die politisch Handelnden womöglich zu bequem sind, diese Konsequenzen zu durchdenken – oder auch, weil sie bewusst die weiteren Folgen verheimlichen, um eine Entscheidung ihrem politischen Interesse gemäß zu erzielen.

Auf dem Weg in die Zukunft, in Richtung *Deutschland 2040*, müssen wir grundlegend anders denken und handeln. Bevor ich diese Maxime näher ausführe, möchte ich anhand von zwei heftig diskutierten Beispielen erklären, was ich meine: dem Problem der hohen Mieten und der Entscheidung für den Ausstieg aus der Kohleverstromung.

Mietenpolitik zugunsten von Reichen, Besitzenden und Alten

Ganz offensichtlich handelt es sich beim Markt für Mietwohnungen nicht um einen normalen Markt. Eine Wohnung ist ein besonderes Gut. Wird das Auto teurer (neben den Ausgaben für Wohnen für die meisten Menschen der größte Betrag an Ausgaben im Leben), so kann man auf eine andere Marke oder ein kleineres Modell umsteigen – oder auf ein anderes Verkehrsmittel.

Bei einer Wohnung ist das nur begrenzt möglich, und zugleich sind die Wechselkosten ungleich höher. Umzüge sind teuer und mit erheblichem Aufwand verbunden. Deshalb ist ein Schutz der Mieterinnen und Mieter erforderlich, und deshalb sind staatliche Eingriffe in den Markt gerechtfertigt. Wie immer bei diesen Eingriffen muss man allerdings schauen, ob die Maßnahmen greifen und welche Nebenwirkungen sie entfalten. Nicht selten kommt es zu einer Interventionsspirale, bei der ein Eingriff in den Markt weitere Eingriffe erforderlich macht. Im Wohnungsmarkt lässt sich das gut beobachten.

Es lohnt, sich einige Grundmerkmale dieses Marktes in Erinnerung zu rufen:

- Die Nachfrage nach Wohnraum hängt von der regionalen demografischen Entwicklung ab: Zuzug/Abwanderung, Haushaltsgröße. Deshalb ist das Problem steigender/hoher Mieten regional unterschiedlich stark ausgeprägt. In vielen Regionen Deutschlands stagniert oder sinkt das Mietenniveau. In einigen Ballungszentren steigen die Mieten aufgrund von Zuwanderung, abnehmender Haushaltsgröße und einem größeren Flächenverbrauch pro Kopf. Dabei muss man aber auch anerkennen, dass sich die Nachfrage in diesen Ballungszentren oftmals noch auf einige Gegenden, meist Innenstadtlagen, konzentriert. Es ist also das Problem in einigen Stadtteilen von Ballungszentren mit Zuwanderung.

- Das Angebot an Wohnraum ist weniger elastisch als die Nachfrage. Es dauert, bis entsprechend gebaut wird, und es kann nicht immer in den Wunschgegenden gebaut werden. Entscheidend ist eine konsequente Erweiterung des Angebots, sobald sich eine Zuwanderung abzeichnet.
- Der Markt selbst ist zweigeteilt: Es gibt die Bestandsmieten für den größten Teil des Marktes, und es gibt Neuvertragsmieten bei Neuvermietung und Neubau. Die Bestandsmieten sind stark reguliert. Hier wirken Mietpreisbremse und Mietenspiegel und – so verfassungskonform – auch ein Mietendeckel.
- Die Flexibilität der Preise im Bestand ist also sehr eingeschränkt. Nach oben geht es nur im Rahmen der Mietpreisbremse und des Mietspiegels. Nach unten, im Fall einer deutlich sinkenden Nachfrage, geht es ebenfalls verzögert.
- Jede Diskrepanz von Angebot und Nachfrage auf dem Wohnungsmarkt spielt sich demzufolge bloß auf einem kleinen Teil des Marktes ab und muss deshalb zwangsläufig zu größeren Ausschlägen führen.

In Berlin (und anderen betroffenen Städten) ist es offensichtlich nicht gelungen, das Angebot entsprechend auszuweiten. Dort ist der Wohnungsbestand seit 2013 nur um etwa 1,8 Prozent gewachsen. In den 1990er-Jahren wuchs das Wohnungsangebot übrigens deutlich schneller mit der Folge, dass es Anfang der 2000er-Jahre in der Stadt ein erhebliches Überangebot an Wohnungen gab und die Mieten sanken.[1]

Da es in den vergangenen Jahren offensichtlich nicht möglich oder politisch erwünscht war, das Angebot ausreichend zu erweitern, verfiel die Politik auf die Idee, die Preissteigerung – also das eigentliche Ventil in einem Markt, wenn das Angebot hinter der Nachfrage zurückbleibt – weiter zu beschränken. War es bisher der Mietspiegel, der bei Bestands- und Wiedervermietung einen Anstieg der Mieten verlangsamte, so kam nun die Mietpreisbremse hinzu: 15 Prozent maximale Steigerung innerhalb von drei Jahren. Um die Wirksamkeit der Mietpreisbremse abschätzen zu können, muss man wissen, dass diese Bremse immer nur dann eine Bedeutung hat, wenn die Miete deutlich unter dem Mietspiegel liegt; sie verlangsamt also einen Anstieg nur dann, wenn die Miete deutlich unter dem Niveau des Bestandsmarkts liegt.

Zugleich wurde die Umlage von Modernisierungskosten begrenzt. Das offizielle Ziel ist klar: den Anstieg der Mieten in Ballungsräumen zu bremsen. Dabei ist offensichtlich, dass damit das Unvermögen, ein ausreichendes Angebot zu schaffen, kaschiert werden soll. Doch wie wirkt sich diese Bremse auf das Verhalten der Marktparteien aus?

- Da die vermietende Partei die Miete innerhalb eines Zeitraums von drei Jahren um nicht mehr als 15 Prozent erhöhen kann, ist sie gezwungen, mögliche Mieterhöhungen schnell vorzunehmen. Wenn sie rational vorgeht, erhöht sie also die Miete, sobald sie einen, wenn auch nur kleinen, Spielraum dazu hat, damit sie immer das maximal Zulässige erzielt. So wird die Mietpreisbremse zu einem Mieterhöhungsbeschleunigungsinstrument.
- Vermieter, die sich durch die Begrenzungen von Mietpreisbremse und andere Maßnahmen des Mieterschutzes zu sehr eingeschränkt sehen, vermieten ausschließlich möblierte Wohnungen, und dies befristet. In Berlin wird der Anteil der nach diesem Muster vermieteten Wohnungen bereits auf 5 bis 10 Prozent geschätzt. Aus der Sicht der Vermieter ist das höchst attraktiv und vor allem rational, da die Mietpreisbremse für möblierte Mietwohnungen nicht gilt.
- Selbst dann, wenn die vermietende Seite sich an alle Regeln hält, profitieren nicht die Armen und Bedürftigen, sondern jene, die es am wenigsten brauchen. Das folgende Beispiel zeigt, wie dieser Effekt zustande kommt: Angenommen, eine Wohnung würde ohne Mietpreisbremse 15 Euro pro Quadratmeter kosten. Wenn sich drei Interessierte melden, entscheidet sich der Vermieter für diejenige Person, die ihm am solventesten erscheint. Wird die Miete durch die Mietpreisbremse unter den Marktpreis und auf

beispielsweise 10 Euro gedrückt, so bewerben sich nicht drei Interessierte, sondern deren 103. Der Vermieter jedoch wählt dieselbe Person. Gewinner der Aktion ist also derjenige, der auch 15 Euro gezahlt hätte (er spart 5 Euro pro Quadratmeter). Verlierer sind der Vermieter und die 102 übrigen Wohnungssuchenden, die sich vergeblich Hoffnungen gemacht haben.

- Da es den Vermietern verwehrt ist, die Mieten nachhaltig anzuheben, zahlen Leute, die eine Wohnung bereits seit Langem bewohnen, Mieten deutlich unterhalb des Marktpreisniveaus. Zu langsam erfolgt hier der Anpassungsprozess. Die Folge ist, dass langjährige Mieter – zum Beispiel nach dem Auszug der Kinder oder dem Tod des Partners – in viel zu großen Wohnungen bleiben, weil diese pro Quadratmeter günstiger sind als kleinere Wohnungen. Das wiederum verknappt den Wohnraum für junge Familien, während Einzelpersonen Flächen belegen, die sie weder benötigen noch nutzen. Damit schützt die Politik die Besitzenden gegenüber denjenigen, die keine oder keine passenden Wohnungen haben. Übrigens wirkt dieser Mechanismus auch in der immer wieder als Vorbild gehandelten Stadt Wien.[2]

Diese keineswegs vollständige Aufzählung macht klar, dass die Interventionen im Immobilienmarkt anderen dienen als denen, denen sie eigentlich nützen sollen.

Gewinner sind
- Eigentümer/Vermieter (weniger neuer Wohnraum, schnellere Mieterhöhungen, Ausweichen auf möblierte Wohnungen);
- gut verdienende Mieter (sie mieten günstiger, als es ohne Mietpreisbremse möglich wäre, dank Deckelung);
- Alte/Besitzende (sie zahlen weniger als die marktübliche Miete).

Verlierer sind
- weniger gut verdienende Mieter (sie bekommen trotzdem keine Wohnung, verschwenden Zeit, erleben enttäuschte Hoffnungen);

- junge Menschen/Familien (diese finden keinen Wohnraum, weil er durch Alte/Besitzende blockiert wird).

Die Mietpreisbremse hat also in den zurückliegenden Jahren die Ungerechtigkeit auf dem Markt erhöht. Sie hat jenen geholfen, die es am wenigsten nötig haben, und letztlich das eigentlich erforderliche Angebotswachstum gehemmt.

Die Folge dessen: der nächste Eingriff von staatlicher Seite. In Berlin hat der Senat einen Mietendeckel beschlossen. Damit wird nicht der Anstieg der Mieten gebremst, sondern gleich ein absolutes Mietniveau definiert, das nicht überschritten werden darf. Da diese Regelung naturgemäß einfach zu handhaben sein muss, wird das jeweils zulässige Mietniveau am Baujahr des Hauses festgemacht. Der Zustand und die Lage spielen eine untergeordnete Rolle. Profitieren werden von der Regelung überproportional jene, die in beliebten Gegenden in Häusern wohnen, die vor vielen Jahren gebaut wurden.

Nicht weniger unproblematisch ist die Idee, in bestehenden Mietverhältnissen Mietsenkungen durchzusetzen, wenn die Mietpartei zur Zahlung der Miete mehr als 30 Prozent ihres Nettoeinkommens aufwenden muss. Eine solche Regelung stärkt den Anreiz für Vermieter, sehr genau auf die Bonität zu achten, um die Gefahr einer Absenkung der Miete zu verringern.

Konsequenterweise müsste die Politik nun auch die Zuteilung der Wohnungen übernehmen, damit auch jene die Wohnungen bekommen, die sie nach Auffassung der Politik »verdienen«. Wohnberechtigungsscheine gäbe es dann nicht nur für Sozialwohnungen, sondern für alle Wohnungen in Deutschland.

In dieselbe Kategorie gehört das »Tauschrecht«, das die Partei der Grünen für Wohnungen fordert.[3] Es würde einen erheblichen Eingriff in die grundgesetzlich geschützte Vertragsfreiheit bedeuten. Vermieter müssten infolge eines Tauschrechts schlechtere Bonitäten akzeptieren. Zugleich gibt es Risiken für den Hausfrieden. Vermieter achten zu Recht darauf, dass keine Konfliktparteien unter einem Dach wohnen.

Ein absoluter Deckel verschärft die Probleme noch, wie man aus den Beispielen anderer Städte, die diesen Weg gegangen sind, lernen kann. In New York wurde in den 1950er-Jahren eine Mietenkontrolle eingeführt. Die Folgen:

- Wer eine Wohnung hatte, gab diese nicht mehr her. Das dämpfte die Fluktuation, was wiederum das Angebot für Neuankömmlinge reduzierte. Die Alteingesessenen wendeten am Ende oft weniger als 10 Prozent ihres Einkommens für die Miete auf. Was nach einem Gewinn aussieht, war für jene, die keine Wohnung hatten, ein erheblicher Verlust.
- Da nicht einmal die Hälfte aller der Mietkontrolle unterliegenden Wohnungen aus der Sicht der Vermieter noch profitabel waren, gingen die Investitionen in Instandhaltung und Modernisierung stark zurück. Die Bausubstanz verfiel, und schon nach wenigen Jahren lag das Investitionsdefizit bei Hunderten Millionen US-Dollar pro Jahr.
- Wer vermietete, ging dazu über, die Wohnung zu verkleinern, um so die Regelungen zu umgehen. (In Berlin ist, wie bereits angesprochen, eine vergleichbare Ausweichreaktion zu beobachten; dort wird zunehmend möbliert vermietet.)
- Aufgrund des Mietendeckels wurde weniger neu gebaut. Im Jahr 1972 wurden nur noch 1 536 neue Wohnungen fertiggestellt. Demgegenüber wurden von 1965 bis 1972 insgesamt 200 000 baufällige Wohneinheiten aufgegeben.
- Als der Mietendeckel schließlich aufgehoben wurde, stiegen die Mieten in kurzer Zeit deutlich an – eine logische Folge dessen, dass der Markt aus dem Gleichgewicht geraten war.

Aus den Zeiten der DDR und auch aufgrund der Entwicklung von Märkten wie dem in Wien ist bekannt, wozu die Kontrolle von Wohnungsmieten führt:[4] Andere Formen der Bezahlung gewinnen an Bedeutung. Dies reicht von der Zugehörigkeit zu einer bestimmten Gruppe (Partei, Beruf …) bis hin zu Korruption. Letztere blüht vorzugsweise da, wo die Preise nicht marktgerecht sind. Es ist ein offenes Geheimnis, dass die besonders guten Wohnungen der früheren staatlichen Immobiliengesellschaften in Berlin nicht selten günstig an gut vernetzte Personen vergeben wurden. Der Mietendeckel begünstigt also Vermögende, Besitzende und Gutverdiener noch stärker als die Mietenbremse und führt zu Vetternwirtschaft und Korruption. Er verbilligt die »Gentrifizierung«, solange die Politik nicht den Weg konsequent zu Ende geht und die Wohnungsvergabe selbst übernimmt.

Dabei muss man wissen, dass die überwiegend privaten Vermieter in Deutschland nach einer Studie des DIW[5] schon vor diesen Eingriffen Renditen von lediglich 1 bis 2 Prozent erwirtschafteten. Davon profitierte die Mieterseite. Wenn allerdings die Renditen sinken, so begünstigt dies vor allem die großen Immobilienkonzerne, die weitaus mehr auf Rendite achten und die außerdem ihre Interessen gegenüber den Mietern professioneller durchsetzen. Ob dies im langfristigen Interesse der Mieter liegt, ist zu bezweifeln.

Dabei hätte die Politik durchaus andere Möglichkeiten, um den Anstieg der Mietpreise zu verlangsamen. Doch wären diese Alternativen nicht so populär und öffentlichkeitswirksam wie der Ruf nach gesetzlichen Mieterhöhungsverboten und Enteignungen. Wie aber sehen sie aus?

- Ein wesentlicher Grund für die steigenden Immobilienpreise ist die Geldordnung. Bekanntlich schafft das Bankensystem durch Kreditvergabe neues Geld. Dabei beleihen die Banken nichts lieber als Immobilien, weil diese als besonders gute Sicherheit gelten. Es wäre ein Leichtes, eine höhere Eigenkapitalquote für den Kauf von Immobilien vorzuschreiben. Zum Beispiel könnte man für Baugrundstücke deutlich höhere Eigenkapitalanforderungen definieren, was die Spekulation unattraktiv machen und einen Anreiz schaffen würde, schnell zu bauen. Man könnte bei Miethäusern geringere Eigenkapitalanforderungen stellen als bei Eigentumswohnungen.

- Das Angebot an Wohnungen ließe sich zudem durch einen Mix an Maßnahmen steigern, wie zum Beispiel mehr Bauflächen auszuweisen, Baugenehmigungen schneller zu erteilen und den Bestand zu verdichten. Eine Lockerung der Mietpreisbremse würde die Fluktuation im Markt erhöhen, weil Altmieter eher bereit wären, zu große Wohnungen aufzugeben.
- Die Nachfrage ließe sich lokal dämpfen, zum Beispiel durch eine bessere Erreichbarkeit der Vororte mit den Mitteln des öffentlichen Nahverkehrs. Es gibt schließlich keinen Anspruch darauf, im Stadtzentrum zu wohnen. Will man politisch eine soziale Durchmischung fördern, so muss man entsprechend günstigen Wohnraum in den betroffenen Gegenden schaffen.
- Die Kaufkraft der Menschen ist zu steigern. Seit Jahren wachsen die Einkommen weniger schnell als die Produktivität, und vor allem die Abgabenlast hat deutlich zugenommen. Mittlerweile gilt für 40 Prozent der Bürgerinnen und Bürger, die Einkommensteuern zahlen, der volle Einkommensteuertarif bis hin zum Spitzensteuersatz. Stagnierende Nettoeinkommen und steigende Kosten für Wohnraum müssen zwangsläufig zu Unzufriedenheit führen. Eine spürbare Entlastung der kleinen und mittleren Einkommen wäre deshalb der ehrlichere Weg.
- Das Wohngeld muss aufgestockt werden, um Bedürftigen zu helfen.

Die einfache Antwort auf steigende Marktpreise lautet immer, das Angebot zu stärken. Dass das funktioniert, hat Berlin in den 1990er-Jahren vorgemacht. Anstatt mehrere Hundert Mitarbeiter für die Überwachung des Mietendeckels einzustellen, sollten die Bauverwaltung aufgestockt, Verfahren beschleunigt sowie Bebauung und Verdichtung gefördert werden. Private Investitionen zu hemmen ist das Letzte, was hilft. Doch genau das hat der Senat erfolgreich getan. Die Zahl der Baugenehmigungen ist (ausgehend von einem bereits niedrigen Niveau) noch weiter zurückgegangen, und die ersten Bauvorhaben wurden abgesagt.[6]

Alles in allem ist die Wohnungspolitik, vor allem in Berlin, ein gutes Beispiel dafür, wie ein gut gemeinter Eingriff in den Markt zum gegenteiligen Ergebnis dessen führt, was die Politik angestrebt hat. Dass sich im Rahmen einer Umfrage Anfang 2020 eine deutliche Mehrheit der Deutschen für den Mietendeckel aussprach,[7] wird von der Politik als Bestätigung für die Richtigkeit der Maßnahme propagiert. Dabei zeigt die Umfrage nur trefflich, dass einfache Antworten zwar populär, aber dennoch falsch sein können.

Kohleausstieg – 80 Milliarden Euro für nichts?

Ein weiteres Beispiel für mangelndes Denken in Zusammenhängen ist der im Januar 2020 beschlossene Kohleausstieg. Später werde ich mich detaillierter mit einer intelligenten Klimapolitik beschäftigen. An dieser Stelle soll nur gezeigt werden, wie mangelndes ganzheitliches Denken zu hohen Kosten und geringem Nutzen führt.

Im Folgenden ein kurzer Blick auf die Fakten: Kohlekraftwerke sind ein wesentlicher Verursacher von CO_2, und wenn der Ausstoß von CO_2 vermindert werden soll, dann sind sie sicherlich ein wichtiger Hebel. Während in Deutschland Kohlekraftwerke stillgelegt werden, werden weltweit fast 1400 neue gebaut.[8] Was nicht bedeutet, dass in Deutschland nicht dennoch die Kohlekraftwerke stillgelegt werden sollten. Allerdings fragt es sich, ob der Ausstieg aus der Kohle hierzulande den globalen CO_2-Ausstoß reduziert.

Die einfache Antwort lautet: Nein. Die europäischen CO_2-Emissionen werden durch den Ausstieg aus der Kohleverstromung wenig gesenkt. Das CO_2 wird nur nicht mehr aus deutschen Kohlekraftwerken stammen, sondern aus Kraftwerken im Ausland. Wir erreichen also für das Weltklima fast nichts.

Woran das liegt? Es liegt an einem einfachen Mechanismus. Schon heute ist der Energiesektor in den europäischen Emissionshandel einbezogen. Unternehmen müssen Emissionszertifikate kaufen, wenn sie bei ihrer Tätigkeit CO_2 erzeugen. Da die Menge dieser Berechtigungen jedes Jahr sinkt, verteuern sich die Zertifikate – wodurch wiederum der Anreiz wächst, den CO_2-Ausstoß zu senken.

Angesichts der Überlegungen auf der Ebene der EU, die Klimaschutzanstrengungen zu verstärken, ist davon auszugehen, dass der Preis für die Zertifikate schneller steigen und damit der Druck zur Reduktion von CO_2 zunehmen wird.

Der deutsche Kohleausstieg beeinflusst die Preisdynamik im Strommarkt und bei den Zertifikaten auf verschiedenen Wegen, wie die Experten des Potsdam-Instituts für Klimafolgenforschung vorrechnen, die nicht im Ruf stehen, Befürworter der Kohle zu sein:[9] Das sinkende Stromangebot durch das Abschalten der Braunkohlekraftwerke führt zu steigenden Strompreisen. Damit gibt es einen Anreiz für vorhandene, unausgelastete Steinkohlekraftwerke, die Produktion zu erhöhen. Die CO_2-Emissionen würden danach wachsen, nicht sinken. Viel größer ist das Problem mit dem Markt für Emissionszertifikate. Durch die sinkende Nachfrage nach solchen Zertifikaten von den deutschen Energieerzeugern fällt der Marktpreis für die Zertifikate. »Das könnte dazu führen, dass Kraftwerksbetreiber im europäischen Ausland weniger Anreize haben, auf regenerative Energien umzustellen, und stattdessen fossile Kraftwerke stärker zur Stromproduktion heranziehen, was den CO_2-Ausstoß im Ausland ansteigen ließe.« Übersetzt: Der deutsche Kohleausstieg führt dazu, dass im Ausland länger günstiger mehr CO_2 ausgestoßen werden kann.

Deutschland plant, für den Kohleausstieg 40 Milliarden Euro auszugeben. Ernsthafte Schätzungen gehen eher in Richtung von 80 Milliarden Euro.[10] Das sind erhebliche Mittel. Die ZDF-Satiresendung *heute show* rechnete vor, dass wir jedem der 20 000 Kumpels 1 Million Euro zahlen könnten und somit insgesamt nur 20 Milliarden Euro ausgeben würden. Was zu der Frage führt, wofür denn die 40 bis 80 Milliarden Euro aufgewendet werden sollen. Die Antwort ist: für regionale »Strukturhilfen«. Überwiegend für Infrastruktur, zum Beispiel Neu- oder Ausbau von Bahnstrecken und Straßen so-

Denken in Zusammenhängen

wie schnelles Internet. Das hat alles nichts mit dem Kohleausstieg zu tun. Das sind normale Infrastrukturmaßnahmen.

Deutlich sinnvoller wäre es, die 80 Milliarden Euro für Grundlagenforschung auszugeben, setzt doch das Ziel der Klimaneutralität erheblichen technologischen Fortschritt voraus.

Andere Länder gehen einen intelligenteren Weg: Großbritannien hat den Anteil des Kohlestroms innerhalb von fünf Jahren halbiert, ohne dafür Geld auszugeben. Das Land hat einfach einen Preiszuschlag auf die Emissionszertifikate eingeführt, weil der Preis aufgrund von Angebotsüberschüssen im Zuge der Rezession nach der Finanzkrise gefallen war. Die Folge: Die Produktion von Kohlestrom fiel drastisch, und der Staat hatte Einnahmen. Das nennt man effizient und effektiv![11]

Fazit: Der Kohleausstieg ist teurer, politischer Aktionismus, der viel kostet, aber wenig einbringt. Er bietet ein weiteres Beispiel dafür, dass nicht ganzheitlich gedacht wird. Es wird in der Öffentlichkeit unzureichend diskutiert und zu wenig transparent gemacht. Die beliebte politische Ausrede, ein Thema sei zu komplex, um es ausgiebig zu diskutieren, trifft eben nicht zu. Das Gegenteil ist richtig: Nur durch Aufklärung und Transparenz der Zusammenhänge können wir die richtigen Entscheidungen treffen.

Systemisches Denken ist Pflicht

Die sogenannte Systemtheorie ist keine neue Erfindung. Schon in den 1960er-Jahren erkannten Wissenschaftler wie Stafford Beer, dass es in die Irre führt, die Herausforderungen einer immer komplexeren Welt durch einfache, komplexitätsleugnende Ansätze bewältigen zu wollen. Zu groß sind die Wechselwirkungen. Anstatt wegen der Komplexität zu resignieren, empfehlen sie die Mühe des vernetzten Denkens, also das Berücksichtigen von Rück- und Wechselwirkungen. Pionier dieses Ansatzes war im deutschsprachigen

Raum unter anderem Frederic Vester, dessen Arbeiten auch vom Club of Rome genutzt wurden.[12]

Systemisches oder »vernetztes« Denken sieht die Eigenschaften eines Systems – also einer Organisation, eines Unternehmens, aber eben auch eines Staates – als vernetztes Wirkungsgefüge. Die einzelnen Einflussfaktoren verstärken oder schwächen andere Größen des Systems über Rückkoppelungseffekte – im Beispiel des Kohleausstiegs über sinkende Preise für Emissionszertifikate. Um diese Effekte besser zu erfassen, werden Modelle gebaut und angesichts der immer größeren Komplexität mit Softwareunterstützung durchgerechnet.

William White, der ehemalige Chefvolkswirt der Bank für Internationalen Zahlungsausgleich (BIZ) und bekannt geworden durch seine korrekte Warnung vor der Finanzkrise, ist davon überzeugt, dass wir nur mit systemischem Denken »der Komplexität des ökonomischen Systems gerecht werden«, wie er es ausdrückt.[13]

»Das analytische Grundgerüst, auf das sich wirtschaftspolitische Instanzen heute verlassen, geht davon aus, dass sich die Wirtschaft in linearen Modellen abbilden lässt, die auf Vereinfachungen und statischen Annahmen basieren. Wie die Ereignisse des zurückliegenden Jahrzehnts aber gezeigt haben, unterliegen diese Modelle fundamentalen Fehlern. Die Wirtschaft ist ein komplexes, anpassungsfähiges System (›Complex Adaptive System‹), das sich kontinuierlich weiterentwickelt, nie im Gleichgewicht ruht und mit linearem Denken nicht erfasst werden kann.«

Wenn politische Entscheidungsträger diese Komplexität des Wirtschaftssystems akzeptieren, lassen sich daraus zehn Lektionen ableiten, die ironischerweise ganz simpel sind:

- *Es braucht Kompromisse.* Wie die Potenzgesetze aus der Mathematik vorgeben, brechen komplexe adaptive Systeme regelmäßig zusammen. Die Wirtschaftspolitik muss deshalb Effizienz gegen Nachhaltigkeit und Widerstandsfähigkeit abwägen. Diese Abwägungen wirken sich auf den Transmissionsmechanismus makroökonomischer Entscheide aus.

- *Strukturen sind wichtig.* Adaptive Systeme entwickeln zwar eine eigene, evolutionäre Dynamik. Strukturänderungen können aber helfen, wirtschaftspolitische Ziele einfacher zu erreichen. Es ist gut bekannt, dass Strukturreformen die Effizienz steigern können. Weniger bekannt scheint hingegen, dass Puffer, Redundanz und Modularität die Widerstandsfähigkeit eines Systems erhöhen können. Unnötige Komplexität sollte deshalb beseitigt werden.
- *Minimieren statt maximieren.* Wir werden adaptive Systeme nie vollständig verstehen können. Sie zu optimieren übersteigt deshalb unsere Möglichkeiten. Weil Systemzusammenbrüche zu extrem negativen Resultaten führen können, sollte sich die Wirtschaftspolitik daher verstärkt darauf konzentrieren, solche negativen Ereignisse zu verhindern. Der Einsatz von hochgradig experimentellen Maßnahmen (und Produkten) sollte deshalb nach dem Grundprinzip darauf beschränkt werden, keinen Schaden anzurichten.
- *Mehr symmetrische Ansätze.* Adaptive Systeme sind immer pfadabhängig. Ihr Ausgangspunkt legt damit fest, welche Ziele erreicht werden können. Wenn im Verlauf der Zeit Schulden angehäuft werden, macht das die Wirtschaft zusehends anfällig, sowohl für Inflation als auch für Deflation. Um eine Anhäufung von Schulden zu vermeiden, sollten Geld- und Wirtschaftspolitik daher ebenso stark einer Überhitzung wie einer Abkühlung der Konjunktur entgegenwirken. Schulden im Privatsektor sollten zusätzlich limitiert werden.
- *Das Unerwartete erwarten.* Weil adaptive Systeme ihrem Namen gemäß anpassungsfähig sind, laufen wirtschaftspolitische Maßnahmen immer Gefahr, sich auf das letzte große Problem zu konzentrieren, das möglicherweise gar nicht mehr akut ist. Noch schlimmer: Oft sind es diese Richtlinien, die Verhaltensänderungen wie die Umgehung regulatorischer Auflagen und Moral Hazard ermuntern, die zum ursprünglichen Problem geführt haben. Die ständige Wiederholung fruchtloser Maßnahmen ist also keine Strategie.

- *Augenmerk auf systemrelevante Risiken richten.* In einem adaptiven System, das stark unter Stress steht, kann fast alles eine Krise auslösen. Umso wichtiger ist es, Indikatoren für wachsende Risiken zu entwickeln, welche die Stabilität des Systems gefährden können.
- *Auf mehrere Indikatoren achten.* In einem adaptiven System können viele Dinge falschlaufen. Fehlgeleitet ist beispielsweise der Glaube, dass Preisstabilität gemäß dem Konsumentenpreisindex auch makroökonomische Stabilität garantiere. Ähnlich ist der Fokus auf die finanzielle Stabilität (also die Stabilität des Finanzsektors) ungenügend, weil Probleme (wie wachsende Schulden von Unternehmen oder Haushalten) außerhalb des Finanzsystems entstehen können.
- *Prognosen sind unmöglich.* Auch wenn solche Systeme über lange Zeit hinweg stabil bleiben können, ist eine Prognose, dass es im selben Stil weitergeht, eine naive Extrapolation. Anstatt auf die Kommastelle genaue Prognosen zu machen, ist es deshalb klüger, alternative Szenarien auszuarbeiten, basierend auf der Einschätzung neu entstehender Risiken für die Systemstabilität. Das würde auch helfen, die Leute daran zu erinnern, dass radikale Unsicherheit ein zentrales Charaktermerkmal adaptiver Systeme ist.
- *Vorbereitungen für eine Krise treffen.* Weil Krisen in adaptiven Systemen unvermeidbar sind, sollten sich politische Entscheidungsträger frühzeitig darauf vorbereiten. Ernstfälle sollten deshalb regelmäßig durchgespielt werden, zumal Krisen auf unzählige Arten entstehen und eskalieren können. Daher sollten Absichtserklärungen zwischen verschiedenen Behördenstellen ausgehandelt und vereinbart werden. Es müssen Gesetze verabschiedet werden, die eine ordentliche Abwicklung regeln, falls es bei Unternehmen, Haushalten oder Finanzinstituten zur Insolvenz kommt.
- *Internationale Koordination.* Alle nationalen Entscheidungsträger müssen ihre wirtschaftspolitischen Maßnahmen deshalb im

Hinblick darauf ausgestaltet, wie sie entscheidungstragende Instanzen in anderen Ländern betreffen – und wie diese darauf reagieren werden. Solche Erwägungen limitieren jedoch auch die »Unabhängigkeit« von Zentralbanken und nationalen Regulatoren. (…) Das wirft die Frage nach der Durchführbarkeit nationaler Maßnahmen auf, die sich ausschließlich auf nationale Interessen konzentrieren. Beispielsweise hat die deutsche Energiewende ganz Europa durcheinandergebracht, ähnlich der unabgestimmte Entscheid, die Zuwanderung des Jahres 2015 zuzulassen.

Fazit William Whites: »Die Wirtschaft ist ein komplexes, anpassungsfähiges System und sollte als solches behandelt werden. Die zehn oben beschriebenen, praktischen Lektionen für politische Entscheidungsträger sind damit einfach, aber revolutionär. Genau deshalb sollten wir sie in die Tat umsetzen. Wir brauchen einen Paradigmenwechsel, um von unserem gegenwärtigen Weg abzukommen, der unweigerlich zu einer Katastrophe führt.«

Und wie gesagt, White weiß, wovon er spricht, hat er doch hautnah erlebt, wie die Ökonomen und Notenbankpräsidenten blind für das waren, was in Form der Finanzkrise auf sie zukam – und von ihnen durch Eingriffe in das System mitverursacht wurde.

Nun mag man schlussfolgern, dass meine Beispiele zur Mietenpolitik und zum Kohleausstieg beweisen, dass man nicht groß systemisch denken muss, um zu erkennen, dass bestimmte Maßnahmen ungeeignet sind, die postulierten Ziele zu erreichen. Umso besser, würde ich meinen, sind doch die erforderlichen Modelle einfacher und damit die Wirkungszusammenhänge der Öffentlichkeit auch leichter zu erklären. Denn genau darum geht es, ebenso wie um die Transparenz der Einflussfaktoren und der erwarteten Wechselwirkungen. Diese können dann hinterfragt und später nachgehalten werden. Auf der Grundlage solcher Modelle können Fragen nach sinnvollen Eingriffsmöglichkeiten und Steuerhebeln künftiger Entwicklung oder möglichen Systemverbesserungen beantwortet werden.

Kombinieren wir das systemische Denken mit der sauberen Rechnungsmethodik und dem Zielsystem der nachhaltigen Wohlstandsoptimierung für das Land, haben wir einen Methodenkasten, um den Traum vom reichen Land zu realisieren.

Aufgaben für die nächste Bundesregierung

- Verpflichtung zur systemischen Analyse der Folgen politischer Eingriffe und öffentliche Darstellung der Ergebnisse
- Analyse vorhandener Eingriffe mit dem Ziel, Rückkoppelungen besser zu verstehen
- Korrektur falscher Entscheidungen der vergangenen Jahre, basierend auf den Erkenntnissen der Systemtheorie
- Konkret: Neustart der Regulierung im Wohnungsmarkt und bei der Energiepolitik

4. Von anderen lernen

»Was wäre ich denn, wenn ich nicht immer mit
klugen Leuten umgegangen wäre und von ihnen gelernt hätte?«

*Johann Wolfgang von Goethe (1749 bis 1832),
deutscher Dichter und Naturforscher*

»Menschen werden besonders gut durch Beispiele belehrt, die vor allem den
Vorteil haben, dass sie beweisen, dass das Geforderte machbar ist.«

Plinius der Jüngere (≈ 61 bis ≈ 115), römischer Politiker und Schriftsteller

»Das Not-invented-here-Syndrom beschreibt abwertend die Nichtbeachtung von bereits existierendem Wissen durch Unternehmen oder Institutionen aufgrund des Entstehungsortes.«[1]

Wikipedia

Im Januar 2020 sorgte eine Aussage des damaligen Wehrbeauftragten der Bundesregierung für Schlagzeilen. Hans-Peter Bartels plädierte angesichts des schlechten Ausstattungsgrades der Bundeswehr für das »Ikea-Prinzip: aussuchen, bezahlen und mitnehmen!« Es müsse – so der SPD-Politiker – nicht alles Design sein, wenn es beispielsweise um neue Kampfstiefel gehe oder um Unterwäsche.[2]

Klarer lässt sich nicht zeigen, was schiefläuft im Lande. Wenn man trotz einer offiziell nicht wehrbereiten Bundeswehr weiterhin auf individuelle und damit teure und langwierige Eigenentwicklungen setzt, statt aus dem reichlich vorhandenen weltweiten Angebot einfach das Beste auszusuchen, zeigt das eine besonders ausgeprägte Version des Not-invented-here-Syndroms. Ein Muster, das nicht nur in der Bundeswehr anzutreffen ist, sondern das ganze politische Establishment Deutschlands erfasst hat. Ausnahmen gibt es natürlich immer.

Mehr Ikea wagen

Das systematische Lernen von anderen, gerade auch von Wettbewerbern, ist in der Wirtschaft weit verbreitet. Man spricht von »Benchmarking«. Da vergleicht man zum Beispiel die eigenen Kosten der Produktion mit denen anderer Unternehmen, um sich selbst zu verbessern. Da betrachtet man die Zahl der Mitarbeiter in der Zentrale des Unternehmens, um zu schauen, ob man schlank genug aufgestellt ist. Da blickt man auf die Automatisierung der Mitbewerber, um zu prüfen, ob man selbst davon auch profitieren würde.

Genügt Benchmarking, um wirklich gut zu sein? Natürlich nicht. Es hilft aber dabei, zunächst nicht schlechter zu sein – eine wichtige Voraussetzung, um besser zu werden. Vor allem hilft es dabei, wenn man weit zurückliegt. Und Deutschland liegt weit zurück.

Diese Aussage mag zunächst erstaunen. Ist Deutschland nicht eine der wettbewerbsfähigsten Regionen der Welt? So zumindest das Ergebnis des jährlichen *Global Competitiveness Report* des Weltwirtschaftsforums (WEF).[3] In der Tat belegt Deutschland seit Jahren einen der Spitzenplätze in diesem Vergleich, zuletzt Platz 7 im Jahr 2019 nach Platz 3 im Jahr davor. Vor Deutschland liegen nur Singapur, die USA, Hongkong, die Niederlande, die Schweiz und Japan. Da dürfte es doch wohl eher so sein, dass die Welt von uns lernen sollte, nicht wir von der Welt?

Doch blickt man etwas genauer auf diesen Bericht und zieht zudem noch andere Studien hinzu, so erweist sich die Lage in Deutschland keineswegs als eindeutig.

Bleiben wir zunächst beim Weltwirtschaftsforum. »Wettbewerbsfähigkeit« ist bei dieser Analyse als eine Summe von Faktoren definiert, die entscheidenden Einfluss auf die Produktivität einer Volkswirtschaft haben – die also, vereinfacht gesagt, das BIP pro Kopf ergeben. Insgesamt erfasst die Studie 103 einzelne Größen, die zu zwölf Gruppen zusammengefasst werden. Diese Größen reichen von den Rahmenbedingungen über die Infrastruktur und die politische Stabilität bis zur Innovationskraft. Die Autoren betonen die enge Korrelation zwischen dem Ergebnis des Rankings und dem tatsächlichen BIP pro Kopf. Was auch schon ein Problem dieses Rankings zeigt: Es reagiert nur langsam auf eine Veränderung der Einflussfaktoren – es sind einfach zu viele –, und es gleicht eher einem Blick in den Rückspiegel als einem Instrument zur Vorhersage der Zukunft.

Wenn man sich durchliest, was zu Deutschland kommentiert wird, bekommt man bereits einen ersten Eindruck, dass es nicht so gut um uns bestellt ist, wie die Schlagzeilen vermuten lassen:[4]

- Beim Thema *Innovationsfähigkeit* belegen wir nach Daten des WEF Platz 1. Das ist zunächst erfreulich, doch lohnt es sich zu hinterfragen, wie diese Größe gemessen wird. Neben Faktoren wie der Toleranz für Scheitern bei Firmengründungen fließen vor allem die Aufwendungen für Forschung und Entwicklung und die Anzahl der Patente in die Rechnung ein. Interessant dabei: Die verstärkten Anstrengungen der deutschen Automobilindustrie, verlorenen Boden bei Elektromobilität und autonomen Fahren aufzuholen, führen in der Auswertung zu der Schlussfolgerung, dass Deutschland das innovationsfähigste Land sei. Blickt man hingegen auf den Anteil, den wir bei Hochtechnologie-Unternehmen in der Welt haben, und auf die fehlende Kommerzialisierung vergangener Erfindungen – der Computer wurde in Berlin erfunden, das Musikformat MP3 in Erlangen –, so sind Zweifel an der

Aussagekraft des Indikators angebracht. Unbestritten ist, dass die Forschungslandschaft in Deutschland einerseits mit über 1000 staatlichen oder staatlich geförderten Instituten eine klare Stärke darstellt. Andererseits geht die Innovationskraft des Mittelstands dramatisch zurück. Nach Daten der Kreditanstalt für Wiederaufbau (KfW) ging die Innovatorenquote, definiert als Anteil der Unternehmen, die in den vergangenen drei Jahren mindestens eine Innovation hervorgebracht haben, seit 2002 von 42 Prozent auf heute nur noch 19 Prozent zurück.[5] Dieser Befund liefert keine Bestätigung der optimistischen Sicht des WEF – im Gegenteil.

- Auch bei der *makroökonomischen Stabilität* hat Deutschland 2019 den ersten Platz belegt. Auch dies ist nichts anderes als die Beschreibung des Zustands im Land, erlebten wir doch bis zum Ausbruch der Corona-Pandemie einen von niedrigen Zinsen und einem schwachen Euro getragenen Exportboom mit steigender Beschäftigung. Da ist es schwer, nicht gut dazustehen. Doch wissen wir, dass ein solcher Boom weder nachhaltig noch gesund ist.[6]
- Bei der *Infrastruktur* belegt Deutschland nach der Einschätzung des WEF Platz 8. Blickt man genauer hin, so liegt es vor allem an früheren Investitionen. So verfügt Deutschland in Hamburg und Bremen über gute Häfen, und auch die Flughäfen bieten eine gute internationale Vernetzung. Auch das Bahnnetz gilt als »dicht«. Schlechter sieht es da schon bei der »Effizienz« des Bahn- und des Flugverkehrs aus. Hier belegt Deutschland die Plätze 16 und 28 – mit fallender Tendenz. Jeder, der in letzter Zeit mit Bahn und Flugzeug in Deutschland unterwegs war, weiß, warum.
- Beim Thema *Informationstechnologie* rangiert Deutschland auf Platz 36, weit hinter den skandinavischen Ländern, den Golfstaaten sowie Russland und China. Nur einer von 100 Breitbandanschlüssen ist hierzulande mit Glasfaser ausgestattet; der Vergleich mit Korea (32 von 100) und Litauen (20 von 100) illustriert den enormen Rückstand. Das ist deshalb so bedenklich, weil das Internet wohl unzweifelhaft die Infrastruktur der Zukunft ist.

Noch interessanter ist der Blick auf die 103 Einzelkriterien[7] – dabei vor allem auf jene, bei denen Deutschland weniger schmeichelhafte Plätze besetzt als im Gesamtranking. Interessant ist auch, wer jeweils vorne liegt. Dabei fällt nämlich auf, dass es oftmals vor allem jene Länder sind, die auch beim »Glück« die Nase vorn haben.

Ich beginne mit dem Kriterium »Sicherheit«. Dieses umfasst Punkte wie organisiertes Verbrechen (Platz 74 von 141 Ländern), Mordraten (Platz 33), Terrorismus (Platz 111) und Verlässlichkeit der Polizei (Platz 41). Insgesamt belegt Deutschland im Kreis der 141 betrachteten Länder Platz 48. Auf Platz 1 liegt Finnland. Dies alles sind Werte, auf die wir nicht stolz sein können und die – allen Beteuerungen der Politik zum Trotz – aufzeigen, dass Deutschland auf dem Gebiet der inneren Sicherheit Nachholbedarf hat.

Die These, dass das Gefühl der Sicherheit relevant ist für das Glücksgefühl einer Gesellschaft, liegt nahe, weisen doch die zehn »glücklichsten« Länder in dieser Hinsicht ausnahmslos bessere Werte auf. Besonders interessant ist der Aspekt der Verlässlichkeit der Polizei.[8] In all den Ländern, die im Glücks-Ranking Deutschland hinter sich lassen, ist das Vertrauen in die Polizei deutlich ausgeprägter. Nur in Schweden ist es in den zurückliegenden Jahren deutlich zurückgegangen und liegt auf ähnlich niedrigem Niveau wie bei uns.

Ähnlich ist die Situation beim Thema »Gesundheit«. Hier belegt Deutschland Platz 31, und auch hier liegen die glücklichsten Länder vor Deutschland, mit der Ausnahme Neuseelands, das auf Platz 34 rangiert.

Blickt man auf den Index der wirtschaftlichen Freiheiten – der Soziologe Erich Weede nennt ihn die »Kapitalismusskala« –, so kann man feststellen, dass wirtschaftliche Freiheit nicht zu weniger, sondern ebenfalls zu mehr Glück führt, belegen doch die Länder mit den glücklichsten Bürgern auch hier die vorderen Plätze (siehe Tabelle 2). Deutschland nimmt hier Platz 27 ein.

World-Happiness-Ranking	Ranking »wirtschaftliche Freiheit«
1. Finnland	-20
2. Dänemark	-8
3. Norwegen	-28
4. Island	-13
5. Niederlande	-14
6. Schweiz	-5
7. Schweden	-22
8. Neuseeland	-3
9. Kanada	-9
10. Österreich	-29
17. Deutschland	-27

Tabelle 2: **Top-10-Länder im World Happiness Report bei wirtschaftlicher Freiheit**

Quelle: World Happiness Report, OECD und Heritage Foundation: »2020 Index of Economic Freedom« abrufbar unter: https://worldhappiness.report/ed/2019/#read und unter: https://www.heritage.org/index/ranking?version=94

Offensichtlich garantiert wirtschaftliche Freiheit kein Glück. Ein positiver Zusammenhang ist jedoch nicht von der Hand zu weisen, und eindeutig lässt sich feststellen, dass jene Staaten, in denen die wirtschaftliche Freiheit übermäßig eingeschränkt ist, auch im Glücks-Ranking weit hinten liegen.

Doch zurück zum *Global Competitiveness Report*. In Bezug auf die Qualität des Staatswesens schneidet Deutschland im Großen und Ganzen recht gut ab. Zu denken geben aber die relativ schlechte Positionierung beim Schutz der Eigentumsrechte (Platz 30) – vermutlich ein Ausfluss der Diskussion über Enteignungen von Immobilien in Berlin – sowie bei der langfristigen Vision der Regierung (Platz

32). Letztere ist allerdings eine Platzierung, die positiv überrascht, kann doch von einer strategischen Ausrichtung unserer Politik selbst bei wohlwollender Betrachtung keine Rede sein. Während die Eigentumsrechte wiederum am besten in Finnland geschützt sind, überrascht es nicht, dass Singapur bei der langfristigen strategischen Planung des Regierungshandelns den ersten Platz belegt.

Ganz vorne liegt Deutschland bei den folgenden Kriterien:

- im Bereich »Regulierung für erneuerbare Energien«,
- bei der durchschnittlichen Zahl der Jahre, die die Bevölkerung unter 25 die Schule besucht hat,
- bei der Effizienz der Zollabwicklung bei Warenein- und -ausfuhr und
- bei den Regelungen für Unternehmensinsolvenzen.

Diese Befunde zeigen allerdings auch, dass nicht alles, was gemessen wird, letztlich auch etwas über die Wettbewerbsfähigkeit aussagt. Nehmen wir das Beispiel der erneuerbaren Energien. Laut WEF belegt Deutschland hier unangefochten den ersten Platz, was die Regulierung betrifft. Beim Thema Energieinfrastruktur belegt Deutschland – wenn auch mit sinkender Tendenz – einen guten 13. Platz. Daraus könnte man schließen, dass wir auf diesem Gebiet sehr gut dastehen und auch für die Zukunft gerüstet sind. Doch das stimmt so nicht, wie wiederum das WEF in einer anderen Studie aufzeigt.[9] Im WEF-Energiewende-Index liegt Deutschland auf Platz 17 (siehe Tabelle 3). Bewertet wurden 115 Länder nach Preisniveau, Energiesicherheit und Nachhaltigkeit.

Das ist ein niederschmetterndes Ergebnis, wenn man bedenkt, dass keine Nation auch nur annäherungsweise so viel Geld in die Hand genommen hat wie Deutschland, um den Umstieg auf erneuerbare Energien zu bewältigen. Doch damit nicht genug: Platz 17 erklärt sich nur dadurch, dass die Energiesicherheit und der Zugang zur Stromversorgung hierzulande noch gut sind. Bei den Strompreisen für Privathaushalte belegt Deutschland Platz 87, bei jenen

Platz	Land	Platz	Land
1	Schweden	11	Uruguay
2	Schweiz	12	Irland
3	Norwegen	13	Singapur
4	Finnland	14	Neuseeland
5	Dänemark	15	Luxemburg
6	Österreich	16	Portugal
7	Großbritannien	17	Deutschland
8	Frankreich	18	Japan
9	Niederlande	19	Litauen
10	Island	20	Estland

Tabelle 3: **Ranking im Energiewende-Index**
Quelle: World Economic Forum, »Fostering Effective Energy Transition«, Genf 2019.

für Industriekunden Platz 113. Was die Abhängigkeit von fossilen Energieträgern betrifft, so landet Deutschland auf Platz 111 von 115 – eine direkte Folge des beschlossenen Ausstiegs aus der Atomenergie. Beim Anteil der erneuerbaren Energien reicht es trotz jährlicher Subventionen von über 11 Milliarden Euro nur für Platz 55. Kein Wunder, dass die deutsche Energiewende weltweit als Desaster und keineswegs als Vorbild angesehen wird.

Statt weiter zu behaupten, Deutschland sei ein Vorbild für andere, ist es an der Zeit, von den Spitzenreitern zu lernen. Dass es da einiges zu lernen gibt, habe ich bereits am Beispiel des Kohleausstiegs gezeigt, den Großbritannien ohne Kosten für den Steuerzahler deutlich schneller bewerkstelligt hat.

Auch was Deutschlands Spitzenplatz bezüglich der Zahl der absolvierten Schuljahre betrifft, lohnt sich ein genauerer Blick. Zunächst zeigt sich, dass über 53 Prozent der 20- bis 24-Jährigen eine Hochschul- oder Fachhochschulreife haben, aber nur 39 Prozent der 40- bis 44-Jährigen und 26 Prozent der 60- bis 64-Jährigen. Längere Schulbildung geht auch mit steigenden Qualifikationen einher. Viel Zeit in der Schule zu verbringen bedeutet aber nicht zwangsläufig, dass viel gelernt wurde. Zwar zeigen Daten des Instituts der Deutschen Wirtschaft, dass sich der Anteil der Einser-Abiturienten an der Bevölkerung seit 2006 fast verdoppelt hat. Dies ist jedoch nur denkbar, wenn es in den jüngeren Jahrgängen eine wahrhafte Explosion an herausragenden Schulabschlüssen gibt. Wir haben also nicht nur mehr Abiturienten, sondern zudem auch immer bessere Leistungsniveaus.[10] Die *Frankfurter Allgemeine Zeitung* konstatierte verwundert eine »sagenhafte Intelligenzschwemme«.[11]

Doch auch zur Bildung gibt es internationale Vergleiche. Wenn die Schülerinnen und Schüler in Deutschland tatsächlich immer besser würden, dann müsste sich dies nicht nur an ihren Noten, sondern auch an den Ergebnissen international vergleichender Tests ablesen lassen – Stichwort PISA. Das allerdings ist nicht der Fall: Die Gruppe der jungen Menschen mit Spitzenergebnissen bei PISA-Studien wird in Deutschland kontinuierlich kleiner. So ist beispielsweise der Anteil der 15 Jahre alten Schülerinnen und Schüler, die im PISA-Test das Höchstniveau erreichen, in den Jahren 2006 bis 2015 in Mathematik von 4,5 Prozent auf 2,9 Prozent gesunken. Während wir uns über die stark gestiegenen Zahlen der Abiturientinnen und Abiturienten und den angeblichen Leistungsanstieg freuen, tendiert die Entwicklung in Wahrheit in die entgegengesetzte Richtung.[12]

Jetzt könnte man nach dieser ausführlichen Diskussion der relativen Stellung Deutschlands in verschiedenen Rankings zu dem Winston Churchill zugeschriebenen Schluss kommen, nur Statistiken zu verwenden, »die man selbst gefälscht hat« – und tatsächlich gab es im »Doing-Business-Index« der Weltbank Indizien für entsprechende Manipulationen.[13] Doch genau dies ist der falsche Schluss. Die Politik muss sich diesen Vergleichen stellen und auch der Versuchung widerstehen, unbequeme Tatsachen, wie das offensichtliche Scheitern der Energiewende, zu verdrängen.

Das Beste der Welt nutzen

Im Herbst 2019 war eine Delegation britischer Ökonomen, Manager und Politiker auf Studienreise in Deutschland. Sie wollte besser verstehen, wie das duale Bildungssystem funktioniert und, basierend auf ihren Erkenntnissen, der britischen Regierung eine Empfehlung zur Modernisierung des britischen Bildungssystems geben. Das nennt man Benchmarking.

Die Vorgehensweise ist klar: Nachdem man identifiziert hat, welche Länder in einem bestimmten Themenbereich führend sind, analysiert man eingehend, was diese Länder anders machen. Diese Lehren werden anschließend auf die eigene Situation übertragen, je nach Erforderlichkeit angepasst und umgesetzt. Ansatzpunkte gibt es genug.

Ein wichtiges Beispiel ist die Nutzung der digitalen Möglichkeiten in der öffentlichen Verwaltung. Dies kann dazu dienen, Prozesse zu vereinfachen und so für die Bürgerinnen und Bürger und/ oder die Behörden den Arbeitsaufwand zu reduzieren. Es ist also ein idealer Ansatz, um die Effizienz einer Gesellschaft zum Nutzen aller zu steigern. Deshalb ist es auch ein wichtiges Thema der EU, die darüber regelmäßig Fortschrittsberichte veröffentlicht und dabei das Benchmarking frei Haus liefert. So zuletzt im »eGovernment Benchmark 2019«,[14] das den Stand der Digitalisierung in den einzelnen Mitgliedsländern der EU ausführlich dokumentiert. Dort findet man unter anderem eine Gegenüberstellung entlang der Dimensionen »Nutzung der Digitaltechnik im öffentlichen Sektor« (Digitalisierung) und »Nutzung der Technologie bei der Erbringung öffentlicher Leistungen« (Penetration; siehe Abbildung 2).

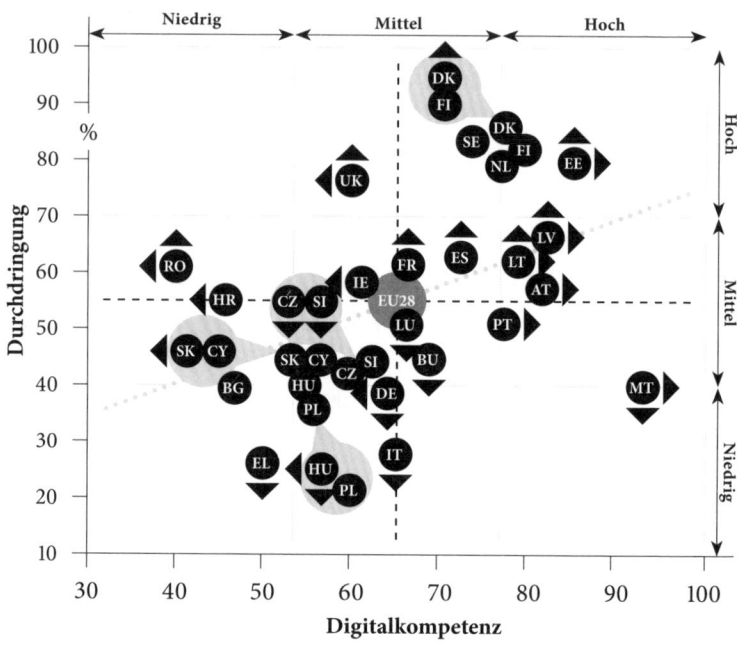

Abbildung 2: **Digitalisierung im öffentlichen Sektor**
Quelle: Europäische Union, eGovernment Benchmark 2019

Offensichtlich belegt Deutschland keinen herausragenden Platz. Zwar wird Digitaltechnik genutzt (untere Achse), aber nicht in einem besonders hohen Maße. Bei der Erbringung der Leistungen spielt die Technologie ebenfalls nur eine untergeordnete Rolle. Nun werden nicht wenige an dieser Stelle konstatieren, dass sie diese Darstellung nicht gebraucht hätten, um zu erkennen, dass Deutschland im Bereich Digitalisierung im Rückstand ist. Stimmt.

Weitaus interessanter ist, welche Länder an der Spitze liegen. Es sind – wohl kaum überraschend – erneut einige bekannte Namen dabei: Estland, Finnland, Dänemark, Schweden und die Niederlande – das sind diejenigen Länder, von denen wir dringend lernen sollten. Und das ist gar nicht so schwierig, ist es doch kein Geheimnis, was zum guten Abschneiden dieser Staaten führt.

Nehmen wir Finnland:[15] Das Land sieht Digitalisierung als Grundpfeiler für Wirtschaft und Gesellschaft. In der öffentlichen Verwaltung wurden alle Prozesse reformiert und stärker am Nutzen der Bürgerinnen und Bürger ausgerichtet. Ein zentrales Element ist dabei, dass einmal erhobene Daten der Menschen für einen anderen Zweck nicht ein zweites Mal abgefragt werden müssen. Umfangreich ist auch das E-Health-System: 2018 wurden rund 28 Millionen Rezepte elektronisch ausgestellt. Die seit 2010 verfügbare digitale Patientenakte wird von etwas mehr als der Hälfte der Bevölkerung genutzt. Bis 2021 sollen rund 430 Millionen Euro in die Digitalisierung der öffentlichen Verwaltung investiert werden.

Nichts spricht dagegen, dass die Finnen mehr als erfreut wären, ihre Erfahrungen mit den Deutschen zu teilen. Warum nicht finnische Technologie übernehmen, statt für Milliardenbeträge eigene Lösungen zu erarbeiten? Man denke etwa an die deutsche »elektronische Patientenakte«, die im Januar 2021 auf freiwilliger Basis eingeführt werden soll, also mehr als zehn Jahre nach ihrer Einführung in Finnland. Und selbst dieses Datum ist mehr als fraglich, legt die deutsche Politik doch viel Wert darauf, eine eigene Lösung zu entwickeln, die im Ausland nicht funktioniert. Bei den europäischen Nachbarländern ist das ganz anders. Ob Türkei oder Niederlande, ob Dänemark, Finnland, Estland oder die Schweiz: Alle achteten darauf, dass ihre Bürgerinnen und Bürger auch im Ausland die digitalen Möglichkeiten ihrer Gesundheitskarte nutzen können.[16]

Benchmarking bedeutet also nicht nur zu erkennen, wer besser ist, und zu verstehen, warum Unterschiede bestehen. Es bedeutet auch Offenheit, das Erlernte anzuwenden, bis hin zum Kauf einer vorhandenen und funktionsfähigen Lösung statt einer teuren und langwierigen Eigenentwicklung. Ein simpler Blick auf unseren Stand in der Welt offenbart, dass es höchste Zeit ist, diesen Weg zu gehen. Beispiele gibt es genügend:

- *Bildungssystem.* Finnland gelingt es viel besser als Deutschland, die Kinder von Zugewanderten in der Schule zu integrieren. Dabei wird die Zweisprachigkeit als Chance gesehen, zeigen doch Studien, dass das Beherrschen der Muttersprache den Spracherwerb im Gastland erleichtert.[17] Allerdings dürfte es weitere Gründe für das gute Abschneiden Finnlands geben, unter anderem eine deutlich stärkere Anerkennung des Lehrberufs.

- *Zahlungsverkehr.* Grundsätzlich sollten wir am Bargeld als Möglichkeit festhalten. Gleichwohl sind andere Länder Deutschland bei der bargeldlosen Zahlung weit voraus. In China nehmen sogar schon Obdachlose ihre Betteleinnahmen per Mobiltelefon und QR-Code entgegen. Vorreiter sind China, das Vereinigte Königreich, Skandinavien und die USA, und auch Italien oder Polen sind weiter fortgeschritten.[18]
- *Familienpolitik.* Die Geburtenrate in Schweden liegt mit 11,5 Kindern pro 1000 Einwohner über dem Niveau in Deutschland mit 9,5. Rund 86 Prozent aller Mütter sind berufstätig und das Steuersystem knüpft nicht an den Familienstand an.[19]
- *Digitale Verwaltung.* Estland konnte sich aus Geldmangel nach der Staatsgründung den Aufbau einer klassischen Verwaltung nicht leisten. Deshalb wurde voll auf Digitalisierung gesetzt. Heute können die Estinnen und Esten alles, was mit dem Staat zu tun hat, online erledigen. Nur Hochzeiten und Immobilienerwerb erfordern noch einen Gang zum Amt. Erleichtert wird der Online-Austausch durch ein weit verbreitetes Glasfasernetz. (75 Prozent der Haushalte, verfügen über einen Glasfasernetzanschluss.) Der Effizienzvorteil ist signifikant. Auf rund 2 Prozent des BIP werden die Einsparungen für den Staat geschätzt.[20]

Die Schlussfolgerung für Deutschland ist klar: Mehr Ikea wagen! Und wer glaubt, dass es viel zu lange dauert, bis Maßnahmen eine Wirkung entfallen, der möge nach Frankreich blicken. Nach einer Studie des European Center for Digital Competitiveness (ESCP) zur digitalen Wettbewerbsfähigkeit konnte sich das Land im Zeitraum von drei Jahren bis 2019 um eindrucksvolle 95 Plätze verbessern. Deutschland fiel im selben Zeitraum um 52 Plätze zurück, nur

Italien war unter den G7 noch schlechter. Ursache hierzulande war vor allem eine verschlechterte »politische Einstellung zu Unternehmensgründung und Innovation«.[21] Eine gute Regierung würde diese Bilanz als Warnsignal auffassen und ein Programm erarbeiten, um diese Lücke in den kommenden drei Jahren zu schließen – und auch von Frankreich lernen.

Aufgaben für die nächste Bundesregierung

- Verpflichtung: bei allen angedachten Maßnahmen die besten fünf Beispiele auf der Welt identifizieren und analysieren
- Verpflichtung: weitgehend erfolgreiche und erprobte Instrumente, Anwendungen, Programme aus anderen Ländern übernehmen, statt selbst aufwendig neu zu entwickeln
- Zielsetzung: in relevanten Ranglisten eine Position unter den Top 10 anstreben
- Regelmäßiges Reporting im Sinne von Benchmark über die Position Deutschlands
- Analyse von Bereichen, in denen Deutschland im Rückstand ist, und Erarbeitung von Maßnahmen (abgeleitet aus dem Beispiel der Besten), die dazu dienen, die Lücke zu schließen

5. Sauber rechnen – jemand muss es machen

»Der verfassungsmäßige Zweck des Haushaltes ist es, die Regierung empfänglich gegenüber der öffentlichen Meinung und verantwortlich für ihr Handeln zu machen.«
William Howard Taft (1857 bis 1930), US-amerikanischer Jurist und Politiker, ehemals der 27. Präsident der USA

»Ähnlich wie die Anerkennung des Rechtsstaatsprinzips durch einige Monarchien, so ist auch die Einführung eines externen Kontrollgremiums eine gute kulturelle und politische Erbschaft des alten Europa.«
Joachim Gauck, 2012 bis 2017 Bundespräsident der Bundesrepublik Deutschland

»Der Zweck bestimmt die Rechnung.«
Eugen Schmalenbach (1873 bis 1955), deutscher Wirtschaftswissenschaftler

Im Zentrum steht eine bessere Entscheidungsfindung der Politik in ihrer Rolle als Managerin des Gemeinwesens zur Wohlstandsoptimierung für alle. Dies setzt voraus, dass alle Entscheidungen transparent und systemisch gedacht sind und offen diskutiert werden. Wir dürfen es nicht mehr zulassen, dass die Politik mit der Ausrede, das Thema sei zu »komplex«, einfache Lösungen postuliert. Es ist nicht nur Bequemlichkeit, die dahintersteckt, sondern auch die Furcht vor zu viel Transparenz.

Deshalb müssen wir der Politik helfen. Und die Institution, die das tun könnte, gibt es bereits seit mehr als 300 Jahren. Ursprünglich 1714 von König Wilhelm I. als »Preußische Oberrechnungskammer« gegründet, firmiert sie seit 1950 als Bundesrechnungshof. Der Bundesrechnungshof ist eine oberste Bundesbehörde und steht auf der gleichen Stufe wie das Bundespräsidialamt, das Bundeskanzleramt und die Bundesministerien. Als unabhängiges Organ der staatlichen Finanzkontrolle ist er nur dem Gesetz unterworfen.

Heute ist der Aufgabenbereich des Bundesrechnungshofs eng umschrieben: »Der Bundesrechnungshof prüft die Haushalts- und Wirtschaftsführung des Bundes; das beinhaltet jährliche Einnahmen und Ausgaben des Bundes in Höhe von über 700 Milliarden Euro, die Sozialversicherungsträger sowie das Handeln des Bundes bei privatrechtlichen Unternehmen, an denen er beteiligt ist.« Und: »Er beurteilt keine politischen Entscheidungen.«[1]

In der Tat beschränkt sich der Bundesrechnungshof auf die nachträgliche Beurteilung politischer Entscheidungen. So findet man im jährlichen Bericht zum Bundeshaushalt durchaus kritische Anmerkungen zu Schulden, Mittelverwendung und Prioritäten. Immer so, dass es letztlich keine großen Auswirkungen auf das Handeln der Politiker hat. Die Mahnungen werden zur Kenntnis genommen, und es wird zur Tagesordnung übergegangen nach dem Motto »Gelesen – gelacht – gelocht«.

Zur Verdeutlichung des Problems hier einige Beispiele:

- Im Sommer 2019 kritisierte der Bundesrechnungshof den schleppenden Ausbau der Stromnetze und warnte vor den Folgen für die Versorgungssicherheit in Deutschland.
- Im Herbst 2019 drängte er auf eine vollständige Abschaffung des Solidaritätszuschlags, da dieser vermutlich nicht verfassungskonform ist.
- Im Herbst 2018 warnte der Bundesrechnungshof vor einem europäischen Währungsfonds, weil dieser »erhebliche Risiken« für den Bundeshaushalt mit sich bringt.

- Ebenfalls im Herbst 2018 warnte er Finanzminister Olaf Scholz vor einer Aufweichung der Abgrenzung zwischen den Haushalten der Länder und des Bundes.
- Mit Blick auf das Klimapaket der Bundesregierung warnte der Rechnungshof vor einer Schieflage zugunsten besserverdienender Haushalte.
- Ebenfalls im Sommer 2019 kritisierte der Rechnungshof die neu gegründete »Cyberagentur« als redundant mit anderen staatlichen Aktivitäten in dem Bereich und sprach von »staatlicher Mehrfachförderung«.

All dies sind Mahnungen des Bundesrechnungshofs, über die die Politik sich hinweggesetzt hat. Sie alle deuten auf notwendige Veränderungen hin. Bis jetzt ist das »Preisschild« eines politischen Vorhabens immer versteckt und wird deshalb von der Öffentlichkeit praktisch nicht wahrgenommen. Was wir brauchen, sind systematische Checks politischer Projekte, sobald sie in die Diskussion eingebracht werden, und ein verpflichtendes Label, eine Qualitätsprüfung für Gesetze. Damit macht der Bundesrechnungshof keine Politik, und er greift nicht in die politischen Entscheidungen ein, er vertritt aber die Interessen der Bürgerinnen und Bürger hinsichtlich der Transparenz über die Folgen dessen, was beschlossen wird.

Qualitätsprüfung für Gesetze

Dabei wird es nicht Aufgabe des Rechnungshofes sein, die Sinnhaftigkeit eines Ziels zu beurteilen. Das Ziel definiert weiterhin die Politik – zum Beispiel das Ziel, den Anstieg von Mieten zu begrenzen. Aufgabe des Rechnungshofes wäre es jedoch, Fragen wie die folgenden zu beantworten:

- Wird das postulierte Ziel mit der Maßnahme erreicht?

- Ist die Maßnahme konsistent mit anderen Maßnahmen oder steht sie im Widerspruch zu diesen?
- Ist die Maßnahme effizient beziehungsweise gäbe es billigere Wege, das Ziel zu erreichen?
- Gibt es Beispiele für Best Practice, und wurden die Lehren daraus ausreichend berücksichtigt (Benchmarking)?
- Sind die Neben- und Rückwirkungen ausreichend erfasst und beschrieben, um Transparenz herzustellen?
- Sind die Nebenwirkungen unter Berücksichtigung des Ziels akzeptabel?

Ich gehe diese Fragen an einem Beispiel durch. Die Bundesregierung hat im Rahmen des sogenannten Klimapakets beschlossen, die Luftverkehrsabgabe zu erhöhen. Damit soll innerdeutsches Fliegen teurer werden und mithin der Anreiz steigen, andere Verkehrsmittel, also konkret die Bahn, zu nutzen.

- *Wird das postulierte Ziel mit der Maßnahme erreicht?* Offiziell geht es darum, den CO_2-Ausstoß zu senken. Der innerdeutsche Flugverkehr steht für rund 1,5 Millionen Tonnen CO_2 pro Jahr, was rund 0,2 Prozent der deutschen CO_2-Emissionen pro Jahr ausmacht, die wiederum 2 Prozent zu den weltweiten CO_2-Emissionen beitragen. Es ist offensichtlich, dass diese Größenordnungen für das Ziel der Reduktion des weltweiten CO_2-Ausstoßes irrelevant sind.
- *Ist die Maßnahme konsistent mit anderen Maßnahmen, oder steht sie im Widerspruch zu diesen?* Der Flugverkehr ist schon heute – wie auch die Energieerzeuger – in den europäischen Zertifikatehandel eingebunden. Wenn aufgrund der hiesigen Maßnahmen die Nachfrage nach Zertifikaten sinkt, sinken die Preise, was dann wiederum das Fliegen billiger macht. Statt in Deutschland wird dann anderswo in Europa geflogen.
- *Ist die angedachte Maßnahme effizient beziehungsweise gäbe es billigere Wege, das Ziel zu erreichen?* Wenn es darum geht, den CO_2-

Ausstoß zu reduzieren, ist die effizienteste Maßnahme, den Preis für Emissionszertifikate schneller zu erhöhen. Alternativ dazu kann man dem Ziel über eine CO_2-Steuer näherkommen.

- *Gibt es Beispiele für Best Practice, und wurden die Lehren daraus ausreichend berücksichtigt (Benchmarking)?* Im konkreten Fall lassen sich keine guten Beispiele finden, jenseits von Ländern wie Japan, die seit Jahren über ein funktionsfähiges und zuverlässiges System an Schnellzugverbindungen verfügen. Diese zu bauen setzt nicht nur entsprechende Investitionen voraus, sondern auch die Bereitschaft, den Bau politisch durchzusetzen – ebenfalls ein Gebiet, auf dem wir nicht glänzen.
- *Sind die Neben- und Rückwirkungen ausreichend erfasst und beschrieben, um Transparenz herzustellen?* Offensichtlich ist das nicht der Fall, wie der bereits bestehende Einbezug des Flugverkehrs in den Zertifikatehandel unterstreicht. Darüber hinaus kann die Abgabe zu einer Wettbewerbsverzerrung im Flugmarkt führen. Die relativen Kostenvorteile der sogenannten Billigflieger nehmen durch die Abgabe ab, weil ein gleicher absoluter Zuschlag prozentual deutlich mehr ausmacht, wovon vor allem Konkurrenten mit höheren Kosten profitieren. Indirekt verhindert die Maßnahme also weitere Effizienzvorteile in der Wirtschaft. Dies ist problematisch, weil – wie ich noch ausführlich diskutieren werde – eine höhere Produktivität unserer Wirtschaft eine wesentliche Voraussetzung für die Sicherung künftigen Wohlstands ist.
- *Sind die Nebenwirkungen unter Berücksichtigung des Ziels akzeptabel?* Diese Frage müsste ehrlicherweise verneint werden. Es bringt nichts.

Natürlich kann sich die Politik dennoch zum Ziel setzen, den CO_2-Ausstoß aufgrund des innerdeutschen Flugverkehrs zu reduzieren. Dazu wäre die Abgabe allerdings zu gering und insofern nicht geeignet, eine merkliche Verhaltenswirkung zu entfalten. Was bleibt, ist lediglich eine weitere Steuer in einem ohnehin schon komplizierten Steuersystem.

Dieses Beispiel ist zugegebenermaßen recht einfach. Doch auch mit den anderen Maßnahmen der Politik lässt sich die Liste der Fragen durchdeklinieren.

Damit würde der Bundesrechnungshof nichts anderes tun als heute schon.[2] Er würde es nur systematisch tun und stärker Gehör finden. Bei vielen Punkten wird man mit Unsicherheit konfrontiert sein. Doch auch damit kann man umgehen, indem man mit Szenarien arbeitet nach dem Motto »Was muss ich annehmen, um zu einem bestimmten Ergebnis zu gelangen?« Im Fall des innerdeutschen Flugverkehrs beispielsweise eine Halbierung des Aufkommens, wenn man das als Ziel formuliert. Dann könnte man berechnen, wie hoch der Preis sein müsste, um entsprechend wirksame Verhaltensänderungen hervorzurufen. Dabei helfen empirische Daten zur Preisempfindlichkeit der Kunden, über die die Fluggesellschaften durchaus verfügen.

Es müsste zur Pflicht gemacht werden, dass im Zuge der Einbringung von Gesetzen in den Bundestag das Ergebnis der Analyse des Rechnungshofs (inhaltlich angereichert durch das im vorangegangenen Kapitel angemahnte systemische Denken) veröffentlicht wird. Wie bei einer Ampel könnte der Bundesrechnungshof zu jeder der fünf Fragen das Signal auf Grün, Gelb oder Rot stellen, was eine plakative Auskunft zur Güte der Gesetzesvorlage gäbe. Die Medien und vor allem auch die politischen Talkshows wären ebenfalls verpflichtet, das Ergebnis des Rechnungshofs bei der Besprechung der entsprechenden Gesetzesvorhaben einzublenden.

Weniger ist mehr

Ist das eine Abkehr vom Primat der Politik? Die Politik wird es vermutlich so sehen und darauf verweisen, dass es in der Kompetenz der gewählten Abgeordneten als Vertreter des Volkes liegt, solche Entscheidungen zu treffen. Diese Kompetenz bleibt bei einer gestärkten Rolle des Rechnungshofs bestehen. Nur die Komponente der Verantwortung würde gestärkt. Viele politische Entscheidungen reichen weit in die Zukunft, weshalb die Riegen der Politik nur selten für deren Folgen eintreten müssen. Vor allem würden wir der Interventionsspirale entgegentreten – einer Entwicklung, in der immer neue Eingriffe erforderlich werden, um mit den Neben- und Rückwirkungen der früheren Beschlüsse umzugehen.

Im Kern läuft es darauf hinaus, der Politik dabei zu helfen, sich auf wesentliche Ziele und wirkungsvolle Maßnahmen zu konzentrieren. Im idealen Staat werden Rahmenbedingungen gesetzt; wo nötig, wird über Regulierung und vor allem Preissignale korrigierend eingegriffen. Doch ein solcher idealer Staat mag aus der Sicht der Politik schlichtweg uninteressant sein. Es gäbe relativ wenig zu tun – und damit für die Politik wenig Bühnentaugliches. Also muss etwas passieren – und damit sind wir in der heutigen Welt, in der interveniert wird, was das Zeug hält. Clemens Fuest vom ifo-Institut hat das in einem Beitrag für die *Frankfurter Allgemeine Zeitung* verdeutlicht. Darin spricht er von »Neodirigismus«:[3]

»Neodirigismus zeichnet sich durch die folgenden Charakteristika aus: Erstens besteht ein geringes Vertrauen in die Fähigkeit von Märkten, Preismechanismen und Wettbewerb, wirtschaftliche Probleme zu lösen. Stattdessen wird staatlichen Institutionen zugetraut, durch steuernde Eingriffe in das Wirtschaftsgeschehen bessere Ergebnisse zu erzielen. Zweitens gehört zum Neodirigismus die Vorstellung, dass ökonomische Anreize für wirtschaftliche Entscheidungen keine zentrale Rolle spielen. Daraus folgt drittens die These, dass der Staat durch Preisregulierungen, Sozialtransfers oder Steuern Einkommen umverteilen kann, ohne dass größere Ausweichreaktionen und schädliche Nebenwirkungen zu befürchten sind. Diese Haltung erinnert an den wirtschaftspolitischen Dirigismus der siebziger Jahre des vergangenen Jahrhunderts.«[4]

Mit anderen Worten beschreibt Fuest hier, was ich zuvor als Interventionsspirale bezeichnet habe: eine Spirale immer weitergehender Eingriffe in ein komplexes System, ohne dessen Komplexität anzuerkennen, geschweige denn sich die Mühe zu machen, diese Komplexität zu erfassen und bei den Entscheidungen zu berücksichtigen. Dies müssen wir ändern, und wie gezeigt, kann eine neutrale Stelle mit entsprechender Kompetenz hier einen erheblichen Beitrag leisten. Der Bundesrechnungshof und auf der Ebene der Länder die Landesrechnungshöfe bieten sich hier an.

Dass eine solche unabhängige Bewertung von politischen Programmen funktioniert und vor allem zu einer Disziplinierung der Politik beiträgt, beweist das Beispiel der Niederlande. Dort bewertet das 1945 gegründete Centraal Planbureau (CPB) sogar alle Wahlprogramme und weist die wirtschaftlichen Folgen aus – ein weiteres Beispiel, wie wir von anderen lernen können.[5]

Aufgaben für die nächste Bundesregierung

- Aufwertung des Bundesrechnungshofs, damit dieser die wie beschrieben erweiterte Aufgabe übernehmen kann
- Einführung der entsprechenden Instrumentarien
- Breite Kommunikation mit Medien und Öffentlichkeit, um Instrumentarien und deren Nutzen zu erklären
- Verabschiedung neuer Gesetze nur dann, wenn Gutachten mit ausreichendem zeitlichem Vorlauf vorliegen und der Öffentlichkeit transparent gemacht wurden

Das Instrumentarium steht fest

Womit die Voraussetzungen für das Programm Deutschland 2040 gesammelt wären:

- das klare Ziel der Wohlstandsoptimierung, verbunden mit der Vorstellung, das Glück der Bevölkerung zu mehren;

- die saubere Rechnungslegung, um die wirtschaftlichen Folgen von Entscheidungen besser erfassen zu können;
- systemisches Denken, um Wechsel- und Rückwirkungen einzelner Handlungen besser erfassen und Maßnahmen im Hinblick auf ihre Wirksamkeit überprüfen zu können;
- lernen von anderen, um Best Practice anzuwenden, statt das Rad neu zu erfinden;
- ein modernisierter und aufgewerteter Bundesrechnungshof, der institutionell alle Gesetzesvorhaben entlang des Zielsystems prüft und transparent macht;
- Politiker, die nach wie vor die politische Verantwortung für ihre Entscheidungen tragen, diese nur an transparenteren Kriterien messen und dementsprechend auch fundierter begründen müssen.

Es ist eine Abkehr von der politischen Vorgehensweise, die in den zurückliegenden Jahrzehnten offensichtlich nicht zum Erfolg geführt hat. Zweifellos stünde Deutschland heute besser da, hätten diese Grundsätze schon in den vergangenen 20 Jahren gegolten. Es ist aber nicht zu spät.

6. Das ungenutzte Jahrzehnt

»Ich beschäftige mich nicht mit dem, was getan worden ist. Mich interessiert, was getan werden muss.«
Marie Curie (1867 bis 1934), Physikerin und Chemikerin, erste Nobelpreisträgerin der Geschichte

»Die Zeit ist *schlecht*? Wohlan. Du bist da, sie *besser* zu machen.«
Thomas Carlyle (1795 bis 1881), schottischer Essayist und Historiker

Ich kann freilich nicht sagen, ob es besser werden wird, wenn es anders wird; aber so viel kann ich sagen: Es muss anders werden, wenn es gut werden soll.
Georg Christoph Lichtenberg (1742 bis 1799), erster deutscher Professor für Experimentalphysik

Bevor ich beginne, ein Programm zur Wohlstandssicherung und -steigerung zu erarbeiten, gilt es, Bilanz zu ziehen. Wie gut steht Deutschland da im Jahr 2021? Eine durchwachsene Bilanz, wie ich schon in meinem Buch *Das Märchen vom reichen Land* aufgezeigt habe. Egal auf welchen Aspekt man blickt, es ist in den vergangenen Jahren nicht besser geworden. Im Gegenteil hat Deutschland sich immer weiter in die falsche Richtung entwickelt. Getrieben von einer Politik, die wie berauscht von der guten konjunkturellen Lage bis Ende 2019 handelte, als wäre Wohlstand in diesem Land gottgegeben und sie müsse ihn nur mit vollen Händen verteilen. Für die Grundlagen dieses Wohlstands interessierten sich Politik, Medien und auch Bürgerinnen und Bürger immer weniger. Stattdessen herrschte eine Haltung, die davon ausging, dass das Land und seine Menschen endlos belastbar und leistungsfähig seien.

Der Coronaschock und die im Zug der Pandemie ergriffenen Maßnahmen unterstützten diesen Trend weiter. Die Politik tritt als »Retter« der Wirtschaft und der Menschen in einer Krise auf, die auch durch eben ihre Handlungen schärfer ausfällt, als sie hätte ausfallen müssen. Mehr und mehr deutet sich zudem an, dass die mittel- und langfristigen Folgen der politischen Eingriffe Deutschland noch auf Jahre hinaus belasten und dass mithin die ohnehin schon schlechte Bilanz der Regierungen der vergangenen 15 Jahre künftig noch schlechter ausfallen wird.

Bereits in den vorangegangenen Kapiteln habe ich zur Illustration der Grundprinzipien professionellen Managements an einigen Beispielen gezeigt, wo Deutschland im internationalen Vergleich steht und wie interventionistisch, schlecht durchdacht und populistisch die deutsche Regierung agiert. Nun blicke ich zunächst auf die Lage der Wirtschaft vor dem Ausbruch der Corona-Pandemie, weil diese für einen realistischen, nachhaltigen Blick auf die Lage Deutschlands relevant ist. Anschließend gehe ich der Frage nach, wie der Corona-Schock und vor allem die (wirtschafts-)politischen Maßnahmen diese Lage verändert haben. Ergänzt wird dies durch eine Betrachtung des Vermögens der Bürgerinnen und Bürger und der unterlassenen Investitionen des Staates.

Zehn tolle Jahre

Wenn wir auf die wirtschaftliche Entwicklung der zehn Jahre bis zum Beginn der Corona-Krise blicken, können wir uns auf die Schultern klopfen. Keinem anderen der größeren Industrieländer ist es besser ergangen als Deutschland. Egal, welchen Indikator man betrachtet: Deutschland stand vor Corona hervorragend da. Das reale Wirtschaftswachstum lag über dem Durchschnitt der OECD-Länder, der EU und der Eurozone (siehe Tabelle 4).

Land	Wachstum in Prozent	Land	Wachstum in Prozent
China	96	Russland	18
Indien	84	Dänemark	17
Irland	71	**Europäische Union**	**15**
Korea	34	Österreich	15
Zentraleuropa und Baltikum	29	Norwegen	15
Neuseeland	29	Niederlande	13
Australien	27	**Eurozone**	**13**
Schweden	26	Japan	13
USA	22	Frankreich	13
Kanada	22	Finnland	11
Deutschland	**21**	Spanien	9
OECD-Staaten	**20**	Italien	2
Schweiz	19	Griechenland	-20
Großbritannien	19		

Tabelle 4: **Reales Wirtschaftswachstum 2009 bis 2018**
Quelle: Weltbank, The World Bank Data, abrufbar unter https://data.worldbank.org/indicator/NY.GDP.MKTP.KD?end=2018&start=2018&view=bar

Das ungenutzte Jahrzehnt

Für ein Land mit einer so reifen Wirtschaft wie Deutschland ist das durchaus ein erfreuliches Ergebnis. Lediglich Schwedens Wirtschaft spielt in einer ähnlichen Liga wie Deutschland und weist ein noch höheres Wachstum auf. Kein Wunder angesichts des guten Wachstums, dass die Beschäftigungsentwicklung ebenso erfreulich war. Die Zahl der im Inland beschäftigten Menschen stieg von 40 842 000 im Januar 2010 auf 45 363 000 im Januar 2020 (+ 11 Prozent).

Spiegelbildlich dazu fiel die Arbeitslosenquote auf 3,2 Prozent. Lediglich Tschechien wies mit 2 Prozent eine noch geringere Arbeitslosenquote innerhalb der EU auf. Selbst in den USA lag die Arbeitslosenquote im Januar 2020 über dem deutschen Niveau. Im EU-Durchschnitt waren 6,2 Prozent Arbeitslosigkeit zu messen. Besonders schlimm war es in Griechenland (16,6 Prozent), Spanien (13,7 Prozent), Italien (9,8 Prozent) und Frankreich (8,4 Prozent). Die Corona-Pandemie hat die Lage in diesen Ländern weiter verschärft, was auch daran liegt, dass die Bereiche Dienstleistungen und Tourismus eine weitaus größere Bedeutung für die Wirtschaft der besagten Länder haben als für die deutsche.

Die gute Lage der Wirtschaft schlug sich auch in der finanziellen Lage der öffentlichen Haushalte nieder. So sank die Verschuldung des Staates relativ zum BIP seit 2009 bis Ende 2019 von 73,6 Prozent auf unter 60 Prozent. Dies war eine Folge der guten Konjunktur und der nicht zuletzt aufgrund der Eurokrise und der Geldpolitik der EZB deutlich sinkenden Ausgaben des Staates für Zinsen auf die ausstehenden Schulden.

Nun könnte man angesichts dieser Zahlen die folgenden Schlüsse ziehen: Die erfreuliche wirtschaftliche Entwicklung

- war Folge guter Politik hierzulande;
- ist ein guter Indikator für die Zukunft;
- hat den Wohlstand der Deutschen gemehrt;
- wurde genutzt, um die Grundlagen für künftigen Wohlstand zu schaffen.

Zu Beginn der Corona-Rezession und bei der Ankündigung seiner »Bazooka« betonte Finanzminister Olaf Scholz, Deutschland könne es sich leisten »weil der Staat gut vorgesorgt habe«. Doch weder diese Aussage noch eine der obigen Schlussfolgerungen stimmt – wie ich im Folgenden zeigen werde.[1]

Boom dank externer Faktoren

Deutschland ist in einem hohen Maß vom Außenhandel abhängig. Die sogenannte Außenhandelsquote, die sich aus der Summe von Exporten und Importen im Verhältnis zum BIP ergibt, ist seit 2009 von 59,7 Prozent auf 71,1 Prozent des BIP (2018) gestiegen.[2] Dabei haben die Exporte schneller zugenommen als die Importe – was Deutschland den wenig nützlichen Titel des Exportweltmeisters einbringt (Näheres dazu später). Damit steht Deutschland an der Spitze der großen Industrieländer – nur kleinere Länder wie die Schweiz weisen relativ zur Bevölkerungszahl eine noch größere Abhängigkeit vom Außenhandel auf.

Besonders wichtig für den Exporterfolg der deutschen Wirtschaft sind die traditionellen Industriezweige, namentlich Kraftfahrzeuge und Kfz-Teile, Maschinen und Anlagen sowie Erzeugnisse der chemischen Industrie.[3] Dies sind allesamt Branchen, in denen Deutschland schon vor mehr als 100 Jahren eine gute Position hatte. Schwach sind wir hingegen bei den neueren Technologien, bei denen wir auf Importe angewiesen sind. Dies unterstreicht bereits, dass die deutsche Wirtschaft sich nicht nur vom Export sehr abhängig gemacht hat, sondern auch von wenigen Schlüsselbranchen, die angesichts des technologischen Umbruchs und der Verschlechterungen der Rahmenbedingungen hierzulande vor erheblichen Herausforderungen stehen.

Tabelle 5 gibt einen Überblick über die größten Kunden Deutschlands im Jahr 2019.

Land	Exporte in Mrd. Euro
USA	118,7
Frankreich	106,8
Volksrepublik China	96,0
Niederlande	91,7
Großbritannien	78,7

Tabelle 5: **Deutschlands größte Kunden im Jahr 2019**
Quelle: Statistisches Bundesamt, »Fachserie 7, Reihe 1«, 2019, S. 45, abrufbar unter https://www.destatis.de/DE/Themen/Wirtschaft/Aussenhandel/Publikationen/Downloads-Aussenhandel/zusammenfassende-uebersichten-jahr-vorlaeufig-pdf-2070100.pdf?__blob=publicationFile

Diese Zahlen weisen bereits auf die Risiken hin, die sich aus einer solch starken Exportabhängigkeit ergeben. Einen Vorgeschmack davon hatten wir schon im Herbst 2019, als wir nur knapp an einer Rezession vorbeikamen, und im Frühjahr 2020 angesichts der Corona-Pandemie. Es zeigt sich aber auch, wie gefährlich ein zunehmender Protektionismus direkt und indirekt sein kann, weshalb entsprechende Überlegungen der US-Regierung Deutschland stark treffen könnten.

Die Industrie Deutschlands hat von der Globalisierung der vergangenen Jahrzehnte überproportional profitiert. Dazu beigetragen hat nicht zuletzt die Lohnzurückhaltung seit der Einführung des Euros. Zunächst verlor Deutschland an Wettbewerbsfähigkeit und durchlebte Anfang der 2000er-Jahre eine Rezession. In der Folge kam es zu den Hartz-IV-Reformen, die letztlich zum Ziel hatten, das Lohnniveau zu senken und so die Wettbewerbsfähigkeit zu verbessern. Mit Erfolg: Bis 2007 sanken die Lohnstückkosten deutlich. Damit wurde es attraktiver, in Deutschland zu produzieren.[4] Spiegelbildlich dazu stagnierten die Reallöhne. Erst seit 2010 legen diese mit real 1,2 Prozent pro Jahr wieder zu,[5] wobei ein Teil des Lohnzuwachses durch das

Wachstums der Steuer- und Abgabenquote neutralisiert wurde. Die besagte Quote stieg von 38,4 Prozent im Jahr 2010 auf 41,4 Prozent im Jahr 2019. Der Staat nimmt den Bürgerinnen und Bürgern also mittlerweile rund 3 Prozentpunkte des BIP mehr ab.[6]

Neben der Lohnzurückhaltung war vor allem die Geldpolitik der EZB für die gute konjunkturelle Entwicklung hierzulande verantwortlich. Diese wirkt über zwei Kanäle. Zum einen stabilisierten die niedrigen Zinsen die Eurozone und damit die Nachfrage aus den anderen Mitgliedsländern. Zwar stagnieren die Exporte in die Eurozone seit Jahren, aber ohne die Eingriffe der EZB wäre es dort zu einem noch stärkeren Rückgang der Konjunktur und damit der Nachfrage nach deutschen Waren gekommen. Den Preis dafür zahlen unter anderem die deutschen Sparerinnen und Sparer, die – vor allem wegen ihrer Vorliebe für vermeintlich risikoarme Anlageformen wie Konto, Sparbuch, Anleihe und Lebensversicherung – keine Zinsen mehr erhalten und nicht am Wertzuwachs von Sachwerten wie Aktien und Immobilien partizipieren.

Die größere stimulierende Wirkung auf die Exporte dürfte die deutliche Abschwächung des Werts des Euros gehabt haben. Musste man im Jahr 2010 für 1 Euro noch 1,50 US-Dollar zahlen, so näherte sich der Euro im Frühjahr 2020 der Parität. Nach Berechnungen des britischen *Economist* war der Euro damit um rund 19 Prozent unterbewertet.[7] Von der starken Abwertung des Euros profitierten naturgemäß exportstarke Nationen wie Deutschland besonders – dies umso mehr, als das Land in der Eurozone mit wirtschaftlich deutlich schwächeren Nationen in einem Boot sitzt. Eine Vorstellung davon, wie es aussehen könnte, wenn wir noch die Deutsche Mark hätten, gibt die Wertentwicklung des Schweizer Frankens, der nach den Berechnungen des *Economist* im Januar 2020 gegenüber dem US-Dollar um 18 Prozent überbewertet war. So gesehen wirkte sich die Schwäche des Euros gerade auf Deutschlands Exportwirtschaft besonders günstig aus.

Hinter dem starken Boom des Exports steht eine wachsende Verschuldung in der Welt. Seit Jahrzehnten nehmen die Schulden deutlich schneller zu als die Wirtschaftsleistung, und sie sind nur unter der Bedingung ständig sinkender Zinsen weiter tragbar. Nebenwirkung der sinkenden Zinsen ist allerdings eine immer weitergehende Verschuldung, die sich unter anderem in Zuwächsen der Nachfrage nach Gütern aus Deutschland niederschlägt. Hinter den Exporterfolgen steht also eine Schuldenwirtschaft im Ausland, die zunehmend an ihre Grenzen stößt. So nimmt die Wirkung neuer Schulden auf das Wirtschaftswachstum mehr und mehr ab. Schon vor dem Beginn der Corona-Krise bewirkte 1 Euro neuer Schulden deutlich weniger als 50 Cent mehr BIP in den westlichen Industrienationen. In China sah es nicht besser aus.[8]

Die anhaltend hohen deutschen Handelsüberschüsse werden von den anderen Staaten zunehmend kritisch gesehen. Institutionen wie der IWF, die OECD, die Weltbank und führende Ökonomen verweisen auf die sich daraus ergebenden weltweiten Ungleichgewichte. Die Regierung Donald Trumps war dabei die lauteste, aber keineswegs die einzige Regierung, deren Bereitschaft abnahm, die Exportüberschüsse der deutschen Wirtschaft weiter zu tolerieren, ziehen sie doch Kaufkraft aus anderen Ländern ab.

Die Fitness leidet

Angesichts des bisher Diskutierten ahnt man schon, dass es bereits vor dem Corona-Schock in Wirklichkeit nicht gut um Deutschlands Wirtschaft bestellt war. Der Aufschwung der vorangegangenen Jahre hatte viele Schwächen übertüncht und zugleich damit verschärft.

Wohlstand ist deutlich mehr als die Summe der Güter und Dienstleistungen, die in einem Land Jahr für Jahr hergestellt und erbracht werden. Doch das BIP pro Kopf ist ein wesentlicher Faktor, wenn es um die Schaffung von Wohlstand und Glück geht. Und hier zeigt sich, dass die Entwicklung in den zurückliegenden zehn Jahren vor allem davon getragen war, dass mehr Menschen gearbeitet haben, nicht so sehr von einem Anstieg der Wirtschaftsleistung pro Kopf. Die Daten der Weltbank unterstützen diesen Befund (siehe Tabelle 6).

Land	Wachstum in Prozent	Land	Wachstum in Prozent
China	93	Deutschland	10
Indien	69	USA	10
Zentraleuropa und Baltikum	22	**Eurozone**	**10**
Korea	21	Neuseeland	10
Russland	17	Finnland	9
Schweden	17	Spanien	9
Niederlande	15	Norwegen	8
Dänemark	12	Österreich	8
Australien	11	Großbritannien	7
Kanada	11	Portugal	7
Europäische Union	**11**	Schweiz	7
Japan	11	Italien	4
OECD-Staaten	**10**	Griechenland	−7
Frankreich	10		

Tabelle 6: **Reales Wirtschaftswachstum**
Quelle: Weltbank, The World Bank Data, abrufbar unter: https://data.worldbank.org/indicator/SL.GDP.PCAP.EM.KD , Berechnung durch beyond the obvious.

Die Daten zeigen, dass die Entwicklung in Deutschland immer noch positiv ausfällt, allerdings nicht mehr so positiv, wie es aus einer einfachen Betrachtung des realen Wirtschaftswachstums hervorgeht (siehe dazu Tabelle 4). Gemessen am Wirtschaftswachstum pro Erwerbstätigen liegt Deutschland mit 10 Prozent im Durchschnitt der Eurozone und unterhalb der EU und der OECD – und nicht mehr darüber. Dies lässt sich positiv und negativ bewerten:

- *Positiv:* In Deutschland ist es gelungen, mehr Menschen in den Arbeitsmarkt zu integrieren – was auch die sinkenden Arbeitslosenzahlen zeigen – und damit den Wohlstand der Bevölkerung zu heben.
- *Negativ:* Wir arbeiten mehr aber nicht hinreichend produktiv.

Die positive Wertung ist für die Beurteilung der Vergangenheit relevant, die negative leider für die Zukunft. Weshalb? Für die Sicherung des Wohlstands ist ganz entscheidend, dass es gelingt, die Arbeitsproduktivität zu steigern. Nur so lassen sich die Kosten des Sozialstaates ansatzweise bewältigen – angesichts einer schrumpfenden Erwerbsbevölkerung und einer stark wachsenden Zahl von Menschen im Ruhestand. Schon seit 2010 lässt sich ein Rückgang der Produktivitätsfortschritte feststellen; in einigen Schlüsselbereichen der Wirtschaft dürfte die Produktivität sogar gesunken sein. Das bedeutet, dass mit einem gegebenen Einsatz von Maschinen und Arbeit nunmehr weniger Güter und Dienstleistungen erzeugt werden. Eigentlich sollte es umgekehrt sein: Wir müssten jedes Jahr ein bisschen besser werden und mit gleichem Einsatz mehr erzeugen. Das böte die Basis für steigende Löhne, Gehälter, Gewinne und auch Sozialleistungen.

Konnten wir in den vergangenen Jahrzehnten noch deutliche Fortschritte erzielen, so wuchs der Output, gemessen am Arbeits- und Kapitaleinsatz, im Jahr 2019 nur noch um 0,1 Prozent. In den 1990er-Jahren stieg die Produktivität im Durchschnitt der Jahre um mehr als 2 Prozent. Da ist es keineswegs tröstlich, dass nicht allein

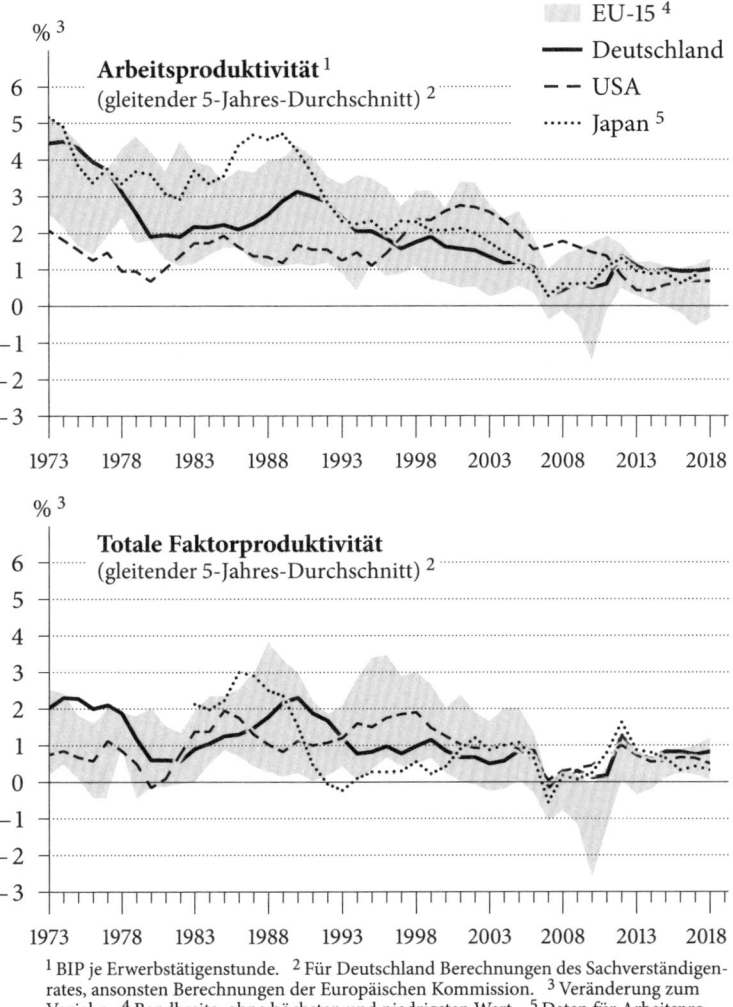

Abbildung 3: Produktivitätswachstum im internationalen Vergleich
Quelle: Europäische Kommission, Statistisches Bundesamt, eigene Berechnungen.
Quelle: Sachverständigenrat der Bundesregierung | 19-208, »Produktivitat: Wachstumsbedingungen verbessern«, Nationaler Produktivitätsbericht 2019, abrufbar unter:
https://www.sachverstaendigenrat-wirtschaft.de/fileadmin/dateiablage/gutachten/
jg201920/2019_Nationaler_Produktivitaetsbericht.pdf

Deutschland mit diesem Problem konfrontiert ist. Der Rückgang der Produktivitätsfortschritte ist ein Phänomen, das sich auch in den anderen Industrienationen feststellen lässt (siehe Abbildung 3).

Sowohl die Wachstumsrate der Arbeitsproduktivität (hier gemessen als BIP pro Erwerbstätigenstunde) als auch die der sogenannten totalen Faktorproduktivität sind zurückgegangen. Letztere wird wesentlich vom technischen Fortschritt mitbestimmt, also der Fähigkeit, mit Kapitalgütern und menschlicher Arbeitskraft mehr zu schaffen.

Die Wirtschaftswissenschaft rätselt über die Ursachen dieser Entwicklung. Ein möglicher Grund könnte die noch nicht ausgestandene Finanzkrise sein. Hohe Schulden, unterkapitalisierte Banken und die sich auch daraus ergebenden niedrigen Realzinsen tragen zu einer »Zombifizierung« der Wirtschaft bei. Unternehmen, die eigentlich nicht mehr wettbewerbsfähig sind, bleiben nur dank der günstigen Finanzierungsmöglichkeiten im Markt. Diese Unternehmen haben nicht genug Kraft für Investitionen und Innovation, erschweren aber zugleich innovativeren Unternehmen den Markteintritt.[9] In der Folge sinkt das allgemeine Produktivitätswachstum.

Dennoch müsste man angesichts des allgemein sichtbaren technischen Fortschritts – ein Smartphone ersetzt heute Telefon, Computer, Kamera und vieles mehr – doch deutliche Produktivitätsfortschritte sehen. Schon vor der Finanzkrise stellte sich die Frage, warum diese Fortschritte zwar stattfinden, in den volkswirtschaftlichen Zahlen indes nicht wiederzufinden sind. Die Hypothesen dazu reichen von einer unzureichenden Messbarkeit – Güter oder Dienstleistungen werden »umsonst« abgegeben, wie beispielsweise Facebook, das diejenigen, die es nutzen, mit ihren Daten »bezahlen« – über Verzögerungseffekte – es dauert eine gewisse Zeit, bis sich der technische Fortschritt breit in der Wirtschaft bemerkbar macht[10] – bis zu denen von Skeptikern, die sagen, dass die Innovationen nicht mehr so grundlegend sind wie die Erfindungen vor 100 Jahren und deshalb weniger stark wirken.[11]

So oder so bleibt festzustellen, dass sich die Fitness Deutschlands in wirtschaftlicher Hinsicht in den vergangenen Jahren trotz – oder wegen? – der guten Konjunkturlage nicht verbessert hat. Der Euro dürfte dabei negativ gewirkt haben. Zu Zeiten der D-Mark standen die hiesigen Unternehmen aufgrund der starken deutschen Währung unter einem ständigen Druck, ihre Preise für ausländische Abnehmer attraktiv zu halten, und waren deshalb gezwungen, die Produktivität rasch zu steigern. Mit der Einführung des Euros war das nicht mehr erforderlich, denn nun ist Deutschland in ein Währungssystem eingebunden, das sich mit einem System fester Wechselkurse vergleichen lässt; überdies hat die Abwertung des Euros gegenüber anderen Weltwährungen seit dem Beginn der Eurokrise den besagten Druck nochmals verringert. Dies als eine weitere Hypothese – der man zu Recht entgegenhalten kann, dass das Produktivitätswachstum auch in anderen Ländern gesunken ist.

Die Strukturkrise ist da

Es gibt noch einen weiteren Indikator für die abnehmende Fitness, und dieser lässt sich aus den Finanzierungssalden der einzelnen Sektoren der Wirtschaft ableiten (siehe Abbildung 4).

Abbildung 4 zeigt, welche Sektoren der Wirtschaft netto gespart und welche Sektoren sich netto verschuldet haben. Die Summe der Ersparnisse entspricht dem Kapitalexport ins Ausland und dieser wiederum dem Handelsbilanzüberschuss. Wenn man einen Handelsbilanzüberschuss erwirtschaftet, bedeutet dies immer einen entsprechenden Export inländischer Ersparnisse ins Ausland. Theoretisch ist dies gut, weil das Inland auf diese Weise Vermögenswerte im Ausland aufbaut, von denen es zu einem späteren Zeitpunkt zehren kann – zum Beispiel dann, wenn die alternde Bevölkerung in den Ruhestand geht.

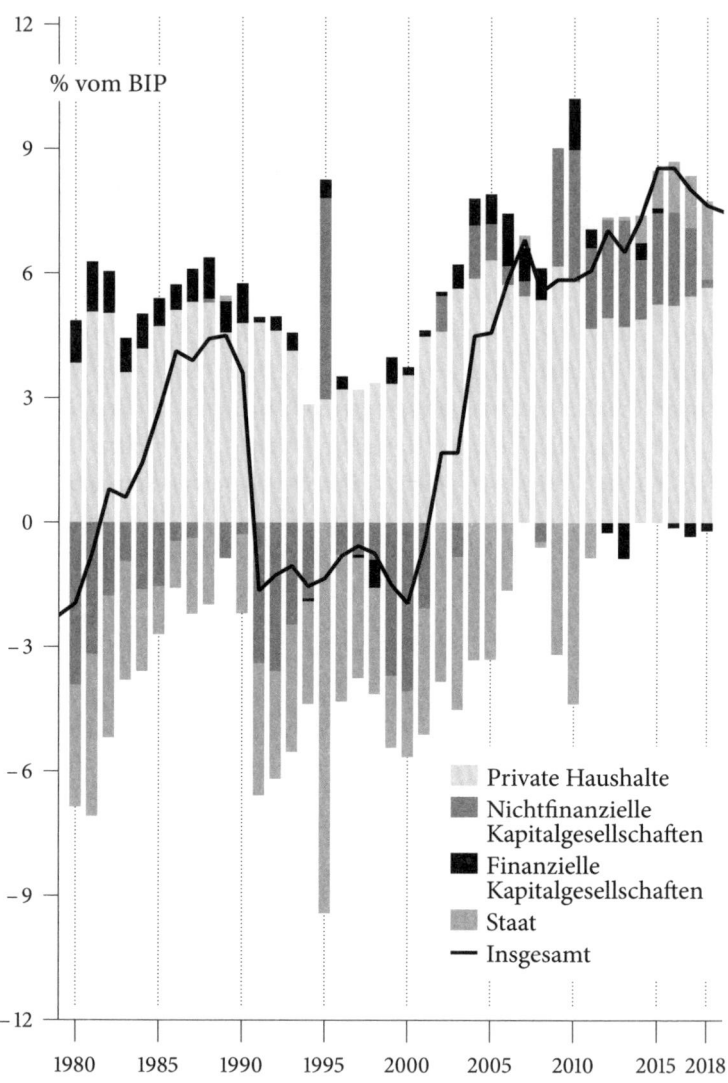

Abbildung 4: Finanzierungssalden der Wirtschaftssektoren

Quelle: Sachverständigenrat der Bundesregierung, »Produktivität. Rahmenbedingungen verbessern, Nationaler Produktivitätsbericht 2019, S. 104, abrufbar unter https://www.sachverstaendigenrat-wirtschaft.de/fileadmin/dateiablage/gutachten/jg201920/2019_Nationaler_Produktivitaetsbericht.pdf

Das Problem im Fall Deutschlands ist jedoch, dass die Verschuldung weltweit immer weiter steigt – und damit auch die Gefahr von Zahlungsausfällen, Schuldenschnitten und hoher Inflation. In einer überschuldeten Welt ist es keine gute Idee, Gläubiger zu sein. Vor allem nicht ein Gläubiger so wie Deutschland, das schon in normalen Zeiten fast keine Rendite mit den Auslandsinvestitionen erwirtschaftet, wie aktuelle Studien zeigen. In Kapitel 13 werde ich auf diesen Punkt zurückkommen.

Interessant für den Kassensturz ist an dieser Stelle etwas anderes: Warum sind die Unternehmen, also die in Abbildung 4 ausgewiesenen sogenannten nichtfinanziellen Kapitalgesellschaften, seit Anfang der 2000er-Jahre zu Sparern geworden? Die Jahrzehnte davor haben sie immer mehr ausgegeben als eingenommen; das heißt, sie haben sich verschuldet und die entsprechenden Fremdmittel für Investitionen genutzt. Mittlerweile gehen die Investitionen zurück – und das in dem Land, dessen Wirtschaft in den zehn Jahren seit 2009 deutlich stärker gewachsen ist als der Durchschnitt der OECD-Länder, von der EU und der Eurozone ganz zu schweigen (siehe Tabelle 4). Dies verwundert, müsste man doch annehmen, dass es sich gerade dann lohnt, im Inland zu investieren, wenn es gut läuft.

Doch wie haben sich die Bestimmungsgrößen des Finanzierungssaldos der Unternehmen verändert? Tabelle 7 vermittelt einen Überblick.

Wie die Zahlen zeigen, hat sich die Finanzlage der Unternehmen deutlich verbessert, zum einen durch steigende Vermögenseinkommen dank größerer Auslandsinvestitionen und sinkender Zinsen, zum anderen durch die bereits angesprochene Lohnzurückhaltung. Die Steuern und Abgaben sind im selben Zeitraum gestiegen – wie für alle Bürgerinnen und Bürger –, die Ausschüttungen gesunken.

Trotz einer deutlichen Mehrung der verfügbaren Mittel haben die Unternehmen 4,3 Prozentpunkte weniger für Investitionen im Inland ausgegeben. Schwach entwickelten sich vor allem die Investitionen der Firmen in Ausrüstungen und Wirtschaftsbauten.

	1997-2001	2013-2017	Differenz
Bruttowertschöpfung (BWS)	100,0	100,0	–
+ Vermögenseinkommen	0,6	5,3	4,7
– Arbeitnehmerentgelt	-61,4	-59,1	2,3
– Ausschüttungen	-20,4	-18,7	1,7
– Steuern und Sonstiges	-0,6	-2,9	-2,3
= eigene Mittel	18,2	24,6	6,4
– Bruttoinvestitionen	-23,5	-19,2	4,3
= Finanzierungssaldo	-5,3	5,4	10,7

Tabelle 7: **Finanzierungssaldo der Unternehmen in Prozent der BWS**
Quelle: KfW-Research, Unternehmen mehr Sparer als Investor, 21. November 2018, abrufbar unter https://www.kfw.de/PDF/Download-Center/Konzernthemen/Research/PDF-Dokumente-Fokus-Volkswirtschaft/Fokus-2018/Fokus-Nr.-235-November-2018-Finanzierungssaldo-Unternehmen.pdf

Eine Ursache dessen ist, dass es sich für Unternehmen weniger lohnt, in Deutschland zu investieren. So zumindest das Ergebnis einer Studie des Instituts für Weltwirtschaft in Kiel, in der vorgerechnet wird, dass die Rendite für Direktinvestitionen der Unternehmen im Ausland über jener liegt, die in Deutschland erzielbar ist.[12] Einen anderen Hinweis gibt der 22. Platz im »Ease of doing business«-Index der Weltbank, nach Ländern wie Schweden und Finnland. Ein genauerer Blick auf die Daten macht ersichtlich, dass Deutschland nur bei zwei Kriterien einen Platz unter den Top 10 belegt:[13] bei der Abwicklung von Insolvenzen und beim Zugang zu Elektrizität.

Relativ hohe Steuern, zunehmende Bürokratie, die höchsten Energiepreise in Europa, wachsende Zweifel an der Versorgungssicherheit mit Strom angesichts der unausgegorenen Energiewende, eine deutlich verschlechterte Infrastruktur, ein allseits sichtbarer

Rückstand bei der Digitalisierung und zunehmende Probleme bei der Realisierung von Investitionen und Innovationen – diese Liste spricht ebenfalls nicht für die Qualität des Standorts.

In Unternehmen sind langfristiges Denken und Benchmarking Pflicht. Deshalb kann es nicht überraschen, dass die Zukunft bei den heutigen Rahmenbedingungen und angesichts der Schwerpunkte der politischen Diskussion zunehmend im Ausland gesehen wird. Man denke etwa an die Themen Umverteilung, Eingriffe in Eigentumsrechte (siehe Überlegungen zur Enteignung von Immobilien in Berlin) oder ökonomisch kurzsichtige Klimapolitik. Auch die absehbare demografische Entwicklung gibt zu denken.

Während Deutschland sich des Exportweltmeister-Titels erfreut, wandert die Industrie bereits seit einigen Jahren ab. So sank der Anteil der Industrie an der hiesigen Wertschöpfung in der Zeit von 2016 bis Ende 2019 von 23 Prozent auf 21,5 Prozent. Das ist – Stand Ende 2020 – der niedrigste Wert seit der Finanzkrise.[14]

Analysen belegen, dass dies kein Zufall ist, sondern ein Trend, der darauf hindeutet, dass der Standort Deutschland merklich an Attraktivität verliert. So hat die deutsche Automobilindustrie ihre Produktion im Inland von 2015 bis Ende 2019 um rund 10 Prozent reduziert; währenddessen hat sie sie im europäischen Ausland erhöht. Die Kernindustrie schrumpft nicht nur, sie schrumpft auch überproportional im Inland, was nicht zuletzt mit der Politik der letzten Jahre zu tun hat: »Industrielle Arbeitsplätze lassen sich auf Dauer aber nicht erhalten, wenn die Bedeutung der Industrie für Beschäftigung, Wohlstand und gesellschaftlichen Zusammenhalt in Deutschland nur noch für eine Minderheit in der Politik ein zentrales Thema ist«, bringt es die *Frankfurter Allgemeine Zeitung* auf den Punkt.[15]

Die Commerzbank spricht denn auch schon von der »Rückkehr des kranken Manns Europas«. So wurde Deutschland zur Jahrtausendwende schon einmal bezeichnet. Der Unterschied zu damals: Heute haben wir es mit einer Krise zu tun, die sich nicht wie zum Anfang des Jahrhunderts unter der Regierung Schröder durch ein

»Enger-Schnallen des Gürtels«, Lohnverzicht und verlängerte Arbeitszeiten überwinden lässt. Die Reformen wären vielleicht geeignet, die Standortqualität wiederherzustellen und die Investitionen im Inland anzuregen. Das Problem ist jedoch ein anderes: Die Industriezweige in Deutschland, vor allem die Schlüsselindustrie Automobil, stehen vor einem existenzbedrohenden Strukturwandel.

Dieser Strukturwandel ist politisch gewollt. Deutschland und die EU haben sich zum Ziel gesetzt, im Kampf gegen den Klimawandel Pionierrollen einzunehmen. Dabei hat man das Auto als Hauptsünder bei der Schädigung des Klimas ausgemacht, nachdem es zuvor schon für die schlechte Luft in den Städten verantwortlich war. Das hat zu der Absurdität geführt, dass man den Diesel, der zur Einsparung von CO_2 einen deutlichen Beitrag geleistet hätte, verdammt hat. Gewiss hat die Industrie mit dem Dieselbetrug unverantwortlich gehandelt und sich selbst massiv geschadet. Dies ist zu kritisieren. Allerdings gilt es bei aller Kritik immer zu beachten, dass der Strukturwandel nicht nur einige Unternehmen trifft, sondern die gesamte Bevölkerung. Immerhin stand die Branche noch 2016 für 4,7 Prozent der Bruttowertschöpfung und direkt und indirekt für 1,75 Millionen – meist überdurchschnittlich gut bezahlte – Arbeitsplätze.[16]

Die Klimapolitik wird prominenter Gegenstand von Kapitel 10 sein. An dieser Stelle geht es mir vor allem darum, die Folgen der Herausforderung, als die sich der angedeutete Strukturwandel darstellt, für die Automobilindustrie als bisherige Stütze der deutschen Wirtschaft aufzuzeigen. Im Herbst 2020 hat die EU die Vorgabe zur Einsparung von CO_2-Emissionen auf 55 Prozent bis zum Jahr 2030 gegenüber 1990 erhöht. Die Automobilindustrie soll den CO_2-Ausstoß ihrer Neufahrzeuge von 2021 bis 2030 im Durchschnitt um rund 50 Prozent statt wie bisher 37,5 Prozent senken. Sogar über ein Verbot des Verbrennungsmotors wird nachgedacht.

Dabei stützt sich die Politik auf Studien, beispielsweise von Greenpeace, die folgende Szenarien für den Automobilmarkt der Zukunft definieren:[17]

- Bis 2040 halbiert sich der Bestand an Automobilen in Europa.
- Die 2040 vorhandenen Autos müssen alle elektrisch fahren.
- Die Autos sind klein und leicht, das heißt keine Elektro-SUVs.
- Spätestens ab 2028 sollen keine neuen Diesel, Benziner oder auch Hybride als Neuwagen mehr zugelassen werden.
- Bis 2040 müssen alle Pkw mit Verbrennungsmotoren von der Straße verschwinden.

Die Folgen sind eindeutig: Der Markt für Automobile wird sich in Europa nach diesen Forderungen mehr als halbieren. Außerdem werden diese Autos im Kleinwagensegment konzentriert sein.

Die deutsche Automobilindustrie ist für den skizzierten Wandel nicht gut aufgestellt. Geld wird heute mit großen und schweren Fahrzeugen verdient, nur so sind auch die relativ hohen Gehälter zu bezahlen. Gibt es nur noch elektrobetriebene Kleinfahrzeuge, so wird die Luft dünn. Vermutlich zu dünn. Selbst wenn wir annehmen, dass die deutsche Industrie ihren Marktanteil hält, bedeutet dies einen deutlichen Verlust an Arbeitsplätzen, haben doch Elektroautos deutlich weniger bewegliche Teile und sind damit weniger komplex.

Das Know-how liegt in der Batterie und damit in Asien. Auch ist die Herstellung der Batterien sehr energieintensiv – und damit in Europa teuer. Wenn sich das Elektroauto durchsetzt, dann kann es gut sein, dass die entscheidende Wertschöpfung in Zukunft in China und Korea stattfindet.

So verwundert es nicht, dass sich die Ankündigungen von Entlassungen häufen. Branchenexperte Ferdinand Dudenhöffer rechnete schon im Zuge der Corona-Krise mit 100 000 verlorenen Arbeitsplätzen. Dass diese Zahl viel zu tief gegriffen war, zeigten die Ankündigungen im Herbst 2020. Aus der Sicht der Unternehmen ist es höchst rational, massiv deutsche Arbeitsplätze abzubauen und die ausländischen Standorte zu schonen oder gar aufzubauen. Dort sind perspektivisch die Rahmenbedingungen günstiger, kann doch davon ausgegangen werden, dass andere Regionen nicht ähnlich drastisch gegen die Industrie vorgehen werden.

Damit stehen wir vor einem Dilemma: Nach Jahren des relativen Aufschwungs denken Politik, Medien und die Allgemeinheit, Deutschland könne sich alles leisten, also auch den Niedergang der Industrie, die mit weitem Abstand die höchsten Löhne im verarbeitenden Gewerbe bezahlt. Denn es sind die politischen Rahmenbedingungen, nicht der »kalte Kapitalismus«, wie der nordrheinwestfälische Ministerpräsident Armin Laschet verkündete, die zu Kapazitätsanpassungen und damit Entlassungen führen.

So müssen wir nach zehn Jahren guter Konjunktur konstatieren, dass die Fitness Deutschlands gelitten hat: Die Produktivität pro Erwerbstätigen ist langsamer gestiegen als in anderen Ländern der OECD und der EU. Die Zuwächse sind überdies deutlich zurückgegangen. Die Unternehmen haben trotz guter Ertragslage lieber im Ausland als im Inland investiert und so erheblich dazu beigetragen, dass die Ersparnisse der Deutschen ins Ausland geflossen sind – eine gefährliche Strategie angesichts der weltweit immer höheren Verschuldung. Und die Schlüsselindustrie Deutschlands, Stütze des Wohlstands seiner Bürgerinnen und Bürger, ist schwer angeschlagen.

Corona als Brandbeschleuniger

Corona wirkt auch hier wie ein Brandbeschleuniger. Wie bereits in *Coronomics* beschrieben und vorhergesagt, führt der Corona-Schock zu einer Beschleunigung von Trends, die bereits vorher bestanden. Auf der europäischen Ebene ist dies der offene Einstieg in Transferunion und Monetarisierung von Schulden (Thema in Kapitel 11). In Deutschland sind es die Ausweitung des Staatseinflusses und die Stärkung des Gefühls der Politik, als Generalmanagerin den Gang der Wirtschaft steuern zu können.

Immer lauter werden die Rufe, die einen »Systemwechsel« fordern, die gar das Ende der marktwirtschaftlichen Ordnung für unabdingbar halten. Dies ist angesichts der Tatsache, dass der Staat sich in Deutschland – entgegen der gerne kolportierten Meinung – in den vergangenen Jahren keineswegs zurückgezogen hat und die Staatsquote schon vor dem Beginn der Corona-Krise stetig gestiegen war, keine gute Nachricht. Medial und vielfach aufseiten der Politik werden die Probleme, vor denen Deutschland steht, als ein »Marktversagen« dargestellt. Dabei sind sie, wie in den vorhergehenden Kapiteln bereits dargelegt, zumeist die Folgen schlecht durchdachter Interventionen der Politik.

Ein Beispiel für die neue Richtung ist der im September 2020 vorgestellte 20-Punkte-Plan des Bundeswirtschaftsministers zum Thema Klimaschutz. Nicht nur glaubt Peter Altmaier, das CO_2-Reduktionsziel auf jedes einzelne der kommenden 29 Jahre herunterbrechen zu können. Er glaubt auch, am besten zu wissen, wo und wie die Ziele erreicht werden können, und meint, dies mit einer »Klimagarantie« und einer »Wirtschaftsgarantie« versehen zu können. Wie es sich für einen Planwirtschaftler gehört, garniert mit allerlei Komitees und Behörden. Die offensichtliche Unmöglichkeit, solche Garantien einhalten zu können, wird nicht einmal diskutiert.

Derweil beschleunigt die Corona-Pandemie den Niedergang von Unternehmen und Industriezweigen, die ohnehin nicht mehr viel Gutes erwarten durften. Neben der Automobilindustrie ist das beispielsweise die Luftfahrt. Wie zuvor diskutiert, gab es den dringenden Wunsch, den innerdeutschen Flugverkehr zu reduzieren, obwohl dieser für den deutschen und damit den weltweiten CO_2-Ausstoß völlig irrelevant ist. Auch Überlegungen, eine Höchstzahl der Flüge pro Bundesbürger staatlich festzulegen – im Gespräch waren drei innereuropäische Hin- und Rückflüge pro Jahr –, wurden in der Politik diskutiert.[18] Nun, in Corona-Zeiten, ist der Flugverkehr dramatisch zurückgegangen, und niemand kann vorhersagen, ob und wann das vor Corona herrschende Niveau wieder erreicht werden wird.

Angesichts des Klimawandels gibt es in der Politik und in der allgemeinen Bevölkerung nicht wenige, die sich ein dauerhaft geringeres Flugaufkommen wünschen. Die unvermeidliche Folge: In der Branche werden massive Arbeitsplatzverluste erwartet. Die größte deutsche Fluglinie, die Lufthansa, legt große Teile ihrer Flotte dauerhaft still und dürfte mehrere Zehntausend Arbeitsplätze abbauen. An Flughäfen wird es ebenfalls zum Stellenabbau kommen. Das unterstreicht, wie paradox es ist, was wir betreiben: Auf der einen Seite mobilisiert der Staat Milliarden, um eine Insolvenz der Lufthansa zu vermeiden, auf der anderen ist es politisch gewünscht, dass der Flugverkehr schrumpft – und zugleich regt sich die Politik auf, dass die Lufthansa trotz der Finanzhilfen Arbeitsplätze abbaut.

Eine Beschränkung des inländischen Konsums ist fester Bestandteil der Klimaszenarien, lassen sich doch die CO_2-Ziele nur durch »deutliche Verhaltensänderungen« erreichen (siehe Kapitel 10). Weniger Konsum trifft dann nicht nur die »klimaschädlichen« Industriezweige, sondern die Wirtschaft insgesamt. Gut bezahlte Arbeitsplätze gehen verloren, was über den Multiplikatoreffekt auf die gesamte Wirtschaft ausstrahlt. Was die Klimapolitik in den kommenden Jahren ohnehin geschaffen hätte, wird durch Corona schon heute Realität.

Die Krise hat zusätzlich gezeigt, wie anfällig die globalen Wertschöpfungsketten sind. Konnten die Unternehmen bisher ihre Kosten durch weltweite Produktion und Vernetzung mit Zulieferern senken, so hat die Corona-Krise den Wert von Puffern und redundanten Strukturen verdeutlicht. Ohnehin ist ein Rückgang der Globalisierung abzusehen. So wird es nach Einschätzung von Experten Jahre dauern, bis der Welthandel wieder das Vor-Corona-Niveau erreicht. Zugleich hat die Abwertung des Euros, von der Deutschland, wie gezeigt, besonders profitiert hat, 2020 ein vorläufiges Ende gefunden. Da die USA zur Belebung ihrer Wirtschaft die Geldmenge weitaus aggressiver ausgeweitet haben und auch schneller als die Europäer in eine direkte Staatsfinanzierung durch die Notenbank einsteigen werden, könnten Jahre der Dollar-Schwäche vor uns liegen, was die Exportindustrie zusätzlich belasten und zudem den Druck auf die Eurozone verstärken wird.

In der Folge dürfte sich der Trend zur Verlagerung von Produktionsstätten in die Absatzmärkte beschleunigen – und zugleich damit der Abbau von Arbeitsplätzen hierzulande. Die Re-Regionalisierung der Produktion mit einer Neuordnung von Wertschöpfungsketten wird den Standort Deutschland nachhaltig belasten. Das hat wiederum auch damit zu tun, dass Unternehmen bei ihren Entscheidungen die mittel- und langfristigen Entwicklungen berücksichtigen müssen. Wenn abzusehen ist, dass die Nachfrage in einem Land sinkt, das Arbeitskräfteangebot in den kommenden zwei Jahrzehnten deutlich schrumpft und zugleich die Rahmenbedingungen immer unattraktiver werden, dann ist es rational, in anderen Regionen der Welt zu investieren. Damit hat die deutsche Wirtschaft schon in den vergangenen Jahren begonnen. Mit Corona und vor allem der damit »öffentlich legitimierten«[19] starken Rolle der Politik in der Wirtschaft wird sich diese Tendenz in den kommenden Jahren massiv verstärken.

Eine baldige Rückkehr zu den Zeiten vor Corona, wie sie die Politik erwartet – verbunden mit der Hoffnung, dann die Staatsschulden relativ zur Wirtschaftsleistung wieder zu senken –, ist angesichts dieser Rahmenbedingungen nicht zu erwarten. Eher dürfte das Gegenteil eintreten. Nun zeigt sich, wie groß das Versäumnis ist, die guten Jahre nicht genutzt zu haben, um das Land fit für die Zukunft zu machen. Nun müssen wir das Programm Deutschland 2040 mit Gegen- statt mit Rückenwind angehen.

Armes Volk, reicher Staat?

Wir wissen allerdings auch, dass die gute Konjunkturentwicklung der vergangenen Jahre unseren Wohlstand nicht deutlich erhöht hat. Zwar ist das Vermögen der Deutschen relativ zum BIP seit 2010 gestiegen. Dennoch liegt es, wie in der Einleitung dieses Buches bereits angesprochen, noch immer weit hinter Frankreich, Großbritannien, Spanien, der Schweiz und Italien.[20]

Kritiker dieser Sicht – also vor allem hiesige Politiker, denen die politischen Konsequenzen dieser Analyse nicht ins Konzept passen – führen gerne die Rentenansprüche an, die in dieser Berechnung nicht enthalten seien. Die Allianz ist dem im *Global Wealth Report 2017* nachgegangen und hält fest:»Deutschland liegt bei den gesetzlichen Rentenansprüchen im europäischen Mittelfeld. Die Erklärung relativ niedriger Geldvermögen mit vermeintlich sehr hohen Anwartschaften aus dem staatlichen Rentensystem trifft also nur bedingt zu. (…) Es bleibt daher bei der – aus deutscher Sicht – wenig erfreulichen Feststellung: Die deutschen Sparer machen aus ihrer hervorragenden Startposition – hohe Einkommen, hohe Sparleistungen – zu wenig.«[21]

Aus meiner Sicht sind diese Barwerte, also die abgezinsten künftigen Einnahmen aus staatlichen Renten, überhaupt nicht bei der Vermögensberechnung heranzuziehen. Die Begründung dafür ist einfach: Es gibt keinen Geldspeicher, in den diese Mittel für künftige Renten und Pensionen eingespeist wurden. Die Zahlungen erfolgen mittels künftiger Abgaben. Genauso gut könnte man titeln: Barwert der Belastung der Menschen, die künftig Steuern und Beiträge zahlen.

Deshalb ändern die Rentenansprüche nichts an der Tatsache, dass die Bevölkerung in Deutschland im Vergleich mit jener der jeweils anderen Länder der Eurozone über relativ wenig Vermögen verfügt.

Das Projekt Deutschland 2040 muss den Wohlstand steigern und zu einer gleichmäßigeren Vermögensverteilung beitragen. Dies ist möglich und wird uns in den Kapiteln 13 und 14 beschäftigen.

Bleibt der Blick auf den Staat. Hat dieser die gute Konjunktur wenigstens dazu genutzt, die Grundlagen für künftigen Wohlstand zu legen? Sie ahnen es schon: Davon kann keine Rede sein. Bereits in Kapitel 2 habe ich anhand des Bundeshaushalts aufgezeigt, dass die Politik eine falsche Strategie verfolgt hat. So wurde zum einen im kameralistischen Haushalt eine »schwarze Null« angestrebt und zum anderen im nachhaltigen Haushalt, also jenem mit ordentlicher Buchführung, den es aus politischen Gründen bisher nicht gibt, die

Verschuldung durch alle Arten von Leistungsversprechen von der Rente mit 63 bis zur Grundrente deutlich erhöht.

Die kameralistische »schwarze Null« zeigt sich auch in Abbildung 4. Seit 2012 sind die öffentlichen Haushalte Nettosparer und verstärken damit den Kapitalexport ins Ausland und spiegelbildlich dazu die Handelsbilanzüberschüsse, mit allen bereits diskutierten negativen Folgen. Es wäre besser gewesen, wenn der Staat keine »schwarze Null« ausgewiesen, dafür aber mehr in die Zukunft des Landes investiert hätte. Damit hätte die Politik nicht nur die Rahmenbedingungen für Unternehmen hierzulande verbessert – und vermutlich auch mehr inländische private Investitionen angeregt –, sondern auch die Voraussetzungen für eine bessere Produktivitätsentwicklung geschaffen.

Doch statt dies zu tun, hat die Politik die latenten Lasten weiter stark erhöht. In der Sprache der Bilanz: Die Politik der vergangenen Jahre hat nichts dafür getan, dass die Aktiva unserer Gesellschaft an Wert gewinnen. Stattdessen hat sie dabei zugesehen, wie vorhandene Aktiva an Wert verloren. Ein Beispiel dafür bildet das Straßennetz. Nach einer Studie des Instituts der Deutschen Wirtschaft zeigen »… vorliegende Daten …, dass von etwa 13 000 Kilometern Autobahn 17,5 Prozent der Streckenkilometer in einem Zustand sind, der Sanierungsbedarf anzeigt. Bei den Bundesstraßen sind es 33,9 Prozent von gut 39 000 Streckenkilometern. Mehr als 10 Prozent der Autobahnen und fast 19 Prozent der Bundesstraßen müssten sogar umgehend saniert werden. Dabei ist davon auszugehen, dass der Zustand der Bundesfernstraßen noch spürbar besser ist als der der Landes- oder Kommunalstraßen. So ergab beispielsweise die letzte Erfassung der Landesstraßen in NRW, dass fast 50 Prozent der Streckenkilometer in den kritischen Kategorien anzusiedeln waren. Die auf den Erhaltungsausgaben des Landes basierenden Prognosen gehen davon aus, dass besonders der Anteil der sehr schlechten Straßen bis 2028 drastisch steigen wird.«[22] Ähnlich schlimm sieht es bei Brücken und anderen Bauwerken aus. Wir leben seit Jahren von einer Substanz, die zusehends verfällt. Dies passt zu der bereits in Kapitel 2 vor dem Hintergrund einer Studie des Internationalen Währungsfonds getroffenen Aussage, dass Deutschland einer der ärmeren Staaten der Welt ist.

Das Traurige dabei ist, dass es nicht an den Einnahmen des Staates liegt, die seit Jahren boomen. Wie aufgezeigt, nimmt der Staat nicht nur mit der wachsenden Wirtschaft mehr ein, sondern hat auch die Abgabenquote seit 2009 um rund 3 Prozentpunkte des BIP erhöht. Da gleichzeitig die Aufwendungen für Zinsen und Arbeitslosigkeit deutlich gesunken sind, sollten die Deutschen erwarten können, in einem Land mit bester Infrastruktur, funktionierender Bahn, schnellem Internet, herausragenden Schulen und einsatzbereiter Bundeswehr zu leben. Das Gegenteil ist der Fall.

Massive versteckte Lasten

Wer den Versuch macht, eine Bilanz für den Staat zu erstellen, stößt sehr schnell auf äußerst unangenehme Fakten, die die Politik naturgemäß verdrängt und auch in Wahlkämpfen nicht zur Sprache bringt. Lieber konzentriert man sich darauf, zu weiteren politisch populären Themen weitere (letztlich unfinanzierbare!) Versprechen abzugeben.

Im Folgenden eine – sicherlich nicht vollständige – Zusammenfassung der latenten Lasten.

1. Kategorie: Unterlassene Investitionen

Zunächst muss die Infrastruktur des Landes wieder repariert werden. Schon 2018 wurde der unmittelbare Investitionsbedarf, bezogen nur allein auf die Sanierung der Infrastruktur, auf rund 120 Milliarden Euro geschätzt.[23] Seither sind neuere Studien erschienen, die die erforderlichen Investitionen in allen Bereichen staatlichen Handelns betrachten.[24] Demnach müsste der deutsche Staat in den kommenden zehn Jahren bis 2030 einen zusätzlichen Betrag von 450 Milliarden Euro ausgeben, um »Investitionslücken« zu schließen. Das bedeutet nichts anderes, als Investitionen nachzuholen, die die Politik trotz übervoller Kassen vorzunehmen versäumt hat, weil sie das Geld, wie in Kapitel 2 gezeigt, überwiegend für andere Zwecke ausgegeben hat. Diese 450 Milliarden Euro sind nichts anderes als eine Verpflichtung in der Bilanz des Staates, die – sofern nichts geschieht – jedes Jahr weiter anwächst und damit das Nettovermögen Deutschlands weiter senkt. Um es in Perspektive zu setzen: Diese 450 Milliarden Euro entsprechen mehr als 50 Prozent der Steuereinnahmen eines Jahres (rund 800 Milliarden Euro im Jahr 2019) und nicht ganz 50 Prozent der jährlichen Ausgaben für Soziales (rund 1000 Milliarden Euro im Jahr 2019).

Der besagte Betrag von 450 Milliarden setzt sich folgendermaßen zusammen:

- Infrastruktur auf kommunaler Ebene – 161 Milliarden Euro. Darin enthalten sind neben einer Infrastrukturlücke in Höhe von 138 Milliarden Euro weitere 23 Milliarden Euro für den Ausbau von Bus und Bahn aus Klimaschutzgründen.
- Infrastruktur auf nationaler Ebene – 110 Milliarden Euro. 60 Milliarden Euro für die Bahn, knapp 30 Milliarden Euro für den Breitbandausbau, 20 Milliarden Euro für Autobahnen.
- Bildung – 109 Milliarden Euro. Für frühkindliche Bildung 50 Milliarden Euro, für Ganztagsschulen 34 Milliarden Euro und für Hochschulen und Forschung 25 Milliarden Euro.
- Hinzu kommen noch weitere Milliarden für den Klimaschutz und den Wohnungsbau.

Diese Beträge müssen, wie gesagt, zusätzlich ausgegeben werden, überwiegend deshalb, weil in den zurückliegenden Jahren die besagten Investitionen nicht stattgefunden haben. Sie sind aber nicht alles. Auch bei der Bundeswehr besteht erheblicher Nachholbedarf. Allein 130 Milliarden Euro sind erforderlich, um überhaupt wieder deren Einsatzbereitschaft herzustellen.

Macht überschlägig rund 580 Milliarden Euro an unterlassenen und nun nachzuholenden Investitionen.

2. Kategorie: Zu geringe Ausgaben

Damit nicht genug. Es reicht nicht, einen erheblichen Sanierungsrückstand aufzuholen. Wir dürfen es auch nicht wieder so weit kommen lassen. Aus diesem Grund müssen die Ausgaben dauerhaft steigen. Legt man für Investitionen den OECD-Durchschnitt von 3,2 Prozent des BIP an, so müsste Deutschland seine Staatsausgaben um einen Betrag entsprechend 1 Prozent des BIP steigern, also um rund 33 Milliarden Euro pro Jahr. Drücken wir diese Last als Gesamtaufgabe über 30 Jahre aus, so ergibt sich 1 Billion Euro latenter Verpflichtungen, vorausgesetzt, der Investitionsstandard soll dem OECD-Durchschnitt entsprechen – dies zusätzlich zu den diskutierten 450 Milliarden Euro Sanierungsbedarf.

Ähnlich ist das bei den Verteidigungsausgaben zu sehen. Langfristig dürfte es angesichts der anwachsenden Aufgaben unvermeidlich sein, das NATO-Ziel von Ausgaben auf einem Niveau von 2 Prozent des BIP einzulösen. Dies bedeutet einen Anstieg in Deutschland um rund 0,8 Prozent des BIP oder 26 Milliarden Euro pro Jahr. Summiert über 30 Jahre sind also weitere rund 750 Milliarden Euro an Mehrlasten zu schultern.

Die Passivseite der Bilanz verlängert sich folglich um weitere 1750 Milliarden Euro. Das ist der Gegenwartswert der laufenden Aufwendungen, die erforderlich sind, um den Wert des staatlichen Vermögens – also den Wert der dann sanierten Infrastruktur sowie die Wehrbereitschaft der Bundeswehr – zu erhalten. Dieser Blickwinkel unterstreicht eindrücklich den Nutzen der Bilanzierung gerade auch beim Staat. Wäre es doch bei ordentlicher Rechnungslegung in den vergangenen Jahren sicherlich nicht zu einem derartig massiven Verzehr der Substanz gekommen.

3. Kategorie: Ungedeckte Leistungsversprechen für die Zukunft

Noch verstärkt dürfte die Aussage zum letzten Teil der Bilanzierung für den deutschen Staat gelten – den erheblichen latenten Verpflichtungen aufgrund politischer Entscheidungen der zurückliegenden Jahre und Jahrzehnte.

In Kapitel 2 habe ich gezeigt, dass die tatsächliche Staatsverschuldung nach der Nachhaltigkeitsbilanz in Deutschland deutlich größer ist als die ausgewiesene. Der Unterschied liegt im finanziellen Wert der abgegebenen Versprechen. Und diese haben es in sich:

- Allein der Bund weist in seiner »Vermögensrechnung« annähernd 760 Milliarden Euro als Pensionsrückstellungen aus.[25] Unternehmen müssten für solche Verbindlichkeiten Rücklagen aus laufenden Einnahmen bilden. Beim Staat ist es anders, er berichtet lediglich von einem negativen Gesamtvermögen von 1702,5 Milliarden Euro.
- Auf der Ebene der Länder dürften die Größenordnungen ähnlich sein. So betragen die Rückstellungen allein in Baden-Württemberg 190 Milliarden Euro.[26] Da die Länder für Lehrkräfte und Polizeipersonal verantwortlich sind, haben sie einen höheren Personalkostenanteil in ihren Haushalten als der Bund.

Nun wird die Politik nicht müde, darauf hinzuweisen, dass diesen Verpflichtungen ja künftige Steuerzahlungen gegenüberstehen. Dabei unterschlägt sie allerdings, dass dann Geld für andere Zwecke fehlen wird, oder aber, dass die Steuereinnahmen deutlich steigen müssen. Dies setzt eine entsprechend leistungsfähige Wirtschaft voraus – in die nicht ausreichend investiert wurde – und bedeutet faktisch weiterhin deutlich steigende Abgabenquoten. Ob diese beliebig zu steigern sind, darf bezweifelt werden.

Gar nicht in den Bilanzen des Staates ausgewiesen werden die größten Verbindlichkeiten, die die Politik eingegangen ist – die Versprechen für Renten und Gesundheitsversorgung einer überalternden Gesellschaft. Was bedeutet das im Einzelnen?

- Die Grundrente wird rasch eine Größenordnung von 10 Milliarden Euro pro Jahr erreichen.[27] Bei einer angenommenen Laufzeit von 30 Jahren ergeben sich real Kosten von rund 300 Milliarden Euro, für die eine Rückstellung gebildet werden müsste. Aber es gibt bei der Rente diese Bilanz nicht, und die Medien hinterfragen nicht laut und nachdrücklich genug, wenn die Politik auf die anfänglichen jährlichen Kosten von »nur ein paar Milliarden« verweist.
- Die »Rente mit 63« ist bei genauerer Betrachtung eine Subventionierung des vorzeitigen Eintritts in den Ruhestand überwiegend gut versorgter Rentenversicherter. Die Kosten, gemessen an der Nachhaltigkeitslücke, liegen bei rund 156,5 Milliarden Euro.[28]
- Insgesamt belaufen sich die Versprechen der Rentenversicherung auf 78,1 Prozent des Vor-Corona-BIP, also rund 2 645 Milliarden Euro. Das sind Versprechen zulasten künftiger Generationen, die in diesem Maße nur erfüllbar sind, wenn die Abgaben deutlich steigen. Dies widerspricht jedoch der bisherigen Praxis, dass jede Generation ungefähr 20 Prozent ihres Einkommens für die Versorgung der älteren Generation aufgewendet hat. Denkbar ist eine solche Begrenzung der Beiträge nur, wenn man die Rentenbezugsdauer konstant hält, also das Renteneintrittsalter im Gleichschritt mit der Lebenserwartung erhöht.[29]
- Insgesamt beliefen sich die Schulden des Staates, wenn man nicht nur die expliziten Schulden betrachtet, sondern auch die in der

Altersversorgung getroffenen Versprechen, auf rund 11 900 Milliarden Euro[30], wie in Kapitel 2 diskutiert.

Schuldner dieser gigantischen Beträge sind alle Bürgerinnen und Bürger. Man muss kein Hellseher sein, um zu erkennen, dass Deutschland heftige Verteilungskämpfe ins Haus stehen. Dies auch wegen anderer Entscheidungen mit nachhaltigen finanziellen Folgen. So klafft nicht nur eine große Lücke in der Rentenkasse, sondern auch der Sozialstaat wächst immer weiter. Im Jahre 2019 – also in dem Jahr mit der höchsten Beschäftigung der Nachkriegszeit und der geringsten Arbeitslosigkeit – näherte sich das Volumen der Sozialausgaben dem Wert von 1 000 Milliarden Euro, also rund 30 Prozent des BIP.

Hinter den steigenden Kosten steht nicht zuletzt die von einem breiten Konsens in der Gesellschaft getragene Bereitschaft, Menschen aus aller Welt in Deutschland Zuflucht zu gewähren. Damit wächst seit Jahren kontinuierlich der Anteil der Menschen mit Migrationshintergrund, die Leistungen empfangen. Trotz unstrittiger Erfolge in der Integration ist davon auszugehen, dass ein großer Teil dieser Menschen auf Jahre hinaus, wenn nicht lebenslang auf Hilfe angewiesen sein wird. In diese Richtung deutet zumindest die Erfahrung mit den Zugewanderten aus der Türkei, die auch in der zweiten Generation weit überproportional auf Sozialhilfe angewiesen sind. So gelten 36 Prozent der 2,9 Millionen Türkinnen und Türken in Deutschland als armutsgefährdet (Anteil an der Gesamtbevölkerung: 15,9 Prozent).[31]

Die deutsche Zuwanderungspolitik hat offensichtlich langfristige finanzielle Folgen. Allein die Zuwanderungen der Jahre 2015 bis 2017 dürften zulasten von rund 1 Billion Euro führen.[32] Nicht enthalten sind die indirekten Kosten der Zuwanderung, wie Aufwendungen für Schule, Ausbildung und Wohnungsbau bis hin zur Polizei. Überall liegt der Bedarf über den Werten ohne Zuwanderung.

Private Vorsorge gefährdet

Leider klafft nicht nur beim Staat eine immer größer werdende Lücke zwischen Versprechen und Finanzierbarkeit. Auch in der privaten Vorsorge werden die Probleme immer größer, hier aber nicht als Folge von schon zum Zeitpunkt des Versprechens unfinanzierbaren Leistungen, sondern wegen der seit Jahren herrschenden Niedrigzinsen. Allein die im deutschen Aktien-Leitindex DAX vertretenen Firmen haben Pensionsverpflichtungen von über 400 Milliarden Euro, die nach Schätzungen zu rund 150 Milliarden Euro nicht finanziert sind. Die Unternehmen hoffen noch darauf, diese Lücke durch höhere künftige Kapitalerträge ausgleichen zu können. Das ist aber wenig wahrscheinlich, kann sich doch weder eine überschuldete Welt noch eine fragile Eurozone ernsthaft höhere Zinsen leisten. Übersetzt bedeutet dies, dass die Unternehmen vor erheblichen Nachschussverpflichtungen stehen. Diese Verpflichtungen wiederum bedeuten Geld, das für Investitionen, Forschungs- und Entwicklungsaktivitäten oder Dividendenausschüttungen fehlen wird.[33]

Der Staat verschärft das Problem noch dadurch, dass er heutige Zuführungen nicht anerkennt, weil in der sogenannten Steuerbilanz weiterhin mit künftigen Erträgen von 6 Prozent pro Jahr kalkuliert wird. Hier drohen also erhebliche Steuerrückzahlungen, genau zu dem Zeitpunkt, in dem die Haushaltslage des Staates aufgrund der dann höheren Ausgaben ohnehin angespannt sein wird.

Wer jetzt denkt, dass ihn das nicht betrifft: Bei den Lebensversicherungen dürfte es nicht viel besser aussehen, und wir werden eine Welle an Leistungskürzungen und Geschäftsaufgaben beziehungsweise Übernahmen von schwächeren Anbietern erleben.

Vertane Chancen

Womit ich zum Fazit des Kassensturzes komme – der sich noch beliebig fortsetzen ließe, ohne dass sich das Bild aufhellen würde:

- Wir haben in den zehn Jahren vor dem Beginn der Corona-Krise eine Illusion von Wohlstand erlebt, quasi als letzte Party eines Landes, das mit alten Industrien die Vorzüge der Globalisierung noch einmal in voller Blüte nutzen konnte.
- Hinter der Fassade dieses von billigem Geld der EZB und schwachem Außenwert des Euros getriebenen Aufschwungs haben sich die Wettbewerbsfähigkeit Deutschlands und damit die Fähigkeit der Deutschen, auch künftig Wohlstand zu schaffen, deutlich verschlechtert.
- Die deutsche Politik hat derweil auf Konsum statt auf Investition gesetzt. Bei wichtigen Themen von Bildung bis Infrastruktur besteht ein erheblicher Investitionsstau, während die ungedeckten Versprechen zugunsten der stetig älter werdenden Bevölkerung deutlich zugenommen haben.
- Wenn jetzt nicht deutlich und entschieden gegengesteuert wird, drohen uns Jahre heftiger Verteilungskonflikte, sozialer und politischer Spannungen und relativen wirtschaftlichen Niedergangs. Jahre sich verlierenden Glücks.

Dies zu verhindern und stattdessen die Vision von Deutschland 2040 zu realisieren ist das Ziel des Programms zur Sanierung Deutschlands. Dazu gehört das in den folgenden Kapiteln definierte Instrumentarium. Welche konkreten Maßnahmen zu treffen sein werden, ist Gegenstand der kommenden Ausführungen. So viel kann ich sagen: Es muss anders werden, wenn es gut werden soll. Ein Weiter-so-wie-bisher kann keine Alternative sein.

7. Mehr Menschen in Arbeit bringen

»Wohlstand ist nur ein Werkzeug, das man benutzen, und kein Götze, den man anbeten sollte.«
Calvin Coolidge (1872 bis 1933), ehemals 30. Präsident der Vereinigten Staaten von Amerika

»Wohlstand ist eine Grundlage, aber kein Leitbild für Lebensgestaltung. Ihn zu bewahren ist noch schwerer, als ihn zu erwerben.«
Ludwig Erhard (1897 bis 1977), ehemals deutscher Wirtschaftsminister

»Nur wer etwas leistet, kann sich etwas leisten.«
Michail Gorbatschow (* 1931), von 1990 bis 1991 russischer Staatspräsident

In einer Wohlstandsgesellschaft gibt es weniger Dynamik als in den Aufbaujahren nach dem Krieg. Wir sind in der unglaublich schönen Lage, nur von Freunden umgeben zu sein. Das Blöde ist: Es kommt kein Krieg mehr. Früher, bei der Rente oder der Staatsverschuldung, haben Kriege Veränderungen gebracht. Heute, ohne Notsituation, muss man das aus eigener Kraft schaffen.
Günther Oettinger, EU-Kommissar von 2017 bis 2019

Um es gleich vorwegzuschicken: Ab jetzt werden nicht wenige bei der Lektüre dieser Seiten innerlich aufschreien und rufen: »Das geht gar nicht!« Oder: »Wie kann man so etwas fordern, das ist doch …«. Wenn Sie das tun, habe ich mein Ziel erreicht. Denn wir müssen, wenn wir es ernst meinen mit der Sicherung unseres Wohlstands, radikal denken und ebenso radikal handeln. Im ersten Schritt geht es darum, aus der Leistungsfähigkeit der deutschen Wirtschaft das Möglichste zu machen. Dies wohl wissend, dass die Aussage des früheren US-Präsidenten Calvin Coolidge zutrifft, wonach Wohlstand nur ein Werkzeug ist, um andere Ziele zu ermöglichen.

Deutschlands globaler Abstieg scheint ausgemacht

»Deutschlands globaler Abstieg scheint ausgemacht.« So die Schlagzeile eines Artikels in der *Welt* im Februar 2020.[1] Hinter der lauten Überschrift steht nichts anderes als die Erkenntnis, dass das Wirtschaftswachstum und damit der Wohlstand im Kern von zwei Faktoren abhängen:

- dem Wachstum der Erwerbsbevölkerung und
- der Produktivität, also dem BIP pro Erwerbstätigen.

Ich habe bereits gezeigt, dass es um die Produktivitätsentwicklung nicht gut bestellt ist, und werde im kommenden Kapitel Ansatzpunkte zu ihrer Erhöhung diskutieren. Nur mit einer dramatisch höheren Produktivität wird Deutschland überhaupt in der Lage sein, die erheblichen Lasten zu schultern, die es sich in den vergangenen Jahrzehnten aufgebürdet hat beziehungsweise die die Politik dem Land aufgebürdet hat.

Doch zuvor werfe ich einen Blick auf die Möglichkeiten, das Erwerbspersonenpotenzial zu steigern. Angesichts der durch die Corona-Pandemie verursachten Arbeitslosigkeit wirkt die Idee der Erhöhung der Erwerbstätigenzahl in Deutschland befremdlich, stehen doch eher Maßnahmen zur Reduktion der Erwerbsbeteiligung, zum Beispiel durch frühere Renteneintritte, im Vordergrund. Dies ist aber zu kurz gedacht. Wir stehen vor einem absehbaren Niedergang der Erwerbstätigenzahl, und diesen gilt es zu verlangsamen, wollen wir den Wohlstand für dieses, aber vor allem das kommende Jahrzehnt sichern.

Heute lebt in Deutschland wenig mehr als 1 Prozent der Weltbevölkerung, in 50 Jahren dürfte es nur noch ein halbes Prozent sein. Die Bevölkerung im erwerbsfähigen Alter (20 bis 66 Jahre) wird nach Berechnungen des Statistischen Bundesamts von heute 51,8 Millionen je nach Zuwanderungsszenario bis 2050 auf 47,4 bis 43,2 Millionen schrumpfen. Schon bis 2030 wird die Zahl der potenziell Erwerbstätigen um 2,6 bis 3,5 Millionen sinken. Frankreich und Großbritannien werden Deutschland bis 2050 bevölkerungsmäßig und auch nach Wirtschaftskraft überholen.[2] Der Abstand zu den USA wird noch deutlicher werden, wächst doch in den USA die Bevölkerung deutlich, dank höherer Geburtenraten und der Zuwanderung auch qualifizierter Menschen aus aller Welt. Deshalb und angesichts der einsetzenden Alterung und damit eines ebenfalls deutlichen Rückgangs der Erwerbsbevölkerung in China spricht viel dafür, dass die USA auch zum Jahrhundertende die dominierende Weltmacht bleiben werden.

Der Bevölkerungsrückgang hat erhebliche Folgen: Die wirtschaftliche Leistungsfähigkeit sinkt, während die Kosten der alternden Gesellschaft – wie in Kapitel 2 und 6 gezeigt – wahrhaft explodieren. Wissenschaftler des Österreichischen Instituts für Wirtschaftsforschung Wien (Wifo) haben im Auftrag der Bertelsmann-Stiftung berechnet, dass Deutschland schon bis 2040 mit einem Verlust des Pro-Kopf-Einkommens von rund 3700 Euro rechnen muss. Insgesamt wird das hiesige Bruttoinlandsprodukt um 274 Milliarden Euro niedriger ausfallen als bei konstanter Bevölkerung – eine Lücke, die in den nachfolgenden Jahrzehnten noch deutlich größer wird[3] – übrigens verbunden mit einer anziehenden Inflation aufgrund stark steigender Löhne für eine immer kleinere aktive Bevölkerung.

Die Forderungen der Ökonomen sind deshalb einleuchtend und bekannt: Es sollen mehr Frauen und ältere Menschen arbeiten, und die Zuwanderung soll steigen. Im Folgenden betrachte ich die Optionen im Einzelnen.

Die Erwerbsbevölkerung schrumpft

Zunächst die offiziellen Zahlen der Bevölkerungsprojektion des Statistischen Bundesamts. Ich betrachte hierbei das mittlere Szenario, das von einer Nettozuwanderung – also Bruttozuwanderung abzüglich der Menschen, die Deutschland verlassen – von 221 000 Menschen pro Jahr ausgeht.[4] Angesichts von – je nach Jahr und Rechnung – 100 000 bis 200 000 Ausgewanderten entspricht das also einer Bruttozuwanderung von 300 000 bis 420 000 Menschen pro Jahr.

Die Bevölkerungszahlen stammen vom Statistischen Bundesamt. Ich habe die Erwerbsbevölkerung unter der Annahme einer gleichbleibenden Erwerbsquote von 88 Prozent fortgeschrieben. Davon ausgehend ergibt sich einen Rückgang um 2,8 Millionen bis 2030 und um weitere 2,5 Millionen bis 2040. Das sind erhebliche Werte, die noch dazu verbergen, dass das Durchschnittsalter der Beschäftigten steigt.

Die Jahresarbeitszeit von 1 362 Stunden (Stand 2020) habe ich ebenfalls als stabil angenommen und daraus das Jahresarbeitsvolumen ermittelt. Konkret sinkt die jährliche Arbeitsleistung hierzulande von 61,9 Milliarden Stunden auf 54,7 Milliarden Stunden im Jahr 2040.

Des Weiteren sieht man die Relation Erwerbstätige/Rentenempfänger, was Auskunft darüber gibt, wie stark die Lasten für die Erwerbstätigen steigen, falls sich nichts an den bestehenden Regelungen ändert.

Träte die solcherart skizzierte Entwicklung ein, so wären die bereits angesprochenen Wohlstandsverluste eine unvermeidliche Folge:

	2020	2030	2040
Bevölkerungszahl (in Mio.)	83,4	83,3	82,1
Rentenempfänger/-innen über 67 Jahre (in Mio.)	16,2	19,0	21,4
Jugend unter 20 Jahre (in Mio.)	15,3	15,7	14,9
Erwerbsfähige im Alter von 20 bis 66 Jahre (in Mio.)	51,8	48,6	45,8
Erwerbstätige (in Mio.)	45,4	42,6	40,1
Erwerbsquote (in Prozent)	88	88	88
Jahresarbeitszeit 2018 in Stunden pro Erwerbstätigen	1362,6	1362,6	1362,6
Arbeitsstunden pro Jahr insgesamt (in Mio.)	61862	58040	54697
Erwerbstätige pro Rentenempfänger/-innen	2,80	2,24	1,88

Die tatsächliche Erwerbsquote liegt bei Männern bei 80 % und bei Frauen bei 72 %, bezogen auf die Gesamtbevölkerung. Wir beziehen die Zahl der Erwerbstätigen hier nur auf die Gruppe der 20- bis 66-Jährigen, weshalb sie mit 88 % nach oben abweicht.[5]

Tabelle 8: **Entwicklung der Erwerbsbevölkerung in Deutschland bei gleichbleibender Erwerbsquote und Jahresarbeitszeit**
Quelle: Statistisches Bundesamt, Berechnung von beyond the obvious. https://www. destatis.de/DE/Themen/Gesellschaft-Umwelt/Bevoelkerung/Bevoelkerungsvorausberechnung/Tabellen/variante-1-2-3-altersgruppen.html;jsessionid=6A063909D0B0A4 F8FBB752937DAD4F11.internet721

- Will man die Zahl der Erwerbstätigen stabil halten, so fehlen 2,8 Millionen (2030) bis 5,3 Millionen (2040) Erwerbstätige.
- Will man das Verhältnis zwischen der Zahl der Erwerbstätigen und der Zahl derjenigen, die im Ruhestand sind (die sogenannte Abhängigkeitsquote), auf halbem Wege bei 2,4 stabilisieren, so fehlen 3 Millionen (2030) beziehungsweise 11,2 Millionen (2040) Erwerbstätige. Diese Zahlen verdeutlichen den massiven Anstieg der Rentnerzahlen ab 2030.

Das führt zu der Frage: Was können wir tun, um die Entwicklung zu verlangsamen? Im Folgenden betrachte ich verschiedene denkbare Ansatzpunkte im Einzelnen.

Szenarien für eine größere Erwerbstätigenzahl

Stärkere Migration

Vonseiten der Politik wird an dieser Stelle immer als Erstes weitere Migration als Lösung angeführt. Unzweifelhaft muss Migration eine wichtige Rolle spielen, um mit den Folgen der Alterung umzugehen. Dabei zeigt eine nüchterne Betrachtung, dass Migration weder quantitativ noch qualitativ ausreicht, um die demografische Lücke zu schließen. Dabei betrachte ich in diesem Kapitel die Zuwanderung aus dem Blickwinkel der ökonomischen Anforderungen in Deutschland. Die humanitäre Seite wird in Kapitel 12 angesprochen.

Schon im Basisszenario des Statistischen Bundesamts wird eine jährliche Nettozuwanderung von über 200 000 Personen angenommen. Um die Erwerbsbevölkerung stabil zu halten, müssten netto jedoch 500 000 Personen pro Jahr zuwandern, zur Stabilisierung der Abhängigkeitsquote bis 2040 sogar 780 000 Personen. Es ist schwer vorstellbar, dass sich eine solch starke Zuwanderung mit erfolgreicher Integration bewerkstelligen lässt. Mehr noch: Angesichts der politischen Diskussion hierzulande infolge der Migrationskrise des Jahres 2015 dürfte dies nicht realistisch sein.

Hinzu kommt, dass es nicht genügt, eine bestimmte Zahl von Menschen aus dem Ausland anzulocken, sondern dass es entscheidend darauf ankommt, gut qualifizierte Menschen zum Zuzug zu motivieren. Schon 2014 wurde in einer Studie der Bertelsmann-Stiftung vorgerechnet, dass die Zuwanderung nach Deutschland ein finanzielles Zuschussgeschäft ist, weil die Zugewanderten nicht hinreichend oft erwerbstätig sind und überdies zu geringe Einkommen beziehen. Die konsequente Folgerung: »Eine Wiederholung der Gastarbeitereinwanderung ist weder hinsichtlich der erwähnten Tragfähigkeitslücke noch mit Blick auf den Arbeitsmarkt im 21. Jahrhundert ökonomisch sinnvoll. Wissend um die schon erwähnten demografischen Entwicklungen ist es mit Blick auf die Wohlstandssicherung in Deutschland hingegen sinnvoll, ja geradezu geboten, qualifizierte Einwanderer ins Land zu holen.«[6]

Im Zuge der Krise des Jahres 2015 haben wir aus humanitären Gründen gehandelt, was naturgemäß nicht den hier diskutierten Zielen entspricht. Trotz der unstrittigen Fortschritte bei der Integration der damals zugewanderten Menschen müssen wir davon ausgehen, dass sich daraus eine dauerhafte Last für den Sozialstaat ergibt.

Viele Beobachter blicken in diesem Zusammenhang immer auf die Quote der sogenannten sozialversicherungspflichtig Beschäftigten. So schließen viele aus Schlagzeilen, wonach bereits mehr als 50 Prozent der Geflüchteten einen Job haben, auch, dass sie netto in das Sozialsystem einzahlen. Doch genau dieser Schluss ist nicht zulässig. So zeigt eine Studie des Instituts für Arbeitsmarkt- und Berufsforschung (IAB), dass über 50 Prozent der Männer und 29 Prozent der Frauen, die zwischen 2013 und 2016 nach Deutschland geflüchtet sind, einen Arbeitsplatz haben.[7] Abgesehen davon, dass diese Daten auf einer Selbstauskunft basieren und deshalb mit Vorsicht zu genießen sind, wissen wir aus der Vergangenheit, dass es einer deutlich höheren Erwerbsbeteiligung bedarf, damit die Gruppe der Zugewanderten in Summe Sozialkassen und Staat nicht belastet. Dies war nicht die Erwartung im Jahr 2015, obwohl nicht wenige versucht haben, diesen Eindruck zu erwecken.[8] Es sollte aber die Erwartung an die Zukunft sein.

Es kommt außerdem nicht nur darauf an, dass gearbeitet wird, sondern – wie bereits angedeutet – auch darauf, dass die Einkommen ausreichend hoch sind. Migration mit dem Ziel der Finanzierung des

Sozialstaats und der Kompensierung des Rückgangs der Erwerbsbevölkerung setzt die beiden folgenden Gegebenheiten voraus:

- Die Erwerbsquote im Kreis der Zugewanderten entspricht in etwa jener der Bevölkerung als Ganzer.
- Die Zugewanderten verdienen im Durchschnitt genauso viel wie die bereits länger in Deutschland lebenden Erwerbstätigen, sind also genauso produktiv.

Wie bereits gezeigt, ist die Erwerbsquote der Zugewanderten geringer; bei den Einkommen sieht es noch deutlich schlechter aus. So gehen die Zugewanderten in überproportionalem Umfang schlecht bezahlten Hilfstätigkeiten nach und beziehen deshalb Hartz IV. Nach Daten des Instituts der Deutschen Wirtschaft (IW) beträgt die entsprechende Quote im Kreis der sozialversicherungspflichtig beschäftigten Flüchtlinge etwa 50 Prozent, verglichen mit 16 Prozent in der Gesamtbevölkerung.[9]

Dieses Ergebnis kann nicht überraschen, ist doch aus früheren Erfahrungen bekannt, dass die Erwerbsbeteiligung und die Einkommen der aus der Türkei und dem Nahen Osten zugewanderten Menschen signifikant unter den Werten für andere Gruppen Zugewanderter und die heimische Bevölkerung liegen.[10] Kein Wunder, dass nach einer Studie der Universität Oxford der »fiskalische Deckungsbeitrag« der Migrantinnen und Migranten in Deutschland deutlich negativ ist.[11]

In die gleiche Richtung gehen die Ergebnisse einer Studie, die die kognitive Leistungsfähigkeit der Zugewanderten untersucht und zu dem Schluss kam, dass diese dem Niveau von hier aufgewachsenen Hauptschülern entspricht. Besonders schlecht schnitten dabei aus Schwarzafrika, dem Irak, Afghanistan und Marokko Zugewanderte ab. Aber auch die größte Gruppe der Syrer lag nur auf Hauptschulniveau.[12] Dies legt nahe, dass diese Menschen ihr Leben lang nur einfacheren Tätigkeiten nachgehen werden und damit eine dauerhafte Belastung für das Sozialsystem darstellen.

Nun ist es müßig, sich über die vergangene Entwicklung zu beschweren. Wir haben die Zuwanderung zugelassen und müssen nun alles daransetzen, die finanziellen und sozialen Kosten der ihr vorausgegangenen Entscheidungen zu minimieren. Dies bedeutet deutlich intensivierte Anstrengungen zur Integration, was aus meiner Sicht auf einer Kombination von deutlich mehr Förderung, aber auch mehr Fordern basiert. So ist es ein Unding, dass ein signifikanter Anteil der Zugewanderten nicht die deutsche Sprache spricht.[13] Dies liegt auch daran, dass die Migranten die angebotenen Kurse unzureichend wahrnehmen. Nicht mal die Hälfte beendet einen begonnenen Kurs, und von jenen, die die abschließende Deutschprüfung ablegten, erreichten ebenfalls weniger als 50 Prozent das angestrebte Niveau. Fazit des Bundesrechnungshofes: »Es ist davon auszugehen, dass ein großer Teil der eingesetzten Mittel verpuffte, weil die Kurse von schwindenden Teilnehmerzahlen geprägt waren.«[14]

Aus diesem Grund sind Überlegungen, wie jene in Österreich, das Niveau der Sozialleistungen an den Spracherwerb zu knüpfen, durchaus berechtigt.[15] Generell muss alles darangesetzt werden, die Erwerbsbeteiligung gerade auch in dieser Personengruppe zu steigern, denn der Zusammenhang zwischen Sprachkenntnissen, Erwerbsbeteiligung und Gehaltsniveau ist eindeutig.[16]

Umso wichtiger ist es nun, künftig anders vorzugehen. Dazu lohnt es sich, von jenen Ländern zu lernen, die es verstehen, Zuwanderung zu einem finanziellen Gewinn zu machen. Denn um diesen muss es Deutschland angesichts der absehbaren demografischen Entwicklung gehen.

Während Frankreich nach den Daten der Universität Oxford eine ähnlich schlechte finanzielle Bilanz der Zuwanderung aufweist wie Deutschland, gibt es einige Länder, die es deutlich besser machen. Ganz vorne liegen unter anderem die Schweiz, Island, Luxemburg, Italien, die USA und Kanada. Auffällig ist, dass es sich mit Ausnahme Italiens[17] (das vor allem aufgrund der äußerst niedrigen Transferzahlungen an Migranten in der Liste auftaucht) um

Länder handelt, die überproportional attraktiv für qualifizierte Einwanderer sind und zudem versuchen, die Zuwanderung zu steuern.

Dabei sind die Länder durchaus konsequent, wie das folgende Beispiel aus der Schweiz unterstreicht: Laut Beschluss des Bundesgerichts – also des höchsten Schweizer Gerichts – darf ein von seiner Schweizer Frau geschiedener Nigerianer seine neue Ehefrau nicht aus Nigeria in der Schweiz nachholen, weil sein Einkommen zu gering ist und deshalb davon auszugehen wäre, dass er mit seiner Frau von Sozialhilfe abhängig wäre. Nach dem Schweizer Ausländer- und Integrationsgesetz (AIG) gibt es keinen Anspruch auf den Nachzug von Ehegatten und minderjährigen Kindern von Personen mit Aufenthaltsbewilligung, wenn die Familie fortan auf Sozialhilfe angewiesen wäre.[18]

Noch wichtiger als die konsequente Abwehr von Zuwanderung in den Sozialstaat ist die Attraktivität für qualifizierte Einwanderungswillige, an der wir uns orientieren müssen. So kommt schon heute der größte Anteil der ausländischen Fachkräfte im für die Zukunft entscheidenden MINT-Bereich (MINT steht für Mathematik, Informatik, Naturwissenschaft und Technik) aus Indien. Weitere wichtige Herkunftsländer sind neben anderen asiatischen Staaten Italien, Frankreich und China.[19]

Die USA profitieren schon seit Jahrzehnten von der Zuwanderung der globalen Talente aus aller Welt, namentlich aus Indien und China. Chinesen stellten laut dem Washingtoner Institut für Migrationspolitik (MPI) im Jahr 2016 mit 2,3 Millionen Menschen nach Mexikanern und Indern die drittgrößte Gruppe von Einwanderern. Besonders viele sind gut ausgebildet und kamen als Studierende oder mit von Arbeitgebern gesponserten Visa ins Land.[20] Einerseits: Ähnlich attraktiv für qualifizierte Zuwanderung zu sein ist ein anspruchsvolles Ziel, nicht zuletzt wegen der zusätzlichen Sprachhürde im Vergleich mit den angelsächsischen Ländern. Andererseits sollten wir durch eine Reform des Steuer- und Abgabensystems und über Programme, die es für junge Menschen attraktiv machen, nach ihrem Studium in Deutschland zu bleiben, zumindest relativ attraktiver werden. Eine möglicherweise auch künftig eher restriktivere Politik der USA könnte Chancen für Deutschland eröffnen.

Die Zuwanderung zu steuern lohnt sich in jedem Fall. So weisen die Länder, die die Zuwanderung an eigenen Bedürfnissen orientieren wie Singapur, Kanada und Neuseeland einen deutlich höheren Integrationserfolg auf. Nicht zuletzt sichtbar ist dies an den schulischen Erfolgen der Kinder der Zugewanderten. In Singapur liegen die Leistungen der Kinder von Zuwanderern gar über dem schon sehr hohen Niveau der einheimischen Bevölkerung, in Kanada und Neuseeland gleichauf.[21] Das ist ein in der hiesigen Diskussion leider aus Gründen der politischen Korrektheit tabuisiertes Thema. Dabei ist es offenkundig, dass Kinder aus bildungsnahen Haushalten unabhängig von der Herkunft mit höherer Wahrscheinlichkeit eine Ausbildung abschließen.[22]

Dabei machen eine Begrenzung und Steuerung der Zuwanderung das Einwanderungsland aus der Sicht der qualifizierten Einwanderungswilligen interessanter. Wer sich in einem Bewerbungsprozess durchsetzen muss, weiß um den Wert der Einreiseberechtigung. Vor allem muss er weniger fremdenfeindliche Anfeindungen fürchten als in einem Land, dessen Gesellschaft Zugewanderte überwiegend als Kostgänger sieht.[23] Ein System, in dem Zugewanderte bestimmte Anforderungen erfüllen müssen, bedeutet nicht zwingend weniger Zuwanderung. Es bedeutet vielmehr, dass andere Menschen einwandern. Australien beispielsweise hat eine Nettozuwanderung von 8,6 Menschen pro 1000 Einwohner (das wären bei uns über 700 000 pro Jahr – im Vergleich zum eingangs des Kapitels genannten mittleren Szenarios von 221 000) und Kanada eine solche von 7,1.

Großbritannien hat dies erkannt und setzt nach dem Brexit auf ein neues Einwanderungssystem, das sich am Beispiel Kanadas orientiert. So soll ein Punktesystem eingeführt werden. Um einzuwandern, muss eine Person 70 Punkte von maximal möglichen 110 erreichen (siehe Tabelle 9). Dabei sind die Kriterien nachvollziehbar.[24]

Kriterium	Gewicht in Punkten
Gesicherte Arbeitsstelle	20
Arbeitsplatz mit mindestens Abitur als Voraussetzung	20
Ausreichende Sprachkenntnis für den Beruf	10
Einkommen über 25 600 Pfund (rund 31 000 Euro)	20
Einkommen von 23 040 bis 25 599 Pfund	10
Einkommen von 20 480 (Minimum) bis 23 039 Pfund	0
Beruf in einem Sektor mit Arbeitskräftemangel	20
Doktortitel in einem für den Beruf relevanten Gebiet	10
Doktortitel in MINT in einem für den Beruf relevanten Gebiet	20

Tabelle 9: **System zur Steuerung der Einwanderung in Großbritannien**
Quelle: The Telegraph: »There is no universal rule that says that high immigration benefits the economy«, 19. Februar 2020, abrufbar unter: https://www.telegraph.co.uk/news/2020/02/19/no-universal-rule-says-high-immigration-benefits-econo my/?WT.mc_id=e_DM1200133&WT.tsrc=email&etype=Edi_FPM_New_ES&utmsource= email&utm_medium=Edi_FPM_New_ES20200219&utm_campaign=DM1200133

Die Einkommensgrenze von 25 600 Pfund passt übrigens zu den oben genannten wirtschaftlichen Voraussetzungen für eine nutzbringende Zuwanderung, wird doch nicht nur sichergestellt, dass die betrachtete Person einer Erwerbstätigkeit nachgeht, sondern auch ein Einkommen bezieht, das dem Durchschnitt der bereits ansässigen Bevölkerung entspricht.

Die Wirkung eines solchen Systems ist offensichtlich: Es gibt nicht nur weniger Zuwanderung in das Sozialsystem. Es gibt auch weniger billige Arbeitskräfte für einfache Tätigkeiten wie Hilfsarbeiten. Dies wird zwar von Vertretern der Wirtschaft oft kritisch gesehen, hilft aber bei der Steigerung der Produktivität und gibt einen stärkeren Anreiz zu investieren. Dies liegt daran, dass eine große Zahl zuwandernder Menschen mit geringer Qualifikation zu einem Lohndruck im unteren Segment führt und deshalb nicht nur die Einkommensungleichheit verstärkt, sondern auch Investitionen unattraktiv macht. Weniger Zuwanderung hier führt zwar zu einer geringeren Erwerbsbevölkerung als ohne Begrenzung, dies wird aber durch eine höhere Produktivität der Gesamtwirtschaft mehr als kompensiert.

Es gibt noch einen weiteren Effekt: Da die Zugewanderten über kein oder nur wenig Vermögen verfügen, sinken nicht nur die Löhne, sondern Kapital wird relativ gesehen knapper. In der Folge steigen die Vermögenspreise, und neben der Ungleichheit der Einkommen steigt zusätzlich die Ungleichheit der Vermögen. Es spricht also auch aus Gründen der Gerechtigkeit vieles dafür, die Zuwanderung zu steuern.

Damit die Zuwanderung in Zukunft den gewünschten und erforderlichen wirtschaftlichen Nutzen erbringt, müssen wir es schaffen, die Zuwanderung nach ökonomischen Kriterien zu steuern und zugleich die Nettozuwanderung zu steigern. Das dürfte keine leichte Aufgabe sein, weshalb die Gefahr besteht, dass die Politik lieber den einfachen Weg der ungesteuerten Migration geht. Dies widerspricht jedoch dem Ziel, 2040 ein wirklich wohlhabendes Land zu sein, können wir uns doch angesichts der demografischen Entwicklung keine weiteren finanziellen Lasten aufgrund von Zuwanderung in das Sozialsystem leisten. Ungesteuerte Migration in das Sozialsystem verringert Wohlstand und ist Konsum.

So oder so müssen wir alles daransetzen, für die motivierten und gut ausgebildeten Migrationswilligen aus aller Welt ein attraktives Zielland zu werden. Dies ist nicht so einfach, befindet sich Deutschland doch im Wettbewerb mit anderen Ländern, die vor ähnlichen demografischen Herausforderungen stehen und zugleich einige Vorteile haben – etwa eine Weltsprache (Englisch) und deutlich geringere Steuer- und Abgabenlasten. Wir werden nicht darum herumkommen, die Finanzierung von Staat und Sozialversi-

cherungen so umzubauen, dass es attraktiv ist, nach Deutschland zu kommen.
Und in Deutschland zu bleiben. Bisher war immer die Rede von den erforderlichen Zuwanderern, ohne darauf einzugehen, dass in den Nettozahlen all die Personen nicht mehr enthalten sind, die aus Deutschland ausgewandert sind. Letztere stellen einen erheblichen Verlust dar.
Neuere Studien zeigen, dass die Abwanderung vor allem künftige oder gegenwärtige Leistungsträger betrifft.[25] So haben 76 Prozent der 180 000 Menschen, die jedes Jahr auswandern, eine akademische Ausbildung. Dass sie auswandern, liegt vor allem daran, dass sie im Ausland deutlich mehr verdienen als hierzulande, ganz abgesehen von der meist geringeren Abgabenbelastung. Schon heute leben rund 5 Prozent der Deutschen im Ausland. Innerhalb der OECD-Staaten sind es nur die Staatsangehörigen Polens und Großbritanniens, die in größerer Anzahl außerhalb des Heimatlandes leben als die deutschen. Besonders beliebt sind bei deutschen Auswanderten die Schweiz (200 000 Menschen in den zehn Jahren seit 2010), die USA (127 000), Österreich (108 000) und Großbritannien (82 000). Das ist ein erheblicher Verlust für die Volkswirtschaft, und wenn es uns gelänge, 180 000 Menschen zu motivieren, im Land zu bleiben, wäre bereits viel gewonnen. Deutschland braucht also ein Programm für seine Attraktivität nicht nur für qualifizierte Zuwanderungswillige, sondern auch für qualifizierte Einheimische!
Die Autoren der von der *Frankfurter Allgemeinen Zeitung* zitierten Studie des Bundesinstituts für Bevölkerungsforschung erkennen zwar den Verlust, trösten sich aber damit, dass zwar die Besten gingen, aber im Gegenzug auch die Besten kämen. Eine Aussage, die einer genaueren Betrachtung nicht standhält. So zeigen die Daten des Sozio-oekonomischen Panels, das jährlich vom DIW erhoben wird, dass nur die Menschen, die aus den Ländern der Alt-EU (also den der EU vor der Osterweiterung zugehörigen Ländern) zugewandert sind, gleich viel oder mehr verdienen als der Durchschnitt der hier lebenden Bevölkerung. Die Einkommen aller ande-

ren sind geringer, besonders die der aus der Türkei und dem Nahen Osten Zugewanderten.

Woher kamen die Menschen, die im Jahr 2018 zugewandert sind? Sie stammen aus Rumänien (238 000), Polen (146 000) und Bulgarien (82 000). Aus Indien kamen immerhin rund 30 000 Menschen. Deshalb hat Deutschland es netto mit einer Abwanderung qualifizierter Menschen zu tun. Hinzu kommt, dass der Altersdurchschnitt der Ausgewanderten mit rund 36 Jahren knapp zehn Jahre unter jenem der deutschen Bevölkerung liegt.

Realistischerweise sollten wir keine höhere Nettozuwanderung annehmen als das Statistische Bundesamt in diesem Szenario. Es wird erheblicher Anstrengungen bedürfen, diese Zahlen zu erreichen, wenn Deutschland – wie dringend geboten – auf qualifizierte Zuwanderung setzt. Mindestens ebenso wichtig ist, die schon hier lebenden gut Ausgebildeten im Land zu halten.

Aufgaben für die nächste Bundesregierung

- Programm zur Steuerung der Zuwanderung nach Qualifikation, orientiert am Vorbild anderer Staaten (zum Beispiel Kanada, Australien, Großbritannien)
- Programm, um Deutschland als Standort für künftige Leistungsträger attraktiver zu machen (Gehaltsniveau, Abgabenlast, Umbau der Sozial- und Steuersysteme)
- Programm zur Erhöhung der Qualifikation und Erwerbsbeteiligung der bereits in Deutschland lebenden Migrantinnen und Migranten

Erhöhung des Renteneintrittsalters

Angesichts steigender Lebenserwartung liegt es auf der Hand, dass das Renteneintrittsalter erhöht werden muss. Dies war bereits von der rot-grünen Bundesregierung unter Gerhard Schröder erkannt worden, und es wurde eine sukzessive Anhebung des Renteneintrittsalters beschlossen. Die Maßnahme ist mit den folgenden Vorteilen verbunden:

- Sie schiebt den Rückgang der Erwerbsbevölkerung auf.
- Sie führt zu mehr Menschen, die Beiträge zahlen.
- Sie reduziert den Aufwand für Renten und Pensionen.

Letztlich ist es nur gerecht, ein konstantes Verhältnis zwischen der Zahl der Jahre, die man in die Rentenversicherung eingezahlt hat, und der Bezugsdauer von Rente herzustellen. Dies ließe sich durch einen Lebenserwartungsfaktor und eine an diesen gekoppelte automatische Anpassung des Regelrenteneintrittsalters am einfachsten realisieren. Damit würden alle Generationen so lange Renten beziehen, wie es ihnen zusteht. Mussten in den 1950er-Jahren pro Rentenbezugsjahr fast 3,5 Jahre einbezahlt werden, so ist dieser Wert auf heute etwas über zwei Jahre gesunken; sofern alles beim Alten bleibt, wird er bereits 2030 unter zwei sinken. Auch ohne vertieftes mathematisches Wissen kann man erkennen, dass dies nicht funktionieren kann.

Berechnungen zeigen, dass ein solcher Lebenserwartungsfaktor die in Kapitel 2 aufgezeigte Nachhaltigkeitslücke in der Rentenversicherung um 37,9 Prozentpunkte beziehungsweise rund 1 282,1 Milliarden Euro verkleinern würde.[26] Andere Länder wie Dänemark haben eine vergleichbare Regelung eingeführt, warum also nicht auch Deutschland?

Dies ist nicht nur gerecht, sondern ausgehend von den Lebensumständen mehr als gerechtfertigt. Die durchschnittliche Lebenserwartung bei der Geburt in Deutschland belief sich 2015 für Männer auf 78,4 und für Frauen auf 83,4 Jahre. Sie hat sich also seit dem 19. Jahrhundert rasant nach oben entwickelt und gegenüber den 1870er-Jahren mehr als verdoppelt.[27] 60-jährige Männer haben eine Lebenserwartung von 22 Jahren, 70-jährige noch eine von 14 Jahren.

Für Frauen sieht es mit 25 beziehungsweise 17 Jahren noch besser aus.[28] Das zeigt, dass es überhaupt kein Problem ist, wenn die längere Lebenszeit auch mit einer längeren Zeit des gesunden Lebens einhergeht. Länder wie Japan haben das bereits erkannt und arbeiten gezielt in diese Richtung. So stieg zwischen 2013 und 2016 die Lebenserwartung japanischer Männer um neun Monate, die zu erwartende Zeit gesunden Lebens sogar um ein Jahr. In Europa stagnieren die Zuwächse an Lebenserwartung, weil der Effekt der geringeren Zahl der Menschen, die rauchen, in den Zahlen bereits enthalten ist.[29] Dies bedeutet jedoch nicht, dass wir nicht noch mehr tun können, um nicht nur die Lebenserwartung, sondern vor allem die Zahl der Jahre in Gesundheit zu erhöhen. Dazu gehören nicht zuletzt Maßnahmen, die einen Anreiz zur körperlichen Bewegung geben und vor allem die stetig steigende Zahl der Übergewichtigen wieder senken. Wie sich in der Corona-Pandemie gezeigt hat, ist gerade Übergewicht ein erheblicher lebensverkürzender Faktor, der zudem den Anteil der Lebensjahre in Gesundheit reduziert.

Ein Problem in diesem Zusammenhang ist, dass Menschen mit geringeren Einkommen eine kürzere Lebenserwartung haben als solche mit höheren Einkommen. Auch der Anteil der Jahre, die ärmere Menschen gesund erleben, ist geringer. Bisweilen stellt die Politik einen einfachen Zusammenhang her und schließt aus den geringen Einkommen auf eine schlechtere Versorgung, um damit mehr Umverteilung und einen Umbau des Gesundheitssystems zu einer staatlichen Einheitsversorgung zu fordern. Indes dürfte ein anderer Zusammenhang relevanter sein: Die geringen Einkommen spiegeln Bildung und soziale Umstände wider. Hier ist anzusetzen, weil auf diese Weise nicht nur den Menschen geholfen, sondern auch der Wohlstand für alle gehoben wird.

Doch zurück zur Entwicklung der Erwerbsbevölkerung. Offensichtlich hilft eine Anhebung des Renteneintrittsalters. Darüber hinaus sollte es möglich sein, auch Menschen jenseits des Rentenalters zur Teilnahme am Arbeitsmarkt zu motivieren. So arbeiten schon heute 11 Prozent der 65- bis 74-Jährigen.[30] Es kann und sollte mehr getan werden, um eine höhere Erwerbsbeteiligung älterer Menschen zu fördern. Neben der unstrittigen Wirkung einer Anhebung des Renteneintrittsalters geht es vor allem um intelligente Wege, einen gleitenden Übergang zwischen Erwerbsleben und Ruhestand zu ermöglichen. Dazu gehören auch Anpassungen im Lohngefüge, um einer möglicherweise geringeren Produktivität älterer Mitarbeiter Rechnung zu tragen.[31] Weitere Maßnahmen sind gezielte Weiterbildungsmaßnahmen auch für ältere Menschen, um sie für den Arbeitsmarkt fit zu halten. Auch die Unternehmen müssen ihre Anstrengungen intensivieren, Arbeitsplätze so zu gestalten, dass sie auch für ältere Beschäftigte attraktiv sind, und bereits frühzeitig entsprechende Qualifizierungsmaßnahmen anstoßen.[32]

Will man die Erwerbsbevölkerung stabil halten, so fehlen – wie vorgerechnet – 2,8 Millionen (2030) bis 5,3 Millionen (2040) Erwerbspersonen. Eine Anhebung des Renteneintrittsalters auf beispielsweise 70 Jahre würde den Rückgang der Zahl der Erwerbspersonen nur aufschieben, aber nicht verhindern. Je nach Szenario würde die Lücke bis 2040 um 800 000 bis 1,6 Millionen Personen verkleinert. Damit verbleibt eine Lücke für 2030 von rund 2 Millionen und 2040 von 4,5 bis 9,5 Millionen Menschen. Erhöhungen des Renteneintrittsalters und eine anhaltende Migration leisten zwar einen Beitrag zur Stabilisierung der Zahl der Erwerbspersonen, können das grundlegende Problem jedoch nicht lösen.

Aufgaben für die nächste Bundesregierung

- Die Rentenreformen der letzten Jahre korrigieren (Rente mit 63)
- Einführung eines Lebenserwartungsfaktors
- Maßnahmen zur Erhöhung der Lebenserwartung und des Anteils der Jahre in Gesundheit

- Maßnahmen zur Förderung der Erwerbsbeteiligung älterer Menschen: Anpassung von Arbeitszeiten, Umgestaltung der Arbeitsplätze, um Arbeit für ältere Menschen zu erleichtern, finanzielle Anreize zur Stärkung der Bereitschaft, länger zu arbeiten
- Steuerliche Begünstigung von Unternehmen, die ältere Mitarbeiter beschäftigen, weiterqualifizieren und ausbilden

Höhere Erwerbsbeteiligung

Ein weiterer Ansatzpunkt zur Stabilisierung des Umfangs der Erwerbsbevölkerung besteht darin, die Erwerbsbeteiligung zu erhöhen, also den Anteil der Menschen, die tatsächlich arbeiten. Oben habe ich die aktuellen Beschäftigtenzahlen in Relation zur Kohorte der 20- bis 66-Jährigen gesetzt und bin so zu einer Erwerbsquote von 88 Prozent gelangt (siehe Tabelle 8). Das ist nicht ganz richtig. Zum einen arbeiten bereits heute rund eine Million Menschen, die älter als 66 Jahre sind, zum anderen gibt in einem durchaus nennenswerten Umfang Menschen unter 20 Jahren, die bereits erwerbstätig sind. Teilweise wären zum Beispiel Auszubildende dazuzurechnen. Die tatsächliche Erwerbsquote liegt bei Männern bei 80 Prozent und bei Frauen bei 72 Prozent, bezogen auf die Gesamtbevölkerung.[33] Damit liegt Deutschland im internationalen Vergleich bereits auf einem der vorderen Ränge. Bei der Erwerbsbeteiligung der Männer zwischen 20 und 64 Jahren liegt von den großen Industrieländern nur Japan knapp vor Deutschland, bei der der Frauen Schweden. In der Gruppe der 55- bis 64-Jährigen haben wir seit 2000 deutliche Zuwächse erreicht, und auch hier liegen nur Japan und Schweden vor uns.[34]

Will man die allgemeine Erwerbsquote steigern, so kann man

- die bereits diskutierten Maßnahmen ergreifen, um mehr Menschen jenseits des Alters von 66 Jahren im Erwerbsleben zu halten und um
- noch mehr Menschen aus der Gruppe der 20- bis 66-Jährigen in Arbeit zu bekommen;
- die Ausbildungszeiten kürzen und so der jüngeren Generation einen früheren Einstieg ins Berufsleben ermöglichen;
- den Anreiz steigern, Arbeit aufzunehmen oder statt Teilzeit Vollzeit zu arbeiten.

Vorschläge zur Steigerung der Beschäftigungsquote im Kreis der 20- bis 66-Jährigen sind bereits seit Jahren Gegenstand verschiedener Studien. Deshalb sind diesbezügliche Maßnahmen mehr eine Frage des Handelns als eines Mangels an Analysen.[35] Die folgenden Maßnahmen bieten sich an:

- Entlastung der Beschäftigten von Abgaben und Steuern, um so einen stärkeren Anreiz zu geben, am Arbeitsprozess teilzunehmen;
- Flexibilisierung des Übergangs von Teil- in Vollzeit und wieder zurück; generell Zulassen flexiblerer Arbeitsformen;
- Erhöhung der Zahl der berufstätigen Frauen. Lag die Quote der erwerbstätigen Frauen im Jahr der Wiedervereinigung nur bei 57 Prozent, so ist sie bis 2018 auf gut 72 Prozent gestiegen. Diese Entwicklung muss sich fortsetzen. Maßnahmen sind bessere Betreuungsangebote für Kinder, Regelungen zu einem leichteren Übergang von Teilzeit in Vollzeit und geringere Grenzbelastungen der Einkommen;[36]
- Reduktion der Zahl der Langzeitarbeitslosen. Trotz der guten Konjunkturentwicklung waren schon vor dem Beginn der Corona-Krise mehrere 100 000 Menschen seit mehr als einem Jahr arbeitslos. Hier müssen die Anstrengungen erhöht werden, um diese Menschen auch in Arbeit zu bringen. Dazu gehört auch mehr Druck – so unwillkommen dieser Gedanke einigen erscheint;

- schnelle Integration der Zugewanderten in den Arbeitsmarkt. Dies gilt vor allem für die bereits seit Längerem zugewanderten Menschen. Sie setzt unter anderem stärkere Anreize zum Spracherwerb und zur Qualifikation voraus.

Alle Punkte sind intuitiv sofort nachvollziehbar. Wie abschreckend der Übergang ins Erwerbsleben vor dem Hintergrund der Abgabenbelastung ist, zeigen die folgenden Zusammenhänge:[37] Wenn ein alleinstehender Hartz-IV-Empfänger eine Beschäftigung aufnimmt, darf er die ersten 100 Euro des resultierenden Einkommens zu 100 Prozent behalten. Oberhalb davon werden die Transferzahlungen drastisch zurückgefahren. Innerhalb der Einkommensspanne von 100 Euro bis 1 000 Euro bleiben unter Berücksichtigung der Kürzungen der Transferleistungen faktisch nur 20 Prozent netto mehr, zwischen 1 000 und 1 200 Euro nur 10 Prozent. Liegt der Verdienst im Bereich von 1 200 bis 1 420 Euro, so stellt sich der ehemalige Hartz-IV-Empfänger nicht mehr besser als vor der Aufnahme der Beschäftigung (siehe Abbildung 5).

Im Politikbetrieb wird unterschätzt, dass Menschen sich ökonomisch rational verhalten. Sicherlich nicht immer, aber durchaus dann, wenn sie die Folgen ihres Handelns direkt spüren. Und das ist hier der Fall. Begnügt der Single sich mit einem 450-Euro-Job, so hat er 170 Euro mehr in der Tasche. Verdoppelt er seine Arbeitszeit, um 1 000 Euro brutto zu verdienen, so erhöht sich sein Nettoeinkommen um nur 110 Euro. Warum sollte jemand eine derartige Entscheidung treffen? Man muss sich nur die Kurve in Abbildung 5 ansehen. Besser lässt sich nicht zeigen, was hier schiefläuft. Wenn mehr Menschen dazu animiert werden sollten, einer Vollzeitbeschäftigung nachzugehen, so muss die Kurve in ihrem gesamten Verlauf deutlich steigen.

Die Daten des IAB zeigen ähnliche Ergebnisse für Familien. So verfügt eine Familie mit zwei Erwachsenen und zwei Kindern über ein monatliches Einkommen von 2 000 bis 2 500 Euro – unabhängig davon, ob dem Haushalt ein Bruttoarbeitseinkommen von

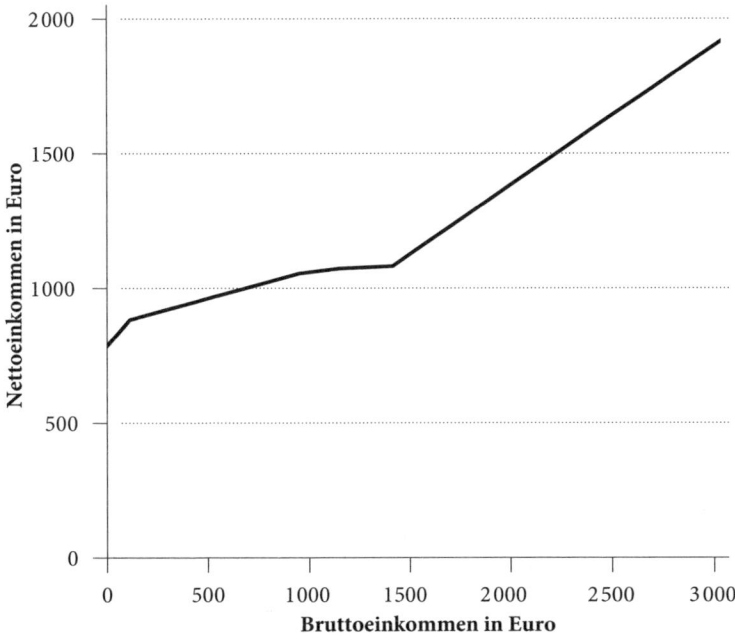

Abbildung 5: **Wenig Anreiz zur Arbeit**
Quelle Institut für Arbeitsmarkt- und Berufsforschung (IAB), Spiegel Online[38]

3000 Euro zufließt oder ob keines seiner Mitglieder erwerbstätig ist. Dabei ist der Verlauf der Nettoeinkommen keineswegs linear, es gibt sogar in der Gegend von 2500 Euro brutto eine Schwelle, ab der das Nettoeinkommen sinkt, wenn das Bruttoeinkommen steigt.[39] In Kapitel 14 werde ich mich noch eingehender mit dem dringend erforderlichen Umbau des Steuer- und Abgabensystems beschäftigen. An dieser Stelle ist anzumerken, dass die Politik eklatant versagt hat – und zugleich die Neigung zu einer höheren Erwerbsbeteiligung auf widersinnige Weise konterkariert.

Ebenso wichtig ist eine höhere Erwerbsbeteiligung der Jugend. Dies hat mit einer besseren Schulausbildung zu tun und daneben vor allem mit den Themen Schulabbruch, Berufswahl und Dauer der Ausbildung. So liegt der Anteil der Jugendlichen, die die Schule abbrechen, in Deutschland bei 10,2 Prozent. Dieser Wert ist deutlich höher als in Ländern wie zum Beispiel Österreich (7,3 Prozent).[40] Das ist deshalb so bedeutsam, weil die Empirie zeigt, dass die Menschen, die die Schule nicht absolvieren, ihr Leben lang weniger am Erwerbsleben teilnehmen und weniger verdienen. Zu prüfen wäre auch, ob es wirklich dem Wohlstandsziel dient, die Akademisierung weiterhin zulasten der dualen Berufsausbildung zu fördern. Nicht nur, dass Deutschland einen guten Teil der akademisch gebildeten Bevölkerung nicht ihrer Qualifikation gemäß einzusetzen vermag. Überdies bedeutet eine akademische Ausbildung auch eine längere Ausbildungszeit und damit ein kürzeres aktives Berufsleben. (Diese Thematik wird im kommenden Kapitel eingehender behandelt.)

Wie man erkennen kann, gibt es einige Ansatzpunkte, um die Erwerbsbeteiligung zu steigern. Wenn es gelänge, diese Größe um 2 Prozentpunkte zu steigern, so entspräche dies in jedem Szenario rund 1 Million zusätzlicher Arbeitskräfte.

Aufgaben für die nächste Bundesregierung

- Erleichterung Erwerbsbeteiligung von Frauen: Kinderbetreuung, finanzielle Anreize, leichterer Übergang von Voll- zu Teilzeitarbeit und umgekehrt, Qualifikation
- Umbau des Abgabensystems, um sicherzustellen, dass deutlich mehr als 50 Prozent des Zusatzeinkommens beim Erwerbstätigen verbleiben
- Reduktion der Langzeitarbeitslosigkeit durch Qualifizierung und Anreize
- Bessere Integration Zugewanderter
- Verkürzung der Ausbildungszeiten, Senkung der Quote der Schülerinnen und Schüler ohne Abschluss, Erhöhung der Attraktivität einer Berufsausbildung

Längere Arbeitszeiten

Bereits bei seiner Erzeugung wird ein Teil des Wohlstands konsumiert. Ein Beispiel hierfür bildet die im internationalen Vergleich geringe Jahresarbeitszeit der Deutschen. Wir bevorzugen es, weniger zu arbeiten und dafür mehr Freizeit und längere Urlaubszeiten zu haben. Laut OECD lag die Jahresarbeitszeit in Deutschland im Jahr 2018 bei 1363 Stunden. Damit waren wir das Land mit der geringsten Arbeitszeit. In den USA (1786), Italien (1723), Spanien (1701) und selbst in Frankreich (1520) wird pro Jahr deutlich mehr gearbeitet.

Rang im World Happiness Report	Land	Arbeitsstunden pro Jahr
1.	Finnland	1555
2.	Dänemark	1392
3.	Norwegen	1416
4.	Island	1469
5.	Niederlande	1433
6.	Schweiz	1561
7.	Schweden	1474
8.	Neuseeland	1756
9.	Kanada	1708
10.	Österreich	1511
17.	Deutschland	1363

Tabelle 10: **Jahresarbeitszeit in den Top-Ländern des World-Happiness-Rankings**
Quelle: Organisation für wirtschaftliche Entwicklung und Zusammenarbeit, »Average annual hours actually worked per worker«, abrufbar unter https://stats.oecd.org/Index.aspx?DataSetCode=ANHRS

Mehr Menschen in Arbeit bringen

Dass längere Jahresarbeitszeiten nicht unglücklich machen müssen, zeigt sich daran, dass auch in den Ländern, deren Bevölkerung deutlich glücklicher ist als die deutsche, mehr Stunden pro Jahr gearbeitet werden.

Eine überschlägige Rechnung zeigt, dass die Erhöhung der jährlich geleisteten Arbeitsstunden den größten Effekt auf das effektive Arbeitsangebot hat. Wie oben gezeigt, entspricht die derzeitige Jahresarbeitszeit in Deutschland einem Gesamtvolumen von rund 61,9 Milliarden Stunden. Bis 2030 sinkt das Volumen auf 58 Milliarden Stunden und bis 2040 auf 54,7 Milliarden Stunden. Soll dieser Rückgang aufgefangen werden, so muss im Jahr 2030 jede erwerbstätige Person 1 452 Stunden pro Jahr arbeiten, im Jahr 2040 deren 1 541. Dies entspräche einem Anstieg der Jahresarbeitszeit um 7 beziehungsweise 13 Prozent oder, auf die Woche umgelegt, einer Mehrarbeit von zwei bis vier Stunden. Dass dies möglich ist, zeigt ein Blick in die Geschichte. Noch 1993 lag die Jahresarbeitszeit bei 1 542 Stunden.[41]

Anspruchsvoller wäre es, durch Mehrarbeit die Lasten der Alterung auffangen zu wollen. Um die Arbeitsstunden im Verhältnis zur Zahl der Rentnerinnen und Rentner auf dem Niveau des Jahres 2020 zu halten, müssten im Jahr 2030 pro Erwerbstätigen 1 459 Stunden gearbeitet werden, im Jahr 2040 deren 1 743, also acht Stunden mehr pro Woche. Dieses Maß an Mehrarbeit mag aus heutiger Sicht als politisch undenkbar erscheinen, ist es aber im internationalen Vergleich keineswegs – wie etwa die USA und auch Italien zeigen.

Wie immer bei derartigen Durchschnittsbetrachtungen sind es vielfältige Faktoren, die hinter einer resultierenden Größe – wie hier der Jahresstundenzahl – stehen. Sicherlich haben die Deutschen mit rund sechs Wochen im Jahr im internationalen Vergleich viel Urlaub – in den USA sind zwei Wochen üblich. Allerdings ist dies nur ein Teil der Erklärung. Ebenso wirkt die deutlich gestiegene Erwerbsbeteiligung von Frauen, die andererseits häufiger als Männer Teilzeit arbeiten. Der Anteil der teilzeitbeschäftigten Frauen ist von unter 35 Prozent im Jahr 1995 auf rund 48 Prozent im Jahr 2015 angewachsen. Da die durchschnittliche Jahresarbeitszeit von Teilzeitbeschäftigten bei unter 700 Stunden liegt, erklärt allein die Zunahme der Frauenerwerbsbeteiligung einen guten Teil des Rückgangs der durchschnittlichen Jahresarbeitszeit in den zurückliegenden Jahrzehnten.[42]

Offensichtlich ist eine Abkehr von der Politik der Arbeitszeitverkürzungen notwendig. Die Aussicht darauf muss auch nicht abschrecken, arbeiten doch die Menschen in den »glücklicheren« Ländern zum Teil deutlich länger. Es muss allerdings attraktiver werden, zu arbeiten – womit ich neben den bereits mehrfach angesprochenen Abgabenlasten auf das Umfeld in den Unternehmen komme. Hier ist sicherlich im Hinblick auf die Arbeitszeitflexibilität, die Integration älterer Beschäftigter und generell die Arbeitsqualität mehr zu tun. »Die Flexibilität wird in der Zukunft eine entscheidende Rolle spielen. In Berufen mit geringer Flexibilität werden das Arbeitsangebot und damit der Fachkräftemangel stark davon abhängen, wie viele Personen den jeweiligen Beruf erlernen werden. In Berufen mit hoher Flexibilität werden hingegen auch Lohnentwicklungen eine größere Rolle spielen, um Engpässe auszugleichen und Arbeitskräfte anzuwerben.«[43]

Die neuen Technologien – von der Digitalisierung über die Automatisierung bis zur künstlichen Intelligenz –, die im nächsten Kapitel eingehend behandelt werden, können dabei einen erheblichen positiven Beitrag leisten.

Aufgaben für die nächste Bundesregierung

- Erleichterung des Übergangs von Teilzeit- in Vollzeitbeschäftigungen und umgekehrt
- Steuerliche Begünstigung von Mehrarbeit – Belohnung von Überstunden
- Steuerliche Begünstigung von Vollzeit gegenüber Teilzeitarbeit – Bonussystem

Verkleinerung des Staatssektors

Neben den Hebeln zur Steigerung der geleisteten Arbeitsmenge, die in diesem Buch bereits diskutiert worden sind, gibt es auch die Möglichkeit, die verfügbare Arbeitskraft in der Volkswirtschaft anders zuzuordnen. Konkret: Man könnte den Anteil der Menschen, die beim Staat und in der Sozialversicherung tätig sind, reduzieren. Das hätte zum einen eine Produktivitätswirkung – Thema des nächsten Kapitels –, zum anderen aber auch eine Wirkung auf das BIP. Der Gedanke hinter diesem Vorschlag lautet, dass die Arbeitseinkommen der bei der öffentlichen Hand Beschäftigten mit Steuern und Abgaben finanziert werden. Hier soll nicht gesagt werden, dass die Tätigkeiten im öffentlichen Sektor keine Werte schaffen. Stattdessen geht es darum, mehr Menschen für den freien Teil der Wirtschaft zu gewinnen, der letztlich für Wohlstand und Wirtschaftsleistung steht.

Eines der Probleme besteht darin, dass kein Arbeitgeber in Deutschland bei der nachfolgenden Generation so beliebt ist wie der Staat. So wünschen sich drei von zehn Studierenden eine Anstellung beim Staat; fast 25 Prozent wollen für kulturelle Einrichtungen arbeiten. Hauptmotive sind Untersuchungen zufolge die Arbeitsplatzsicherheit und eine gute Work-Life-Balance. Wenig tröstlich ist es da, dass es die Studierenden mit besonders guten Noten weniger in den Staatsdienst zieht. Das Gleiche gilt für die Tatsache, dass die Absolventinnen und Absolventen sich beim Staat mit deutlich geringeren Gehältern zufriedengeben.[44]

Von den zurzeit (Stand 2020) 45,4 Millionen Erwerbstätigen in Deutschland sind rund 4,8 Millionen direkt im öffentlichen Sektor beschäftigt.[45] Dies entspricht einem Anteil von rund 10 Prozent. Damit liegt Deutschland unter dem Niveau anderer OECD-Staaten und der europäischen Nachbarn. In den Niederlanden liegt der Anteil bei 12,8 Prozent, in Italien bei 13,6 Prozent und in Frankreich – wohl auch als Folge der vielen staatlichen Unternehmen – bei 21,4 Prozent. Selbst in Ländern wie den USA (15,3) und Großbritannien (16,4) ist der Anteil der im öffentlichen Sektor Beschäftigten höher.[46] Vermutlich lassen sich die verschiedenen Werte auch mit Unterschieden bei der Definition erklären. Legt man eine breitere Definition zugrunde, kommt man auf 10,9 Millionen Erwerbstätige in den Wirtschaftsbereichen öffentliche Dienstleistungen, Erziehung und Gesundheit, was immerhin 24 Prozent der Erwerbstätigen entspricht.[47] Die Wahrheit dürfte wie so oft in der Mitte liegen.

In der Zukunft braucht Deutschland zur Steigerung der Produktivität der Gesamtwirtschaft einen höheren Anteil an Erwerbstätigen außerhalb des öffentlichen Sektors. Dies setzt voraus, dass wir erhebliche effizienzsteigernde Maßnahmen ergreifen und den öffentlichen Sektor entsprechend überproportional verkleinern. Schon bei gleichbleibendem prozentualen Anteil dürfte die Zahl der im öffentlichen Bereich Beschäftigten bis 2030 um 285 000 und bis 2040 um 550 000 Personen sinken. Ausgehend von der allgemeinen demografischen Entwicklung sollten wir eine deutlich größere Reduktion anstreben, beispielsweise um eine Million Personen bis 2040.

Dies kann keineswegs linear erfolgen, sondern muss gezielt organisiert werden. Deshalb lohnt sich ein Blick auf die heutige Verteilung der Beschäftigten.[48]

In einigen Bereichen wie Bundeswehr und Innere Sicherheit dürfte offensichtlich sein, dass es dort keine Einsparpotenziale gibt. Dann gibt es Bereiche wie die Energie- und Wasserwirtschaft, die Aufgaben erfüllen, die auch privatisiert werden könnten – was aber nicht sein muss, da es sich auch unter öffentlicher Trägerschaft um gesamtwirtschaftlich wertschaffende Tätigkeiten handelt. Unbenommen davon könnte es sein, dass unter privater Führung die Aufgaben effizienter wahrgenommen werden. In den Bereichen zentrale Verwaltung, Finanzverwaltung und Wohnungswesen sollte mindestens im Zuge des allgemeinen Rückgangs der Erwerbsbevölkerung eingespart werden. Vermutlich gibt es gerade hier erhebliches Automatisierungspotenzial.

Bereich	Beschäftigte
Politische Führung und zentrale Verwaltung	497 330
Verteidigung	236 845
Öffentliche Sicherheit und Ordnung	483 400
Rechtsschutz	180 535
Finanzverwaltung	187 905
Bildungswesen, Wissenschaft, Forschung, Kultur	1 658 685
Soziale Sicherung, Familie, Jugend, Arbeitsmarkt	823 445
Gesundheit, Umwelt, Sport, Erholung	252 230
Wohnungswesen, Städtebau	128 325
Ernährung, Landwirtschaft, Forsten	46 070
Energie-, Wasserwirtschaft, Dienstleistungen	153 695
Verkehrs- und Nachrichtenwesen	134 765
Finanzwirtschaft	10 230
Summe	4 793 460

Tabelle 11: **Beschäftigte im öffentlichen Dienst in Deutschland nach Aufgabenbereichen**
Quelle: Statistisches Bundesamt, »Beschäftigte des öffentlichen Dienstes nach Aufgabenbereichen«, Januar 2020, abrufbar unter https://www.destatis.de/DE/Themen/Staat/Oeffentlicher-Dienst/Tabellen/beschaeftigte-aufgaben.html

Im Bereich Bildung dürfte angesichts der dringenden Anforderung einer deutlichen Hebung der Bildungsstandards in Zukunft der Bedarf an qualifizierten Beschäftigten relativ zur Kohorte der unter 20-Jährigen deutlich steigen. Deshalb dürfte hier der Personalbedarf überproportional hoch bleiben.

17 Prozent aller im öffentlichen Dienst Beschäftigten arbeiten im Bereich Soziale Sicherung. Im Vergleich der OECD – die eine engere

Definition zugrunde legt – ragt Deutschland mit einem Anteil dieses Bereichs von rund 8 Prozent deutlich heraus. In allen anderen Ländern ist der Anteil signifikant geringer. Dies mag zumindest teilweise an abweichenden Zuordnungen und Definitionen liegen. Dennoch ist offensichtlich, dass Deutschland im Bereich der Administration der sozialen Sicherung am ehesten einsparen sollte – und auch das größte Potenzial dazu hat. Es ist erstaunlich, dass Deutschland trotz eines zehn Jahre (bis Ende 2019) andauernden Aufschwungs und geringer Arbeitslosigkeit noch immer so viele Ressourcen für die soziale Sicherung benötigt. Dies zeigt, dass der Sozialstaat, der einen Rekordbetrag von rund 1000 Milliarden Euro im Jahr umverteilt, für diese Umverteilung in erheblichem Umfang personelle Kapazitäten bindet, die an anderer Stelle im öffentlichen Sektor oder in der Privatwirtschaft in Zukunft (noch) dringender benötigt werden.

Es wird nicht einfach damit getan sein, die Zahl der in diesem Bereich Beschäftigten zu reduzieren, ohne etwas an der Art zu ändern, wie Deutschland den Sozialstaat organisiert. In Kapitel 9 werde ich auf diesen Punkt genauer eingehen, doch es liegt so oder so auf der Hand, dass Deutschland ein deutliche einfacheres und vor allem weitgehend automatisierbares System der sozialen Absicherung benötigt. Längere Arbeitszeiten und eine deutlich höhere Produktivität im öffentlichen Sektor sind unerlässlich.

Aufgaben der künftigen Bundesregierung

- Integrierte Betrachtung des gesamten öffentlichen Sektors mit der Zielvorgabe, wie viele Menschen dieser, gemessen an der gesamten Erwerbsbevölkerung, beschäftigen darf
- Aufteilung der Zielvorgabe auf die einzelnen Bereiche und Schaffung der Voraussetzungen für Effizienzsteigerung (zum Beispiel durch Automatisierung)
- Gezielte Investition in Zukunftsbereiche: Bildung, Verteidigung, Innere Sicherheit

- Überproportionale Verkleinerung des Sozialbereichs, Neudefinition des Sozialstaats
- Prüfen, ob der öffentliche Sektor in besonderem Maße Menschen beschäftigen kann, die schwer in den allgemeinen Arbeitsmarkt zu integrieren sind

2030 machbar – 2040 schwer

Die Zahlen zeigen, dass Deutschland den demografischen Wandel bis 2030 mit relativ einfachen Eingriffen bewältigen kann – sowohl den Rückgang der Erwerbsbevölkerung als auch den Anstieg der Kosten für eine alternde Gesellschaft. Das Risiko ist allerdings, dass die Politik aus dieser trügerischen Einfachheit den Schluss zieht, sie könne so weitermachen wie bisher. Das aber würde den Schock der 2030er-Jahre derart verstärken, dass es gesellschaftspolitisch undenkbar wäre, die dann umso drastischeren notwendigen Maßnahmen durchzuführen. Deshalb müssen wir jetzt handeln, das heißt die Grundlagen für eine möglichst hohe Erwerbsbeteiligung im Jahr 2040 legen und dabei alle Hebel aktivieren – wissen wir doch aus Erfahrung, dass nicht alles so funktionieren wird, wie wir es uns vorstellen. Deutschland braucht

- ein höheres Renteneintrittsalter,
- eine höhere Erwerbsbeteiligung in allen Alterskohorten,
- längere Jahresarbeitszeiten,
- mehr Migration qualifizierter Menschen in den Arbeitsmarkt sowie
- eine überproportionale Verkleinerung des gesamten öffentlichen Sektors.

Die gute Nachricht: Es ist machbar!

8. Der Weg zum Produktivitäts-Champion

»Ist die Zeit das Kostbarste unter allem, so ist die Zeitverschwendung die allergrößte Verschwendung.«
Benjamin Franklin (1706 bis 1790), US-amerikanischer Staatsmann

»Die einzige dauerhafte Form irdischer Glückseligkeit liegt im Bewusstsein der Produktivität.«
Carl Zuckmayer (1897 bis 1977), deutscher Schriftsteller

»Der Anstieg der gesamtwirtschaftlichen Produktivität ist ein entscheidender Faktor für das Wachstum einer Volkswirtschaft und den damit verbundenen Zuwachs an materiellem Wohlstand sowie individuellen Entfaltungsmöglichkeiten.«
Sachverständigenrat zur Begutachtung der gesamtwirtschaftlichen Entwicklung

Ich habe gezeigt, dass es verschiedene Hebel gibt, um eine Verlangsamung des Rückgangs der Erwerbsbevölkerung zu erreichen oder durch ein Bündel an Maßnahmen zu kompensieren. Doch nicht nur die Jahresarbeitsleistung ist relevant, sondern vor allem auch die Produktivität der geleisteten Arbeit. In den vergangenen Jahren sind die Produktivitätszuwächse in Deutschland zurückgegangen, und bei der Entwicklung des BIP pro Erwerbstätigen lag Deutschland unter dem OECD-Durchschnitt (siehe Kapitel 6). In den kommenden Jahren darf sich dies nicht wiederholen.

Die Dimensionen sind auch hier beeindruckend. Würde sich der bescheidene Trend der Jahre von 2009 bis 2019 fortsetzen, so würde das BIP pro Stunde von »heute« – Basis ist die Zeit vor dem Ausbruch der Corona-Pandemie – real (das heißt unter Berücksichtigung der Inflation) rund 55,60 Euro bis 2030 auf 61,20 Euro und bis 2040 auf 67,30 Euro steigen.[1] Das wären gerade einmal 10 Prozent über jeweils zehn Jahre, also weniger als 1 Prozent pro Jahr. Dieses Wachstum genügt aber nur, wenn der Rückgang des Jahresarbeitsvolumens durch Maßnahmen wie die oben diskutierten kompensiert wird.

Soll hingegen auch der Rückgang der Erwerbsbevölkerung kompensiert werden, so sind höhere Produktivitätszuwächse notwendig. So wäre ein reales BIP/Stunde im Jahr 2030 von 65,20 Euro (+17 Prozent) und im Jahr 2040 von 76,10 Euro (+37 Prozent) erforderlich, um das BIP auf dem vor dem Ausbruch der Corona-Pandemie herrschenden Niveau zu halten. Dies entspräche einer realen Steigerungsrate von 1,6 Prozent pro Jahr.

Ein Kraftakt

Was so klein klingt, ist in Wahrheit ein Kraftakt. Deutschland müsste die reale jährliche Produktivitätssteigerung gegenüber dem Durchschnitt der zehn Jahre vor dem Corona-Schock verdoppeln. Das ist eine immense Herausforderung.

In den 1970er-Jahren betrug der jahresdurchschnittliche Anstieg der Stundenproduktivität noch fast 4 Prozent, in den acht Jahren seit 2011 waren es nur noch 0,9 Prozent.[2] In den letzten Jahren bis 2019 ist das Produktivitätswachstum auf null gefallen. So wurden seit 2005 deutlich mehr Arbeitskräfte eingestellt, als sich aus dem Wirtschaftswachstum ableiten ließe. Nach einer Studie des IAB[3] ist die Wirtschaft in der Zeit von 1991 bis 2004 pro Jahr um 1,5 Prozent gewachsen, die Zahl der Arbeitsplätze um 0,4 Prozent pro

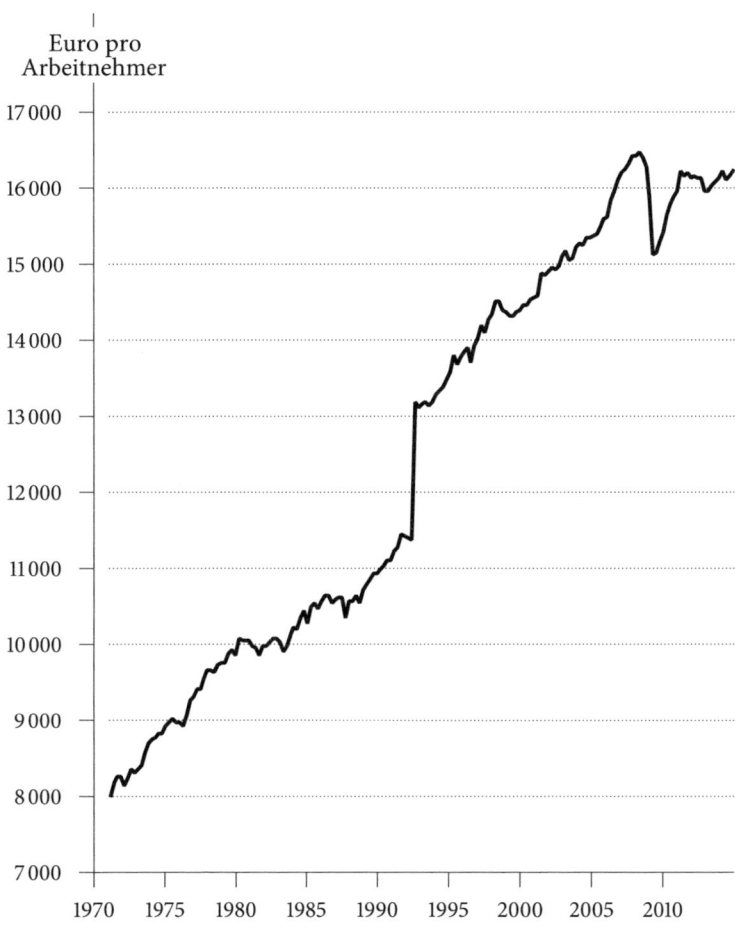

Abbildung 6: Wertschöpfung pro Beschäftigten
Quelle: Institut für Arbeitsmarkt- und Berufsforschung (IAB), »GDP-Employment Decoupling and the Slow-down of Productivity Growth in Germany«, S. 8, Dezember 2019, abrufbar unter: http://doku.iab.de/discussionpapers/2019/dp1219.pdf

Jahr gesunken. Dies spiegelt einen Anstieg der Produktivität wider, erarbeiten doch weniger Menschen mehr. Seit 2005 hat sich das Verhältnis umgekehrt. Während die Wirtschaft 2005 bis 2018 um 1,4 Prozent pro Jahr wuchs, legte die Beschäftigung um 1,5 Prozent zu. Man muss kein Mathematikgenie sein, um zu erkennen, dass die Produktivität pro Kopf sich in dieser Konstellation schlechter entwickelt. Im Endeffekt stagniert die Wirtschaftsleistung pro Arbeitnehmer seit Jahren und ist niedriger als vor der Finanzkrise (siehe Abbildung 6).

Nach Berechnungen des Bundeswirtschaftsministeriums stieg die Erwerbstätigenproduktivität in Deutschland von 1992 bis 2016 um durchschnittlich 0,9 Prozent pro Jahr, deutlich schwächer als in vergleichbaren Ländern, deren Rate bei 1,3 Prozent lag.[4]

Die Corona-Rezession hat die Entwicklung nochmals gedämpft. Zwar ist es kurzfristig aus der Sicht der Unternehmen richtig, trotz sinkender Umsätze im Hinblick auf eine zu erwartende Erholung Beschäftigte (auch unter Nutzung von Instrumenten wie dem Kurzarbeitergeld) nicht zu entlassen. Angesichts der Schwere des Einbruchs und hinsichtlich der auch politisch gewünschten Zurückhaltung bei der Anpassung von Kapazitäten – Klartext: Mitarbeiterabbau soll verhindert werden – dürfte die Produktivität jedoch in einigen Branchen auf Sicht noch stärker leiden. Dies verschärft die Wohlstandsprobleme der Zukunft zusätzlich, vor allem im Hinblick auf die Finanzierung der Sozialsysteme.

Trotz der seit Jahren unerfreulichen Entwicklung gehört Deutschland immer noch zu den Ländern mit der höchsten Arbeitsproduktivität. Wie aus den jüngsten, noch vor dem Beginn der Corona-Krise vorgelegten Zahlen hervorgeht, liegt Deutschland nach Norwegen, Luxemburg, den USA, Belgien, den Niederlanden und Frankreich auf Rang 7.[5] Während Norwegen (Rohstoffe) und Luxemburg (kleiner Finanzplatz) nicht als Vergleich taugen, sind die USA zweifellos ein Vorbild. Dort liegt die Leistung pro Stunde um rund 17 Prozent über dem Niveau hierzulande. Dieser Vorsprung der USA ist seit Jahren stabil, trotz eines höheren Anteils der Industrie hierzulande (oder umgekehrt betrachtet trotz eines auch relativ weitaus größeren Dienstleistungssektors in den USA, der ja – so die Vermutung – weniger produktiv ist). Unstrittig ist, dass die einfachen Hebel zur Steigerung der Produktivität in Deutschland schon genutzt wurden. Wir müssen uns etwas anderes überlegen.

Es wäre leicht, schulterzuckend zu sagen: Wir sind ja nicht allein. So hat sich das Wachstum weltweit seit der Finanzkrise deutlich abgeschwächt, und dies erklärt sich aus dem bereits einsetzenden demografischen Wandel ebenso wie aus dem Rückgang der Produktivitätsfortschritte. Beides zusammen erklärt rund 80 Prozent des Wachstumsrückgangs in den USA, Großbritannien, Deutschland, Frankreich und Japan seit 2007.[6]

Dennoch lohnt sich ein genauerer Blick auf die spezifischen deutschen Gründe für den Rückgang der Produktivitätszuwächse. Analysen zeigen, dass es für Länder, die von einem niedrigen Niveau aus agieren – wie etwa die osteuropäischen EU-Mitgliedsländer –, leichter ist, die Produktivität zu steigern. Ein Befund, der nicht überrascht. Überraschend ist hingegen, dass es Deutschland auch im Vergleich mit Ländern wie Spanien, Frankreich und den Niederlanden schwerer fällt, Produktivitätszuwächse zu erreichen.[7] Die Ursachen sind vielfältig. Sie lassen sich wie folgt zusammenfassen:

• Da ist zum einen das Anwachsen des Niedriglohnsektors ermöglicht es doch nur dieser, gering qualifizierte Menschen (Zugewanderte, aber auch Teile der heimischen Bevölkerung) in Beschäftigung zu bringen. Damit sinkt die gesamtwirtschaftliche Arbeitsproduktivität.[8] Aus dem Blickwinkel des Gesamtwohlstands ist dies zu begrüßen, ist es doch besser, Menschen leisten einen Beitrag zum Gemeinwesen, indem sie in die Arbeitswelt integriert sind, statt allein von Sozialtransfers abhängig zu sein. Jedoch unterstreicht diese Entwicklung, dass Deutschland, wie diskutiert, seine Migrationspolitik grundlegend ändern muss, da sie in der heutigen Form zu einer Abnahme an Wohlstand führt.

- Auch der Ausbau des Dienstleistungssektors – unter anderem zur Betreuung und Pflege des zunehmenden Anteils alter Menschen – führt zu einer geringeren Produktivität. Wir haben es also mit einem Mixeffekt zu tun: relativ mehr einfachere Tätigkeiten, relativ weniger in hochproduktiven, weil mit Kapital ausgestatteten Bereichen.
- Hinzu kommt laut IAB ein anderer Effekt: Im Hinblick auf die absehbare Arbeitskräfteknappheit beginnen die Unternehmen, Beschäftigte zu »horten«. Immerhin rund drei Millionen der zusätzlichen Arbeitsplätze seit 2005 sind demnach auf diesen Effekt zurückzuführen. Eine ebenso wichtige Rolle spielte der Trend zu kürzeren Arbeitszeiten, der zu einer geringeren Produktivität/Erwerbstätigen führt, nicht unbedingt pro geleistete Arbeitsstunde.[9]
- Dies wurde durch die in Kapitel 6 bereits gezeigte Lohnzurückhaltung der vergangenen 20 Jahre begünstigt. Sie hat dazu geführt, dass der Anreiz für Unternehmen, mehr zu investieren und damit die Produktivität zu heben, abgenommen hat.[10] Hier dürfte einer der Gründe für die geringe Investitionstätigkeit liegen.
- Neben der Lohnzurückhaltung dürfte der Wegfall des Aufwertungsdrucks der eigenen Währung eine Rolle spielen. Zu Zeiten der D-Mark sahen sich die Unternehmen regelmäßig Mitbewerbern im Ausland gegenüber, die von einer geschwächten Währung profitierten, und mussten diesen Wettbewerbsnachteil durch höhere Produktivität ausgleichen. Seit der Einführung des Euros fehlt dieser Druck.
- Ein anderer Grund liegt unzweifelhaft in den unzureichenden Investitionen des Staates in die Infrastruktur, was wiederum die Attraktivität des Standorts schwächt. Hinzu kommt, dass der Staatssektor selbst relativ unproduktiv ist, unter anderem wegen des aufgezeigten Rückstands bei der Digitalisierung.
- Ebenfalls negativ auf die Produktivität wirkt eine zunehmende Bürokratisierung. So zeigen die Daten eindeutig, dass der Anteil bürokratischer Tätigkeiten in den zurückliegenden Jahren gestie-

gen ist. Das Ausfüllen von Formularen und die Überwachung anderer bei der Arbeit sind bestenfalls nur wenig produktiv.[11] Auf gut 40 Milliarden Euro werden die Kosten für die Wirtschaft für Melde- und Berichtspflichten geschätzt.[12]

- Der starke Rückgang des Zinsniveaus der vergangenen Jahre hat nach Auffassung einiger Beobachter, darunter so namhafte Adressen wie die BIZ, zu einer »Zombifizierung« der Wirtschaft geführt.[13] Damit ist gemeint, dass ein zunehmender Teil der Unternehmen nur in einem Umfeld extrem geringer Zinsen in der Lage ist, ihren finanziellen Verpflichtungen nachzukommen. Zombie-Firmen seien weniger produktiv und verdrängten Investitionen und Beschäftigung bei den gesünderen Unternehmen, so die BIZ. Nach einer anderen Studie steht der gestiegene Anteil der Zombie-Unternehmen hinter den geringen Inflationsraten. Demnach führen diese zu Überkapazitäten und Preisdruck.[14]

Genaue Daten zur Zahl der Zombie-Unternehmen sind schwer zu bekommen. Schätzungen gehen dahin, dass in Deutschland der Anteil der Zombie-Unternehmen schon 2019 bei mehr als 10 Prozent gelegen haben könnte.[15] Die Bundesbank kam zu deutlich niedrigeren Werten von etwas über 2 Prozent der Unternehmen und schloss daraus, dass diese keine Ursache für die geringen Produktivitätszuwächse seien.[16] Das Kieler Institut für Weltwirtschaft sieht hingegen in der rückläufigen Zahl der Firmenneugründungen einen »Hinweis darauf, dass die lockere Geldpolitik Verkrustungen begünstigt«[17]. Unstrittig dürfte sein, dass auch ohne Status als Zombie geringe Finanzierungskosten ähnlich wie ein geringer Lohndruck und eine schwache Währung den Anreiz mindern, die Produktivität zu steigern. Die durchaus zu Recht ergriffenen Maßnahmen der Regierung zur Unterstützung der Wirtschaft in der Corona-Krise dürften die Zahl der Zombies deutlich erhöht haben.

Doch zurück zur Liste der Ursachen für den Rückgang des Produktivitätswachstums in der deutschen Volkswirtschaft:

- Einen weiteren wichtigen Faktor bildet die unzureichende Verbreitung neuer Technologien und Prozesse zwischen den Unternehmen. So zeigen internationale Studien, dass die Produktivitätsfortschritte auf einen kleinen Kreis von Vorreiterfirmen konzentriert sind und die breite Masse der Unternehmen daran nicht partizipiert.[18] Vermutliche Ursachen: geringere Kapitalkraft, weniger Zugriff auf neue Technologien und unzureichende Fähigkeit der Organisation, den erforderlichen Wandel zu vollziehen.

- Letztlich dürfte sich auch gesamtgesellschaftlich angesichts der als gut wahrgenommenen Entwicklung seit der Finanzkrise eine gewisse Selbstgefälligkeit eingeschlichen haben. Dies liegt zum einen an der gerade von politischer Seite gerne vertretenen (und dennoch falschen!) These vom »reichen Land, das sich alles leisten könne«, zum anderen am Sättigungseffekt gestiegenen Wohlstands einer nachfolgenden Erbengeneration, die wenig Leistungsdruck verspürt.[19]

In den kommenden Jahren werden sich einige der Faktoren, die zu einem deutlichen Rückgang des Produktivitätswachstums geführt haben, allein aufgrund des demografischen Wandels umkehren. Haben die Unternehmen angesichts des künftigen Fachkräftemangels Beschäftigte »gehortet«, so werden diese künftig allein schon deshalb produktiver, weil die älteren Kolleginnen und Kollegen in Rente gehen. Auch dürfte sich das Qualifikationsniveau der in der Vergangenheit zugewanderten Menschen verbessern – zum einen wegen besserer Sprachkenntnisse, zum anderen, weil den Unternehmen angesichts des Rückgangs der Erwerbsbevölkerung keine andere Wahl bleibt, als überproportional in die Qualifizierung ihres Personals zu investieren. Auch ansonsten dürfte die Bereitschaft zu investieren angesichts steigender Löhne und wachsender Knappheit an Arbeitskräften zunehmen – vorausgesetzt, die sonstigen Rahmenbedingungen von Abgaben- und Steuerlast über Energiekosten und Versorgungssicherheit bis zu öffentlicher Infrastruktur entwickeln sich entsprechend.

Rein statistisch gesehen dürfen wir also auf Besserung hoffen. Genügen wird dies jedoch bei Weitem nicht, um den Rückgang der Erwerbsbevölkerung zu kompensieren. Ziel muss es sein, deutlich höhere Wachstumsraten der Produktivität zu erreichen, was bei einem zeitgleichen Rückgang der Zahl der Erwerbspersonen eine enorme Herausforderung darstellt. Deutschland bleibt jedoch keine andere Wahl, als alles zu versuchen, um genau dies zu erreichen. Die Potenziale zur Mobilisierung von Arbeitskraftreserven genügen schlichtweg nicht, um den Verlust an Wohlstand zu verhindern.

Die gute Nachricht: Es gibt genügend Ansatzpunkte zur Steigerung des Wachstums der Produktivität.

Mehr Investitionen sind unerlässlich

Ganz offensichtlich besteht zwischen den Investitionen von Unternehmen und Staat in den Kapitalstock einer Wirtschaft und der Produktivität ein Zusammenhang. Zwar werden auch Investitionen durchgeführt, die nichts dazu beitragen, die Produktivität zu heben, zum Beispiel im Immobilienbereich. Diese Investitionen haben oftmals eher den Charakter von Konsum. Auch gibt es »Investitionen«, die eher dem Spekulationsmotiv geschuldet sind. Nicht zuletzt können Investitionen zu Überkapazitäten führen oder sich aus anderen Gründen nicht rechnen – was in den vergangenen Jahren zunehmend der Fall war, angeregt durch die Möglichkeiten der günstigen Finanzierung. Dieser Effekt war vor der Finanzkrise in den USA zu beobachten, vor der Eurokrise in Ländern wie Irland und Spanien und zuletzt in China.

Unter Umständen ist dies der Grund für den seit Jahren messbaren Rückgang der Effizienz von Investitionen. Das *incremental capital output ratio* (ICOR), also das Verhältnis von zusätzlichem Kapital zu zusätzlichem BIP, nimmt kontinuierlich ab. Mit einem gegebenen zusätzlichen Investitionsbetrag wird immer weniger zusätzliches BIP erzeugt, wie auch neue Schulden einen beständig nachlassenden Effekt auf das Wirtschaftswachstum haben. Um ein gleichbleibendes Wachstum der Produktivität des Faktors Arbeit zu erzielen, hätten die Investitionen in den zurückliegenden Jahren also steigen müssen. Doch das Gegenteil war der Fall: Wie sich aus Abbildung 7 ersehen lässt, sind die Investitionen in allen Ländern der westlichen Welt seit 1990 rückläufig.

Deutschland liegt zwar vor Großbritannien und Italien, was das Niveau der Investitionen betrifft, aber hinter den USA, Frankreich und Japan. Frankreich weist die verhältnismäßig beste Entwicklung dieser Länder auf, was auf das anhaltend hohe Investitionsniveau des Staates zurückzuführen ist.

Offensichtlich muss es in den kommenden Jahren darum gehen, die Investitionen nicht nur in Deutschland zu erhöhen. Wie gezeigt, kann der Grund für die rückläufigen Investitionen der Unternehmen hierzulande nicht in unzureichender Ertragskraft liegen. Trotz gestiegener Abgabenlast haben die Unternehmen mehr verfügbare Mittel als in früheren Perioden. Diese werden aber nicht für Investitionen genutzt, sondern entweder im Ausland investiert oder zur Stärkung der eigenen Bilanz beziehungsweise zur Verringerung der Abhängigkeit von Fremdkapitalgebern.

Die kurze Antwort auf die Frage nach dem Warum ergibt sich aus einer ausführlichen Studie des Kieler Instituts für Weltwirtschaft: Es ist weniger attraktiv für Unternehmen, im Inland zu investieren als im Ausland, weil sie hier geringere Renditen erwarten als im Ausland.[20] Dies wird in der politischen Diskussion immer wieder vergessen. Nicht das Zinsniveau und nicht die aktuelle Ertragskraft sind relevant für die Entscheidungen für Investitionen, sondern die Erwartungen der Unternehmen. Sind diese, aus welchen Gründen auch immer, (relativ) schlechter, dann wird nicht investiert – oder zumindest in Deutschland nicht.

An Gründen, nicht in Deutschland zu investieren, mangelt es nicht. Die Unternehmen sehen tagtäglich eine zunehmende Diskrepanz zwischen den rückwärtsgewandten Ranglisten der internatio-

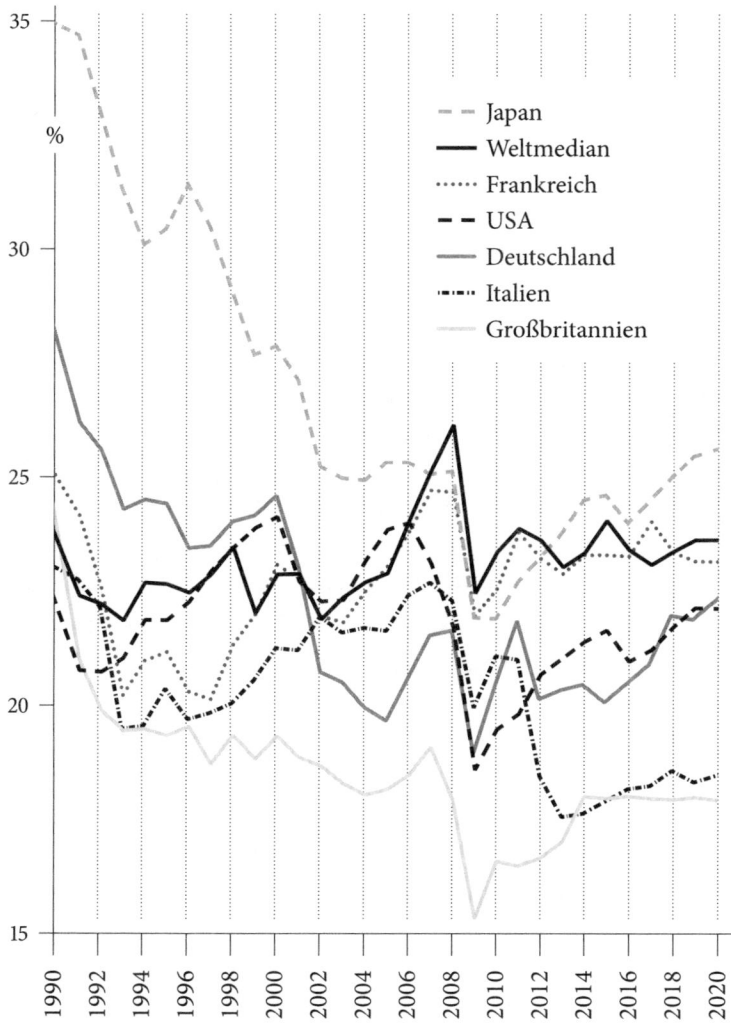

Abbildung 7: **Investitionen relativ zum BIP seit 1990**
Quelle: Weltbank, TC Data 360, abrufbar unter https://tcdata360.worldbank.org/indicators/inv.all.pct?country=FRA&indicator=345&countries=-DEU,JPN,GBR,USA,ITA&viz=line_chart&years=1990,2020&indicators=944

nalen Wettbewerbsfähigkeit, die ich zitiert habe, und den Aussichten für die Zukunft. Die Liste der Investitionshemmnisse in Bezug auf den Standort Deutschland ist lang:

- Gewinne werden dort gemacht, wo die Wirtschaft wächst. Wie in Kapitel 7 gezeigt, steht Deutschland vor einer Phase der absoluten Stagnation und des relativen Niedergangs – es sei denn, es wird gegengesteuert, wonach es allerdings heute nicht aussieht. Dies ist kein Umfeld für Investitionen. Attraktiver sind die Regionen der Welt, in denen die Wirtschaft wächst, also die USA und einige Regionen Asiens. In Letzteren winkt eine doppelte Dividende, die sich aus wachsenden Bevölkerungszahlen und steigenden Pro-Kopf Einkommen speist.
- Die Globalisierung dürfte ihren vorläufigen Höhepunkt erreicht haben. Schon seit der Finanzkrise wächst der Welthandel deutlich schwächer. Zudem ist er durch einen zunehmenden Protektionismus unter Druck. Dieser Trend wird sich fortsetzen. Angesichts stagnierender Wachstumsraten der Weltwirtschaft werden sich die Verteilungskämpfe verschärfen. Hinzu kommen die Lehren aus der Corona-Krise und Überlegungen vor allem europäischer Politiker, Klimastrafzölle einzuführen. All dies spricht aus der Sicht der Unternehmen für eine Regionalisierung der Produktion.
- Die demografische Entwicklung ist ein weiterer Belastungsfaktor. Zwar haben Unternehmen, wie bereits angesprochen, ihren Personalbestand bereits erhöht. Dieser Puffer verschafft aber nur einen temporären Vorteil. Auf lange Sicht ist es zunehmend weniger gesichert, dass man qualifiziertes Personal in ausreichender Zahl gewinnt, um die Produktion aufrechtzuerhalten.
- Zugleich ist abzusehen, dass die Personalkosten deutlich anziehen werden. Diese sind in Deutschland im internationalen Vergleich bereits sehr hoch, vor allem angesichts der stagnierenden Produktivität. Damit verliert der Standort Deutschland weiter an Attraktivität.

- Nicht nur infolge seiner Unternehmensbesteuerung ist Deutschland zunehmend weniger attraktiv. Nein, auch die Abgabenlast für die Beschäftigten steigt immer weiter. So tragen die Unternehmen beziehungsweise deren Beschäftigte 50 Prozent der Abgaben für die soziale Sicherung. Dieser Trend schwächt die Neigung, zu investieren. Das Gleiche gilt für die Überlegungen zur Erhöhung der Erbschaftsteuern und der Wiedereinführung der Vermögensteuer.
- Auch der Rückgang der Qualität des hiesigen Bildungssystems wirkt erschwerend. Seit Jahren sinkt in Deutschland das Leistungsniveau, getrieben von dem Ziel, den Anteil der akademisch gebildeten Bevölkerung zu erhöhen. Umgekehrt sind die Zahlen der Absolventinnen und Absolventen im Bereich der MINT-Fächer zu gering. Allein mit Kenntnissen in Betriebswirtschaftslehre (ich darf das schreiben, bin ich doch selber ein Betriebswirt), Jura und Soziologie wird es Deutschland nicht gelingen, die Qualifikationen abzudecken, die künftig benötigt werden.
- Ebenso wichtige Standortfaktoren sind die Energiekosten und die Sicherheit der Versorgung. Wie bereits gezeigt, ist Deutschland eines der Länder mit den höchsten Energiekosten weltweit; es ist absehbar, dass sich dann, wenn der derzeitige Kurs fortgesetzt wird, die Sicherheit der Energieversorgung nicht mehr gewährleisten lassen wird.[21] Gerade für Produktionen, die auf kontinuierlichen Prozessen basieren, wird diese Gefahr zu einem fast schon existenziellen Risiko.
- In die gleiche Richtung wirkt der weiter oben in diesem Buch beschriebene schlechte Zustand der Infrastruktur. Er legt es aus der Sicht der Privatwirtschaft nahe, von Investitionen in Deutschland abzusehen. Müsste sie doch damit rechnen, von entscheidenden, auch für den gesellschaftlichen Wohlstand relevanten Entwicklungen abgeschnitten zu sein.
- Verschärfend tritt der Hang der Politik hinzu, auf planwirtschaftliche Lösungen zu setzen. Dies gilt keineswegs nur für

die Bekämpfung des Klimawandels. Statt sich auf intelligente Rahmensetzungen zu konzentrieren, wird mit einem Strauß an Einzelmaßnahmen agiert, die in einem klaren Widerspruch zu den in Kapitel 3 dargelegten Prinzipien systemischen Denkens stehen. Damit fehlt die für jede Investition erforderliche Planungssicherheit. Das Vertrauen darauf wurde durch politische Entscheidungen der zurückliegenden Jahre mehrfach erschüttert, beispielsweise durch den überstürzten Ausstieg aus der Atomenergie.

- Dadurch, aber auch durch die Diskussionen zur Enteignung von Immobilienbesitzern in Berlin und über die vermeintliche Notwendigkeit von Vermögensabgaben, wachsen die Zweifel am Eigentumsschutz in Deutschland. Die Politik beschwichtig. Dennoch: Angesichts der demografischen Entwicklung sind eine stärkere Betonung von Umverteilung und Besteuerung und weitergehende Eingriffe in die Eigentumsfreiheit absehbar.
- Die deutsche Bürokratie ist legendär. Hartnäckig hält sich die Geschichte, dass der größte Teil der Literatur zum Thema Steuern weltweit in deutscher Sprache verfasst sei.[22] Dass man dies für möglich hält, unterstreicht, wie weit es die öffentliche Hand in Deutschland mit der Bürokratie getrieben hat. Sie ist ein weitaus größeres Investitionshemmnis als allgemein angenommen. Sie führt zu zeitraubenden Genehmigungsverfahren[23] und erzeugt in den Unternehmen massive Kosten – die selbstredend in die Kalkulationen einfließen, wenn über Investitionen entschieden wird.
- Die Haltung der Gesellschaft Innovationen und Investitionen gegenüber tendiert generell ins Negative.[24] Dies könnte eine Folge der Überalterung sein. In einer alternden Gesellschaft neigen die Menschen dazu, weniger an die Sicherung künftigen Wohlstands zu denken als an die Erhaltung des Status quo. Dabei vergessen sie den Blick auf ihre eigene Lebenserwartung. Aus der Sicht von Unternehmen stellt sich heute das Umfeld in Deutschland als investitionsfeindlich dar. Dies hat – wie gezeigt – auch mit der nicht

zu leugnenden Präferenz der Politik für Konsum statt für Investitionen zu tun.

Jedes Unternehmen muss sich angesichts dieser Befunde ernsthaft fragen, ob es sinnvoll ist, in Deutschland zu investieren. Aus meiner Beratungspraxis weiß ich, dass die Entscheidung immer öfter und immer klarer zugunsten eines ausländischen Standorts ausfällt. Einige der erfolgreichen Gründer, mit denen ich zu tun habe, bereuen es zutiefst, sich für einen Standort in Deutschland entschieden zu haben. Da nicht wenige Gründer mehrfach gründen, gehe ich davon aus, dass nicht wenige beim nächsten Mal im Ausland gründen werden. Dies liegt nicht nur an den hier immer noch gegebenen Schwierigkeiten mit der Refinanzierung, sondern zunehmend an dem als repressiv empfundenen Umfeld.

Ohne Investitionen wird es unmöglich sein, die erforderlichen Produktivitätszuwächse zu erzielen. Wir brauchen also eine umfassende Initiative, um den Standort Deutschland wieder attraktiv zu machen. Einige Faktoren, wie das strukturell geringere Wachstum und den Rückgang der Globalisierung, können wir nicht beeinflussen. Die anderen Faktoren können wir durchaus ändern.

Aufgaben für die nächste Bundesregierung

- Umsetzung der in Kapitel 7 definierten Maßnahmen zur Stabilisierung der Erwerbsbevölkerung
- Verbesserung des Bildungssystems. Qualität und neue Schwerpunkte
- Verbesserung der Rahmenbedingungen und Entbürokratisierung.
- Entlastung von Abgaben

Bereinigung der Corona-Folgen

Eine entscheidende Voraussetzung zur Förderung der Investitionstätigkeit in Deutschland ist die Entlastung der Wirtschaft von den Folgen der Corona-Krise. Diese und vor allem die damit einhergehende (unfreiwillige) Erhöhung der Verschuldung hat die Unternehmen nachhaltig geschwächt. Nur durch eine groß angelegte Entschuldung der Unternehmen wird es möglich sein, die Grundlage für mehr Investitionen und damit Wachstum zu schaffen. Nach Berechnungen der Europäischen Investitionsbank (EIB) dürften sich die Investitionen halbieren, wenn keine Entlastung der Unternehmen erfolgt.[25]

Bereits in *Coronomics* habe ich angeregt, hier zu handeln:[26]

»Der Erlass von Schulden muss rasch und effizient erfolgen; vor allem müssen die Regeln klar sein. Nur dann haben die Unternehmen Planungssicherheit. Die Unsicherheit belastet die Wirtschaft nämlich mindestens ebenso stark wie die finanziellen Lasten.

Während einige bereits eine neue Treuhandanstalt in die Diskussion bringen, die die Vielzahl an staatlichen Beteiligungen und Forderungen verwalten soll, würde ich auch hier einen ›Altlastenfonds Corona‹ einrichten. Ebenso würde sich dieser, ausgestattet mit einer Garantie der Bundesrepublik, über eine sehr lange Frist refinanzieren. Die Forderungen gegen den Privatsektor würden abgeschrieben, ebenso die Anteile des Staates an den Unternehmen.

Dieses Vorgehen wäre gerecht, weil es sich eben nicht um eine Krise handelt, die von den betroffenen Unternehmen verursacht wurde. Bei der Finanzkrise wäre es richtig gewesen, die Banken in großem Stil zu verstaatlichen und die Aktionäre die Verluste tragen zu lassen. Denn das Geschäftsgebaren war ursächlich für die Krise. Bei Covid-19 handelt es sich um einen externen Schock, der Unternehmen sehr unterschiedlich getroffen hat. Natürlich gibt es im Einzelfall Unternehmen, die vor der Krise mit einem zu geringen Eigenkapital gearbeitet haben. Die Unterscheidung im Nachhinein zu treffen dürfte jedoch schwer bis unmöglich sein und einer raschen und unbürokratischen Lösung im Wege stehen. Hier gilt, dass es eben keine vollkommene Gerechtigkeit geben kann.«

Ebenso wichtig ist eine Bereinigung der Wirtschaft um die bereits diskutierten Zombies. Diese schaden gesunden Unternehmen und damit dem Produktivitätsfortschritt der Gesamtwirtschaft. Statt einen weiteren Anstieg im Zuge der Corona-Krise hinzunehmen, sollte die Politik den Rahmen für eine geordnete Abwicklung dieser Zombies schaffen. Die damit einhergehende kurzfristige Erhöhung der Arbeitslosigkeit ist angesichts der demografischen Entwicklung kein Problem, da die Betroffenen an anderer – produktiverer! – Stelle wieder eine Arbeit finden würden. Diese Anpassung sollte gefördert werden, zum Beispiel durch eine bessere Absicherung älterer Beschäftigter, verbunden mit einem Bonus, wenn sie rasch wieder eine Arbeit annehmen.

Aufgaben für die nächste Bundesregierung

- Schuldenerlass für Unternehmen, die im Zuge der Corona-Krise zusätzliche Schulden aufnehmen mussten
- Vertiefte Analyse der finanziellen Lage der Unternehmen: Rekapitalisierung dort, wo sie sinnvoll ist, andernfalls Abwicklung
- Stärkung der Kapitalbasis des Bankensystems, um die besagten Anpassungen zu ermöglichen

Staatliche Investitionen

Zunächst muss der Staat den Investitionsrückstand (siehe Kapitel 6) beseitigen und sich zu nachhaltig höheren Investitionen bekennen. Das Ziel muss sein, das durchschnittliche OECD-Ausgabenniveau zu erreichen und zu halten. Hinzu kommt ein Programm zum

Nachholen der Investitionen in die digitale Infrastruktur, der wohl entscheidendsten Grundlage für künftigen Wohlstand.

> **Aufgaben für die nächste Bundesregierung**
> - Aufbau der erforderlichen personellen Kapazitäten für Planungs- und Genehmigungsverfahren
> - Vereinfachung der Genehmigungsprozesse mit verkürzten Verfahren für Widerspruch und Bürgerbeteiligung
> - Verpflichtung zu nachhaltig höheren und kontinuierlichen staatlichen Ausgaben, um den privaten Unternehmen eine ausreichende Planungssicherheit zu geben, damit diese entsprechend Kapazitäten aufbauen
> - Verpflichtung des Staates, Forderungen der Unternehmen zügig zu begleichen, um die Annahme staatlicher Aufträge attraktiver zu machen[27]
> - Änderung der Regulierung, um den Ausbau von Breitbandnetzen und Mobilfunk der fünften Generation (5G) zu beschleunigen. Dazu gehört die Möglichkeit, die Netze staatlich zu finanzieren und an die privatwirtschaftlichen Anbieter zu vermieten
> - Reaktivierung der Planungsbeschleunigungsgesetze aus der Zeit der deutschen Wiedervereinigung

Diese Liste der Aufgaben ist sicherlich nicht vollständig. Im Kern geht es darum, die Investitionen drastisch zu beschleunigen, weshalb auch Gesetze zur Verfahrensbeschleunigung angezeigt sind. Das Zeitfenster für diese Maßnahmen schließt sich schnell, da Unternehmen die einmal abgewandert sind, auf absehbare Zeit nicht nach Deutschland zurückkehren werden.

Energieversorgung und Energiekosten

Später werde ich mich ausführlicher mit der Rolle Deutschlands im Klimaschutz beschäftigen (Kapitel 10). Deshalb an dieser Stelle nur so viel: Womöglich beruht die Entscheidung zum Ausstieg aus der Atomenergie auf einem kollektiven Irrtum. Doch zumindest um diesen Irrtum auszuschließen, sollten wir – so unpopulär dies auch ist – prüfen, ob die deutschen Atomkraftwerke länger genutzt werden sollten als bislang gesetzlich vorgesehen. Die Logik dafür ist simpel:

- Erneuerbare Energien sind, wenn man nur auf die Grenzkosten der Erzeugung blickt, billiger und wettbewerbsfähig, aber es fehlt noch an entsprechenden Speicherkapazitäten, um auch in Phasen der Windstille und Dunkelheit ausreichend Strom zur Verfügung zu haben.
- Bisher werden die Grundlast und die Reserve für unzureichende Produktion erneuerbarer Energien über Kohlekraftwerke und Importe gedeckt.
- Fallen die Kohlekraftwerke wie geplant weg und droht der Ausfall von Importen, so müssen wir mit Stromausfällen rechnen, was wiederum aus der Sicht der Unternehmen ein erhebliches Investitionsrisiko darstellt.
- Die Atomkraftwerke sind bereits vorhanden und zweifellos nicht weniger sicher als die Atomkraftwerke in den Nachbarländern Deutschlands.
- Der größte Teil der Umweltschäden entsteht beim Abbau der Atommeiler. Ökonomisch spricht deshalb vieles dafür, die Abbauten zu verzögern, die Anlagen also entsprechend länger zu nutzen.
- Diese Strategie sollte nur zur Überbrückung angewandt werden. Neue Atommeiler dürften weder erforderlich noch politisch durchsetzbar sein.

An dieser Stelle bin ich mir der Kritik sicher. Die Energiewende ist ein politisches Prestigeprojekt, und medial werden die Erfolge der erneuerbaren Energien gefeiert. Dies darf nicht davon ablenken, dass entscheidende Fragen wie die der Speicherung und damit der Versorgungssicherheit und der erheblichen Kosten für Energie nicht beantwortet sind.

Gut möglich, dass viele Gründe gegen die hier angedachte Laufzeitverlängerung sprechen. Es steht der Politik frei, andere Wege zu beschreiten, sofern sie dazu geeignet sind, eine rasche Senkung der Energiepreise, verbunden mit einer erhöhten Sicherheit der Energieversorgung, herbeizuführen. Vor allem brauchen die Unternehmen Planungssicherheit.

Später gehe ich auf die im Kontext des Klimaschutzes bedeutsame Rolle der CO_2-Besteuerung ein. Diese wird die Preise für Energie nach oben treiben, allerdings nur für solche, die auf fossilen Energieträgern basiert; zudem muss sie mit Entlastungen an anderer Stelle einhergehen.

> **Aufgaben für die nächste Bundesregierung**
>
> - Deutliche Senkung der Energiekosten der Unternehmen und privaten Haushalte – nicht zuletzt zur Abschwächung der überproportionalen Belastung der privaten Haushalte mit geringen Einkommen
> - Sicherung der langfristigen Versorgung durch Änderung der bisherigen Strategie der Energiewende, die als gescheitert angesehen werden muss
> - Prüfung einer Verlängerung der Laufzeiten deutscher Atomkraftwerke beziehungsweise einer Wiederinbetriebnahme, um Versorgungssicherheit zu erreichen und zugleich den CO_2-Ausstoßes zu verringern
> - Verpflichtung der Politik auf die Ziele Versorgungssicherheit, preisliche Planbarkeit und im internationalen Vergleich wettbewerbsfähige Energiepreise

Erhalt der Regionalbanken

Ein wesentlicher Punkt gerät bei der Diskussion über den Standort Deutschland immer wieder in Vergessenheit: die Struktur des Bankensektors. Nicht wenige Politiker und Banker fordern eine stärkere Konzentration im Bankensektor, damit die Banken auf internationaler Ebene auf Augenhöhe mit anderen Nationen agieren.

Allerdings gibt es gute Argumente gegen diese Forderung. So dürften die gut 1200 Sparkassen sowie Raiffeisen- und Volksbanken mit ihrer lokalen Verankerung eine wesentliche Rolle bei der Ausbildung und Entwicklung des deutschen Mittelstands gespielt haben. Durch ihre Kundennähe und ein strenges Risikomanagement sind diese Banken nicht nur besser in der Lage, unternehmerische Initiativen zu begleiten, sondern auch weniger anfällig für Finanzkrisen und -blasen. Hinzu kommt, dass die geringere Ertragskraft des hiesigen Bankensektors nichts anderes widerspiegelt als günstigere Konditionen für die Kunden, was ebenfalls aus der Sicht der Gesamtwirtschaft positiv zu sehen ist. Das deutsche Bankensystem erfüllt überwiegend die Rolle, die es tatsächlich auch erfüllen sollte: die Realwirtschaft zu unterstützen.

Insofern muss die Bankenlandschaft in der gegebenen Struktur für die Zukunft gewahrt werden. Die gegenwärtige Politik der EZB belastet mit den Negativzinsen vor allem die Regionalbanken und begünstigt die Großbanken. Letztere wiederum beziehen einen erheblichen Teil ihrer Gewinne aus Spekulationsgeschäften, die aus der Sicht der Gesellschaft keine oder bestenfalls geringe Werte schaffen.

Aufgaben für die nächste Bundesregierung

- Stützung des gewachsenen regionalen Bankensystems in Deutschland
- Kompensation der Verluste aus der Negativzinspolitik der EZB, politischer Druck mit dem Ziel, diese auch nach Studien der EZB selbst wenig wirksame Politik zu beenden

Bildung und Qualifikation

Beim Stichwort Bildung würden nicht wenige Ökonomen und Politiker laut protestieren und betonen, dass dies kein Problem sei, sondern im Gegenteil eine Erfolgsgeschichte. So schreibt das DIW:[28]

»*Es liegt nahe, die Ursache für das abnehmende Produktivitätswachstum beim Qualifikationsniveau der Arbeitskräfte zu suchen. Tatsächlich ist das aber kräftig gestiegen. So hat in Deutschland, den Ländern der EU und auch in anderen entwickelten Ländern der Grad der Akademisierung rasch zugenommen. Immer mehr Personen in einem Alter, in dem eine abgeschlossene Berufsausbildung erwartet werden kann, besitzen einen Hochschulabschluss. Diese Entwicklung wird sich fortsetzen. So liegt der Anteil akademisch ausgebildeter Personen in der Alterskohorte der 25- bis 34-Jährigen weitaus höher als in der Bevölkerung im erwerbsfähigen Alter. Auch wächst in Deutschland der Anteil jener, die eine allgemeinbildende Schule mit Abitur oder Fachhochschulreife verlassen: Im Jahr 1993 waren es noch 25 Prozent und 2017 schon 37 Prozent. Der Anteil derjenigen in einem Altersjahrgang mit einer Hochschulzugangsberechtigung ist aber noch höher – insbesondere, weil sie nicht selten in einer beruflichen Schule erworben wird. Nach Angaben der Kultusministerkonferenz hatte bereits im Jahr 2014 die Hälfte eines Altersjahrgangs eine Hochschulzugangsberechtigung.*«

In der Tat verdienen akademisch Gebildete im Schnitt mehr als Menschen ohne eine solche Bildung, und Institutionen wie die OECD und die EU sehen in einem immer höheren Anteil der erstgenannten Gruppe den Weg zu höherer Produktivität. Im Hinblick auf den technologischen Wandel und die Herausforderungen von Digitalisierung und Automatisierung ist dies sicherlich ein in der Theorie richtiger Weg. Jedoch ist fraglich, ob allein quantitative Ziele die Richtschnur der Anstrengungen im Bildungssektor sein sollten – oder ob nicht stattdessen die Qualität der Bildung entscheidend ist.

Wie weiter oben in diesem Buch bereits angesprochen, sind die Leistungsstandards an den Gymnasien deutschlandweit gesunken. Bei den internationalen Leistungsvergleichen schneidet Deutschland nur mittelmäßig ab. Der Anteil derjenigen, die im Fach Mathematik Spitzenleistungen erbringen, bildet einen der entscheidenden Indikatoren der künftigen Innovationsfähigkeit einer Gesellschaft. In Deutschland indes sinkt dieser Anteil seit Jahren, überdies liegt er deutlich unter den Werten anderer Länder (siehe Tabelle 12).

Rangfolge der Anzahl von Mathe-Assen

der fünf Geburtsjahrgänge 2005–2009, errechnet aus dem Prozentsatz der Viertklässler bei TIMSS 2015 in der »advanced«-Gruppe. Die Anzahl ist errechnet für das Jahr 2020.

1	China (interpoliert aus Sino-Staaten)	24 660 000	(30,0 %)
2	USA	2 970 000	(14,2 %)
3	Japan	1 800 000	(32,2 %)
4	Russland	1 560 000	(19,8 %)
5	Südkorea	940 000	(40,9 %)
6	Großbritannien (ohne N.-Iren/Schotten)	570 000	(16,8 %)
7	Taiwan	350 000	(35,3 %)
8	Türkei	260 000	(4,7 %)
9	Kasachstan*	260 000	(16,1 %)
10	Polen	190 000	(9,6 %)
11	Deutschland	190 000	(5,3 %)
12	Singapur	150 000	(50,1 %)
13	Australien	150 000	(9,2 %)
14	Hongkong	130 000	(44,8 %)
15	Kanada	120 000	(5,6 %)
16	Italien	120 000	(4,2 %)
17	Schweiz (PIZA-2015-interpoliert)	100 000	(25,0 %)
18	Frankreich	100 000	(2,5 %)

Rangfolge der Anzahl von Mathe-Assen

19	Spanien	85 000	(3,4 %)
20	Iran	80 000	(1,2 %)
21	Ungarn	60 000	(12,6 %)
22	Portugal	60 000	(12,3 %)
23	Irland	50 000	(14,1 %)
24	Serbien	48 000	(10,0 %)
25	Norwegen	45 000	(14,0 %)
26	Tschechien	44 000	(7,8 %)
27	Dänemark	41 000	(12,0 %)
28	Flandern/B	36 000	(9,6 %)
29	Niederlande	36 000	(3,8 %)
30	Bulgarien	34 000	(9,8 %)
31	Schweden	31 000	(5,2 %)
32	Finnland	25 000	(8,2 %)
33	Neuseeland	19 000	(5,9 %)
34	Chile	14 000	(1,1 %)
35	Kroatien	6.000	(2,7 %)

*Kasachstan bei PISA 2015 schwächer

Tabelle 12: **Rangfolge der Anzahl von Mathe-Assen**
Quelle: Gunnar Heinsohn, Der Wettkampf um die Klugen, Zürich 2020.

Gunnar Heinsohns Analyse gibt Einblicke nicht nur in den Effekt geringerer Geburtenraten, sondern auch in den Effekt abnehmender Leistungsfähigkeit im Fach Mathematik. So bringt England (also Großbritannien ohne Schottland und Nordirland) bei einer kleineren Kohorte eine absolut weitaus höhere Zahl an Spitzenleistern in Mathematik hervor als Deutschland. Da ist es wenig tröstlich – gerade auch mit Blick auf die Zukunft der EU –, dass es in Frankreich noch schlechter aussieht. Japan, das Land also, das Deutschland hinsichtlich der Überalterung rund zwei Jahrzehnte voraus ist, weist beeindruckende 32 Prozent der Kohorte im höchsten mathematischen Leistungsniveau auf. Das sind 1,8 Millionen Kinder, fast doppelt so viele wie in derselben Kategorie in der gesamten EU.

Die Folgen sieht man später an den Patentanmeldungen. Nach »den besonders streng gesiebten Patentanmeldungen nach dem Patent Cooperation Treaty (PCT) kommen 2018 fast 50 000 Erfindungen aus Japan, aber nur knapp 20 000 aus Deutschland. Bei zwei Dritteln der japanischen Bevölkerung (82 von 126 Millionen Menschen) hätten die Deutschen für einen Gleichstand aber 33 000 Anmeldungen benötigt. (…) Zu den fünfzig patentstärksten Einzelfirmen des Jahres 2018 gehören sechzehn japanische, aber nur fünf deutsche, die fürs Gleichziehen mit Japan jedoch zwei Drittel davon beziehungsweise zehn bis elf benötigen würden.«[29]

Einige Studien zeigen: »Intellektuelle Fähigkeiten und persönliche Merkmale wie Kreativität oder Ambition sind großenteils erblich, lassen sich also kaum durch die Umwelt beeinflussen. Da diese Faktoren in der Wissensgesellschaft zum Erfolg führen und die Erfolgreichen sich mit ihresgleichen zusammentun, verfestigt sich die Klassen- oder gar Kastenstruktur.«[30] Gunnar Heinsohn vermutet einen Zusammenhang zwischen der Qualifikation der Zugewanderten der vergangenen Jahrzehnte, der sich auch im Leistungsniveau ihrer Nachkommen niederschlägt. Demnach läge eine wichtige Ursache für das schlechte Abschneiden Deutschlands in dem besonders schlechten Leistungsniveau von Kindern mit Migrationshintergrund. Dies zeigt, wie groß die Herausforderung ist, das generelle Leistungsniveau zu heben. Dass es nicht allein am Geld liegt, zeigen die Daten ebenfalls, geben doch Länder wie Ungarn deutlich weniger für Bildung aus.

Die Zuwanderung hat naturgemäß generationenübergreifende Folgen für das allgemeine Leistungsniveau. In der Tat schneiden Länder mit gesteuerter Zuwanderung wie die USA, Singapur und Australien in der vergleichenden Analyse der internationalen Trends der Leistungen in Mathematik und den Naturwissenschaften (TIMSS) deutlich besser ab, aber nicht so eindeutig, wie die Zahlen für Kanada und Neuseeland verdeutlichen. Großbritannien erwartet hingegen dank seines (in Kapitel 7 dargestellten) auf Qualifikationen basierenden Einwanderungssystems eine künftig steigende Produktivität.

So oder so unterstreichen diese Daten, dass ein auf die absoluten Akademikerzahlen verengter Blick nicht genügt, um die Zukunftsfähigkeit eines Landes und vor allem die weitere Entwicklung der Produktivität zu beurteilen. Der von der *Neuen Zürcher Zeitung* konstatierte »Akademisierungswahn«[31] führt dazu, dass junge Menschen zunächst Nachhilfe in Rechtschreibung bekommen, wenn sie ihr Germanistikstudium aufnehmen – und in Mathematik, wenn sie Ingenieurwissenschaften studieren. Ursache: »Während der Lehrer früher in den Leistungskursen Deutsch und Mathematik mit einschlägig begabten Schülern arbeitete, die von ihm eine optimale Vorbereitung auf das Universitätsstudium erhielten, muss er sich heute an den Schwächeren orientieren.«[32] Klartext: Es ist die Folge einer Politik, die auf Masse statt Klasse setzt. Besser wäre es, die berufliche Bildung wieder aufzuwerten und den Anteil der Abiturienten und Studenten zu senken.

Das gilt nicht nur bei den Studierenden, es gilt ebenso bei den Auszubildenden. Der Deutsche Industrie- und Handelskammertag (DIHK) stellt fest, dass vielen jungen Menschen zum Zeitpunkt ihres Abgangs von der Schule nicht nur die nötigen Grundlagen im Rechnen und Schreiben fehlen, sondern zunehmend auch Sozialkompetenzen wie Leistungsbereitschaft und Disziplin.[33]

So kann es nicht verwundern, dass die Quote derjenigen, die ihre Ausbildung abbrechen, enorm hoch ist. Im Handwerk beträgt sie fast 34 Prozent, besonders hoch auch hier der Anteil der Menschen mit Migrationshintergrund. An den Universitäten sieht es nicht besser aus: Rund 20 Prozent der Eingeschriebenen schließen ihr Studium nicht ab, in den MINT-Fächern ist es gar ein rundes Drittel.[34] Hinzu kommen rund 10 Prozent, die bereits die Schule abbrechen.

Dies ist, abgesehen von den bedauerlichen Folgen für den Einzelnen, ein erhebliches gesamtgesellschaftliches Problem. Die Jugendlichen verbringen Zeit in der Ausbildung, statt am Erwerbsleben teilzuhaben, und zugleich ist ihre Produktivität dauerhaft geringer. Offensichtlich gilt es hier gegenzusteuern.

Letztlich spielt auch die Wahl des Studienfachs eine erhebliche Rolle. Wie bereits erwähnt, streben viele Jugendliche eine Anstellung beim Staat an – ein aus Sicht der langfristigen Wohlstandssicherung eindeutig schlechtes Signal. Dies zeigt sich auch an den Präferenzen der Studienfächer. So studieren ungefähr gleich viele junge Menschen Fächer wie Betriebswirtschaftslehre, Volkswirtschaftslehre, Jura, Psychologie und Soziale Arbeit wie MINT-Fächer. Nun könnte man sagen, dass das Verhältnis noch schlechter sein könnte. Angesichts der Herausforderungen der Zukunft müssen wir aber den Anteil der MINT-Absolventen und -Lehrer erhöhen und den in den anderen Bereichen reduzieren, dürfte ein Großteil der Berufe außerhalb des MINT-Bereichs ohnehin vor deutlichen technologischen Umbrüchen stehen (später dazu mehr).

Fazit: Gemessen am Ziel einer Steigerung der Produktivität braucht Deutschland einen fundamentalen Wandel in der Bildungspolitik: weg von der Orientierung an möglichst hohen Absolventenzahlen, hin zu einer Rückbesinnung auf das Leistungsniveau und die Attraktivität der beruflichen Bildung.

Auch nach Abschluss der ersten Berufsausbildung wird es gerade angesichts des fundamentalen technologischen Wandels und angesichts der anhaltenden Notwendigkeit, die Arbeitsproduktivität zu steigern, unabdingbar sein, das Konzept des »lebenslangen Lernens« in der Praxis stärker mit Leben zu füllen.

Beispielsweise sollten alle Bürgerinnen und Bürger wie in Singapur Bildungsgutscheine bekommen, die sie dazu verwenden können, ihre berufliche Qualifikation zu verbessern oder neue Fähigkeiten zu erwerben. Der Stadtstaat gewährt allen, die älter sind als 25

Jahre, einen solchen Bildungskredit und verdoppelt den Betrag für die 40- bis 60-Jährigen.[35] Der Vorteil eines solchen Systems liegt auf der Hand: Als Kopfgeld ausgestaltet ist es gerechter als eine erhöhte steuerliche Abzugsfähigkeit und stellt gerade für Bürger mit geringeren Einkommen eine enorme Chance dar – ein weiteres Beispiel, wie wir von anderen Ländern lernen können.

> **Aufgaben für die nächste Bundesregierung**
>
> - Deutliche Anhebung des Leistungsniveaus aller Schulen, Abkehr von dem Ziel, die Zahl der jungen Menschen mit akademischem Abschluss zu maximieren
> - Aufwertung des Fachs Mathematik: mehr Stunden/Woche, höherer Leistungsstandard
> - Aufwertung der übrigen MINT-Fächer
> - Hauptaugenmerk auf »Bildungsfähigkeit«: Deutsch, Rechtschreibung
> - Aufwertung der dualen Ausbildung, Rückbesinnung auf den Wert der beruflichen Ausbildung für die Mehrheit der jungen Menschen nach dem Abgang von der Schule
> - Qualifikationsmaßnahmen für junge Menschen, die die Schule abgebrochen haben, und für Menschen ohne abgeschlossene Berufsausbildung. Klares Prinzip des Förderns und Forderns
> - Erhöhung der Qualifikations- und Bildungsanstrengungen in der Gesamtbevölkerung. Förderung lebenslangen Lernens

Automatisierung als Chance

Ist diese Schlussfolgerung denn richtig, angesichts des erheblichen Umbruchs, vor dem wir stehen? Droht nicht eine Welle an Arbeitsplatzverlusten durch Automatisierung, Digitalisierung und künstliche Intelligenz? Wäre die Antwort da nicht mehr Bildung? Nur bedingt, denn nicht jeder wird die Fähigkeit haben oder das Interesse, zu einem Experten für künstliche Intelligenz zu werden.

An Studien zur bevorstehenden Substitution von Arbeit durch Maschinen besteht kein Mangel. Genauso wie die Angst vor den Folgen neuer Technologien nicht neu ist. So verweigerte Königin Elisabeth I. bereits 1589 einem Erfinder ein Patent auf eine mechanische Strickmaschine, da sie befürchtete, die Strickerinnen würden durch die Maschine arbeitslos werden.[36] Bekanntlich wurden die Maschinen trotzdem eingeführt.

Wie langfristige Betrachtungen zeigen, wurden technologische Revolutionen immer als Bedrohung angesehen, haben aber niemals zu deutlichen Arbeitsplatzverlusten geführt. Zwar gab es Sektoren, die von der Umstellung betroffen waren – die berühmten Heizer auf den Dampflokomotiven –, aber in der Summe führten die neuen Technologien zu neuen Arbeitsplätzen und aufgrund der mit ihnen verbundenen höheren Produktivität zu einem größeren Wohlstand.[37] Genau das also, was Deutschland angesichts seiner demografischen Entwicklung braucht.

Die Unternehmensberatung McKinsey hat die Folgen von Automatisierung, Robotik, Digitalisierung und künstlicher Intelligenz auf die Arbeitsmärkte analysiert. Sie bezog sich dabei auf mehr als 800 verschiedene Berufe und quantifizierte die voraussehbaren Folgen der Automatisierung und ihre Wirkungen auf die Beschäftigung. Ergebnis: In Deutschland wären mindestens 3 Millionen, im Höchstfall 12 Millionen Menschen von der Veränderung der Arbeitswelt betroffen. Schon in einem mittleren Szenario könnte bis 2030 ein Viertel des bisherigen Arbeitsvolumens durch Automatisierung wegfallen.[38]

Angesichts der demografischen Entwicklung in Deutschland sind das keine bedrohlichen, sondern sehr gute Nachrichten. In Deutschland würde durch Automatisierung kein Arbeitsplatz wegfallen, sondern stattdessen eine Person ersetzt, die in den Ruhestand wechselt, was die Produktivität der verbleibenden Beschäftigten erhöhen würde. Dies passt auch zu der Erwartung, dass beispielsweise Roboter erst in der engen Koordination mit Menschen ihr volles Potenzial entfalten.[39] Dabei muss man nicht ganz so weit gehen wie Optimisten, die gar zu dem Schluss kommen, dass »Roboter die größten Arbeitsbeschaffer der Geschichte werden«[40].

Ablesbar ist die skizzierte Entwicklung bereits heute an den Veränderungen am Arbeitsmarkt. So haben die Unternehmen schon jetzt in den Bereichen, die am ehesten vor einer Automatisierung stehen, weniger Personal aufgebaut als in jenen Bereichen, die eher weniger davon betroffen sind (siehe Abbildung 8).

Dies unterstreicht erneut, dass die Unternehmen – wie bei den Investitionen und den Einstellungen über Bedarf – mittelfristig denken, und passt auch zum Befund des Sachverständigenrats, der aufgrund seiner Betrachtung der ersten Welle der Robotisierung in Deutschland feststellt, »dass sich die Gesamtbeschäftigung durch die verstärkte Robotisierung in Deutschland nicht signifikant verändert hat«[41]. McKinsey erwartet bis 2030 netto sogar mehr Arbeitsplätze in Deutschland, wenn wir die Automatisierung offen angehen.[42]

Die Struktur der Beschäftigung ändert sich natürlich und soll an dieser Stelle nicht beschönigt werden. Arbeitsplätze werden wegfallen, und es wird nicht immer leichtfallen, die Betroffenen umzuschulen und mit neuen Qualifikationen auszustatten. Gerade in der Gruppe der Beschäftigten mittleren Alters gibt es nur wenige Beispiele für erfolgreiche Umschulungsmaßnahmen.[43]

Dennoch müssen wir bereits heute beginnen, die Qualifikation an die neuen Herausforderungen anzupassen. Dies passt zu den oben getroffenen Feststellungen zum Thema Bildung, geht es doch vor allem darum, die entsprechenden technischen Fähigkeiten zu erwerben. McKinsey schätzt, dass in Deutschland rund 700 000 Personen mehr als heute benötigt werden, die über spezielle technologische Fähigkeiten verfügen. Zusätzlich müssen jeweils über 2,4 Millionen Erwerbstätige in Schlüsselqualifikationen wie agilem Arbeiten, digitalem Lernen oder Kollaborationstechniken befähigt werden.[44]

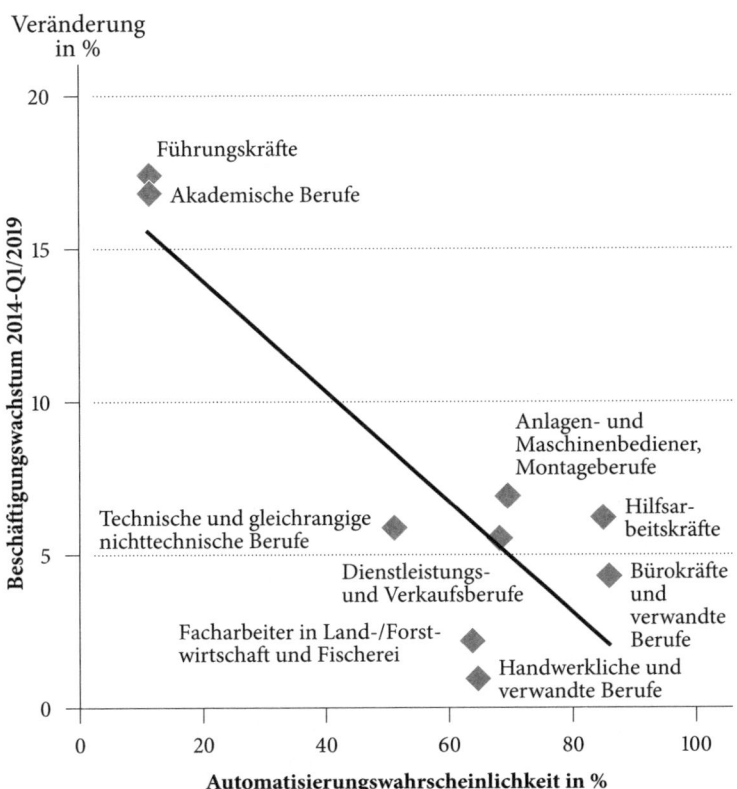

Abbildung 8: **Beschäftigungswachstum und Automatisierungswahrscheinlichkeit in Deutschland**

Quelle: Bundesagentur für Arbeit; Brzeski/Burk (2015); Frey/Osborne (2013). Die Automatisierungswahrscheinlichkeit für die einzelnen Kategorien auf der 3-Steller-Ebene entspricht dem gewichteten Durchschnitt der Jobs innerhalb der Kategorie. Aufteilung der Berufe in neun Hauptkategorien gem. ISCOKlassifizierung. Betrachteter Zeitraum: 2014 bis 1. Quartal 2019. ING,»Die Roboter lassen grüßen«, 7. Februar 2020, S. 2, abrufbar unter https://www.ing.de/ueber-uns/presse/carsten-brzeskis-blog/die-roboter-lassen-gruessen/

Aus früheren Phasen der technologischen Modernisierung ist bekannt, dass diese vor allem die mittleren Einkommensgruppen überproportional trifft.[45] Bei den einfachen Tätigkeiten lohnt sich Automatisierung oft nicht, bei den hochbezahlten Tätigkeiten ist sie nicht so leicht möglich. Dieses Mal werden zwar auch viele gehobene Tätigkeiten – zum Beispiel im Rechtswesen und in der Medizin – vom technologischen Wandel beeinflusst, es verbleiben jedoch ausreichend anspruchsvolle Tätigkeiten, und es kommen neue Berufe hinzu.[46]

Deshalb gilt es, flankierende Maßnahmen zu ergreifen, um den Widerstand gegen den technologischen Wandel, der unterm Strich erhebliche Vorteile für alle bringt, möglichst klein zu halten. Dazu gehört es, die Folgen für die Einkommensverteilung zu korrigieren und den technischen Fortschritt nicht mit höheren Steuern auf Roboter aufhalten zu wollen.[47] Im Gegenteil: Die Besteuerung sollte immer so beschaffen sein, dass sie Investitionen, Innovationen und damit Produktivitätsfortschritte fördert.[48]

Da es sich um eine Entwicklung handelt, die sich wie alle früheren derartigen Umbrüche nicht verhindern lässt, sollten wir uns in Deutschland am Beispiel Japans orientieren. Japan setzt angesichts des ebenfalls deutlichen Rückgangs seiner Erwerbsbevölkerung schon seit Jahren auf Robotik und Automatisierung. Dies auch, weil das Land im Unterschied zu Deutschland nicht auf Zuwanderung aus dem Ausland setzt.

Japan zeigt, dass Roboter menschliche Arbeitskraft tendenziell nicht ersetzen, sondern ergänzen. In immer mehr Anwendungsfeldern kommen Roboter zum Einsatz, und in Japan legt man viel Wert auf die Entwicklung von Robotern, die in der Interaktion mit Menschen keine Angst oder Befremdung auslösen, sondern positive Emotionen. Schon jetzt gelten Roboter in dem Bemühen, neues Personal zu gewinnen, als attraktives Argument. Für die Olympischen Spiele 2020 war geplant, eine ganze Reihe humanoider Roboter einzusetzen, um die führende Rolle Japans auf diesem Gebiet zu unterstreichen.

Ganz selbstverständlich arbeiten Roboter in Pflegeheimen und entlasten so die menschlichen Pflegekräfte. Gerade hier und in Krankenhäusern sieht man in Japan einen wesentlichen Anwendungsbereich für Roboter, was auch aus gesamtwirtschaftlicher Sicht (Stichwort Produktivität) nur konsequent ist, liegt doch die Produktivität im Pflegebereich deutlich unter der in anderen Sektoren der Wirtschaft. (Damit soll nicht gesagt sein, dass die Arbeit in der Pflege nicht enorm wertvoll und zugleich belastend wäre. Die rein ökonomische Betrachtung dreht sich lediglich um das potenziell erreichbare BIP pro Stunde.)

Weitere Anwendungsbereiche sind Hotels und Restaurants, in denen Roboter zugleich das Sprachproblem lösen können. In einem Pilotprojekt hat das Bildungsministerium 500 Roboter landesweit als Englischlehrer im Einsatz.[49] Neben dem Spracherwerb dient dieses Vorhaben dazu, Roboter zum natürlichen Bestandteil des täglichen Lebens zu machen.

Japan dürfte, was das Thema Robotik betrifft, führend sein. Zwar sind in Korea deutlich mehr Roboter installiert als in Japan, und auch Deutschland liegt ungefähr auf gleichem Niveau.[50] Hier – wie auch in China, das sich vor dem Hintergrund seiner rückläufigen Erwerbsbevölkerungszahlen aufschwingt, der größte Markt für Roboter zu werden – werden Roboter vor allem in der Industrie eingesetzt. Besonderheit in Deutschland ist indes die Konzentration auf die Automobilindustrie. Der breitere Ansatz Japans dürfte dem Land jedoch einen deutlichen technologischen Vorsprung geben, der auch Absatzmärkte der Zukunft sichert.

Damit ist Japan das Vorbild für Deutschland. Wie gezeigt, kann durch Zuwanderung der Mangel an Arbeitskräften nicht beseitigt werden – vor allem deshalb nicht, weil es nicht gelingt, ausreichend qualifizierte Personen aus dem Ausland anzulocken. Damit sind Automatisierung, Digitalisierung und künstliche Intelligenz wesentliche Hebel, um die Produktivität pro Stunde deutlich zu steigern, und zugleich ergibt sich die Chance für den Aufbau neuer Industrien.

Aufgaben für die nächste Bundesregierung

- Beförderung von Automatisierung, Digitalisierung und künstlicher Intelligenz zu Schwerpunkten nationaler Investitionen, indem sie als Chance und nicht als Bedrohung vorgestellt werden
- Steuerliche Begünstigung von Investitionen, Innovationen und Bildung. Klare Absage an Maßnahmen zur Verlangsamung des Strukturwandels
- Automatisierung, gerade in Bereichen mit geringerer Produktivität (weite Teile des Dienstleistungssektors), um dort überproportionale Produktivitätszuwächse zu erzielen, was wiederum den Wechsel von Arbeitskräften in andere Sektoren der Wirtschaft erleichtert (Erhöhung von Qualifikationen und Einkommen)
- Roboter wie in Japan zu einem normalen Bestandteil des Lebens machen – noch kann der technologische Vorsprung eingeholt werden
- Programm zur Umschulung und Weiterqualifikation zur Vorbereitung auf die neue Arbeitswelt
- Stärkere Ausrichtung der Anstrengungen im Bildungssektor auf die Märkte und Technologien der Zukunft

Mehr Innovationen

»Der Wohlstand einer Volkswirtschaft hängt letztlich davon ab, inwiefern durch Innovationen neue Technologien geschaffen und produktiv eingesetzt werden können. Kluge Wirtschaftspolitik fördert daher Institutionen zur Schaffung und Vermittlung von Wissen und setzt zugleich Rahmenbedingungen, innerhalb derer Innovations- und Gründertätigkeit gedeiht.«[51] So der Sachverständigenrat zur Begutachtung der gesamtwirtschaftlichen Entwicklung in seinem

Jahresgutachten 2019/20 zur Frage der Verbesserung der Wachstumsaussichten in Deutschland.

Dabei steht Deutschland vordergründig hervorragend da: Es hat mit seiner Kombination aus staatlichen und privaten Forschungsstätten eine weltweit einzigartige Forschungslandschaft. Die Deutschen geben weitaus mehr für Forschung aus als ihre Nachbarn. Angesichts der Mittel, die sie aufwenden, wurden sie gar zum »innovativsten Land« gekürt. Die F&E-Intensität, also die Ausgaben für Forschung und Entwicklung im Verhältnis zum BIP, liegt in Deutschland bei 3,02 Prozent. Dieser Wert liegt über dem Niveau in den meisten EU-Staaten und den USA, jedoch unterhalb der Werte in Japan (3,28 Prozent) und Südkorea (4,22 Prozent).[52]

Diese Statistik darf nicht darüber hinwegtäuschen, dass Deutschland vor erheblichen Problemen steht. So haben wir schon seit Jahren ein deutliches Übergewicht an Forschung im Bereich der Automobilindustrie. Immerhin rund 53 Prozent aller Aufwendungen für Forschung stehen in einem Zusammenhang mit dem Automobil. Würde man diesen Sektor herausrechnen, so würde offensichtlich, dass die Innovationskraft der übrigen Wirtschaft nicht herausragend ist. Nur 14 Prozent der Ausgaben fließen in Forschung im Bereich der Informationstechnologien. In Südkorea sind es dagegen 60 Prozent, in den USA 52 Prozent, in China 49 Prozent und in Japan 25 Prozent.[53]

Hinzu kommt, dass der deutliche Anstieg der Forschungsausgaben in der Automobilindustrie auch darauf zurückzuführen ist, dass die Unternehmen verzweifelt versuchen, ihren technologischen Rückstand wettzumachen. So zeigen Untersuchungen, dass die deutsche (aber auch die japanische) Automobilindustrie bei der zentralen Steuereinheit, also quasi dem Gehirn des Autos, gegenüber Tesla einen Entwicklungsrückstand von sechs Jahren hat. Ähnlich sieht es bei der Qualität der Batterien[54] und beim autonomen Fahren aus. Hier liegt die deutsche Industrie mindestens zwei Jahre zurück.[55]

Deutschland braucht also mehr und andere Forschung. Als erhebliches Hindernis erweist sich dabei die Innovationsfeindlichkeit der Gesellschaft. Einige Themen wie die Forschung an genmodifizierten Pflanzen bilden schon seit Längerem das Futter für strittige Diskussionen. Ein besonders eindrückliches Beispiel ist der Umgang mit dem Hirnforscher Nikos Logothetis, immerhin ein möglicher Kandidat für den Nobelpreis. Nach einem Video, das angebliche Tierquälerei zeigte, wurden er und sein Team in der Öffentlichkeit angegriffen. Die zuständige Max-Planck-Gesellschaft distanzierte sich. Dies, obwohl 5 000 Wissenschaftler aus der ganzen Welt, darunter mehrere Nobelpreisträger, für Logothetis eintraten. Der Forscher entschied sich, mit seinem Team nach China zu gehen.[56] Dass dies für den Forschungsstandort Deutschland eine gute Nachricht ist, darf bezweifelt werden.

Aufgaben für die nächste Bundesregierung

- Anstoß zu Mehrausgaben für Forschung und Entwicklung
- Unterstützung der Automobilindustrie bei ihrem Aufholprozess – die Industrie ist schlichtweg zu bedeutend für den Wohlstand Deutschlands
- Deutlich mehr Ausgaben für Forschung und Entwicklung in den Bereichen Automatisierung, Digitalisierung, künstliche Intelligenz und Informationstechnologie allgemein
- Staatliche Förderung der Grundlagenforschung über Direktmittel, der allgemeinen Forschung und Entwicklung durch Verbesserung der Rahmenbedingungen (Genehmigungsprozesse, Qualität der Bildung, Abgaben/steuerliche Anreize)
- Maßnahmen zugunsten einer stärkeren öffentlichen Anerkennung der Forschung. Konsequentes Entgegentreten bei Kampagnen gegen bestimmte, als nicht »korrekt« empfundene Forschungsvorhaben

Priorität für produktive Sektoren

Unstreitig hat die relative Entwicklung der Wirtschaftssektoren einen erheblichen Effekt auf die Gesamtproduktivität. Wächst der inländische Dienstleistungssektor, der tendenziell weniger produktiv ist, während die Exportindustrie schrumpft, so sinkt die gesamtwirtschaftliche Produktivität und damit der Wohlstand. Genau dies sollte in Deutschland nicht passieren.

Nun bewirken einige der bereits diskutierten Maßnahmen bereits eine Verschiebung in produktivere Sektoren – wenn Deutschland beispielsweise dem japanischen Vorbild folgt und in der Pflege und den Krankenhäusern Roboter zum Einsatz bringt. Andererseits bedarf es einer Steuerung des relativen Wachstums der Sektoren. Damit meine ich keineswegs einen planwirtschaftlichen Ansatz der Industriepolitik (ein zum Scheitern verdammter Ansatz, setzt er doch fälschlich voraus, die Politik wüsste mehr als andere Gruppen der Gesellschaft), sondern die Gestaltung der Rahmenbedingungen.

Dies beginnt bei der Dimensionierung des Studienangebots in den verschiedenen Fachbereichen – weniger Geistes- mehr Naturwissenschaften – und geht bis zur Personalpolitik im öffentlichen Dienst. Wie bereits gezeigt, sollte der Staat alles daransetzen, relativ zur Erwerbsbevölkerung weniger Menschen zu beschäftigen. Dies ist machbar, setzt aber entsprechende Produktivitätsfortschritte voraus, die vor dem Hintergrund der veralteten Ausrüstung des öffentlichen Dienstes hierzulande durchaus möglich sind (siehe Kapitel 4).

Aufgaben für die nächste Bundesregierung

- Digitalisierungs- und Automatisierungsinitiative im öffentlichen Sektor. Dabei lernen von führenden Ländern
- Programm zum breiten Einsatz von Robotern in Krankenhäusern und Pflegeeinrichtungen

- Aufwertung der MINT-Fächer in den Universitäten, um Studierwillige in diese Richtung zu lenken

Wirtschaftsfreundliche Rahmenbedingungen

Wie ein roter Faden zieht sich das Thema der Rahmenbedingungen durch dieses Kapitel. Offensichtlich stimmen diese nicht. Das beginnt damit, dass in Deutschland die Gründung eines Unternehmens viel Zeit verschlingt, reicht über eine ausufernde Bürokratisierung und endet keineswegs mit langen Genehmigungsprozessen für Investitionen aller Art.

Aufgaben für die nächste Bundesregierung

- Beschleunigte Genehmigungsverfahren für alle Arten von Investitionen nach dem Vorbild der Gesetze zur deutschen Einheit
- Alle Gesetze werden mit einem Verfallsdatum von maximal zehn Jahren ab ihrem Inkrafttreten versehen. Für bestehende Gesetze gilt eine Frist von 15 Jahren
- Für jedes neue Gesetz werden zwei bestehende Gesetze abgeschafft
- Die Politik konzentriert sich auf die gesetzliche Regelung der Rahmenbedingungen und Grundsätze; Selbstverpflichtung zum Abbau von Einzellösungen

Deutschland – Produktivitäts-Champion

Ein umfassendes Programm zur Steigerung der Produktivität in Deutschland würde den Rahmen dieses Buches sprengen. Doch schon die hier aufgezeigten Maßnahmen würden genügen, um in Kombination mit den im vorangegangenen Kapitel diskutierten Instrumenten zur Stabilisierung der Erwerbsbevölkerung das BIP nicht nur als Ganzes weiter zu erhöhen, sondern auch in der Pro-Kopf-Betrachtung. Letzteres ist eine wesentliche Voraussetzung dafür, dass die Deutschen auch künftig ein glückliches und wohlhabendes Volk sein werden.

Klar ist aber auch, dass eine Politik des Weiter-so-wie-bisher nicht genügen wird. Die Rahmenbedingungen in Deutschland schwächen die Attraktivität des Landes als Wirtschaftsstandort zunehmend. Noch bleibt Zeit, um gegenzusteuern. Dies muss aber bereits in den nächsten Jahren passieren, werden doch Arbeitsplätze, die bereits ins Ausland verlagert wurden, mit höchster Wahrscheinlichkeit nicht zurückgeholt.

9. Investitionen sind Pflicht

»Volkswirtschaften, in denen die Sparsamkeit und die Kapitalakkumulation dominieren, blühen langfristig. Volkswirtschaften, in denen das laufende Einkommen, das Ausgeben und Schuldenmachen dominieren, gehen zugrunde.«
Adam Smith (≈ 1723 bis 1790), schottischer Nationalökonom

»Properly targeted public investment can do much to boost economic performance, generating aggregate demand quickly, fueling productivity growth by improving human capital, encouraging technological innovation, and spurring private-sector investment by increasing returns.«
Michael Spence (1943), amerikanischer Ökonom*

Jeder erwartet vom Staat Sparsamkeit im Allgemeinen, aber Freigiebigkeit im Besonderen.
Anthony Eden (1897 bis 1977), ehemals britischer Premierminister

Bevor wir uns der Verteilung von Wohlstand widmen – dem Lieblingsthema der Politik –, müssen wir eine Leitplanke einziehen: das Mindestniveau an Investitionen, um den Wohlstand auch in Zukunft zu sichern. Ohne ausreichende Investitionen wird es nicht möglich sein, den Wohlstand im Land zu erhalten.

2019 sah das so aus: Das BIP belief sich nach einem Jahr mit Nullwachstum auf 3,436 Billionen Euro und wurde folgendermaßen verwendet:[1]

- *Exportüberschuss.* 208 Milliarden Euro, die als Forderung an das Ausland das Auslandsvermögen erhöhen.
- *Konsum der privaten Haushalte.* 1794 Milliarden Euro.
- *Konsum des Staates.* 699 Milliarden Euro, wobei darunter so diverse Kategorien wie die Kosten von Schulen (die man eher als Investitionen ansehen kann), der öffentlichen Sicherheit und die Sozialleistungen zusammengefasst sind.
- *Bruttoinvestitionen.* 735 Milliarden Euro. »Brutto« bedeutet, dass im Jahr 2019 der genannte Betrag für Investitionen ausgegeben wurde. Zieht man davon die Wertverluste vorhandener Anlagen ab (Alterung, Abnutzung), so ergeben sich die Nettoinvestitionen, die für den Kapitalstock und damit die künftige Leistungsfähigkeit entscheidend sind.

Von den Einnahmen des Jahres 2019 wurden also von den privaten Haushalten, den Unternehmen und vom Staat rund 21,5 Prozent darauf verwendet, in die Zukunft zu investieren. Diese Zahl sagt – ebenso wie der absolute Wert, der hinter ihr steht – nichts darüber aus, ob in Deutschland genug investiert wird. Die Ausführungen der vorigen Kapitel haben gezeigt, dass in den vergangenen Jahren zu wenig investiert wurde. Dies verdeutlicht auch ein Vergleich mit anderen Ländern (siehe Tabelle 13).

Was die Gesamtinvestitionen angeht, so gibt es Länder wie Großbritannien, die deutlich schlechter abschneiden als Deutschland. Allerdings dürfte es kaum ratsam sein, sich an den Schlechteren zu orientieren. Auch wenn man Südkorea (eigene Kultur, holt noch auf) und Norwegen (dank seiner Rohstoffe ein reiches Land) außer Acht lässt, bleibt Deutschland noch immer hinter etlichen anderen Nationen zurück. Japan, das heißt das Land, das Deutschland hinsichtlich der demografischen Entwicklung rund 20 Jahre voraus ist, investiert relativ zum BIP fast 3 Prozentpunkte mehr. Das ist ein erheblicher Unterschied. Selbst Frankreich investiert mehr in die eigene Zukunft als Deutschland.

Der Blick auf den Privatsektor lässt erkennen, dass Deutschland auch hier nur im unteren Teil des Mittelfelds liegt. Dies spiegelt die

Land	Gesamt (in Prozent)	... davon Staat (in Prozent)	... davon Privatsektor (in Prozent)
Großbritannien	16,4	2,6	13,8
Italien	17,6	2,1	15,5
Portugal	18,6	2,0	16,6
USA	21,1	3,2	17,9
Niederlande	21,2	3,4	17,7*
Deutschland	**21,8**	**2,4**	**19,4**
Spanien	22,2	2,4	19,8
Kanada	22,6	4,0	18,6
Schweiz	23,3	3,0	20,3
Frankreich	23,3	3,5	19,8
Finnland	23,8	4,2	19,6
Neuseeland	24,1	10,7	13,4
Irland	24,1	2,1	22,0
Japan	24,6	3,8	20,8
Belgien	25,1	2,8	22,3
Österreich	25,7	3,2	22,5
Schweden	26,2	5,0	21,3*
Norwegen	28,2	6,4	21,8
Südkorea	31,4	4,4	27,0

* Rundungsdifferenz

Tabelle 13: **Investitionen relativ zum BIP**

Quelle: Letzte verfügbare Daten je Land, Internationaler Währungsfonds, »World Economic Outlook Database, Update Januar 2020«, für die Gesamtinvestitionen relativ zum BIP abrufbar unter https://www.imf.org/external/pubs/ft/weo/2019/02/weodata/index.aspx und OECD für den staatlichen Anteil, »Investment by Sector«, abrufbar unter https://data.oecd.org/gdp/investment-by-sector.htm#indicator-chart, Berechnungen von beyond to obvious.

bereits in den vorangegangenen Kapiteln angesprochene Investitionsschwäche der Unternehmen im Inland wider. Besonders dramatisch sind die Zahlen für den Staatssektor. Nur in Irland, Italien und Portugal investiert der Staat weniger als im vermeintlich so reichen Deutschland. Die Unterschiede mögen gering erscheinen, sind jedoch in Wahrheit gigantisch. Wenn Frankreich beispielsweise 1,1 Prozentpunkte mehr investiert, bedeutet dies, auf Deutschland übertragen, 38 Milliarden Euro an staatlichen Investitionen mehr. Wohin die fehlenden Investitionen führen, habe ich in Kapitel 6 bereits gezeigt. Mehrere 100 Milliarden Euro sind erforderlich, um allein nur die in den vergangenen Jahren unterlassenen Investitionen nachzuholen.

Wie bereits angesprochen, steht Deutschland im Bereich der Digitalisierung besonders schlecht da. So belegte es in einer internationalen Vergleichsstudie zum digitalen Fernunterricht infolge der Corona-Krise den letzten Platz.[2] Kein Wunder, wenn viele Schulen nicht einmal über einen Internetanschluss verfügen. In Berlin war der Anschluss der 700 Schulen im Sommer 2020 – also nach den Erfahrungen mit Corona – noch nicht einmal beantragt.[3] Wenn man die Umsetzungsgeschwindigkeit an den Berufsschulen zugrunde legt, mit denen die Stadt Berlin begonnen hat, so dauert es noch 20 Jahre bis zur Realisierung.

Investitionen statt Konsum

Jeder Euro, der einmal verdient wurde, kann nur einmal ausgegeben werden. Damit will ich nicht sagen, dass der Staat keine Schulden machen sollte. Im Gegenteil: Zu einer vernünftigen Politik gehört, eine gewisse laufende Staatsverschuldung zuzulassen. Solange die Schulden im Einklang mit der Wirtschaft wachsen, sind sie sogar zu begrüßen, bieten sie doch unter anderem eine bessere Möglichkeit für die Verwendung der inländischen Ersparnisse als den Export ins Ausland.

Dort wurden zumindest bisher keine guten Erträge erwirtschaftet. (In der Einleitung dieses Buches war davon bereits die Rede.) Doch bevor ich zu den Möglichkeiten der Bewältigung eines Teils der Herausforderungen mithilfe von Krediten komme, möchte ich auf den grundlegenden Konflikt zwischen Investitionen und Konsum hinweisen.

Wir haben es im ökonomischen Sinne mit einer harten Budgetrestriktion zu tun. Deutschland erwirtschaftet pro Jahr ein bestimmtes Einkommen – gemessen am Bruttoinlandsprodukt – und gibt dieses Geld für verschiedene Zwecke aus. Eine grundlegende Unterteilung ist diejenige in Konsum, also die Befriedigung heutiger Bedürfnisse, und Investitionen zur Sicherung der Produktion und mithin der künftigen Einkommen.

Heute werden rund 72 Prozent der Einnahmen konsumiert und 22 Prozent investiert. 6 Prozent fließen als Ersparnis ins Ausland. Es ist bekannt, dass in den kommenden Jahren aufgrund des starken Anstiegs des Anteils der Menschen im Rentenalter der Druck in Richtung einer höheren Konsumquote zunehmen wird. Nichts anderes steht hinter den geschätzten Milliardenlücken für künftige Renten-, Pensions- und Gesundheitszahlungen. So rechnet die Bundesbank vor, dass nach heutiger Gesetzeslage die Beitragssätze in der Rentenversicherung bis 2040 um rund ein Drittel auf 24 Prozentpunkte steigen und parallel dazu der Bundeszuschuss von rund 3,2 Prozent des BIP auf 4,5 Prozent anwächst – ein Anstieg um immerhin 40 Prozent.[4] Abgesehen davon, dass Deutschland schon heute als Zuschuss zur Rentenkasse über 30 Prozent mehr Mittel aufwendet als für Investitionen, drohen dann weitere erhebliche Einsparungen an Investitionen, werden doch parallel auch die Lasten für Pensionen und Gesundheitsversorgung steigen.

Dabei könnte es noch schlimmer kommen, wie die Bundesbank vorrechnet. Die Bemühungen der Politik, den Rentenbeziehern noch weiter entgegenzukommen, könnten im Extremfall zu Beitragssätzen von deutlich über 26 Prozent und einem Bundeszuschuss von rund 9 Prozent des BIP führen! In dieser Rechnung unberücksichtigt sind die ungedeckten Versprechen für Pensionen und die unweigerlich steigenden Kosten der Gesundheitsversorgung. Es deutet also alles auf einen massiven Druck in Richtung einer höheren Konsumquote hin.

Die Antwort der Politik werden steigende Schulden und eine massiv höhere Umverteilung der Einkommen sein. Damit verschiebt sich die Struktur der Konsummöglichkeiten. Die Vermögenden und die Gutverdienenden werden weniger konsumieren (und weniger vererben) können, die ärmeren Bevölkerungsschichten werden entsprechend mehr konsumieren können.

Dennoch ist absehbar, dass diese Umverteilung mit erheblichen sozialen Spannungen verbunden sein wird. Deshalb ist es für die Politik attraktiv, neben dem Ausweg über eine höhere Verschuldung bei jenen Positionen zu sparen, deren Schmälerung unmittelbar als weniger schmerzhaft empfunden wird. Das waren und werden auch weiterhin die Investitionen sein.

Diese Strategie (zu) geringer Investitionen ist in mehrfacher Hinsicht falsch. Zu geringe staatliche Investitionen verschlechtern die Standortbedingungen. Insofern tragen sie dazu bei, die Neigung zu privaten Investitionen zu verringern – was wiederum das dringend notwendige Wachstum der Produktivität hemmt.

Was folgt daraus? Deutschland muss sich ein Mindestinvestitionsniveau vornehmen. Gemessen an den Verhältnissen in den anderen führenden Industrienationen bedeutet dies:

- Die gesamtwirtschaftlichen Investitionen sollten ein Niveau von 25 Prozent des BIP erreichen.
- Die staatlichen Investitionen sollten auf 3,5 Prozent des BIP steigen (diese Quote entspricht in etwa jener Frankreichs und liegt noch immer deutlich hinter der japanischen).

Natürlich kann der deutsche Staat dem Privatsektor nicht vorschreiben, wie viel er investieren soll. Er kann stattdessen lediglich indirekt über Anreize und verbesserte Rahmenbedingungen dazu beitragen, dass die Neigung der Unternehmen wachst, in Deutschland zu investieren. Indes können die staatlichen Investitionen als verbindliche Leitplanke für die Politik festgeschrieben werden.

»Aber es liegt doch gar nicht am Geld.« – Diese Behauptung wird in der Politik gerne vorgebracht. Vordergründig ist das richtig. Es fehlt an Planungskapazitäten auf öffentlicher wie privater Seite, und Genehmigungsprozesse dauern viel zu lange. Doch dafür ist die Politik verantwortlich.

Die Planungskapazitäten wurden abgebaut, weil wenig investiert wurde, und vor allem, weil es unsicher ist, ob in Zukunft nicht erneut willkürlich gekürzt wird. Die Investitionen müssen also festgeschrieben werden, damit auch der Privatsektor darauf vertrauen kann, dass die aufgebauten Kapazitäten nachhaltig genutzt werden. Die Genehmigungsprozesse müssen, wie in den Jahren nach der deutschen Einheit, in deutlich beschleunigten Verfahren durchgeführt werden.

Aufgaben für die nächste Bundesregierung

- Erarbeitung und Umsetzung eines Rahmenprogramms »Investitionen von 25 Prozent vom BIP«
- Starke Anreize für Investitionen im Privatsektor, dementsprechender Umbau des Steuersystems
- Verankerung einer staatlichen Mindestinvestitionsquote von 3,5 Prozent des BIP für den Zeitraum bis 2040

Wie hoch soll die Staatsquote sein?

Nach Angaben des Statistischen Bundesamts beliefen sich die Ausgaben des Bundes, der Länder und Gemeinden sowie der Sozialversicherungen im Jahr 2018 auf 1 429 Milliarden Euro. Dieser Betrag entspricht 43 Prozent des BIP.⁵ Mit dieser Staatsquote liegt Deutschland leicht unter dem Durchschnitt von EU (45,6 Prozent) und Eurozone (46,8 Prozent). Besonders hoch ist der Staatsanteil in Frankreich (56 Prozent). Aber auch in Finnland (53,1 Prozent), Schweden (49 Prozent) und Österreich (48,5 Prozent) liegt die Staatsquote über dem Niveau in Deutschland.⁶ Man muss demzufolge konstatieren, dass eine höhere Staatsquote nicht zwangsläufig mit einer geringeren Zufriedenheit der Bevölkerung einhergeht, wobei dies nicht im Umkehrbeschluss bedeutet, dass eine höhere Staatsquote genügen würde, um eine Bevölkerung glücklich zu machen.

Angesichts der demografischen Entwicklung und der in Verbindung damit wachsenden Kosten ist davon auszugehen, dass die Staatsquoten in ganz Europa, Deutschland eingeschlossen, weiter steigen werden. Es gibt keinen empirischen Wert für die Staatsquote, der sich als »zu hoch« einstufen ließe. Allerdings habe ich in den vorangegangenen Kapiteln gezeigt, dass in der deutschen Wirtschaft dringend mehr Ressourcen gebraucht werden, um den Wohlstand in Deutschland zu erhalten. Dies bedeutet: Die Produktivität muss steigen, und der Staatssektor muss, was die Zahl seiner Beschäftigten angeht, verkleinert werden.

Zwar umfasst die Staatsquote sämtliche Ausgaben des Staates (und nicht nur die Entlohnung der Beschäftigten im öffentlichen Sektor). Dennoch lohnt es sich, eine Grenze einzuziehen. Bei der Bestimmung dieser Grenze spielen die folgenden Überlegungen eine Rolle:

- Die heutige Staatsquote ist durch den starken Rückgang der Zinsaufwendungen wegen des niedrigen Zinsniveaus nach unten verzerrt.
- Die Politik der »schwarzen Null« hat die offiziell ausgewiesene Verschuldung (zumindest bis zur Corona-Krise des Jahres 2020) gesenkt – und damit auch die Staatsquote.
- Die unterlassenen Investitionen haben die Staatsquote gesenkt, müssen nun aber nachgeholt werden. Zusätzliche Investitionen

im Umfang von 450 Milliarden Euro allein in den kommenden zehn Jahren zwecks Aufholung des Investitionsrückstands entsprächen bereits einer rund 1,3 Prozentpunkte höheren Staatsquote.
- Der Anstieg der Zahlen derer, die Renten beziehen, wird zu deutlichen Ausgabensteigerungen führen. Allein schon der Bundeszuschuss zur Rentenkasse steigt um mindestens 1,5 Prozent des BIP, während die Rentenbeiträge von heute rund 240 Milliarden Euro[7] mindestens um ein Drittel steigen, was weiteren 2,5 Prozent des BIP entspricht. Überschlägig führt bereits dieses Minimalszenario zu einem Anstieg der Staatsquote um 4 Prozentpunkte.
- Ähnlich steigen die Aufwendungen für Pensionen und Gesundheitsversorgung. Ein prozentual gleichlaufender Anstieg ist mindestens zu erwarten.

Werden keine Gegenmaßnahmen ergriffen, so wird diesen Überlegungen zufolge die Staatsquote in den kommenden Jahren rasch über 50 Prozent des BIP hinaus anwachsen. Eine Erhöhung des Wachstumspotenzials ergäbe sich daraus nicht, im Gegenteil.

Die Notwendigkeit einer Begrenzung des Staatsanteils ist offensichtlich. Das zeigen der Blick auf den Druck zur deutlichen Ausweitung des Staatssektors auf der einen Seite und die Notwendigkeit, den privaten Sektor zu stärken, auf der anderen. Auch dürfte der Drang zu höheren Staatsausgaben in den Jahren ab 2030 überproportional wachsen. Deshalb sollten wir uns zeitlich gestreckte Ziele vorgeben (gegenüber dem Vor-Corona-Stand):

- *2020 bis 2025.* Konzentration auf Investitionen:
  + 1,5 Prozentpunkte
- *2025 bis 2030.* Zusätzlicher Anstieg wegen der Alterung:
  + 1,5 Prozentpunkte
- *2030 bis 2040.* Schrittweiser Anstieg um 3,0 Prozentpunkte

Im Jahr 2040 läge dann die Staatsquote bei 49 Prozent des BIP. Sie unter 50 Prozent zu halten ist meines Erachtens angesichts der Rahmenbedingungen ein wichtiges, jedoch nur unter erheblichen Anstrengungen erreichbares Ziel. Umso wichtiger ist es, dem Anstieg am Anfang der Entwicklung entgegenzutreten. In späteren Jahren wird der Weg ungleich steiniger werden.

> **Aufgaben für die nächste Bundesregierung**
>
> - Festlegung eines gestaffelten Ziels für die maximale Staatsquote in Deutschland
> - In den Jahren von 2020 bis 2030 angesichts der Alterung der Gesellschaft vor allem Bremsen des Anstiegs

Prioritäten bei den Staatsausgaben neu ordnen

Die Begrenzung der Staatsquote zwingt dazu, Prioritäten zu setzen. Wenn die Ausgaben für Investitionen steigen und der Staatsanteil zugleich gedeckelt werden sollt, muss die Struktur der Staatsausgaben überprüft werden. Ein solcher Kassensturz ist im Zuge der Umstellung auf die doppelte Buchführung und die Offenlegung der tatsächlichen Vermögenssituation des Staates (siehe dazu Kapitel 2) so oder so notwendig.

Die Zusammensetzung der Staatsausgaben zeigt, wo der finanzielle Schwerpunkt der Staatstätigkeit liegt: bei der Umverteilung der Einkommen.

Die Zinsausgaben sind in den vergangenen Jahren deutlich zurückgegangen. Die Subventionen sind immer noch erheblich und generell auf ihre Sinnhaftigkeit zu hinterfragen. Die Bruttoinvestitionen liegen auf dem viel zu geringen Niveau von 70 Milliarden Euro. Die Personalkosten belaufen sich auf rund 250 Milliarden Euro.

Staatsausgaben 2017 in Milliarden Euro

1438 insgesamt, davon:

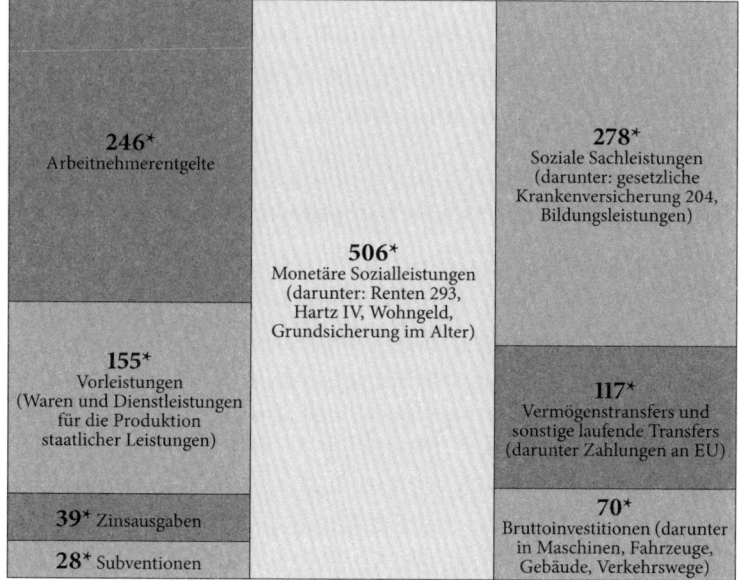

*Rundungsdifferenzen

Abbildung 9: Struktur der Staatsausgaben

Quelle: iwd – Informationsdienst des Instituts der deutschen Wirtschaft, Statistisches Bundesamt, Zahlen für 2017, abrufbar unter https://www.iwd.de/artikel/staatseinnahmen-und-staatsausgaben-deutschland-dick-im-plus-392332/

786 Milliarden Euro – immerhin mehr als 50 Prozent der Staatsausgaben – entfielen im Jahr 2017 auf Sozialleistungen (Sach- und Geldleistungen) an private Haushalte, also Sozialhilfe, Wohn- und Erziehungsgeld, Gesundheitsfürsorge, Renten und Arbeitslosenhilfe. Insgesamt werden die Kosten des Sozialstaats auf 1 000 Milliarden Euro pro Jahr geschätzt; sie sind zum Teil in anderen Positionen von Abbildung 9 enthalten, so die Pensionen unter den Arbeitnehmerentgelten.[8]

Wie sollte die Struktur der Staatsausgaben künftig beschaffen sein? Wie dargelegt, müssen ab sofort rund 45 Milliarden Euro mehr investiert werden. Wie sollten diese Beträge aufgebracht werden? Die Personalkosten dürften zumindest kurzfristig nicht beeinflussbar sein, setzen Effizienzgewinne im öffentlichen Sektor doch zunächst entsprechende Investitionen voraus. Vorleistungen und Zinsen sind ebenfalls kaum zu beeinflussen, Subventionen müssen abgebaut werden. Doch selbst wenn man eine Halbierung der Subventionen auf 14 Milliarden Euro annimmt, bleibt eine Finanzlücke von rund 30 Milliarden pro Jahr.

Vor der Corona-Rezession des Jahres 2020 wäre die Antwort ökonomisch leichtgefallen. Da es ohnehin nicht sinnvoll ist, an einer offiziellen »schwarzen Null« festzuhalten, während die wirklichen Schulden explodieren und damit die jährlichen Ersparnisse der Deutschen ins Ausland zu treiben, wäre die naheliegende Lösung gewesen, dass sich der Staat jedes Jahr in Höhe von 1 Prozentpunkt des BIP verschuldet. Das entspricht ungefähr den 30 Milliarden Euro, die nach dem in diesem Buch ins Auge gefassten Subventionsabbau noch fehlen.

Nach dem Ausbruch der Corona-Pandemie stellt sich die Lage anders dar. Die Staatsverschuldung ist deutlich gewachsen, und eine Rückkehr zur »schwarzen Null« dürfte sich als deutlich schwerer erweisen, als die Politik erwartet – abgesehen davon, dass Letzteres unverändert keine sinnvolle Idee ist, nicht zuletzt wegen der Dynamik in der Eurozone und der EU (ich komme darauf später in diesem Buch zurück).

Dennoch gibt es Ansatzpunkte zu der Frage, wie der Staat mehr Mittel für Investitionen freisetzen könnte.

Umbau des Sozialstaats

Ein naheliegender – wenn auch politisch unerwünschter – Gedanke ist, den Sozialstaat auf Effizienz zu trimmen. Ansatzpunkte dafür gibt es genügend, und diese haben zunächst nichts mit Leistungskürzungen zu tun.

So stiegen die Verwaltungsausgaben für den Sozialstaat seit 1970 um 40 Prozent schneller als das BIP.[9] Dies ist nicht nur mit einem größeren Sozialstaat zu erklären, sondern deutet darauf hin, dass die öffentliche Hand immer mehr Menschen beschäftigt, um die Umverteilung zu organisieren. Das dürfte nicht daran liegen, dass die Staatsbediensteten weniger arbeiten als früher. Grund ist stattdessen, dass die Gesetze immer komplizierter und umfangreicher geworden sind. Statt systemisch zu denken und Komplexität zu reduzieren, hat die Politik die Komplexität überproportional erhöht und damit aus der Sozialversicherung ein Arbeitsbeschaffungsprogramm gemacht. Doch genau das braucht Deutschland angesichts des demografischen Wandels nicht. Stattdessen muss der Akzent in diesem Bereich besonders stark auf Effizienz und Einsparung von Arbeitskräften gesetzt werden.

Aus diesem Grund muss die Sozialgesetzgebung von Grund auf neu gestaltet werden. Die Fortschreibung des Bestehenden führt angesichts der Neigung der Politik, jeden Einzelfall spezifisch zu regeln, und ihrem Wunsch, es verschiedenen Interessengruppen recht zu machen, zu ineffizienten und teuren Lösungen. Ziel sollte sein, alle Sozialleistungen zu bündeln und durch pauschale Geldzahlungen zu ersetzen.

Vor allem muss die heutige Praxis eingestellt werden, Abgaben von den Bürgerinnen und Bürgern zu erheben und dann in praktisch gleicher Höhe wieder an diese zurückzugeben. Die Mitte der Bevölkerung – Alleinstehende mit einem Einkommen von 33 480 Euro beziehungsweise Familien mit zwei Kindern und 70 000 Euro brutto im Jahr führen 14 995 Euro an den Staat ab (direkte, indirekte Steuern und Sozialabgaben) und erhalten auf verschiedenen Wegen 14 330 Euro zurück. Was bleibt, ist ein Minus, bedingt durch die Kosten dieser Umverteilung.[10] Besser wäre es, die Sozialleistungen auf das untere Drittel der Bevölkerung zu beschränken und durch das obere Drittel bezahlen zu lassen.

Was im Argen liegt, zeigen auch folgende Zahlen: Während die Gesamtausgaben der Bundesagentur für Arbeit seit 2002 bis zum

Beginn der Corona-Krise um mehr als 41 Prozent gesunken sind – der guten Konjunktur sei Dank –, sind die Verwaltungsausgaben um 81 Prozent gestiegen. Jedes privatwirtschaftliche Unternehmen wäre im Zuge einer solchen Entwicklung schon lange pleite! Insgesamt arbeiten rund 370 000 Menschen für eine Sozialversicherung, allein für die gesetzlichen Krankenversicherungen sind es 145 000.

Wie enorm die Einsparpotenziale sind, zeigen auch die folgenden Daten: Deutschland leistet sich (Stand 2017) elf allgemeine Ortskrankenkassen, 85 Betriebskrankenkassen und je sechs Ersatz- und Innungskassen. Ich selbst bin zwar ein großer Freund von Wettbewerb, denke aber, dass der Wettbewerb in einem freien Markt schon längst zu vier bis fünf starken und vor allem kosteneffizienten Anbietern geführt hätte.[11]

Dass sich ein solcher Wildwuchs beschneiden lässt, hat Österreich vorgemacht. Statt 21 Sozialversicherungsträgern hat man nunmehr fünf, neun regionale Krankenkassen wurden zu einer zusammengelegt. Verbunden damit war eine Verringerung der Zahl der Aufsichtsgremien. Letzteres ist in Teilen der Politik ein besonders unbeliebter Punkt, fallen doch Versorgungsposten weg. Eigentlich schon deshalb sollte es Deutschland seinem Nachbarn gleichtun.

Der Umbau des Sozialsystems ist ein umfangreiches Unterfangen, das sich nicht auf den paar Seiten eines Buches abhandeln lässt. Das ist auch nicht mein Ziel. Vielmehr möchte ich deutlich machen, dass Deutschland keine andere Wahl hat, als sein Sozialsystem so auf Effizienz zu trimmen, dass es zu einem höchstmöglichen Wohlstand für die Bevölkerung beiträgt. Dieser Umbau bedeutet gute Leistungen für diejenigen, die sie benötigen, und tragbare Lasten für diejenigen, die sie durch ihre Steuern und Beiträge finanzieren.

Umbau des Gesundheitssystems

Wie wichtig eine gute Gesundheitsversorgung ist, haben die Ereignisse des Jahres 2020 eindrücklich offenbart. Auch wenn es zu früh ist, ein abschließendes Fazit zu ziehen, soll hier festgehalten werden, dass der Vorsprung, den Deutschland gegenüber anderen Ländern bei der Bewältigung der Herausforderung hatte, nicht so groß ist, wie es der Blick auf die Kosten des deutschen Gesundheitssystems nahelegt. Immerhin leistet Deutschland sich schon seit Jahren eines der teuersten Gesundheitssysteme der Welt. Der Vorsprung hat also seinen Preis.

Land	Ausgaben pro Kopf in US-Dollar	Lebenserwartung in Jahren	Covid-19-Tote pro 100 000
USA	9 870	78,81	43
Schweiz	7 867	83,56	2
Norwegen	6 203	82,18	5
Deutschland	**5 463**	**81,10**	**11**
Schweden	5 387	82,57	56
Irland	5 300	82,05	36
Österreich	5 295	81,35	8
Niederlande	5 251	82,06	36
Dänemark	5 093	80,68	11
OECD-Länder	5 041	–	–
Frankreich	4 782	82,46	45
Kanada	4 718	82,22	10
Belgien	4 668	81,39	86

Land	Ausgaben pro Kopf in US-Dollar	Lebenserwartung in Jahren	Covid-19-Tote pro 100 000
Japan	4 592	84,43	8
Australien	4 530	83,20	1
Eurozone	4 273	–	–
Großbritannien	4 178	81,15	68
Finnland	4 112	81,64	6
EU	3 846	–	–
Neuseeland	3 665	82,06	0,4
Italien	3 427	83,28	58
Spanien	3 260	83,36	61
Portugal	2 778	81,75	17
Süd-Korea	2 712	82,77	0,6
Griechenland	2 261	81,98	2

Tabelle 14: **Gesundheitsausgaben und Lebenserwartung**
Quellen: The World Bank Data, »Current Health Care Expenditures per Capita (PPP)«, abrufbar unter https://data.worldbank.org/indicator/SH.XPD.CHEX.PP.CD?name_desc=false ; Statistic Times, »List of Countries by Life Expectancy«, abrufbar unter http://statisticstimes.com/demographics/countries-by-life-expectancy.php; Statista, »Coronavirus (COVID 19) deaths worldwide)«,abrufbar unter https://www.statista.com/statistics/1104709/coronavirus-deaths-worldwide-per-million-inhabitants/

Während Deutschland nach den USA, der Schweiz und Norwegen das teuerste Gesundheitssystem der Welt hat, liegt die Lebenserwartung der Bevölkerung in Deutschland unter jener in anderen Ländern, die deutlich weniger Mittel für die Gesundheitsversorgung aufwenden.

Nur die Lebenserwartung der Menschen in den USA ist noch geringer als die der Deutschen, obwohl die Gesundheitsversorgung dort mehr kostet. Eine Erklärung dieser gegensätzlichen Verhältnisse liefert die Opioid-Krise in den USA, die die Lebenserwartung der dort lebenden Menschen massiv drückt.

Was Deutschland angeht, so fallen Erklärungen schon schwerer. Ungeachtet dessen sollte man angesichts der Corona-Pandemie nicht den Schluss ziehen, es müsse einfach nur mehr Geld ins Gesundheitssystem fließen. Wie die anderen Länder zeigen, kann man mit einem deutlich geringeren finanziellen Einsatz bessere Ergebnisse erreichen. Dies ist deshalb relevant, weil Deutschland auch ohne die Ereignisse des Jahres 2020 aufgrund der demografischen Entwicklung mit strukturell steigenden Gesundheitskosten rechnen muss. Diesen Anstieg gilt es im Kontext der übrigen Aufgaben des Staates zu begrenzen. Ziel sollte es sein, die Gesundheitsausgaben auf dem heutigen Niveau von rund 11,5 Prozent des BIP zu stabilisieren.

Das bedeutet übersetzt, dass das Gesundheitswesen ein Effizienzsteigerungsprogramm braucht. Gerade in diesem Bereich war es schon immer leicht, mit Verweis auf den unstrittigen Wert der Gesundheit für höhere Ausgaben zu werben. Offensichtliche Ansatzpunkte für Maßnahmen zur Effizienzsteigerung wurden bereits genannt – Stichwort Krankenkassen. 145 000 Beschäftigte allein in diesem Sektor sind zu viele. Auch im Bereich der Apotheken gibt es sicherlich noch deutliches Einsparpotenzial. Zwar liegt Deutschland mit 23 Apotheken pro 100 000 Einwohnern entgegen dem subjektiven Eindruck, den man bei einem Sparziergang durch deutsche Städte gewinnen könnte, unter dem europäischen Durchschnitt von 31. Dies zeigt aber eher, dass dieser Bereich in ganz Europa höchst ineffizient organisiert ist. In Österreich beispielsweise genügen 16 Apotheken pro 100 000 Einwohner.[12]

Griechenland ist sicherlich nicht das Vorbild für die Gesundheitsversorgung hierzulande, und es ist gut möglich, dass aufgrund der deutlichen Kürzungen der Staatsausgaben im Zuge der Krise in den kommenden Jahren die Lebenserwartung in dem Land sinkt. Finnland scheint hingegen nicht nur bei der Bildung und bei der elektronischen Ausstattung der Behörden ein Vorbild zu sein, sondern auch im Gesundheitswesen.

Angesichts des politischen Drucks, das Gesundheitswesen vor dem Hintergrund der Corona-Krise eher auszuweiten und Einsparungen zum Tabubereich zu erklären, ist es besonders wichtig, hier einen neuen Ansatz zu wählen. Die Schweiz, eines der wenigen Länder in der Welt mit höheren Gesundheitsausgaben pro Kopf als Deutschland, hat im Jahr 2017 ein internationales Expertenteam beauftragt, Kostensenkungspotenziale zu identifizieren. Konsequent haben die Eidgenossen hierbei auch auf die Erfahrung anderer Länder – im konkreten Fall vor allem Deutschlands und der Niederlande – gesetzt, um Vorschläge zu entwickeln. Dabei stand das Ziel im Vordergrund, eine absolute Kostengrenze für das Gesundheitssystem einzuhalten. Explizit wird angestrebt, dass die Kosten im Gleichklang mit dem nominalen BIP wachsen. Mit einer Fülle an Einzelmaßnahmen wird versucht, dieses Ziel zu realisieren. Sie reichen von erhöhter Transparenz über die Vermeidung von Fehlanreizen – zum Beispiel den Anreiz, Patienten länger als nötig stationär zu behandeln, um die Auslastung des Krankenhauses zu verbessern – bis zur besseren Aufklärung der Patienten.[13]

Auch das deutsche Gesundheitswesen steht seit Jahren unter konstantem Kostendruck. Es wurde bereits eine Vielzahl von Maßnahmen ergriffen, um den Kostenanstieg zu begrenzen, durchaus mit Erfolg. Diese Politik muss fortgesetzt werden.

Umbau der Staatsverwaltung

Zunächst ist festzuhalten, dass der Staat in Deutschland nicht auffallend mehr für die Verwaltung ausgibt als in vergleichbaren anderen Ländern. Ersichtlich wird dies aus Tabelle 15, die die Ausgaben des Staates in Relation zum BIP wiedergibt.

Land	Verwaltungsausgaben in Prozent vom BIP	Verwaltungsausgaben in Prozent der Staatsausgaben
Norwegen	4,5	9
Japan	3,8	10
Niederlande	4,3	10
Frankreich	6,0	11
Australien	4,3	11
Großbritannien	4,7	11
Dänemark	6,2	12
Österreich	6,1	12
Deutschland	**5,6**	**13**
OECD	5,4	13
Spanien	5,6	14
Schweden	6,7	14
Schweiz	4,7	14
Belgien	7,2	14
Finnland	7,9	15
USA	5,6	15
Südkorea	5,2	16
Portugal	7,6	17
Italien	8,2	17
Griechenland	8,3	18

Tabelle 15: **Allgemeine Staatsausgaben 2017**
Quelle: OECD: Government at a Glance 2019, abrufbar unter https://www.oecd-ilibrary.
org/docserver/8ccf5c38-en.pdf?expires=1596472045&id=
id&accname=guest&checksum=72C096E5B391D47401541F910FAE305E

Blickt man hingegen auf den Anteil der Verwaltungsausgaben an den gesamten Staatsausgaben, die – wie gezeigt – hierzulande vor allem von den Ausgaben für Soziales dominiert werden, so erkennt man, dass Deutschland gemessen an dieser Größe im Mittelfeld liegt. Auch in diesem Bereich gilt es also, Einsparungen zu erzielen. Diese sind realisierbar, wenn Deutschland (endlich!) den bedauerlichen Rückstand bei der Digitalisierung der Verwaltung abbaut. Dabei dürfte es aber vor allem darum gehen, die Effektivität der öffentlichen Verwaltung zu heben. Nun ist mein Blick hier durch die Erfahrungen mit der Berliner Verwaltung nachhaltig geprägt, und mir ist bewusst, dass es in anderen Teilen Deutschlands durchaus sehr effiziente und effektive öffentliche Verwaltungen gibt. Dennoch: Insgesamt braucht Deutschland einen Modernisierungsschub, bei dem die Funktionsfähigkeit und die Interaktion mit den Bürgerinnen und Bürgern im Vordergrund steht und nicht so sehr das Ziel, zu sparen.

Dazu beitragen könnte auch eine Neuordnung der Arbeitsteilung zwischen den Kommunen, den Ländern und dem Bund. Dabei geht es vor allem um die Rückkehr zum Prinzip der Subsidiarität. Nicht selten werden Dinge auf der übergeordneten Ebene geregelt, was zu einer gewissen Bürgerferne führt und damit nicht unbedingt zu besseren Entscheidungen. Auch hier würde eine vertiefte Betrachtung den Rahmen des Buches sprengen.

Aufgaben für die nächste Bundesregierung

- Halbierung der Subventionen, weitere Reduktion durch verpflichtende zeitliche Beschränkung der Subventionen
- Straffung der Sozialversicherungen, Zusammenlegung von Krankenkassen, Verkleinerung/Bündelung der Selbstverwaltung
- Vereinfachung der Sozialgesetzgebung angesichts des bestehenden Wildwuchses mit dem Ziel eines von Grund auf neuen Sozialsystems

- Begrenzung der Gesundheitsausgaben auf einen bestimmten Zielwert, beispielsweise 12 Prozent des BIP
- Programm zur Effizienzsteigerung mit dem Ziel, im Bereich Administration und in Unterstützungsbereichen zu sparen und im Bereich Patientenbetreuung das Leistungsniveau zu halten beziehungsweise mit Blick auf die Lehren aus der Pandemie zu erhöhen
- Programm zur Steigerung der Effizienz der Staatsverwaltung, Neuordnung der Bundesländer, Verkleinerung des Bundestags

Es wird Zeit, dass wir ein reiches Land werden

Ich fasse die gesammelten Befunde nochmals zusammen:

- Deutschland steht nicht so gut da, wie es von der Politik und den Medien gerne dargestellt wird. Wir haben die zurückliegenden zehn guten Jahre nicht dazu genutzt, die Grundlagen für die Sicherung des künftigen Wohlstands unserer alternden Gesellschaft zu schaffen. Im Vordergrund stand staatlicherseits der Konsum, während die Unternehmen ihre Investitionen im Inland zurückfuhren. Der Aufschwung wurde von externen Faktoren getragen – niedrige Zinsen, schwacher Euro, Globalisierung. Diese Faktoren sind allesamt nicht nachhaltig. Nun steht Deutschland vor der Herausforderung einer strukturellen Anpassung seiner Schlüsselindustrien und den negativen Folgen einer zu starken Exportanhängigkeit. Im Verein mit einem erheblichen Investitionsstau und mangelnden Rücklagen für die Kosten einer alternden Gesellschaft deutet dies auf eine Zukunft heftiger Verteilungskämpfe und zunehmender politischer Spannungen hin.
- Um diese Herausforderungen meistern zu können, gilt es, den Wohlstand zu erhalten. Dies setzt voraus, dass wir Lösungen für

zwei grundlegende Probleme finden: den Rückgang der Erwerbsbevölkerung und die Stagnation der Produktivitätsfortschritte.

- Es gibt vielfältige Ansatzpunkte, um den Umfang der Erwerbsbevölkerung zu stabilisieren beziehungsweise dessen Rückgang zu verlangsamen. Sie reichen von einer höheren Erwerbsbeteiligung aller Bevölkerungsschichten über eine Erhöhung des Renteneintrittsalters bis zu einem Wachstum der Jahresarbeitszeit. Einwanderung kann dabei aufgrund der Schwierigkeit, qualifizierte Menschen aus anderen Ländern in ausreichender Zahl zu mobilisieren, nur einen geringen Beitrag leisten. Die Berechnungen zeigen, dass diese Maßnahmen zumindest für die Zeit bis 2030 ausreichen würden, um den Rückgang des Umfangs der Erwerbsbevölkerung zu verlangsamen.
- Die Steigerung der Produktivität ist der wohl zentrale Hebel für die kommenden Jahrzehnte. Die Maßnahmen reichen von mehr Investitionen von Staat und Privaten über eine Bildungs- und Innovationsoffensive bis zur Automatisierung und Digitalisierung. Gesamtwirtschaftlich gibt es erhebliche Effizienzreserven, die es zu mobilisieren gilt. Der Staatssektor muss dabei mit überdurchschnittlichen Fortschritten vorangehen und die Zahl seiner Beschäftigten sowohl absolut als auch im Verhältnis zu den anderen Sektoren der Wirtschaft verringern.
- Schließlich genügt es nicht, die laufenden Einkommen zu stabilisieren. Ebenso wichtig ist es, dass die Deutschen ihr vorhandenes Vermögen besser anlegen, um die erhebliche Diskrepanz zwischen Einkommenserzielung und Vermögen zu beseitigen (mehr dazu in Kapitel 13).

Alle hier diskutierten Maßnahmen sind machbar. Sie zu ergreifen ist eine Frage des politischen Willens. Angesichts der Herausforderungen, vor denen wir stehen, ist es unerlässlich, entschieden zu handeln, bevor man sich den Themen widmet, die heute den politischen Diskurs bestimmen: der Verteilung des Wohlstands im In- und Ausland. Doch auch das gehört zum Programm Deutschland 2040 und ist Gegenstand der nun folgenden Kapitel.

10. Neustart im Klimaschutz

»Klimaschutz ist keine Bedrohung, sondern eine große Chance. Wenn wir jetzt klug die politischen Weichen stellen, schlagen wir drei Krisen mit einer Klappe: die Wirtschaftskrise, die Energiekrise und die Klimakrise.«
Claudia Kemfert, Energieökonomin, DIW

»Die Klimakrise bekommen wir nur mit deutlich weniger Autos in den Griff. Darum brauchen wir keine neuen Autobahnen.«
Volker Quaschning, Professor für Regenerative Energiesysteme,
Hochschule für Technik und Wirtschaft Berlin

»Das Ergebnis der verstärkten Klimapolitik der EU ist gleichbedeutend mit einer Verschiebung der globalen Erwärmung um sechs Wochen im Jahr 2100. Die Temperatur, die die Welt am 1. Januar 2100 erreicht hätte, wird nun am 11. Februar erreicht.«
Bjørn Lomborg, Umweltökonom, Copenhagen Consensus Center

Die Politik hat den Klimawandel als zentrale Herausforderung der Menschheit erkannt und sich zum Ziel gesetzt, ihn zu verhindern oder zumindest zu verlangsamen. Im Zentrum der Bemühungen steht die Reduktion des CO_2-Gehalts der Atmosphäre, da dieser als ursächlich für die globale Erwärmung angesehen wird. Dabei wird ein Großteil des Anstiegs von CO_2 in der Atmosphäre mit dem zunehmenden Einsatz fossiler Energieträger – Kohle, Öl und Gas – in

Verbindung gebracht. Damit ist der Klimawandel eine direkte Folge menschlichen Handelns. Zwar gibt es immer wieder lautstarke Zweifel an dieser Argumentation. So seien die Klimamodelle zu ungenau, der Zusammenhang zwischen dem Anteil an CO_2 in der Atmosphäre und dem Klima nicht eindeutig und Klimaveränderung mehr von Faktoren wie der Sonneneinstrahlung abhängig. Ebenso gibt es namhafte Köpfe in der Wissenschaft, die darauf hinweisen, dass es günstiger wäre, mit den Folgen des Klimawandels umzugehen, zum Beispiel durch bessere Entwässerungssysteme und Schutz vor Fluten, statt mit Billionenaufwand etwas aufzuhalten zu versuchen, was ungewiss und vermutlich ohnehin nicht mehr aufzuhalten ist. Dies auch, weil die Menschheit noch weitere dringende Probleme habe, wie die Bekämpfung der Armut in den Entwicklungsländern.[1]

Diese Einwände mögen zutreffen, doch ist es aus meiner Sicht müßig, darüber zu philosophieren, da es einen globalen Konsens gibt, den Anstieg von CO_2 in der Atmosphäre zu begrenzen. In internationalen Verträgen wie dem Pariser Klimaschutzabkommen haben sich die Staaten der Welt verpflichtet, Maßnahmen zu ergreifen, um den CO_2-Ausstoß zu verringern in der Hoffnung, so den Klimawandel aufzuhalten oder zumindest zu begrenzen.

Diese Vereinbarung lässt sich letzten Endes nicht rechtlich durchsetzen. Es gibt keinerlei Sanktionsmechanismen, um Staaten zur Rechenschaft zu ziehen, die ihren eingegangenen Verpflichtungen nicht nachkommen. Gleichwohl besteht aus der Sicht der Politik eine zwingende Verantwortung, die in dem Abkommen festgeschriebenen Ziele zu verfolgen. Die EU und Deutschland sehen sich dabei in einer Vorreiterrolle. So sieht der Klimaschutzplan der Bundesregierung vor, dass Deutschland bis 2050 klimaneutral wird, also unterm Strich keine Treibhausgase mehr freisetzt. Bereits bis 2030 sollen die Treibhausgasemissionen Deutschlands um mindestens 55 Prozent gegenüber dem Niveau von 1990 sinken.[2]

Wie ich zeigen werde, ist dies ein sehr anspruchsvolles Ziel, das zu erreichen zudem mit erheblichen finanziellen Aufwendungen verbunden ist. Angesichts dessen, dass der Anteil Deutschlands an den globalen CO_2-Emissionen 2 Prozent beträgt (ungefähr der jährliche Zuwachs an weltweit ausgestoßenem CO_2), könnte man sich Folgendes fragen: Ist es wirklich sinnvoll, dass Deutschland seine Maßnahmen auf das eigene Territorium konzentriert? Oder ließe sich mehr für den globalen Klimaschutz tun, wenn es mit einem gegebenen Mitteleinsatz CO_2-Einsparungen an anderen Stellen der Welt fördern würde?

In einer perfekten Welt würde jede menschengemachte Entstehung von Treibhausgasen mit einem Preis versehen. Das würde bewirken, dass Emissionen zuerst dort vermieden würden, wo die größten Mengen entstehen und wo es am günstigsten ist, sie zu vermeiden: »Die niedrigsten Vermeidungskosten haben die Länder, die mit veralteter Technik und geringer Energieeffizienz produzieren – die Entwicklungsländer und die Schwellenländer. Die Forderung nach einem Grenzkostenausgleich läuft deshalb darauf hinaus, die Vermeidung von Treibhausgasen vor allem in diese Länder zu verlagern. Das bedeutet, dass eine kosteneffiziente Realisierung der globalen Klimapolitik nur mit einem Instrument möglich ist, das die Allokationsentscheidung (wo wird vermieden?) von der Distributionsentscheidung (wer bezahlt?) trennt. Geschieht dies nicht, hat das nicht nur zur Folge, dass die langfristigen CO_2-Preise, die notwendig wären, um das 2°C-Ziel zu erreichen, dramatisch ansteigen, sondern vermutlich, dass dieses Ziel deshalb verfehlt wird, weil den wichtigen Emissionsländern ganz einfach die ökonomische Kraft – und vermutlich auch der politische Wille – fehlt, um die notwendigen Anstrengungen schultern zu können.«[3] Emissionszertifikate – wie sie die EU vor Jahren für einige Sektoren eingeführt hat – wären das effektivste und effizienteste Instrument im Sinne des besagten Grenzkostenausgleichs und würden auch die internationale Finanzierung sichern.

So weit die Theorie. Die Politik hat demgegenüber beschlossen, nicht auf weltweiter Ebene zu optimieren, sondern auf regionaler oder nationaler (EU beziehungsweise Deutschland). Wie sollte

Deutschland mit der daraus resultierenden Herausforderung umgehen? Eines ist klar: Ein Weiter-so-wie-bisher wird uns nicht ans Ziel bringen und uns finanziell überfordern.

Energie ist eine Grundlage des Wohlstands

Zunächst ist festzuhalten, dass die industrielle Revolution und damit der steigende Wohlstand der vergangenen Jahrhunderte direkt mit einem erhöhten Energieverbrauch einhergegangen sind. Erst der massive Einsatz nicht erneuerbarer Energien hat diese Entwicklung möglich gemacht. Davor lebten die Menschen in einer Welt, in der es nur erneuerbare Energien gab: Wind, Sonne und Holz, also Biomasse. Letztlich sind auch die nicht erneuerbaren Energien aus Biomasse entstanden, allerdings in Prozessen, die sich über Millionen von Jahren erstreckt haben. Der große Vorteil der fossilen Brennstoffe ist ihre deutlich höhere Energiedichte, die den technischen Fortschritt erst ermöglicht hat. Die Aufgabe dieses Vorteils ist im Rahmen des Umstiegs auf erneuerbare Energien die größte Herausforderung.

Der Zusammenhang zwischen Wohlstand und der Nutzung von Energie ist allen Bemühungen zur Einsparung von Energie zum Trotz ungebrochen (siehe Abbildung 10), und da die Energieversorgung global zu rund 80 Prozent auf fossilen Energieträgern basiert, ist ein hohes Wohlfahrtsniveau – gemessen am BIP – tendenziell auch mit hohen CO_2-Emissionen pro Kopf verbunden.

Die folgenden Gesichtspunkte fallen auf:[4]

- Die energiebedingten CO_2-Emissionen pro Einheit BIP in den USA übertreffen das Niveau der europäischen OECD-Staaten um fast 60 Prozent, und dies trotz eines Rückgangs der CO_2-Emissionen um rund 28 Prozent seit dem Jahr 2000, was vor allem auf die Verdrängung von Kohle durch Erdgas (Fracking) zurückzuführen ist.

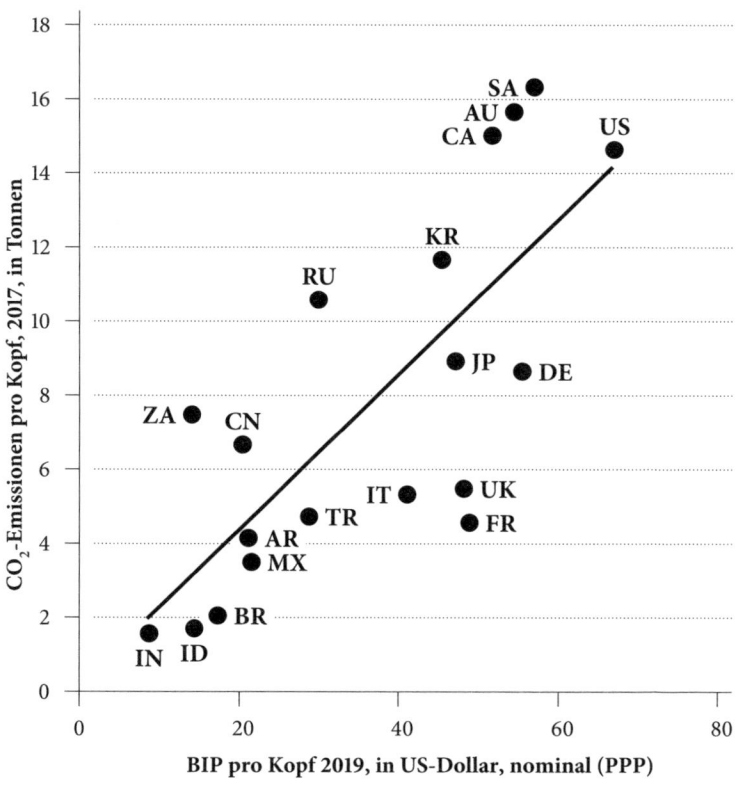

Abbildung 10: Wohlstandsniveau und Energieverbrauch hängen zusammen
Quelle: IWF, IEA, Deutsche Bank, »Reiches Land – hoher CO2-Ausstoß«, 24. Januar 2020, abrufbar unter https://www.dbresearch.de/PROD/RPS_DE-PROD/PROD0000000000504540/Reiches_Land_-_hoher_CO2-Ausstoß.PDF?undefined&realload=aN0wml15LTOP1Knklu8VN34Op~zCs1~2oC17Zo1Yw886xdQ28QtydFqwWD~1yuXz4Bi~r8kCWtQ=

- China ist der größte absolute CO_2-Emittent der Welt. Pro Einheit BIP stößt China fast 160 Prozent mehr CO_2 aus als die europäischen OECD-Staaten. Pro Kopf nahmen die CO_2-Emissionen in China von 2000 bis 2017 um 170 Prozent zu, allerdings expandierte das nominale BIP pro Kopf im gleichen Zeitraum sogar um 470 Prozent. In den zurückliegenden 20 Jahren sind dadurch Hunderte Millionen Chinesinnen und Chinesen der Armut entkommen.

- *Deutschland* verzeichnet im Vergleich mit anderen westeuropäischen Staaten relativ hohe CO_2-Emissionen pro Kopf der Bevölkerung, liegt aber deutlich unter der Regressionslinie, was auf eine relativ hohe Effizienz schließen lässt. Ein Grund für die höheren CO_2-Emissionen liegt darin, dass das Verarbeitende Gewerbe überdurchschnittlich stark zur Bruttowertschöpfung in Deutschland beiträgt (Anteil 2019: 21,6 Prozent; EU: rund 16 Prozent).

- In *Frankreich* macht das Verarbeitende Gewerbe weniger als 11 Prozent der gesamtwirtschaftlichen Bruttowertschöpfung aus; im Jahr 2000 waren es noch 16 Prozent. Das ist einer der Gründe dafür, dass die CO_2-Emissionen pro Kopf von 2000 bis 2017 um etwa 25 Prozent gesunken sind und dort nur rund 52 Prozent des deutschen Niveaus ausmachen. Besonders positiv für die französische CO_2-Bilanz ist der hohe Anteil der Kernenergie im Stromsektor.

Fazit der Deutschen Bank: »Unter dem Strich haben alle reichen Länder über der Trendlinie in der Grafik die größten Potenziale, ihren Energieverbrauch sowie ihre CO_2-Emissionen ohne (größere) materielle Wohlfahrtsverluste zu senken. Frankreich kommt von allen G20-Staaten dem Ziel am nächsten, relativ wohlhabend zu sein, aber zugleich möglichst wenige CO_2-Emissionen pro Kopf zu verursachen.«[5] Offensichtlich scheint Frankreich einen Weg zu beschreiten, der mit der Zeit erhebliche Vorteile verspricht: billige Energie, geringe CO_2-Emissionen und damit auch die Chance, in Zukunft als Standort zunehmend attraktiver zu werden.

Doch auch für Frankreich dürfte es eine erhebliche Herausforderung sein, bis zum Jahr 2050 das im Klimaabkommen von Paris verankerte Ziel von weltweit weniger als 2 Tonnen CO_2 pro Kopf zu erreichen. Will man die CO_2-Emissionen senken, so bedeutet dies nichts anderes, als den Energieverbrauch pro Kopf zu senken. Dies geht offensichtlich dadurch, dass man den Lebensstandard absenkt, also das BIP pro Kopf. Verfolgt man die Diskussion, so gibt es in der Klimaschutzbewegung nicht wenige, die genau in diese Richtung argumentieren. Wenn Flugreisen oder die Nutzung des Autos rationiert werden sollen, dann bedeutet das: Klimarettung durch Verzicht. Die Umweltbewegung Extinction Rebellion ist das prominenteste Beispiel für diese Haltung.

Jedoch steigert zunehmender Wohlstand, wie in Kapitel 1 gezeigt, zwar nicht zwangsläufig das Glück der Bevölkerung, doch demgegenüber führt ein Rückgang des Wohlstands unweigerlich zu einem Verlust an Zufriedenheit. Hierin liegt die Gefahr für die Bemühungen des Klimaschutzes. Die Bevölkerungen werden nur bis zu einem bestimmten Punkt bereit sein, die zusätzlichen Lasten zu tragen. Diese Bereitschaft wird je nach Land unterschiedlich sein, aber sie ist nicht unendlich. Hinzu kommt, dass Länder, die sich offen oder verdeckt von den anspruchsvollen Zielen des Klimaabkommens lösen, nicht nur die eigene Bevölkerung weniger belasten, sondern zugleich relativ zu den anderen Nationen als Standort attraktiver werden. Schon heute gibt es Staaten, die sich diese anspruchsvollen Ziele nicht zu eigen machen, beispielsweise Japan. Dort werden bis 2025 22 neue Kohlekraftwerke ans Netz gehen.[6]

Deshalb wage ich schon heute die Prognose, dass nur wenige Staaten ihre Versprechen einlösen werden. Und die, die es versuchen, laufen Gefahr, erheblich an Wohlstand einzubüßen.

Die Bekämpfung des Klimawandels ist teuer

Wie bereits festgehalten, wäre es am besten gewesen, die Welt hätte einen globalen Ansatz gewählt, der über einen effizienten Einsatz der Mittel dafür sorgen würde, dass pro eingesetzten Euro oder Dollar die höchstmögliche Einsparung an CO_2 realisiert wird.

Schon so wäre es ein sehr teures Unterfangen gewesen, wir hätten aber vorhandene Technologien nutzen können. So stoßen moderne Kohlekraftwerke immer noch viel CO_2 aus, aber deutlich weniger als die älteren. Wenn man ein veraltetes Kohlekraftwerk durch ein hochmodernes ersetzt, dann sinken die Emissionen um mehr als 25 Prozent. Hinzu kommen technische Möglichkeiten, entstehendes CO_2 einzufangen und in anderen Prozessen zu verwenden oder zu lagern.

Optimisten verweisen in diesem Zusammenhang gerne auf den deutlichen Rückgang der Kosten der Nutzung erneuerbarer Energien. Da wäre es doch vernünftiger, wenn man gleich auf neue Technologien setzen würde. Dieses Argument leuchtet intuitiv ein, vor allem, wenn zusätzlich gesagt wird, dass erneuerbare Energien nicht nur besser für die Umwelt seien, sondern sogar noch billiger. Nach diesen Berechnungen ist es günstiger, Strom mit Wind und Fotovoltaik herzustellen als in fossilen Kraftwerken oder Atomkraftkraftwerken.

Dahinter stehen ein beeindruckender Rückgang der Herstellungskosten für die Anlagen und zugleich eine steigende Effektivität. So hat sich Strom aus Solar-Großanlagen seit 2010 um über 80 Prozent und aus Windkraft um 29 Prozent (Offshore) bis 39 Prozent (Onshore) verbilligt.[7] »Zurück in die Vergangenheit!« – so mag man angesichts der Rückkehr zu den Energieträgern vergangener Jahrhunderte denken.

Diese Rechnungen täuschen allerdings. Es sind nur Grenzkostenbetrachtungen, die die Wechselwirkungen im System und die ungelösten Speichermöglichkeiten für Strom ausblenden. Die Erneuerbaren stehen nicht immer im benötigten Umfang zur Verfügung: An sonnigen und windreichen Tagen herrscht Überproduktion, an dunklen und windstillen wird kein Strom erzeugt. Das deutsche Wort der »Dunkelflaute« ist auf dem besten Weg, Eingang in den internationalen Sprachgebrauch zu finden.[8]

So stand Belgien im Januar 2017 kurz vor dem Blackout, weil es neun Tage lang keinen Wind und nur unzureichend Sonne gab, und dies obwohl damals nur 9 Prozent der belgischen Energieversorgung auf erneuerbaren Energien beruhten. Kalifornien musste im Sommer 2020 zeitweilige Stromsperren vornehmen, als eine Hitzewelle zu Engpässen führte. Umgekehrt gibt es Tage, an denen so viel erneuerbarer Strom zur Verfügung steht, dass man nicht weiß, was man damit machen soll. Dann werden die Anlagen vom Netz genommen, die Produzenten aber dennoch vergütet – »Geisterstrom«, das Pendant zur Dunkelflaute.

Beide Effekte tragen zu erheblichen weiteren Kosten bei. Zum einen muss für die Tage mit zu wenig Wind und zu wenig Sonne vorgesorgt werden, zum anderen muss das Netz so umgebaut werden, dass es mit den starken Schwankungen in der Stromerzeugung durch die erneuerbaren umgehen kann. Beides kostet Geld und müsste bei einem ehrlichen Kostenvergleich den Grenzkosten der erneuerbaren Energien zugerechnet werden.

Wir reden nicht von kleinen Beträgen. So rechnet beispielsweise das britische Industrieministerium vor, dass bei einer Vollkostenbetrachtung selbst im Jahr 2035 erneuerbare Energien um 43 bis 92 Prozent teurer sind als bei einer reinen Grenzkostenbetrachtung, wie sie in den Medien zitiert wird. Dabei gilt: Je größer der Anteil der erneuerbaren Energien an der Stromerzeugung, desto höher die Kosten.[9]

Dies zeigen auch andere Studien (siehe Abbildung 11): Während die direkten Kosten der Energieerzeugung auf der Basis erneuerbarer Energien (C_{VRE}) durch Skaleneffekte sinken und die Kosten der Energieerzeugung auf der Basis konventioneller Energieträger (C_{conv}) durch Verdrängung zurückgehen, steigen die Kosten für die Systemintegration und die Back-ups (C_{INT}) mit steigendem Anteil erneuerbarer Energieträger überproportional an – eine Einschätzung, die auch die Internationale Energie Agentur (IEA) teilt.[10]

Eine solche Entwicklung ist übrigens in Europa bereits zu beobachten. Je höher der Anteil der erneuerbaren Energien an der Stromerzeugung, desto höher die Strompreise. Deutschland sticht dabei durch besondere Ineffizienz heraus (siehe Abbildung 12).

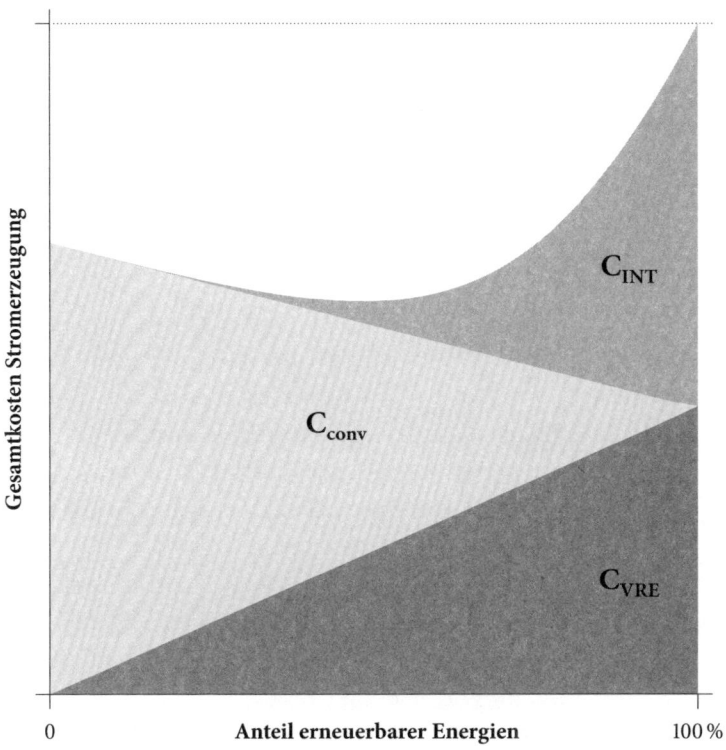

Abbildung 11: **Schematischer Kostenverlauf nach Anteil erneuerbarer Energien**
Quelle: IEEJ Outlook 2020, S. 108, abrufbar unter: https://eneken.ieej.or.jp/data/8650.pdf

Es muss also alles darangesetzt werden, diese Kosten zu senken. Die Technologien selbst nähern sich ihrem physikalisch maximal erreichbaren Wirkungsgrad, sodass nur noch geringe Kosteneinsparungen zu erwarten sind. Deshalb muss es darum gehen, die Systemkosten über eine bessere europaweite Vernetzung – zum Ausgleich von Angebot und Nachfrage – und die Nutzung der Batterien elektrischer Automobile zur dezentralen Speicherung zu senken. Dies mag technisch möglich sein, setzt aber einen Umbau der Infrastruktur und eine deutlich größere Zahl von Elektroautos voraus.

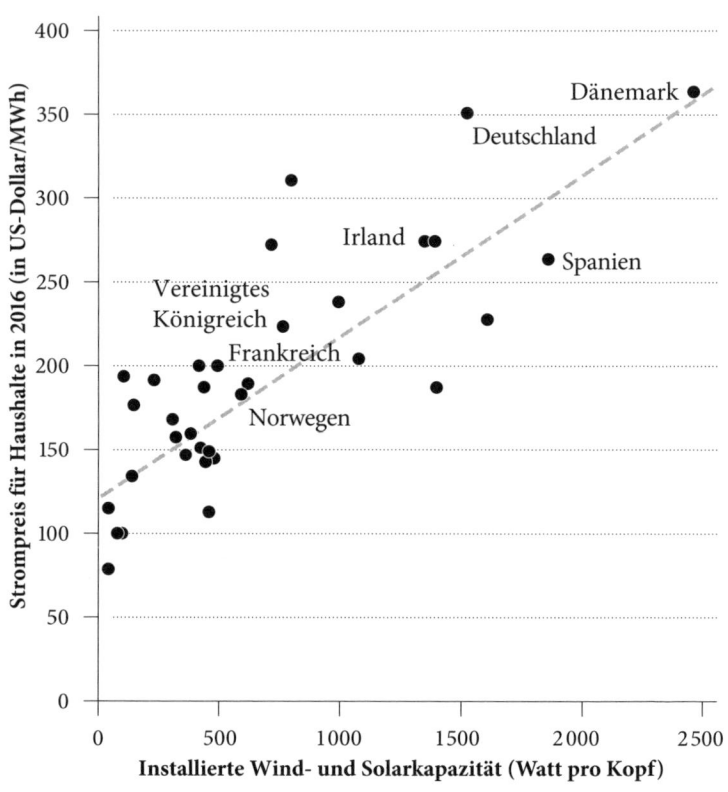

Abbildung 12: **Energiepreise und Anteil erneuerbarer Energien**
Quelle: Eurostat, »Electricity Prices for Household Consumers—Bi-Annual Data (from 2007 Onwards)«, Manhattan Institute, »The New Energy Economy. An exercise in magical thinking«, März 2019, abrufbar unter https://media4.manhattan-institute.org/sites/default/files/R-0319-MM.pdf

Bleibt noch die Frage des jahreszeitlichen Ausgleichs. Gerade im Winter führen ein erhöhter Strombedarf und eine tendenziell geringere Erzeugung auf der Basis der erneuerbaren Energien zu einer Lücke, die sich nach dem gegenwärtigen Stand der Technik nicht durch Speicher schließen lässt. Für die Schweiz wurde beispielsweise berechnet, dass in den Monaten Oktober bis Februar nur 20 Prozent der Jahresstromproduktion von Fotovoltaik anfallen. Die restlichen

80 Prozent konzentrieren sich auf die übrigen sieben Monate. Wollte man die gute Stromausbeute in den helleren Monaten für den Winter nutzbar machen, so wären Investitionen in der Größenordnung von 600 Milliarden Euro (Pumpspeicherkraftwerke) und mehreren 1000 Milliarden Euro (Batterietechnik) erforderlich. Neben diesen enormen Kosten – man kann für Deutschland ungefähr mit dem Zehnfachen der schweizerischen Zahlen rechnen – gibt es erhebliche ungelöste technische Probleme bei der Umsetzung.[11]

Große Hoffnung setzt man in diesem Zusammenhang auf den sogenannten grünen Wasserstoff. Die Idee ist simpel: Statt an den sonnen- und windreichen Tagen die Erneuerbaren vom Netz zu nehmen, nutzt man den Strom, um im Verfahren der Elektrolyse Wasserstoff zu erzeugen. Dieser Wasserstoff kann dann verwendet werden, um im Winter für energieintensive Prozesse in der Industrie oder im Verkehr mehr Strom zu erzeugen. Der Weg dorthin ist allerdings lang und ungewiss. So sind die Kosten heute zu hoch und die Möglichkeiten zur kontinuierlichen Produktion nicht gegeben. Der »abgeregelte Überschussstrom«, der also theoretisch für die Speicherung (in welcher Form auch immer) zur Verfügung stünde, betrug in Deutschland 2017 rund 5300 Gigawattstunden. Diese Energiemenge entspricht 0,8 Prozent des täglichen Leistungsbedarfs oder drei Tagen Volllast im nationalen Verbrauch.[12] Übrigens: Den Betreibern der Anlagen haben die deutschen Stromverbraucher 2017 über 600 Millionen Euro für nicht gelieferten Strom bezahlt.

Ein wichtiges Problem liegt auch in der öffentlichen Diskussion. So wird aus den gigantischen Mengen erzeugter Energie oftmals geschlossen, dass die Energiewende eine leicht machbare Aufgabe sei. Vergessen werden dabei oft die physikalischen Gesetze. Dabei gibt es einen erheblichen Unterschied zwischen der »installierten Leistung« und der tatsächlich verfügbaren Leistung einer Fotovoltaik- oder Windenergieanlage. Ebenso geht es nicht um die absolute Menge Strom, sondern um die innerhalb einer bestimmten Zeit abrufbare Menge (KW vs. KWh).[13]

Offensichtlich ist der Umstieg auf erneuerbare Energien teuer. Blendet man beim weiteren Ausbau die Systemkosten weiterhin aus, besteht die Gefahr, dass es teurer wird als nötig, Klimaneutralität zu erreichen. Macht man die Kosten transparent, so wird deutlich, dass es nur mit einem Mix an Maßnahmen möglich sein wird, dem Ziel näherzukommen.

Neben den erneuerbaren Energien spielen auch Technologien zur Bindung und Verwendung von CO_2 eine wichtige Rolle. Man denke an die Landwirtschaft, wo die Züchtung von Pflanzen mit größeren Wurzeln und neue Anbauverfahren, die ohne das Pflügen des Bodens auskommen, große Mengen an CO_2 binden könnten.[14] Ebenso kommt der Atomkraft eine wichtige Rolle zu. Laut dem United Nations Intergovernmental Panel on Climate Change (IPCC) wird sich die Menge des aus Atomkraft gewonnenen Stroms bis 2050 vervielfachen.[15] Neue Kraftwerkskonzepte mit kleineren Kapazitäten und deutlich verringerten Abfallproblemen sind in Entwicklung.[16]

Schon heute tragen die rund 440 weltweit im Einsatz befindlichen Atomkraftwerke zum Klimaschutz bei und sparen rund 1,2 Milliarden Tonnen CO_2 pro Jahr.[17] Nicht nur das: Auch die Luftverschmutzung wird deutlich gemindert, was erklärt, dass die Kernenergie die Energieform ist, die pro erzeugte Mengeneinheit Strom die wenigsten Todesfälle verursacht. Die meisten Todesfälle im Zusammenhang mit verschiedenen Energiequellen sind Folge der Stromerzeugung aus Kohle, was an der Feinstaubbelastung liegt.[18]

Auch zur Lösung des Problems der Integration der erneuerbaren Energien ins Netz kann die Atomkraft einen Beitrag leisten. Obwohl die Atomkraftwerke naturgemäß am effizientesten sind, wenn sie rund um die Uhr laufen, kann man sie auch flexibel einsetzen, um die Schwankungen von Wind- und Sonnenenergie auszugleichen. In Frankreich findet dies bereits statt. Dort laufen einzelne Atomkraftwerke je nach Bedarf zwischen 25 Prozent und Volllast; überdies wird der Auslastungsgrad mehrmals täglich angepasst.[19]

So oder so steht fest, dass die Aufgabe, den CO_2-Ausstoß zu senken, erhebliche Anstrengungen bedeutet. Ob und wie sie sich erfüllen lässt, ist in vielerlei Hinsicht noch offen, sind doch entscheidende technische Probleme noch nicht gelöst. Jedenfalls wird es nur dann gelingen, wenn man technologieoffen vorgeht und eine Vielzahl verschiedener Maßnahmen ergreift.

Aus rein ökonomischer Sicht ist festzuhalten, dass die Ausgaben für die Reduktion des CO_2-Ausstoßes gleichzusetzen sind mit Konsumausgaben. Durch die Internalisierung der Kosten von CO_2 durch eine Steuer oder Zertifikate werden sie zwar zu »Investitionen« – man spart Kosten von CO_2, wenn man andere Technologien einsetzt. Dennoch entstehen Kosten, die ohne diese Anstrengungen nicht entstünden. Der Wohlstand wächst nicht dadurch, dass eine funktionierende Technologie, die wir noch Jahre oder Jahrzehnte nutzen könnten, abgeschrieben und durch eine andere ersetzt wird. Im Gegenteil: Vorhandenes Vermögen wird entwertet.

Natürlich wird diesen Kosten – die nichts anderes als ein Wohlstandsverlust sind – der Nutzen verhinderter Folgen des Klimawandels entgegengestellt. Es gibt eine wahre Flut an Studien, die vor den Folgen des anhaltenden Klimawandels warnen, um genau diesen Blickwinkel zu unterstützen. So beziffert das DIW den durch die Energiewende verhinderten Klimaschaden auf über 400 Milliarden Euro und rechtfertigt so die erheblichen Kosten.[20] Abgesehen davon, dass die verhinderten Klimaschäden naturgemäß auf Schätzungen basieren[21], wird nicht erwähnt, dass der Nutzen überwiegend in anderen Teilen der Welt anfällt, sodass er aus deutscher Sicht eine Umverteilung von Wohlstand bedeutet. Damit soll nicht gesagt sein, dass es falsch ist, so zu handeln. Klar sollte jedoch sein, dass die geschätzten Erträge der Klimaschutzmaßnahmen global anfallen.

Es gibt namhafte Stimmen wie die des anerkannten Umweltaktivisten Michael Shellenberger, denen zufolge die Aussagen, die in den vergangenen Jahren über den Klimawandel getroffen wurden, massiv übertrieben sind. Weder käme es zu mehr Toten – dies steht auch nicht in den Prognosen des IPCC – noch zu Hungersnöten. Im Gegenteil: Die einseitige Konzentration auf die Bekämpfung des Klimawandels würde besonders den Menschen in den ärmeren Ländern schaden.[22] Vorerst dürfte sich dieser Blickwinkel – zumindest an offiziellen Stellen – nicht durchsetzen, weshalb die Bemühungen zur Eindämmung des CO_2-Ausstoßes nicht nur weitergehen, sondern intensiviert werden. Hintergrund dürfte neben dem Ziel des Klimaschutzes auch das Interesse der Politik sein, die Wirtschaft anzukurbeln – über massive Investitionsprogramme und die Förderung der privaten Nachfrage durch Entwertung langlebiger Gebrauchsgüter wie Autos mit Verbrennungsmotor oder Ölheizungen. Schon vor dem Corona-Schock litten die westlichen Industrieländer, allen voran die Eurozone, unter zu geringem Wachstum. Der Kampf gegen den Klimawandel liefert hier eine willkommene Begründung für außergewöhnliche staatliche Maßnahmen.

Zu diesen Maßnahmen gehört, wie bereits angesprochen, auch die umfassende Finanzierung der staatlichen Ausgabenprogramme durch die Notenbanken. Doch auch dann stehen Mittel nicht unbegrenzt zur Verfügung, können die Notenbanken doch nur in begrenztem Rahmen die Geldmengen ausweiten, wollen sie einen Verlust des Vertrauens in den Wert des Geldes und damit deutlich höhere Inflationsraten vermeiden.

Da die finanziellen Mittel beschränkt sind, geht die Energiewende als politisch gewollter Zwangskonsum zulasten von Ausgaben an anderer Stelle: Privater Konsum, öffentliche und private Investitionen und andere Leistungen des Staates müssen entsprechend zurückstecken. Es gibt auch bei diesem Thema eine Grenze für die finanzielle Belastbarkeit der Gesellschaft. Dies wird gerade in Deutschland gerne ausgeblendet. Man tut so, als gäbe es für die Bekämpfung des Klimawandels »unbegrenzte« Ressourcen. Dem ist aber nicht so, gibt es doch auch hier eine Budgetrestriktion.

Der spezielle deutsche Weg

Noch ist in Deutschland die Bereitschaft gegeben, über die Kosten hinwegzusehen. Sobald das Wohlstandsniveau sinkt, dürfte dieser Konsens allerdings brüchig werden. Dies ist vor allem deshalb zu befürchten, weil Deutschland sich für einen besonders teuren und unsicheren Weg entschieden hat.

Nach dem Unglück im japanischen Fukushima kam es zu einer überstürzten Wende in der deutschen Energiepolitik. Die zuvor getroffene Entscheidung zur Verlängerung der Laufzeiten von Atomkraftwerken wurde aufgehoben, der Atomausstieg beschlossen. Bis 2022 werden die letzten Atommeiler vom Netz gehen. Die Folgen: Nicht nur ist der Strom hierzulande gut 1,7-mal so teuer wie in Frankreich, er ist auch rund zehnmal so kohlenstoffintensiv.

Die erneuerbaren Energien wurden vor allem dazu genutzt, um die ebenfalls CO_2-neutralen Atomkraftwerke zu ersetzen. Gegenüber 2007 stieg der Anteil der erneuerbaren Energien von 7,9 auf 13,7 Prozent (2018), während der Anteil der Atomkraft von 10,8 auf 6,3 Prozent gesunken ist.[23] Die Stromrechnung ist um rund 50 Prozent gestiegen, und Schätzungen gehen dahin, dass bis 2025 über 500 Milliarden Euro ausgegeben werden, um die Energiewende voranzutreiben. Das wären immerhin rund 6000 Euro pro Kopf der Bevölkerung.

Hätten wir 2012 entschieden, die Kohleverstromung zu beenden und die Atomkraftwerke, die vorhanden und im Betrieb waren, weiterzubetreiben, wäre der CO_2-Ausstoß hierzulande deutlich gesunken. Um das zu sehen, muss man kein Freund der Atomenergie sein. Man muss nur nüchtern anerkennen, dass der größte Volumenanteil an radioaktiven Abfällen erst beim Rückbau stillgelegter Atomanlagen und -meiler anfällt.[24] Aus ökonomischer und Klima-Sicht und auch hinsichtlich des Umgangs mit den radioaktiven Abfällen sprach also alles dafür, die Atomreaktoren länger zu nutzen. Längere Nutzung bedeutet, dass die Kosten für den Rückbau und die damit verbundenen Abfälle später anfallen, und zudem ist es möglich, bessere Technologien für diesen Rückbau zu entwickeln. Je später der Rückbau begonnen wird, desto günstiger und effizienter wird er.[25] Hätten wir die rund 500 Milliarden Euro, die Deutschland bis 2025 für erneuerbare Energien und ihre Infrastruktur ausgeben haben dürfte, in neue Kernkraftwerke gesteckt, so ließen sich die fossilen Brennstoffe im Strom-Mix vollständig ersetzen, und für das gesamte Transportwesen könnte emissionsfreier Strom erzeugt werden.[26] Diese sicherlich nicht mehrheitsfähigen Überlegungen zeigen auf, in welchen Dimensionen wir uns bei diesem Thema bewegen. Hoffnung auf eine Umkehr der Politik in Bezug auf die Atomenergie gibt es nicht. Dazu hängt zu viel politisches Kapital an dem Thema, obwohl selbst in den Reihen der Grünen hinter vorgehaltener Hand eingeräumt wird, man habe »das falsche Schwein geschlachtet«[27].

Nun kommt es zur beschleunigten Fortsetzung der »World's Dumbest Energy Policy«[28] – der dümmsten Energiepolitik der Welt. So zumindest das *Wall Street Journal,* das mit dieser Einschätzung nicht allein ist. Deutschland ist das erste Land, das zeitgleich aus der Atomkraft und der Kohleverstromung aussteigt. Welch gewaltiges Unterfangen das ist, sieht man daran, dass im Jahr 2018 noch 60 Prozent der deutschen Stromerzeugung aus diesen beiden Quellen stammten.[29] Nun soll die Energieerzeugung in einem Kraftakt auf erneuerbare Energien umgestellt werden, so die Vorstellung der Regierungskommission Wachstum, Strukturwandel, Beschäftigung (»Kohlekommission«).[30]

Nicht zu vergessen: Bisher war die Rede nur vom Strom. Dieser hat einen Anteil von lediglich 20,6 Prozent am Endenergieverbrauch. Mineralöle (37,4 Prozent) und Gase (24,4 Prozent) stehen für den größten Teil der verbrauchten Energien von Industrie, Verkehr und privaten Haushalten.[31] Wie groß die Aufgabe also ist, die Energieversorgung auf erneuerbare Energien umzustellen, zeigt eindrücklich Abbildung 13.

Die Energiewende wird sichtbar am Rückgang der Atomkraft und am steigenden Anteil von Wind- und Solarenergie. Man sieht

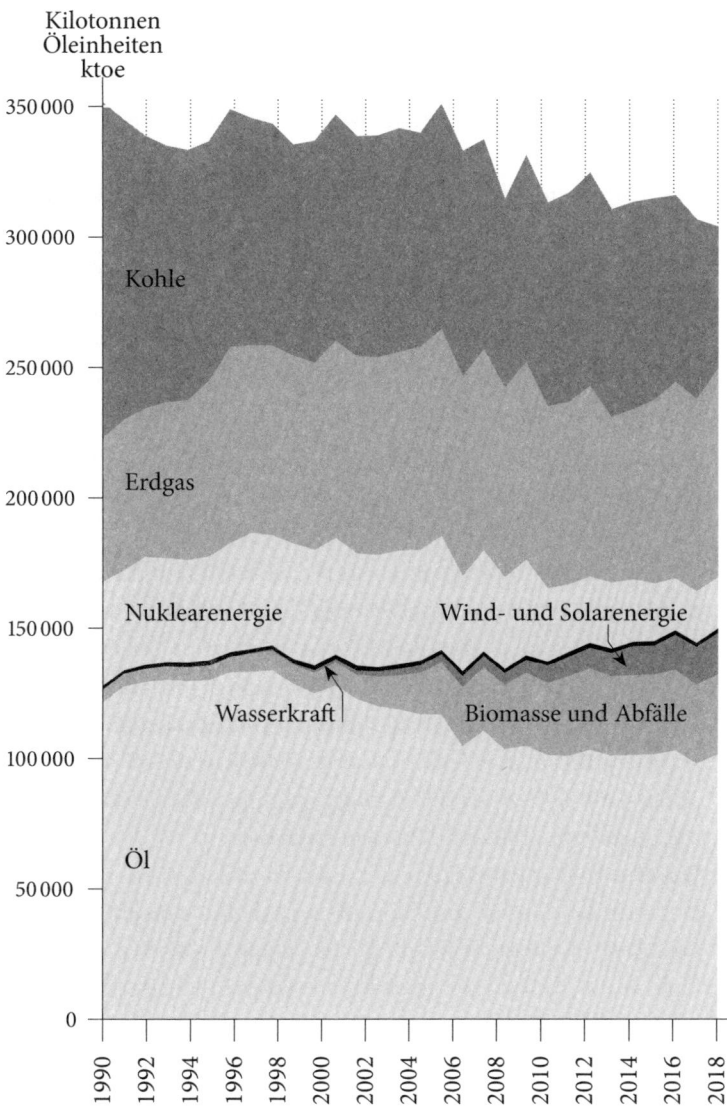

Abbildung 13: **Energiequellen in Deutschland 1990 bis 2019 (in Kilotonnen Öleinheiten, ktoe)**
Quelle: IEA, abrufbar unter: https://www.iea.org/countries/germany

aber zugleich überdeutlich, wie gigantisch die Herausforderung ist, den gesamten Energiebedarf durch erneuerbare Energien abzudecken.

Das Fraunhofer-Institut definiert die erheblichen Anstrengungen, die Voraussetzung für die Zielerreichung sind, folgendermaßen:[32]

- Die installierte Kapazität für Windenergieanlagen und Fotovoltaik wächst bis 2050 auf das Fünf- bis Siebenfache des heutigen Wertes. Anlagen auf der Basis dieser beiden Technologien decken im Jahr 2050 zwischen 50 und 60 Prozent des Primärenergieaufkommens. (Im Jahr 2018 lag der Wert bei 13,7 Prozent.)[33]
- Der Energiebedarf muss deutlich gesenkt werden. So soll der Bedarf an Primärenergie für den Energiebereich von heute 3 400 Terawattstunden auf 1 750 bis 2 500 Terawattstunden sinken. Dahinter steht die Erwartung, durch eine Verdrängung von verbrennungsbasierten Techniken (Heizkessel, thermische Kraftwerke, Verbrennungsmotoren) durch strombasierte Techniken und eine damit einhergehende Verbesserung der Wandlungseffizienz den Bedarf zu senken. Durch die Reduktion der Nutzung fossiler Energieträger in den Anwendungsbereichen Wärme (Gebäude, Prozesse) und Verkehr in Verbindung mit einer stärkeren Nutzung von Strom sowie eine beschleunigte Reduktion der spezifischen Emissionen bei der Stromerzeugung lassen sich demnach die angestrebten Reduktionsziele erreichen.
- Da erneuerbare Energien nicht stabil zur Verfügung stehen, soll sich der Bedarf in Zukunft am Angebot orientieren, die Forscher sprechen von »möglichst flexibler Nutzung«. Hinzu kommt der Ausbau der Speicherkapazität mit Batterien, für die im Jahr 2050 eine installierte Kapazität zwischen 50 Gigawatt (GW_{el}) und 400 Gigawatt (GW_{el}) erforderlich ist. Es müssen also 500 bis 4 000 Anlagen des zum Zeitpunkt des Schreibens dieses Buches weltgrößten Batterie-Speicherkraftwerks im australischen Hornsdale errichtet werden – bei einem Stückpreis von rund 50 Millionen Euro ein Investitionsbedarf in Höhe von bis

zu 200 Milliarden Euro bei einer Lebensdauer von rund 20 Jahren. Außerdem erforderlich sind demnach »hochflexible« Gasturbinen, deren installierte Leistung zwischen 100 und 150 Gigawatt (GW_{el}) liegt.

- Wasserstoff kommt in diesem Szenario eine wichtige Bedeutung zu. Über Elektrolyseure sollen strombasierte Energieträger wie Wasserstoff, Methan oder flüssige Kraftstoffe hergestellt werden. Immerhin eine installierte Kapazität zwischen rund 50 und 120 Gigawatt (Gw_{el}) wird hier für das Jahr 2050 veranschlagt. Anzumerken ist, dass die Technik, dies im gewünschten Umfang kostengünstig herzustellen, heute noch nicht abzusehen ist.
- Eine entscheidende Bedeutung kommt den »deutlichen Verhaltensänderungen in weiten Teilen der Gesellschaft« zu, die eine merkliche Minderung des Energieverbrauchs mit sich bringen. Ein Wertewandel, angetrieben durch ein zunehmendes Bewusstsein für die Gefahren des Klimawandels, könnte solche Verhaltensänderungen bewirken, so die Forscher.

Der wesentliche Hebel ist also ein Rückgang des Verbrauchs. Das kann man so interpretieren, dass wir deutlich effizienter werden. Man kann es aber auch als eine Einschränkung des Wohlstands interpretieren, also einen Rückfall hinter die positiven Entwicklungen der vergangenen Jahrzehnte. Das ist nicht glücksfördernd und dürfte die Akzeptanz schwächen. Völlig ausgeblendet wird auch, dass die Industrie in Deutschland (noch!) einen erheblichen Anteil der Wirtschaft ausmacht und ebenfalls hinter dem Wohlstand des Landes steht. Steigende Stromkosten, eine unsichere Versorgungslage und Vorgaben zur Anpassung des Bedarfs an die volatile Erzeugung dürften dazu beitragen, dass sich weitere Teile der Industrie nach attraktiveren Standorten umsehen. Staaten, die auf Atomkraft setzen, könnten schon bald einen enormen Wettbewerbsvorteil haben.

Hinzu kommt, dass in allen Szenarien davon ausgegangen wird, dass etwaige Lücken in der Bedarfsdeckung durch Importe geschlossen werden. Dies ist skeptisch zu sehen, weil auch in den anderen

Ländern Europas der Anteil der erneuerbaren Energien wächst und deshalb im Falle einer Dunkelflaute davon auszugehen ist, dass jeder Staat zunächst an die eigenen Bürgerinnen und Bürger denkt. Zur Versorgungssicherheit gehört deshalb auch ein gewisses Maß an Autonomie. Das hat zuletzt die Corona-Krise gezeigt, als Lieferungen bestimmter Güter plötzlich ausblieben. Bekannt ist auch, dass Deutschlands Nachbarn Vorsorge treffen, um für den Fall von Energieknappheit in Europa die Exporte einzuschränken.

Es lohnt sich deshalb, daran zu erinnern, dass es neben dem Klimaschutz weitere Ziele der Energiepolitik gibt. Sie muss

- ein Mindestmaß an inländischer Autonomie der Versorgung haben, um nicht allein vom Ausland abhängig zu werden;
- eine verlässliche Versorgung wahren, weil dies existenziell für die Sicherung von Arbeitsplätzen und die Versorgung der Infrastruktur (Krankenhäuser) ist;
- eine ausreichende Versorgung wahren, also allen Verbrauchern in gewünschtem und erforderlichem Umfang zur Verfügung stehen;
- eine Versorgung zu tragbaren Kosten gewährleisten, wobei die Frage natürlich von der Gesellschaft zu beantworten ist, was noch tragbar ist. Die Kosten müssen zudem in der Gesellschaft fair verteilt werden.

Wie diese Ziele mit dem jetzt eingeschlagenen Weg der Energiewende zu vereinbaren sind, ist unklar. So betont das Fraunhofer Kompetenzzentrum Integrierte Energiesysteme nicht zu Unrecht: »Forschung und Entwicklung sind das Rückgrat der Energiewende.«[34]

Viele der technischen Voraussetzungen existieren nur in der Theorie. So warnen namhafte Persönlichkeiten in der Wissenschaft, dass es einen deutlichen Unterschied zwischen dem theoretischen und dem praktisch realisierbaren Potenzial gibt.[35] Wir brauchen ein technologisches Wunder, wie es Bill Gates auf den Punkt bringt.[36]

Gerade in Deutschland herrscht ein beeindruckender Glaube, dass es schon gelingen wird, diese technologischen Probleme zu lösen.

Der wirtschaftliche Blick

Wir haben uns ein ambitioniertes Ziel gesetzt. Für die Realisierung der Selbstverpflichtung der CO_2-Neutralität bis 2050 begibt Deutschland sich auf einen ungewissen Weg. Erst in Jahrzehnten werden wir wissen, ob der Weg sich gelohnt hat.

Es ist keineswegs sicher, dass der Konsens zur CO_2-Einsparung angesichts der absehbaren Kostenbelastung und der technischen Probleme weltweit Bestand hat. Wenn die EU über Klimaschutzzölle nachdenkt, um jene Länder zu bestrafen, die nicht den gleichen Kurs einschlagen, so dürfte das in der Praxis ziemlich schwer umzusetzen sein. Wer bitte soll den tatsächlichen CO_2-Ausstoß, der mit der Herstellung eines Produkts verbunden war, ermitteln, um die Abgabe zu berechnen? Eher droht hier eine Welle des Protektionismus, die gerade Deutschland schaden wird. Und selbst wenn es funktioniert: Wie werden wir auf einen Wettbewerb mit den Anbietern von Produkten reagieren, die deutlich günstiger sind, weil sie unter Einsatz von Atomkraft erzeugt wurden? So oder so ist davon auszugehen, dass es angesichts der erheblichen Reserven an fossilen Rohstoffen, deren Preise durch die initiierte Substitution durch die erneuerbaren Energien deutlich nachgeben, große Anreize geben wird, die daraus resultierenden Kostenvorteile zu nutzen.

Trotz dieser Unwägbarkeiten hat Deutschland die Brücken, die ein Zurück ermöglichen, konsequent abgerissen: Atom- und Kohleausstieg verdammen uns zum Erfolg. Schon bis jetzt waren die Kosten erheblich. Bis 2050 werden sie enorm sein, sagen die Experten des Fraunhofer-Instituts: Die Nettomehraufwendungen liegen zwischen 440 Milliarden Euro und 2 330 Milliarden Euro, je nachdem, wie stark wir unser Verhalten ändern. Diese Zahlen passen zu Berechnungen, die ergeben, dass die Kosten auf der Ebene der EU sich auf 4 bis 5 Billionen Euro summieren werden.[37] Wenn Deutschland seinen Energiekonsum einschränkt und sich zudem nach der Verfügbarkeit der Energie richtet, kommen wir mit jährlichen Mehraufwendungen von 0,4 Prozent des BIP aus. Im entgegengesetzten Fall könnten die Lasten bei 2 Prozent des BIP liegen.[38] Ausgeblendet wird bei dieser Betrachtung allerdings der mit den Einschränkungen verbundene Wohlstandsverlust. Wenn ich beispielsweise weniger heize, seltener eine warme Dusche nehme und auf Reisen verzichte, helfe ich, die Kosten zu senken. Ich bezweifle aber, dass dies das persönliche Wohlbefinden fördert, wie auch die immer wieder aufkommende »Verbotsdiskussion« zeigt. Deshalb sollten wir uns auf Kosten am oberen Ende der Schätzung gefasst machen, vor allem auch deshalb, weil die technischen Lösungen noch nicht vorliegen. Es ist eine Rechnung mit vielen Imponderabilien – und viel Hoffnung.

Der ökonomische »Zwangskonsum« im Wert von rund 70 Milliarden Euro pro Jahr konkurriert nicht nur mit dem gewohnten Konsum, sondern auch mit den anderen dringenden Investitionen, die in Kapitel 8 angesprochen wurden. Die Forscher des Fraunhofer-Instituts sehen das recht pragmatisch: »Als eine andere Vergleichsgröße, die einen Eindruck von der Höhe der genannten jährlichen Beträge vermittelt, können die Umsätze im Weihnachtsgeschäft herangezogen werden, die im Jahr 2019 in Deutschland knapp 102 Milliarden Euro betrugen, also rund doppelt so hoch waren wie die mittleren jährlichen Aufwendungen für die Transformation des Energiesystems …«[39] Was hier mitschwingt, ist aus meiner Sicht sehr bedenklich. Aus der Konsumspitze zu Weihnachten zu schließen, dies sei überflüssiger und deshalb unangemessener Konsum, ist unzulässig. Zu einem guten Teil handelt es sich um Konsum, der lediglich anlassbezogen konzentriert ist, ohne den das Weihnachtsfest aber zu einem anderen Zeitpunkt im Jahr stattfinden würde. Es ist und bleibt ein Rückgang der verfügbaren Pro-Kopf-Einkommen um rund 855 Euro pro Jahr.

Dabei sind die weiteren Folgewirkungen dieses deutlichen und nachhaltigen Kostenanstiegs noch nicht einmal berücksichtigt: »Bei der Kostenbetrachtung ist außerdem zu berücksichtigen, dass in der hier durchgeführten Analyse weder externe Kosten der betrachteten Entwicklungspfade noch volkswirtschaftliche Gesamtkosten, die Wertschöpfungsanalysen und Beschäftigungseffekte beinhalten, betrachtet wurden.«[40] Gerade auf die Attraktivität des Standorts Deutschland für das Verarbeitende Gewerbe dürfte das Ausblenden der wirtschaftlichen Folgen erheblich negativ wirken. Wie bereits diskutiert, droht der Automobilindustrie ein beschleunigter Niedergang am Standort, und selbst wenn die Unternehmen den Wandel bewältigen, werden Hundertausende gut bezahlte Arbeitsplätze wegfallen. Über den Multiplikatoreffekt wird uns das alle deutlich ärmer machen, wodurch die Lasten der Energiewende noch schwerer wiegen: Weniger Wirtschaftskraft, höhere Kosten für den Klimaschutz und steigende Kosten einer alternden Gesellschaft werden zu einem explosiven Gemisch.

Auch die Wirtschaft macht sich Gedanken zur Realisierung des Klimaschutzes. So kommt eine im Auftrag des Bundesverbands der Deutschen Industrie (BDI) erstellte Studie zu ähnlichen Größenordnungen: »Insgesamt wären zur Erreichung der deutschen Klimaziele Mehrinvestitionen in Höhe von 1,5 bis 2,3 Billionen Euro bis 2050 erforderlich, also im Durchschnitt etwa 45 bis 70 Milliarden Euro pro Jahr. Bezogen auf das deutsche Bruttoinlandsprodukt bedeuten diese gesamten Investitionen im Durchschnitt einen Anteil von 1,2 bis 1,8 Prozent.«[41] Diese Rechnung beruht auf einer sehr wichtigen Annahme: »Die betrachteten Klimapfade sind volkswirtschaftlich kosteneffizient und unterstellen eine ideale Umsetzung unter anderem im Sinne sektorübergreifender Optimierung und ›richtiger Entscheidungen zum richtigen Zeitpunkt‹. Fehlsteuerungen in der Umsetzung – wie zum Beispiel in der Energiewende durch Überförderungen und die Verzögerung des Netzausbaus beobachtbar – können die Kosten und Risiken erheblich steigen oder das Ziel sogar unerreichbar werden lassen.«[42]

Klartext: Wenn wir alles richtig machen und strikt nach Wirtschaftlichkeitskriterien vorgehen, kann es uns gelingen, die Energiewende für 70 Milliarden Euro pro Jahr in den kommenden 30 Jahren zu realisieren. Agieren wir hingegen wie bisher und definieren den Weg zur Klimaneutralität politisch, wird es nicht nur signifikant teurer, sondern die Wahrscheinlichkeit dafür, dass das Ziel erreicht wird, sinkt dramatisch.

Und hier nähern wir uns dem wohl entscheidenden Knackpunkt der gesamten Thematik. Die Politik hat Deutschland zum »Vorreiter« erklärt, den ineffizienten Weg der nationalen CO_2-Reduktion beschritten und die vom Weltklimarat IPCC und Greta Thunberg[43] als Brückentechnologie akzeptierte Atomkraft nicht nur nicht weiter ausgebaut, sondern die vorhandene und sichere Kapazität als Erstes vom Netz genommen. Die Politik gefällt sich als Architektin des Umbaus, doch leider spricht wenig dafür, dass sie diesen Umbau besser bewältigt als die Länder Berlin und Brandenburg, die dachten, sie könnten einen Flughafen günstiger bauen als das Konsortium, das bereits weltweit Flughäfen gebaut hatte.

Gerade beim Thema Klimaschutz müssen die Regeln von Effektivität und Effizienz gelten, wollen wir uns nicht ruinieren. Gemeint ist damit Folgendes:

- Die Maßnahmen, die ergriffen werden, müssen den gewünschten Effekt erzielen, im konkreten Fall also den Anstieg des CO_2-Gehalts in der Atmosphäre bremsen oder im besten Fall zu einer Reduktion des CO_2-Gehalts führen. Dies unter der Prämisse, dass die ansteigende CO_2-Konzentration für den Klimawandel verantwortlich ist.
- Die Maßnahmen müssen außerdem effizient sein. Dies bedeutet, dass man die Mittel (Geld, Zeit, …) so einsetzt, dass man pro Euro/pro Stunde das maximale Ergebnis erreicht.

Die 80/20-Regel besagt, dass man 80 Prozent des Ergebnisses mit 20 Prozent des Einsatzes erreicht und die letzten 20 Prozent des Ergebnisses für 80 Prozent des Einsatzes stehen. Übersetzt bedeutet dies, dass es sich oftmals nicht lohnt, mit erheblicher Anstrengung an einem 100-Prozent-Ergebnis zu arbeiten.

In einem Interview mit dem Deutschlandfunk hat der SPD-Politiker und aktive Klimaschützer Burkard Drescher erläutert, dass diese Regel (bei ihm sogar 90/10) auch beim Thema der Gebäudeisolierung gilt:[44]

»Wir sagen (...) du musst jetzt nicht das ganze Dach erneuern für 30 000 Euro im Einfamilienhausbereich, es reicht, wenn du den Dachboden dämmst, den du nicht brauchst. Dann hast du zwar nicht 100 Prozent CO_2-Einsparung über diese Maßnahme, sondern nur 90 Prozent, aber dann machen die Leute das auch, weil sich das in fünf Jahren, sechs Jahren oder sieben Jahren rechnet statt in 20 Jahren (...) Unter einem Prozent energetische Modernisierungsrate haben wir in Deutschland, wir in Bottrop seit insgesamt acht Jahren inzwischen über drei Prozent jedes Jahr. Daran kann man sehen, dass offensichtlich wir die besseren Instrumente haben. Und das ist der entscheidende Punkt: Die Förderinstrumente des Bundes sind fehlgeleitet.«

Dies bestätigt eine Studie, die der Deutsche Verband für Wohnungswesen, Städtebau und Raumordnung (DV) gemeinsam mit dem Mieterbund und dem Bundesverband deutscher Wohnungs- und Immobilienunternehmen (GdW) erstellt hat. Kernaussage: »Zurzeit wird das am stärksten gefördert, was am teuersten ist. Das ist grober Unfug. Es müsste das gefördert werden, was tatsächlich am meisten CO_2 vermeidet.« Die letzten Einsparungen sind zehnmal teurer als die Maßnahmen der ersten Stufe. Die Effizienz der von der Politik initiierten Maßnahmen (nicht nur, aber vor allem auch beim Klimaschutz!) lässt offensichtlich zu wünschen übrig.

Oft fehlt es aber auch an der Effektivität. So wurden seit 2010 über 342 Milliarden Euro in die energetische Erneuerung von Wohngebäuden investiert. Der Verbrauch an Energie für Raumwärme blieb unverändert. Die Gründe? Neben einem anderen Nutzerverhalten – die Menschen freuten sich, dass es statt 20 Grad nun 22 Grad warm im Wohnzimmer ist – waren es falsche Sanierungsmaßnahmen. Experten kritisieren, dass auch hier, wie generell beim Thema

Klimaschutz, einseitig auf die Vermeidung der Entstehung von CO_2 geblickt wird, statt weitere Maßnahmen wie beispielsweise die CO_2-arme Erzeugung von Energie mitzuberücksichtigen.[45]

Ein weiteres Beispiel für die geringe Effektivität der ergriffenen Maßnahmen ist die Fotovoltaik. Deutschland hat bisher über 80 Milliarden Euro für die Förderung von Solarenergie aufgewendet und dadurch im Jahr 2017 19 Millionen Tonnen CO_2 eingespart,[46] was 2 Prozent des jährlichen Gesamtausstoßes von CO_2 entspricht[47]. Da der CO_2-Ausstoß pro Jahr weltweit um 2,7 Prozent wächst (rund 1 Milliarde Tonnen beziehungsweise 2,7 Millionen Tonnen pro Tag),[48] ergibt sich aus der Förderung der Solarenergie eine Verlangsamung des Klimawandels um sieben Tage. Ziemlich viel Geld für einen kleinen Effekt. Wenn wir in Zukunft so ineffizient vorgehen wie in der Solarförderung, kostet uns die Realisierung des Ziels von null CO_2 4000 Milliarden Euro, das wären über 130 Milliarden pro Jahr, fast 4 Prozent des BIP und 1585 Euro pro Kopf und Jahr. Nicht eingerechnet die weitgehende De-Industrialisierung, die damit einhergehen würde.

Man kann es auch anders interpretieren. Die deutschen Stromkundinnen und -kunden haben einer wichtigen Industrie im Kampf gegen den Klimawandel den Weg bereitet. Sie haben die Anfangsfinanzierung gestellt, damit die Branche sich entwickeln konnte, und damit die Grundlage dafür geschaffen, dass Fotovoltaik heute deutlich billiger und günstiger ist als fossile Brennstoffe. Die weltweite Einsparung an CO_2 durch den Einsatz von Solarenergie dürfte mittlerweile deutlich über 300 Millionen Tonnen pro Jahr liegen. Eine Einsparung, für die Deutschland sich eigentlich auch etwas anrechnen lassen sollte, angesichts der Tatsache, dass das Land den Aufbau einer Industrie in China finanziert hat – wird der Weltmarkt doch von der Volksrepublik dominiert.

Wenn Innovation die Lösung ist, warum geben wir so wenig dafür aus?

Die Politik erhebt den Anspruch, nicht nur das Ziel vorzugeben, sondern auch den Weg. Zwar wird offiziell von »Technologieoffenheit« gesprochen, praktisch ist diese jedoch nicht gegeben. Beispiele:

- Es geht bei der gesamten deutschen Strategie – man nehme Fraunhofer als Beispiel – um die Verringerung des CO_2-Ausstoßes durch einen Umbau der Energieversorgung und die Reduzierung des Verbrauchs. Technologien zur Rückgewinnung oder Speicherung von CO_2 werden dabei nur unzureichend oder gar nicht berücksichtigt. Andere Länder setzen hingegen auf diese »Carbon-Capture«-Technologien, die gerade für CO_2-intensive Branchen wie die Zementindustrie besonders wichtig sind.[49] Großbritannien beispielsweise sieht darin einen strategischen Vorteil und ein Geschäftsmodell der Zukunft. So soll CO_2 in ehemaligen Nordseeölfeldern gelagert werden. Industrieunternehmen bezahlen für diese Lagerung, und die Einnahmen dürften jene der Öl- und Gasförderung übersteigen.[50]
- Als Lösung für die Automobilindustrie wird ausschließlich auf das Elektroauto gesetzt, ungeachtet der Tatsache, dass Toyota als Pionier der Elektromobilität auf Wasserstofftechnologie setzt.[51] Das geht so weit, dass das Umweltministerium künftig auf sogenannten E-Fuels, also aus erneuerbarem Strom erzeugten und damit CO_2-neutralen Treibstoffen, die CO_2-Steuer erheben will.[52]
- Innovative Konzepte für die Nutzung der Atomkraft werden ausgeblendet.

Dies lässt deutliche Kostensteigerungen befürchten. Dabei liegt in neuen Technologien erhebliches Potenzial, schreibt auch der BDI: Mehrere »Game Changer« könnten die Erreichung der Klimaziele in den nächsten Jahrzehnten potenziell erleichtern und günstiger gestalten (unter anderem Technologien für die Wasserstoffwirtschaft und Carbon-Capture-and-Utilization-Verfahren). Sie müssten allerdings mit Priorität erforscht und entwickelt werden.[53] Der Weltmarkt für Klimaschutztechnologien ist zweifellos attraktiv, wie Abbildung 14 der zitierten BDI-Studie zeigt:

Glaubt man den Studien zum Klimawandel, dann muss man bis 2050 der Atmosphäre jährlich 10 Gigatonnen CO_2 entziehen.[54] Offensichtlich geht das nur, wenn man nicht nur auf die Vermeidung neuer CO_2-Emissionen blickt, sondern schaut, wie man weltweit den CO_2-Gehalt der Luft senken könnte. Das ist eine Frage der Technologie.

Deshalb überrascht es, dass weltweit nicht genug für Forschung ausgegeben wird – und wenn, dann vor allem in den falschen Bereichen. 95 Prozent der Investitionen des Privatsektors und ein Großteil der staatlichen Forschungsausgaben sind der Fortentwicklung des Bestehenden gewidmet. Die Grundlagenforschung kommt zu kurz.[55] Dabei ist es Letztere, die den Schlüssel liefern muss. Diese Erkenntnis scheint sich in anderen Ländern durchzusetzen. So beinhaltet der Klimaplan des neuen amerikanischen Präsidenten Forschungsausgaben von 75 Milliarden US-Dollar pro Jahr – was einer Vervierfachung der Ausgaben der Industrieländer entspricht.[56]

Statt Milliarden aufzuwenden, die letztlich nur einen geringen Effekt auf das Weltklima haben, sollten wir uns auf Forschung konzentrieren. Wenn es gelänge, alternative Energien wettbewerbsfähig zu machen und mit günstigen Technologien CO_2 zu binden, würde zwar in Deutschland der CO_2-Ausstoß nicht auf null sinken, dafür aber ließe sich ein wesentlich größerer Rückgang weltweit erreichen. Wenn wir dann noch aus den Fehlern der Solarbranche lernen, können wir Wertschöpfung und Arbeitsplätze im Land halten und hätten eine realistischere Chance, mit neuen Industrien künftigen Wohlstand zu sichern.

Unterstützer des bisherigen Kurses betonen zwar immer die wirtschaftlichen Chancen durch neue Industrien, die sich aus diesem

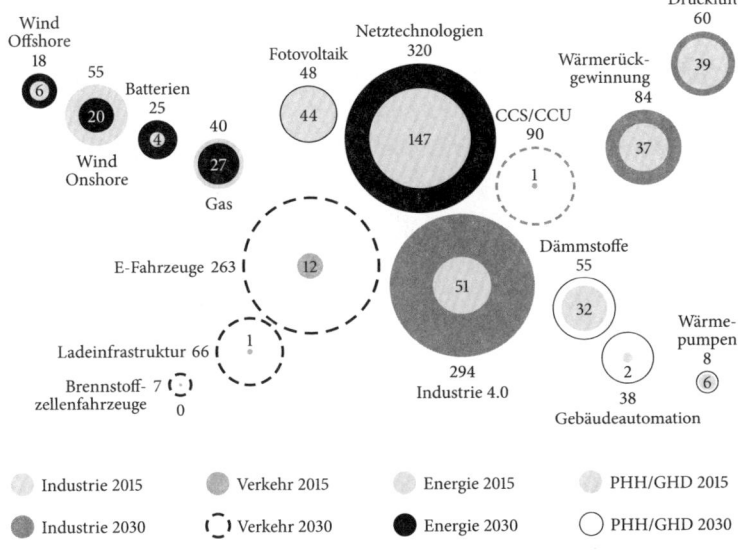

Abbildung 14: Weltmarkt für Klimaschutztechnologien 2030 (in Mrd. Euro real)

Quelle: Verschiedene Studien (u. a. World Energy Outlook 2016, IHS Automotive, Bloomberg, JP Morgan, EWEA, DEWI, GWEC, GWS, BTM Consult, Pike Research, Freedonia, Photon Research, Visiongain, Fraunhofer ISI, Agora Energiewende, Statistisches Bundesamt, BMWi); BCG. Boston Consulting Group (BCG), Prognos, »Klimapfade für Deutschland«, Januar 2018, abrufbar unter https://www.zvei.org/fileadmin/user_upload/Presse_und_Medien/Publikationen/2018/Januar/Klimapfade_fuer_Deutschland_BDI-Studie_/Klimapfade-fuer-Deutschland-BDI-Studie-12-01-2018.pdf

Umbau der Wirtschaft ergeben. Doch leider passt das Handeln nicht dazu. Statt die Mittel in die Forschung und Entwicklung zu stecken, werden Technologien gefördert, die sich ihrem physikalischen Optimum nähern (Wind, Sonne) und deshalb nicht ausreichen werden, um die Klimaschutzziele zu erreichen. Auch als Basis für die Sicherung künftigen Wohlstands hierzulande taugen sie nicht.

Die Politik – und ich meine damit die Regierung ebenso wie die Opposition – steht kurz davor, die nächsten Hunderte von Milliarden in sinnlose Projekte zu stecken und nach Energiewende und Kohleausstieg das nächste Desaster herbeizuführen. Dem Klima wird es am Ende nichts nützen. Stattdessen wird es die Fähigkeit Deutschlands, in Zukunft noch einen Beitrag zu leisten, unterminieren und zugleich die Grundlage für erhebliche soziale Konflikte legen. Ich erinnere daran, dass in den Bereichen Bildung, Digitalisierung, Infrastruktur und Altersversorgung ebenfalls Milliardenlücken klaffen.

Es kann nicht Ziel dieses Buches sein, eine neue Strategie für die Energiewende zu entwerfen oder gar vorzugeben. Ich kann nur konstatieren, dass der eingeschlagene Weg nicht funktionieren kann, dass er Deutschland wirtschaftlich und damit auch sozial überfordert und eine unnötige Reduktion des Wohlstands mit sich bringt. Wir sind auf dem besten Weg, im Klimaschutz unsere Handlungsfähigkeit zu verlieren.

Aufgaben für die nächste Bundesregierung

- Kassensturz zur Energiewende: Wie viel hat Deutschland tatsächlich bisher aufgewendet, mit welchem Ergebnis?
- Analyse: Wie viel gibt Deutschland pro Jahr für Energie aus, wie haben sich die Beträge relativ zum BIP über die vergangenen Jahre entwickelt, und wie sind sie verteilt?
- Verpflichtung zu Diskussion mit fundierten und belastbaren Zahlen. Dazu gehören auch die Unterscheidung zwischen tatsächlicher und verfügbarer Kapazität von Energieträgern und die Grundlagen der Physik, wie der Unterschied zwischen KW und KWh
- Festlegung eines Budgets, das in Deutschland jährlich für Energiewende und Energieversorgung aufgewendet werden kann. Dies mit Blick auf die weiteren Ziele im Programm 2040 und als klare

und feste Budgetrestriktion. Die Politik muss anerkennen, dass es auch im Klimaschutz, wie in jedem anderen Bereich, keine unbegrenzten Ressourcen gibt
- Erledigung der Hausaufgaben: Ausbau der Stromnetze, Bau der unstrittig erforderlichen Gaskraftwerke als Back-up
- Möglichst effiziente und effektive Verwendung der Mittel. Verlagerung des Schwerpunkts auf Forschung und Entwicklung
- Rückzug der Politik aus Einzelmaßnahmen und Steuerung über CO_2-Steuern oder Zertifikate für alle Sektoren. Förderung ausschließlich in Bereichen mit großem Gesamtnutzen und unzureichendem individuellen Nutzen (Beispiel Gebäudesanierung)
- Enttabuisierung der Diskussion: Atomenergie und Carbon-Capture-Technologien gehören zum Lösungs-Mix
- Erstellung eines Konzepts: Wie sollen die Kosten der Energiewende – der gegenüber einer Nicht-Wende höhere Preis von Energie zuzüglich der jährlichen Kosten des Umbaus – verteilt werden?
- Initiative auf europäischer Ebene, um eine Abkehr vom unrealistischen und letztlich sinnlosen Ziel »null Emissionen« für 2050 zu erreichen und stattdessen auf weltweiten Emissionshandel und Forschungs- und Entwicklungsförderung zu setzen

Die Energiewende ist das größte Projekt Deutschlands seit der Wiedervereinigung und dürfte mit Gesamtkosten von 2 bis 4 Billionen Euro deren Kosten noch übertreffen. So wie sie zurzeit konzipiert ist, drohen Deutschland eine Überlastung durch die Kosten und zugleich eine Verfehlung der Ziele. Selbst wenn es gelingt, die CO_2-Emissionen auf null zu bringen, kann es sein, dass die Maßnahmen nur eine Verlangsamung des Rhythmus der Erderwärmung bis zum Jahr 2100 um wenige Wochen bewirken, wie Kritiker vorrechnen.[57] Einfach deshalb, weil 75 Prozent der CO_2-

Emissionen bis zum Ende des Jahrhunderts in China, Indien sowie den afrikanischen und anderen armen Ländern der Welt anfallen werden.

Ein Szenario von Arbeitsplatzverlusten, Abwanderung von Industriezweigen aufgrund von hohen Kosten und fehlender Versorgungsicherheit und explodierender Belastung der Bürgerinnen und Bürger muss abgewendet werden. Dies dürfte nur mit einem undogmatischen Neustart möglich sein.

11. Reform der Europäischen Union

»Winston Churchill sagte: Verschwende niemals eine gute Krise. Ohne den Druck von Krisen ist die Bereitschaft zu Veränderungen zu gering. Jetzt haben wir eine Krise, wie wir sie uns nie vorstellen konnten. Das müssen wir nutzen, um voranzukommen. Wenn diese Krise nicht groß genug ist, um die Integration voranzubringen, welche dann?«

Wolfgang Schäuble, Bundestagspräsident, im Sommer 2020

»Wer als Werkzeug nur einen Hammer hat, sieht in jedem Problem einen Nagel.«

*Paul Watzlawick (1921 bis 2007),
Kommunikationswissenschaftler und Philosoph*

»›Deutschland wird zahlen‹, sagte man in den zwanziger Jahren. Heute zahlt es: Maastricht, das ist der Versailler Vertrag ohne Krieg.«

Rudolf Augstein (1923 bis 2002), einstmals Herausgeber des Magazins Der Spiegel

»Der Wiederaufbaufonds ist ein echter Fortschritt für Deutschland und Europa, der sich nicht mehr zurückdrehen lässt.«

Olaf Scholz, Bundesfinanzminister

»Ich glaube, dass vieles von dem, was wir vertreten, durchaus im Interesse des deutschen Steuerzahlers ist und von der deutschen Politik eigentlich immer in ähnlicher Art und Weise vertreten wurde. Es ist sicherlich nicht negativ für den deutschen Steuerzahler, wenn die Budgets, die in Richtung Süden Europas fließen, nicht ins Unendliche wachsen.«

Sebastian Kurz, österreichischer Bundeskanzler

Die EU und die Eurozone sind in keiner stabilen Verfassung. Deutschland als größtem Mitgliedsland und Hauptfinanzier der europäischen Staatengemeinschaft kommt naturgemäß eine wichtige Rolle dabei zu, das Projekt der europäischen Integration zu stabilisieren und zukunftsfähig zu machen. Dabei setzt die Politik in Deutschland, angetrieben vor allem von französischer Seite, zunehmend auf Umverteilung und Schulden, verdrängt dabei allerdings, dass sie die Probleme so nicht löst, sondern perspektivisch verschlimmert. Wir brauchen deshalb dringend einen Kurswechsel der deutschen Europapolitik – im eigenen wie im europäischen Interesse.

Machen wir uns ehrlich

Voraussetzung ist auch hier, die Augen nicht vor der Realität zu verschließen. Die EU mag als europäisches Friedensprojekt erfolgreich sein, ihre besten Jahre liegen aber aus heutiger Sicht hinter ihr. Im Jahr 2000 ist sie mit ambitionierten Projekten ins neue Jahrhundert gestartet. Mittlerweile bleibt nur zu konstatieren, dass sie ihre ambitionierten Ziele nicht nur verfehlt, sondern im Zuge dessen auch deutlich an globaler Bedeutung eingebüßt hat.

In vielen Publikationen – so zuletzt in *Coronomics*[1] – habe ich ausführlich erläutert, woran die EU und vor allem die Gemeinschaftswährung Euro leidet. Deshalb fasse ich mich mit der Beschreibung des Ist-Zustands kurz. Die Region

- hatte sich bis Ende 2019 nicht von den Folgen von Finanz- und Eurokrise erholt;
- erlebte im Zuge der Corona-Krise eine deutliche Vergrößerung der Unterschiede zwischen den Mitgliedstaaten;
- will immer noch nicht wahrhaben, wie sehr der Brexit die Gemeinschaft schwächt;

- versagt bei den zentralen Versprechen der Schaffung von Wohlstand und der Sicherung der Außengrenzen;
- setzt weiterhin die politischen Schwerpunkte falsch.

Die EU hat es in den zurückliegenden 20 Jahren nicht geschafft, ihre selbst gesetzten Ziele zu erreichen. Im März 2000 verabschiedeten die europäischen Staats- und Regierungschefs auf einem Sondergipfel in Lissabon ein Programm, durch das die EU bis zum Jahr 2010 zum »wettbewerbsfähigsten und dynamischsten wissensgestützten Wirtschaftsraum der Welt« werden sollte. Ziel war es, die Produktivität und Innovationskraft relativ zu Japan und vor allem den USA zu verbessern.

Nachdem die Ziele nicht erreicht wurden, wurde eine »Nachfolgestrategie« verabschiedet, um die Ziele doch noch zu erreichen – nunmehr bis zum Jahr 2020: *EUROPA 2020. Eine Strategie für intelligentes, nachhaltiges und integratives Wachstum*.[2] Die Ziele wurden auch im erneuten Anlauf nicht erreicht. Worum ging es?

- Die Forschungsausgaben sollten EU-weit 3 Prozent des BIP erreichen. Tatsächlich betragen sie 2,07 Prozent. Nur Schweden, Österreich, Dänemark und Deutschland liegen über der geforderten Schwelle.[3]
- Auch bei der Zahl der Patente relativ zur Bevölkerungszahl liegen die Staaten der EU deutlich hinter den Mitbewerbern in Asien, den USA, aber auch der Schweiz.[4]
- Nur zwölf der führenden 100 Technologiekonzerne der Welt haben ihren Sitz in einem EU-Land. In den USA sitzen 45, in Japan und Taiwan jeweils 13.[5]
- Die Quote der jungen Menschen, die die Schule abbrechen, sollte EU-weit unter 10 Prozent gedrückt werden. Deutschland, aber deutlicher noch Spanien, Portugal und Italien, liegen darüber.
- Es ist nicht gelungen, Universitäten aus der EU in den Kreis der 20 weltbesten Universitäten zu einzubringen. Nach dem Brexit befindet sich keine EU-Universität unter den Top 20.[6]

- Auch von den Zielen eines Breitbandanschlusses für jedermann im Jahr 2013, sehr viel höheren Internetgeschwindigkeiten – 30 Mbps oder mehr bis 2020 – und einem Internetanschluss mit einer Geschwindigkeit von über 100 Mbps in mindestens 50 Prozent der europäischen Haushalte ist die EU weit entfernt.
- Das Wachstum der Produktivität ist in der EU noch geringer als im Rest der Welt. Seit dem Jahr 2000 ist das reale Pro-Kopf-Einkommen in Südkorea um 63 Prozent, in den USA um 27 Prozent und in Japan um 17 Prozent gestiegen. Die Niederlande sind das einzige der größeren EU-Länder, das mit einem Zuwachs von 18 Prozent halbwegs mithalten kann. Frankreich und Spanien erzielten 14 Prozent, Deutschland 13 Prozent, und in Italien sank das Pro-Kopf-Einkommen seit dem Jahr 2000 real um 3 Prozent![7]

Aufgrund dieser Befunde dürfte es unstrittig sein, dass die EU in den vergangenen Jahren an Wettbewerbsfähigkeit verloren, nicht gewonnen hat. Als Indikator mag die Entwicklung des Anteils am Welt-BIP dienen: Er muss zwangsläufig sinken, weil die Schwellenländer, namentlich China und Indien, so stark aufholen. Dennoch zeigt der Rückgang des Anteils am Welt-BIP von weit über 20 Prozent im Jahr 2000 auf heute rund 16 Prozent deutlich, dass die EU aufgrund des Versagens bei der Erhaltung von Wettbewerbsfähigkeit und Wirtschaftskraft auf der internationalen Bühne rasch an Gewicht verliert.

Ein Blick auf den Haushalt der EU für die kommenden sieben Jahre verdeutlicht, wie sehr die EU auf Umverteilung und Bewahrung setzt statt auf die Sicherung künftigen Wohlstands. Die immerhin 1 134 583 000 000 Euro sollen folgendermaßen verwendet werden (siehe Tabelle 16).

	Ausgaben in Mrd. Euro	Anteil* in Prozent
Unterstützung ärmerer Regionen (Kohäsion und Werte)	392	35
Natürliche Ressourcen und Umwelt – davon für Landwirtschaft rund	337 / 325	30 / 29
Binnenmarkt, Innovation, Digitalisierung	166	15
Unterstützung im Ausland	109	10
EU-Verwaltung	76	7
Asyl, Migration, Schutz der Grenzen	31	3
Sicherheit	24	2

* Rundungsdifferenzen

Tabelle 16: **Haushaltsausgaben der EU**

Quelle: European Parliament, »2021-2027 multiannual financial framework and new own resources«, abrufbar unter http://www.epgencms.europarl.europa.eu/cmsdata/upload/db93fa39-84ce-44fe-b4fa-4c6824185e13/2021-2027_Multiannual_financial_framework_and_new_own_resources_-_Analysis_of_the_Commission%27s_proposal_.pdf

Normalerweise müsste man davon ausgehen, dass die Mittel so eingeplant werden, dass sie dem Ausmaß der entscheidenden Herausforderungen entsprechen. 3 Prozent des Budgets, auf das Jahr bezogen rund 4,5 Milliarden Euro, sollen das politisch gefährlichste Thema von Grenzsicherung und Migrationssteuerung lösen? 87 Milliarden Euro, das heißt weniger als 8 Prozent der Ausgaben, sollen im Programm »Horizon Europe« – enthalten in der Position Punkt Binnenmarkt – helfen, den Rückstand bei Digitalisierung und Innovation aufzuholen?

Dies ist nur die Verteilung des »normalen« Budgets. Hinzu kommt der als »Sondertopf« aufgelegte Wiederaufbaufonds im Volumen von 750 Milliarden Euro, der dazu dienen soll, den von der Corona-Krise besonders hart getroffenen Staaten bei der Überwindung der wirtschaftlichen Folgen zu helfen. Dass nach den Beschlüssen von Brüssel mit Polen und anderen osteuropäischen Staaten jene relativ zum BIP am meisten Geld bekommen, die mit am wenigsten von Corona getroffen waren, gehört zu den Mysterien der EU.[8]

Es handelt sich bei der EU um eine gigantische Umverteilungsmaschinerie (siehe Abbildung 15), in der die Linien klar verlaufen. Die sparsamen Vier (Niederlande, Österreich, Schweden, Dänemark) wollen maximal 1 Prozent ihres BIP nach Brüssel überweisen, Belgien und Luxemburg plädieren für einen möglichst hohen Anteil für die Administration (weil das Geld in diese Länder fließt), Frankreich strebt möglichst hohe Agrarmittel für die eigenen Bauern an – und alle anderen ein größeres Budget. Und Deutschland? Im Sommer 2020 in das Lager der Befürworter größerer Budgets gewechselt, bleibt für Deutschland wie immer die größte Rechnung.[9] Bei rund 24 Prozent liegt der Anteil Deutschlands am EU-Budget. Allein für den Wiederaufbaufonds werden wir netto 52 Milliarden Euro an die anderen Staaten überweisen.[10]

So oder so ist keine Besserung der Leistungskraft der EU in den kommenden zehn Jahren zu erwarten. Wenig hilfreich ist es dabei, dass die EU sich immer aggressivere Klimaziele vorgibt und bei der Erreichung derselben auf ähnliche Rezepte wie Deutschland in den vergangenen Jahren setzt. Damit verbreitet sich der Glaube, die Politik würde besser als die Märkte wissen, wie man die Ziele effizient und effektiv erreicht, was die Kosten unnötig in die Höhe treibt. Für die Bevölkerung bedeutet das konkret, dass ein wesentliches Versprechen der EU nicht eingelöst wird: die Schaffung weiteren

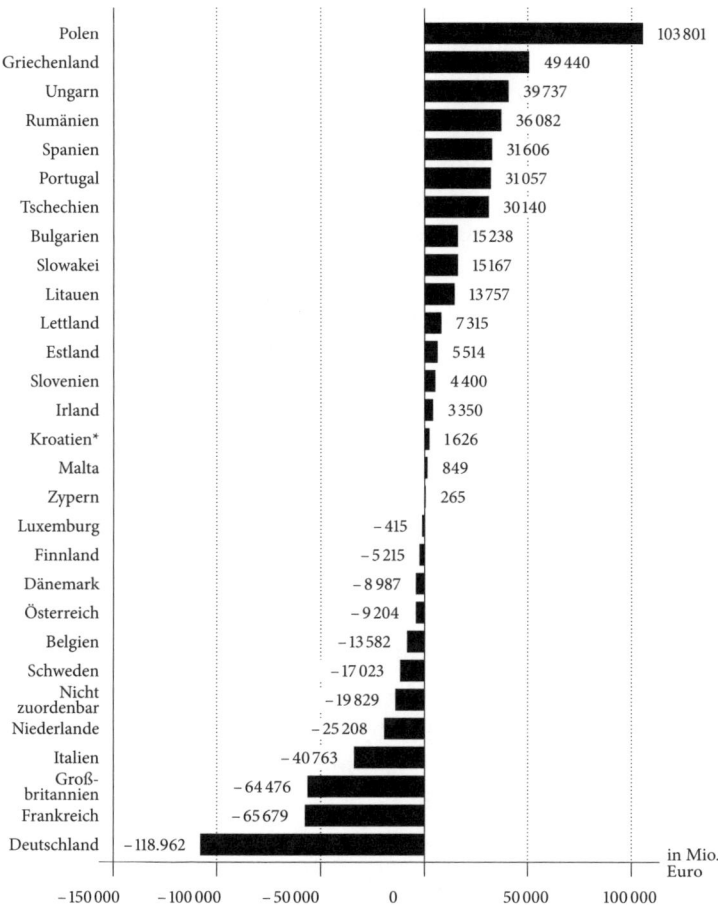

(*Betrachtung von Kroatien seit dem EU-Beitritt im Juli

Abbildung 15: Umverteilung innerhalb der EU 2008 bis 2017
Quelle: cep – Centrum für Europäische Politik/Stiftung Ordnungspolitik; eigene Berechnungen, »Ten Years of Redistribution between the EU Member States«, 9. Dezember 2019, PDF Seite III, abrufbar unter: https:// www.cep.eu/fileadmin/user_upload/cep.eu/Studien/cepStudie_10_Jahre_Umverteilung_zwischen_den_EU-Mitgliedstaaten/cepStudie_10_Jahre__Umverteilung_zwischen_den_EU-Mitgliedstaaten.pdf

Wohlstands. Stattdessen steht die EU vor denselben existenziellen Herausforderungen wie Deutschland: absehbar schrumpfende Erwerbsbevölkerung, ungedeckte Versprechen für die alternde Gesellschaft in Billionenhöhe,[11] fehlende Produktivitätszuwächse, fehlende Innovationskraft und eine Politik, die sich in der Rolle des allwissenden Machers gefällt, ohne die dafür erforderliche Kompetenz zu besitzen.

Erschwert wird die Situation durch die politisch motivierte Einführung des Euros. Die Währungsunion – nach Studien die aus wirtschaftlicher Sicht schlechteste aller denkbaren Währungsunionen[12] – sollte die wirtschaftliche Konvergenz der Mitgliedstaaten befördern und hat das Gegenteil erreicht: Die Wirtschaften der Mitgliedsländer haben sich zunehmend auseinanderentwickelt. Starke Länder – weil produktiver und innovativer – werden immer stärker, schwache immer schwächer, so der Befund des Internationalen Währungsfonds.[13]

Durch Corona hat dieser Prozess nochmals an Schwung gewonnen. Der BIP-Rückgang in der ersten Hälfte des Jahres 2020 fiel umso stärker aus, je niedriger das Pro-Kopf-BIP im Jahre 2002 gewesen ist: Spanien, Portugal, Italien und auch Frankreich erlebten einen weit überdurchschnittlichen Einbruch der Wirtschaft. In der Folge hat die Streuung der realen Pro-Kopf-Einkommen innerhalb des Euroraumes den höchsten Stand seit der Einführung des Euros erreicht. Im Jahr 2002 verzeichneten die Niederlande und Portugal die größten Unterschiede beim realen Pro-Kopf-BIP, wobei die Niederlande 44 Prozent über und Portugal 30 Prozent unter dem Mittelwert der Eurozone lagen. Im zweiten Quartal 2020 waren die Länder mit den größten Unterschieden die gleichen wie im Jahr 2002. Allerdings sind die Unterschiede größer geworden: Die Niederlande liegen nun um 46 Prozent über dem Durchschnitt der Eurozone, Portugal liegt um 36 Prozent darunter[14] (siehe Abbildung 16).

Es ist überdeutlich, dass der Euro nicht funktioniert. Aus der Sicht der Politik ist dies aber eine unzulässige Überlegung. Deshalb

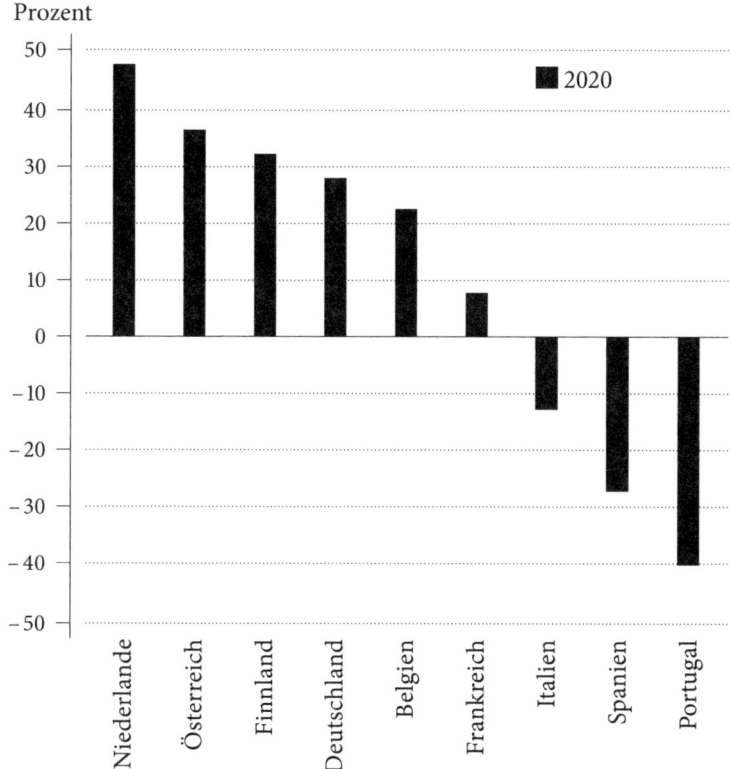

Abbildung 16: **Unüberbrückbare Divergenzen in der Eurozone – (BIP pro Kopf – GAP)**

Quelle: Flossbach von Storch, »Mehr Geld wird die EWU nicht retten«, 4. September 2020, abrufbar unter https://www.flossbachvonstorch-researchinstitute.com/de/kommentare/mehr-geld-wird-die-ewu-nicht-retten/

wird mit allen Mitteln versucht, den Patienten am Leben zu erhalten. Dabei war es von Anfang an das Ziel der südlichen Staaten und vor allem Frankreichs, mit der Währungsunion auch eine Transfer- und Schuldenunion einzuführen. Während die südeuropäischen Länder dies klar erwartet haben, gab die Politik im Norden Europas (in Deutschland und vor allem auch in den Niederlanden) das Versprechen ab, dass es zu einer Schuldenunion niemals kommen würde.

Letztere hielt den Kurs 20 Jahre lang durch, allerdings aufgeweicht durch die Maßnahmen zur Rettung Griechenlands und die Gründung des Europäischen Stabilitätsmechanismus (ESM). Zusätzlich hat die EZB über eine äußerst lockere Geldpolitik und den Aufkauf von Wertpapieren – vor allem Staatsanleihen – in Billionenhöhe dem Euro weiter Zeit gekauft – Zeit, die die Politik hätte nützen können und müssen, um den Euro zu reformieren. Das hat sie nicht getan. Die Divergenz zwischen den Mitgliedsländern ist so groß wie noch nie, und die Schulden von Staaten, aber auch einigen Sektoren der privaten Wirtschaft, näherten sich bereits vor dem Corona-Schock einem kritischen Niveau.

Schulden- und Transferunion – kein Konzept zur Lösung der Probleme

Die Corona-Krise wurde im Sinne der Integrationsbefürworter wie Wolfgang Schäuble genutzt: Obwohl den Bürgerinnen und Bürgern jahrzehntelang versprochen wurde, es käme zu keiner Schulden- und Transferunion, wurde beim EU-Gipfel im Sommer 2020 genau das beschlossen – trotz heftigen Widerstands der als »sparsame Vier« titulierten Niederlande, Österreich, Schweden und Dänemark, denen sich Finnland zeitweise anschloss. Im Ergebnis wurde ein Instrumentarium beschlossen, von dem es zum Zeitpunkt des Gipfels offiziell hieß, es sei »einmalig« und nur »der Schwere der Krise geschuldet«, von dem aber alle Beteiligten wussten, dass es der Einstieg in eine neue Welt sein würde: die der Umverteilung von Steuergeldern und der gemeinsamen Verschuldung auf EU-Ebene, um den Rahmen für Umverteilung zu erweitern. Der deutsche Finanzminister Olaf Scholz erklärte denn auch wenige Wochen nach dem Gipfel, dass es eben nicht einmalige, sondern dauerhafte Instrumentarien seien.

Angesichts der in der Einleitung diskutierten Vermögensverteilung der Deutschen bedeutet dies, dass die deutlich Ärmeren der

Niederlande, Österreichs und Deutschlands den deutlich Reicheren Italiens, Spaniens und Frankreichs helfen sollen. Es wäre, wie ich an anderer Stelle ausgeführt habe, für die hoch verschuldeten Staaten problemlos möglich, durch eine höhere Besteuerung der privaten Vermögen ihre Schuldenprobleme selbst zu lösen, was aber von denselben deutschen Politikern abgelehnt wird, die sich zeitgleich mit Steuererhöhungsplänen für die »Reichen« hierzulande überbieten.[15] Doch nicht nur vor dem Hintergrund der Vermögensverteilung ist eine Schulden- und Transferunion problematisch. Dasselbe gilt im Hinblick auf das Renteneintrittsalter, das Rentenniveau und das Niveau der staatlichen Pensionen. Wohin man blickt, bieten die Unterschiede in Europa Populisten in allen Ländern genug Themen, um zu mobilisieren.

Man betrachte die staatlichen Pensionslasten. Nach Daten der OECD verwendet Italien gut 16,2 Prozent seines BIP für staatliche Pensionen, Frankreich gut 14 Prozent, Deutschland 10 Prozent und die Niederlande 5,4 Prozent. Im Klartext: Diejenigen, die im Norden Steuern zahlen, bezahlen für die überdimensionierte Versorgung im Süden.[16] Natürlich könnte man argumentieren, dass dies ja Altlasten seien und ebenso wie die hohen Staatsschulden den hohen Staatsanteil in diesen Ländern widerspiegeln. Nun geht es darum, nach vorne zu blicken.

Die Mittel, die innerhalb der EU umverteilt werden, sollten so genutzt werden, dass sie die wirtschaftliche Annäherung zwischen den Staaten fördern. Doch auch in dieser Hinsicht gibt es keinen Anlass für Zuversicht. Die Erfahrung zeigt, dass Transferunionen vorhandene Unterschiede verfestigen, statt sie zu nivellieren. Was heißt das konkret?

- In Italien gibt es seit über 100 Jahren eine Transferunion zwischen dem Norden und dem Süden. Trotz der Milliarden, die von Nord nach Süd geflossen sind, ist der Unterschied zwischen den beiden Landesteilen eher größer geworden.

- Nach der Wiedervereinigung wurden in Deutschland über 1000 Milliarden Euro von West nach Ost umverteilt. Trotz aller Erfolge hinkt der Osten bei allen ökonomischen Kriterien noch weit hinterher.
- Der Länderfinanzausgleich verfestigt ebenfalls die Strukturen. Empfängerländer wie Berlin sollten die Mittel dazu verwenden, die eigene Wirtschaftskraft zu stärken. Stattdessen geben sie die Mittel in dem Bewusstsein, diese auch künftig zu erhalten, für sozialpolitische Projekte aus. Ansiedlungen von Firmen wie beispielsweise Google, die dazu führen würden, dass die Wirtschaftskraft und das Steueraufkommen wachsen, wurden gar verhindert. Dies kann sich nur leisten, wer davon ausgehen kann, dass er die wirtschaftlichen Folgen nicht zu tragen hat.

Es steht zu befürchten, dass der neue Umverteilungsmechanismus auf der Ebene der EU und der Eurozone dieselbe Wirkung entfachen wird. Würden die Mittel dazu verwendet, die Wirtschaftskraft zu steigern und den Arbeitsmarkt zu reformieren, so wäre die Umverteilung durchaus vertretbar. Doch dem ist nicht so. Verwendet Berlin das Geld aus dem Länderfinanzausgleich für den Kauf vorhandener Wohnungen, so planen die Regierungen in Rom mehr Sozialleistungen und Steuersenkungen, in Madrid ein bedingungsloses Einkommen und einen sozialistischen Umbau der Wirtschaft (inklusive Umkehr von Reformen) und in Frankreich eine großzügige Unterstützung von Maßnahmen zur Gebäudedämmung.

Dies mag bei den Wählerinnen und Wählern ankommen, funktioniert aber nur, solange sich jemand findet, der bezahlt. Mögen sich die Bayern, Baden-Württemberger und Hessen die rund 4 Milliarden jährlich für Berlin noch leisten können und mögen, so übersteigt der reklamierte Finanzbedarf der anderen Euroländer auf Dauer die Leistungsfähigkeit Deutschlands bei Weitem.

Das Dilemma dürfte nicht nur an den jeweiligen politischen Interessen liegen, sondern auch an der mangelnden Fähigkeit der staatlichen Institutionen, die Mittel sorgsam zu verwenden. Während Deutschland im weltweiten Korruptionsindex einen guten neunten Platz belegt, finden sich Frankreich (23), Spanien (33) und Italien (52) auf hinteren Plätzen. Damit wächst allerdings in diesen Ländern auch die Gefahr einer ineffizienten Mittelverwendung. Dies gilt auch im Hinblick auf die Qualität der öffentlichen Verwaltung. Nach Daten der Weltbank liegt Italien zwar über dem Durchschnitt der Welt, aber signifikant hinter dem Durchschnitt der EU.[17] Dies gibt wenig Hoffnung für eine effiziente, also langfristig den Bedarf an Unterstützung mindernde Verwendung der Mittel.

Der in den USA lehrende italienische Top-Ökonom Fabrizio Zilibotti bringt es auf den Punkt: »Italien wie auch Spanien haben keinen besonders guten Track Record, was eine Kultur der Abhängigkeit anbelangt. Große Teile ihrer Bevölkerung, besonders in den ärmsten Regionen im Süden, neigen dazu, ihr Verhalten an einen niedrigen wirtschaftlichen Standard mit staatlichen Unterstützungsleistungen und gelegentlicher Beschäftigung im informellen Sektor anzupassen. Deshalb sollte das Ziel sein, die Leute im Arbeitsmarkt zu halten, etwa mit Steuererleichterungen und Freibeträgen für Angestellte mit niedrigem Lohn. Doch diese Aspekte tauchen im gegenwärtigen politischen Diskurs nicht auf, und jegliche Erwähnung riefe Missbilligung und Kritik hervor. Die Regierungen finden es einfacher und populärer, den Menschen, die zu Hause bleiben, Schecks auszustellen. So kann es sein, dass mit den EU-Transfers (beziehungsweise den subventionierten Krediten) schlecht ausgestaltete Wohlfahrtsprogramme finanziert werden, die zum Fortdauern der Krise beitragen.«[18]

Dies lehrt auch die Erfahrung mit der Corona-Krise, die einen klaren Zusammenhang zwischen der Korruptionsanfälligkeit der Staaten und dem Einbruch der Wirtschaftsleistung erkennen lässt (siehe Abbildung 17).

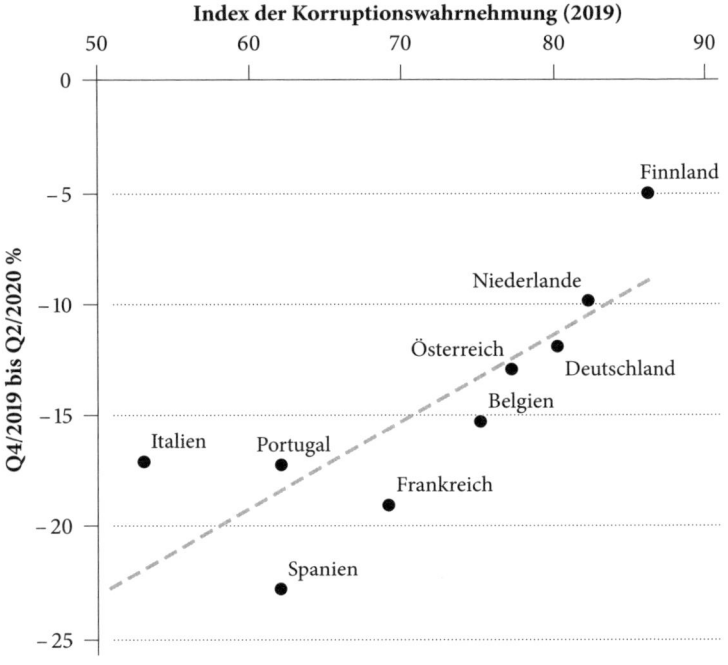

Abbildung 17: Korruption und BIP-Rückgang in 2020
Quelle: Flossbach von Storch Research Institute, Transparency International, nationale statistische Ämter. Entnommen aus Flossbach von Storch, »Mehr Geld wird die EWU nicht retten«, 4. September 2020, abrufbar unter https://www.flossbachvonstorch-researchinstitute.com/de/kommentare/mehr-geld-wird-die-ewu-nicht-retten/

Egal, unter welchem Namen die europäische »Solidarität« verkauft wird: Wiederaufbaufonds, Arbeitslosenversicherung, Eurozonen-Budget, Eurozonen-Finanzminister. Immer geht es darum, einen Umverteilungsmechanismus zu schaffen, bei dem der Geber keinen Einfluss auf die Verwendung der Mittel hat. Theoretisch soll der Länderfinanzausgleich dazu dienen, die Unterschiede zwischen den Ländern abzubauen. Das kann funktionieren, wenn man das Geld dazu nutzt, die Wirtschaftskraft zu steigern. Praktisch führt er zum Gegenteil: zur Illusion der Empfängerländer, auf die eigenständige Erarbeitung der Mittel nicht angewiesen zu sein.

Auf Eurozonenebene ein offensichtlich gescheitertes Konstrukt skalieren zu wollen widerspricht jeglicher Logik. Aus der Sicht der Politik in einem der Empfängerländer mag es naheliegen, Gelder aus dritten Quellen einer Belastung der eigenen Bevölkerung mit Steuern vorzuziehen. Die Frage ist nur, wie lange die Länder im Norden dies mitmachen – vor allem dann, wenn sich eine weitere Verschlechterung der wirtschaftlichen Lage abzeichnen sollte. Diese Verschlechterung der wirtschaftlichen Lage bedarf nicht einmal einer weiteren Krise. Nicht nur Deutschland steht vor einem massiven demografischen Wandel, sondern auch seine Partnerländer. Wenn in Italien die Bevölkerung bis zum Jahr 2100 um rund 34 Prozent schrumpft, dann dürfte das Wachstum in dem Land noch geringer ausfallen als in den vergangenen Jahren. Ebenso trübe sieht es für Spanien und Polen aus.

Es droht ein Aufschaukeln der Unzufriedenheit. Aufgrund fehlender Fortschritte im Süden wird die Unzufriedenheit der Bevölkerung dort zunehmen und damit auch der Ruf nach mehr finanzieller Unterstützung lauter werden. Umgekehrt wird im Norden angesichts der zunehmenden Belastung und der offensichtlichen Ungerechtigkeiten – Vermögen, Renteneintrittsalter und -niveau – die Unzufriedenheit ebenfalls wachsen.

Dies ist der Grund, weshalb die Politik auf eine Verschuldung auf der Ebene der EU setzt. Diese Schulden haben den Vorteil, vorerst und vordergründig keine Last für die Bürgerinnen und Bürger des Nordens zu sein. Sie bieten quasi die elegante Möglichkeit, beiden Seiten entgegenzukommen. Es kann Geld verteilt werden – was immer zunächst eine positive Wirkung hat –, ohne es zeitgleich an anderer Stelle einzutreiben. Diese Strategie funktioniert aber nur begrenzt, und es ist abzusehen, dass es eine Gegenfinanzierung geben wird. Dazu sind einige neue Steuern und Abgaben auf EU-Ebene im Gespräch. Egal ob es sich um eine Plastikabgabe, eine CO_2-Steuer oder Zölle handelt: Die Tilgung von Schulden zieht immer einen Verlust an verfügbarem Einkommen nach sich, und das Geld fehlt an anderer Stelle. Auch hier findet selbstverständlich eine Umverteilung statt, da Deutschland einen großen Teil der Abgaben leisten, aber nur einen Bruchteil aus den Töpfen zurückerhalten wird.

EU-Zerfall führt zu hohen Kosten

Deutschland befindet sich in einem Dilemma. Wir treten ein in eine Transferunion, die weder die Probleme der EU löst noch gerecht ist. Es besteht die ernst zu nehmende Gefahr, dass die Leistungsfähigkeit der deutschen Volkswirtschaft nicht ausreicht, um die EU auf Dauer mit den deutschen Beiträgen zu stabilisieren. Wir können unser Einkommen und Vermögen nur einmal verteilen.

Es zeichnet sich kein anderes Land ab, das dann die Rolle Deutschlands einnehmen könnte, stehen doch alle Staaten Europas vor ähnlichen Problemen. Frankreich mag zwar eine günstigere demografische Entwicklung aufweisen, doch dürfte dies nicht genügen, um die Rolle des finanziellen Garanten der EU zu übernehmen. Ohnehin ist zu bezweifeln, dass dies von der französischen Bevölkerung akzeptiert würde, ist sie doch am negativsten gegenüber der EU eingestellt. Selbst in Großbritannien war man in einer vor der Corona-Krise 2019 durchgeführten Umfrage der EU noch freundlicher gesinnt als in Frankreich.[19]

Die Politik in Deutschland wird nicht müde, unter Verweis auf den wirtschaftlichen Nutzen, den wir aus der EU ziehen, zu betonen, dass sich jede Zahlung für die europäische Solidarität lohnt. So zuletzt in der Diskussion um den Wiederaufbaufonds, der vor allem dazu diene, die deutschen Exporte zu sichern. Worin der Nutzen liegen soll, die Exporte in andere Länder selbst durch Transfers und den Aufbau der unverzinslichen Forderungen im Target2-System zu bezahlen (mehr dazu Kapitel 13), bleibt unbeantwortet. Letztlich subventionieren wir mit diesen zins- und tilgungsfreien Krediten die deutsche Exportindustrie.

Dies hat eine erhebliche Verteilungswirkung im Inland. Nach einer Studie des Internationalen Währungsfonds trägt es zur Vermögensungleichheit in Deutschland nicht unwesentlich bei, weil die überwiegend in Familienbesitz befindlichen Unternehmen die Hauptnutznießer sind.[20] Während die exportorientierten Unternehmen, deren Eigentümer und zum Teil auch deren Angestellte von den indirekten Subventionen über Target2 und Transfers innerhalb der EU profitieren, werden die Kosten der gesamten Bevölkerung aufgebürdet. Dies gilt erst recht für den Wiederaufbaufonds, der von unseren Politikern sogar ganz offiziell mit der Sicherung der deutschen Exporte begründet wurde.[21] Die Abgabenlast ist höher, um diese Zahlungen leisten zu können, und die Kaufkraft der Bürgerinnen und Bürger geringer. Vor allem importierte Waren und Urlaube sind teurer als vor der Euroeinführung.[22] Der Nutzen ist also nicht so eindeutig und vor allem ungerecht verteilt – Grund genug, etwas zu ändern. Neben der bereits mehrfach angesprochenen Abkehr von der einseitigen Exportorientierung und mehr Ausgaben im Inland muss diese einseitige Exportfixierung auch Folgen für die künftige Finanzierung des Staates haben.

Ungeachtet dieser Kritik an der Behauptung der Politik, dass es im eigenen Interesse Deutschland sei, seine Exporte selbst zu finanzieren, sehe ich den erheblichen Nutzen des europäischen Binnenmarkts für alle beteiligten Staaten. Schon die ökonomische Theorie kennt den Wohlstandsgewinn einer Vergrößerung von Märkten, und so ist es nicht überraschend, dass Studien unterstreichen, mit welchem Wohlstandsverlust ein Zerfall der EU verbunden wäre.

Interessant ist dabei vor allem Folgendes: Die entscheidenden Wohlstandstreiber für alle Staaten der EU sind der Binnenmarkt, die Zollunion und der Schengen-Raum, die für gut 90 Prozent des Wohlstandsgewinns stehen. Die Transferleistungen, die vor allem für Länder wie Polen, Bulgarien und Ungarn bedeutsam sind, spielen insgesamt keine große Rolle. Größte Nutznießer der EU sind nach diesen Analysen Malta, Luxemburg, Ungarn, die Baltischen

Staaten, Irland und Belgien. Den geringsten Nutzen hatten demnach Großbritannien (das in der Analyse noch enthalten war) und Italien.[23]

Angesichts des erheblichen positiven Wohlstandseffekts liegt es auf der Hand, dass es sich für die beteiligten Staaten lohnt, an der EU festzuhalten. Obwohl der Nutzen für Deutschland relativ zu den meisten Staaten deutlich geringer ausfällt, ist er per saldo positiv. Zieht man die Vorteile eines kooperativen Miteinanders in Europa und das gemeinsame außenpolitische Gewicht (was es allerdings zu nutzen gilt) hinzu, so spricht sehr viel dafür, dass wir uns dafür einsetzen, die EU zu stabilisieren und weiterzuentwickeln. Allerdings kann dies kein Freibrief für unbegrenzte Transfers sein. Vielmehr muss es als Selbstverpflichtung aufgefasst werden, die EU so zu modernisieren und zu reformieren, dass sie den Bürgerinnen und Bürgern aller Mitgliedsstaaten dient, ohne einzelne Staaten dauerhaft zu überfordern.

Der Euro muss reformiert werden

Angesichts der enormen Bedeutung des europäischen Binnenmarktes gilt es alles daranzusetzen, eine weitere Desintegration der EU zu verhindern. Dies wird nur funktionieren, wenn die Politik sich einem entscheidenden Fehler stellt: der ökonomisch falschen Einführung des Euros.

Die bereits zitierten Analysen unterstreichen dies. Der Euro hat demnach eine untergeordnete Bedeutung für den Wohlstand in Europa, und eine Abschaffung hätte nur geringfügige negative Konsequenzen für den innereuropäischen Handel.[24] Allerdings sind die negativen Folgen des Euros nicht mehr zu übersehen. Während die wettbewerbsstarken Staaten immer mehr an Wettbewerbsfähigkeit gewinnen, verlieren die schwächeren Staaten immer mehr. Kaschiert wird dies zwar durch stetig steigende Transfers – sichtbar unter anderem an den Target2-Positionen – und immer höhere Schuldenquoten in den südlichen Staaten – eine Entwicklung, die durch die Corona-Rezession zusätzlich an Fahrt gewonnen hat.

Damit entwickelt sich der Euro immer mehr zum Spaltpilz für die gesamte Union. Die politisch gewählte Antwort der Transferunion – die nichts anderes ist als der Ersatz von Krediten durch Geschenke – wird, wie bereits dargelegt, bestenfalls Zeit kaufen, das Problem aber nicht lösen. Die Volkswirtschaften der Mitgliedsländer entwickeln sich immer weiter auseinander, möglicherweise verstärkt durch die Programme zum Umbau der europäischen Wirtschaft zur Erreichung der Klimaziele.

Damit wächst allerdings das Risiko eines Euro-Austritts eines Landes, der mit erheblichen negativen Konsequenzen einherginge. Einerseits hat der Euro aus der Sicht des innereuropäischen Handels nur eine sehr untergeordnete Bedeutung. Andererseits zeigen Studien, dass ein chaotischer Zerfall der Währungsunion mit massiven Verlusten an den weltweiten Finanzmärkten und einer tiefen Rezession verbunden wäre.

So beispielsweise eine Analyse der Deutsche Bank:[25] Demnach käme es, sobald es Anzeichen für einen Euroaustritt gibt, zu einer massiven Kapitalflucht, der mit Kapitalverkehrskontrollen begegnet würde. Die Kapitalmärkte würden umgehend auf einen Zerfall des Euros wetten und sich dabei an der Vor-Euro-Zeit orientieren. Für die Währungen der Südländer (inklusive Frankreich) würde mit einer deutlich höheren Inflation gerechnet werden, was eine sofortige Abwertung dieser Währungen zur Folge hätte. Die Bank rechnet mit einer Abwertung in einer Größenordnung von rund 40 Prozent für die wiedereingeführten Währungen Spaniens, Griechenlands, Italiens und Portugals und einem Verlust der neuen Deutschen Mark von rund 10 Prozent gegenüber dem Dollar. Hier wäre die Ursache die unvermeidliche schwere Rezession hierzulande.

Doch damit nicht genug. Es käme zu einer wahren Kapitalflucht aus Europa, was auch daran liegt, dass die Verteilung der weltweiten Geldreserven neu geordnet würde. Mindestens der Gegenwert von

500 Milliarden US-Dollar würde in andere Regionen verlagert, so die Schätzung der Bank. Auch der Privatsektor aus der ehemaligen Eurozone dürfte sich an der Flucht beteiligen, wenn er nicht, was viel intelligenter wäre, schon vorher Kapital in andere Währungsräume verlagert. »Nichts wie raus aus Europa!«, wäre die Zusammenfassung.

Das Weltfinanzsystem stünde vor der Kernschmelze. Natürlich würden die Notenbanken auf einen derartigen Schock in einem noch nie da gewesenen Maß reagieren. Vor allem die US-Notenbank Fed dürfte eine Monsterwelle an US-Dollar-Liquidität über die Weltmärkte rollen lassen. Die weltweiten Zinsen würden drastisch fallen, so in Deutschland weit in den negativen Bereich.

Aus gutem Grund, denn Deutschlands Geschäftsmodell wäre über Nacht als das entlarvt, was es ist: eine einseitige Orientierung am Export mit einer impliziten und expliziten Subventionierung der zugehörigen Industrien. Die internationale Wettbewerbsfähigkeit wäre zwar nicht vollkommen zerstört, aber zumindest erheblich geschädigt. Die stagnierenden Produktivitätsfortschritte würden sich direkt schmerzhaft bemerkbar machen. Eine tiefe Rezession und Anpassungskrise mit erheblichen sozialen Verwerfungen wäre die Folge.

Die Vorstellung, dass die Eurozone zerfällt, ist keineswegs abwegig. Das gleiche Schicksal erlitt auch ihr Vorgänger, die Lateinische Münzunion.[26] Im Jahr 1865 von Frankreich, Belgien, der Schweiz und Italien gegründet, war damals, wie auch bei der Einführung des Euros, das eigentliche Ziel eine politische Neuordnung Europas jenseits nationaler Grenzen. Wie heute sollte das Geld als Instrument der politischen und sozioökonomischen Integration wirken. Frankreich beanspruchte dabei die politische Führung, die sich in erster Linie aus dem geopolitischen Anspruch und nicht aus seiner ökonomischen Leistungsfähigkeit ableitete.

Probleme ergaben sich genauso wie heute aus der unterschiedlichen Wirtschaftskraft der Mitgliedstaaten sowie aus der zunehmend hohen Schuldenlast Italiens und des 1869 beigetretenen Griechenland. Beide Staaten – auch dies durchaus eine Parallele – erhofften sich aus der Währungsunion mehr Kreditwürdigkeit an den Märkten und nutzten dies, um sich höher zu verschulden. Wie heute führte das unsolide Wirtschaften in diesen Ländern zu einer anhaltenden Kapitalflucht, die zulasten der solideren Länder wirkte. Obwohl es sich auch damals schnell zeigte, dass das Projekt nicht funktioniert, hielt die Union lange durch, weil die Mitgliedsländer die Kosten eines Austritts scheuten. Erst der Erste Weltkrieg bereitete der Union das Ende.

Käme es zu einem Zerfall des Euros, so wäre zweifellos auch der politische Schaden höher. Es ist schwer vorstellbar, dass die EU einen Eurozerfall überstehen würde, und der Zerfall würde einen massiven Wohlstandsverlust für alle Mitgliedstaaten mit sich bringen. Diese Vorstellung entfaltet eine hohe Abschreckungswirkung, doch wäre es falsch, sich darauf zu verlassen. Der Austritt Großbritanniens – das bekanntlich nicht den Euro eingeführt hat – unterstreicht, wie real die Gefahren sind. Deutschland wird sicherlich nicht zuletzt aufgrund seiner Geschichte an dem Projekt festhalten. Für Italien und die Niederlande – die beiden Gegenpole des sich vertiefenden Konflikts zwischen Transferempfängern und -leistenden – ist dies nicht garantiert. Deshalb ist es gefährlich, die Probleme weiter zu verschleppen. Wollen wir den Wohlstand Europas und damit auch Deutschlands für die kommenden Jahrzehnte sichern, so brauchen wir eine Reform des Euros und der EU.

Altschuldenfonds und Parallelwährungen

Die Eurozone leidet unter den zunehmenden Diskrepanzen der Wettbewerbsfähigkeit der Mitgliedsländer und der zunehmend problematischen Verschuldung einiger von ihnen. Jede Lösung muss diese Probleme konsequent und radikal angehen. Jeder der entsprechenden Schritte setzt die politische Bereitschaft voraus, einer Vermögensverschiebung zwischen Staaten zuzustimmen. Dieser Weg ist nicht unproblematisch, wurde allerdings bereits über die Interventionen der EZB und den 750-Milliarden-Euro-»Wiederaufbaufonds« der EU eingeschlagen.

Bereits in *Coronomics*[27] habe ich einen gemeinsamen Schuldentilgungsfonds der EU-Staaten vorgeschlagen. Statt wie jetzt beabsichtigt in eine unbegrenzte Schuldenunion einzusteigen, die zu mehr Spannungen zwischen den Mitgliedstaaten führen und damit das Zerfallsrisiko deutlich erhöhen wird, sollte die EU sich um die Altschulden der Staaten kümmern. Konkret geht es darum, dass alle Mitgliedstaaten Staatsschulden in einer bestimmten Größenordnung relativ zu ihrer jeweiligen Wirtschaftskraft auf die EU-Ebene verlagern. Nähme man, wie angeregt, 75 Prozent des BIP als Zielmarke, so würde die Verschuldung aller Staaten um diesen Prozentsatz sinken. Staaten wie Deutschland und die Niederlande wären nach einem solchen Schritt faktisch schuldenfrei, hoch verschuldete Staaten würden so stark entschuldet, dass sie genug Freiraum hätten, ihre Wirtschaft zu sanieren.

Der Vorteil dieses Schritts liegt auf der Hand: Alle Staaten würden profitieren, und es gäbe keine Blankoverpflichtung für die Zukunft. Bestandteil des Konzeptes ist eine Umschuldung dieser Verbindlichkeiten in Anleihen mit sehr langer Laufzeit, die von der EZB aufgekauft werden. Eine offenere und direkte Finanzierung der Staaten durch die EZB ist – wie auch in anderen Regionen der Welt – bereits heute faktisch der Fall und wird in den kommenden Jahren an Bedeutung gewinnen. Das ist nicht wünschenswert, angesichts der Alternativen – Pleiten, Schuldenrestrukturierung, Eurovrfall – aber wohl das geringere Übel. Ohnehin ist es der Weg, den die anderen Mitgliedsländer des Euros, namentlich Frankreich, Italien und Spanien, befolgen wollen. Schon im Sommer 2020 hatte die spanische Regierung vorgeschlagen, den europäischen Wiederaufbaufonds in einem angestrebten Volumen von 1500 Milliarden Euro mit ewigen Anleihen zu finanzieren. Dass diese von der EZB gekauft würden, stand dabei unausgesprochen im Raum.

Für diese Vorgehensweise spricht auch, dass nicht abzusehen ist, dass die Staaten ihre finanzpolitische Kompetenz auf die EU-Ebene verlagern. Solange aber die Sozial- und Abgabensysteme derart unterschiedlich beschaffen sind, kann eine simple Umverteilung so, wie sie jetzt angestrebt wird, nicht dauerhaft funktionieren.

Nach der skizzierten Entschuldung könnte der zweite Schritt der Sanierung des Euros gegangen werden: die Einführung von Parallelwährungen. Diese Idee ist nicht neu und wurde bereits in der Vergangenheit in die Diskussion eingeführt.[28] Sie besagt, dass einige Staaten eine weitere Währung neben dem Euro einführen würden. Wirtschaftlich starke Staaten könnten dies tun, indem sie einen »Hart-Euro« einführen, wirtschaftliche schwächere, indem sie zur Zahlung von Steuern eigenes Geld ausgeben. In beiden Fällen käme es zu zwei Geldkreisläufen. Das harte Geld würde zur Wertaufbewahrung dienen, das weichere könnte dazu dienen, die dringend erforderliche Anpassung von Löhnen und Preisen zu erleichtern.

Da niemand zum Tausch seiner Euros in eine andere Währung gezwungen wäre, käme es zu keinerlei Verwerfung an den Kapitalmärkten und damit auch nicht zu Verlusten im Bankensystem. Bürger und Unternehmen würden lediglich mit zwei Währungen agieren, was kein Problem darstellt, kennen wir dies doch auch sonst aus dem Urlaub.

Früher oder später wäre der Euro entweder europaweit eine Zweitwährung, oder aber die Staaten, in denen der Euro ausschließlich gilt, wären nur noch die Kernländer Deutschland, Österreich, Niederlande und Finnland. Die Position Frankreichs wäre unklar, fällt das Land doch wirtschaftlich zunehmend in die Gruppe der Südländer. Das tägliche Leben wird dann in den nationalen Währungen abgewickelt, deren Kurse gegenüber dem Euro frei schwanken.

Für Deutschland wäre das anfangs durchaus unangenehm, weil die eigene Wettbewerbsfähigkeit zunächst leiden würde. Dies ist aber nur die Rückkehr zum gesunden Normalzustand, da der Euro aufgrund der fehlenden Abwertungsmöglichkeit der schwächeren

Mitgliedstaaten und des deutlich tieferen Wechselkurses, verglichen mit einer Deutschen Mark, ungesund hohe Exportüberschüsse beschert hat (siehe Kapitel 6). Mit Blick auf das Ziel der Wohlstandssicherung in den kommenden Jahrzehnten wäre dies eine sehr gute Nachricht, da der Druck auf die deutsche Wirtschaft zunähme, die Produktivität – den entscheidenden Hebel für mehr Wohlstand – stärker zu steigern.

Ein Programm zur Stabilisierung der EU

Der Brexit hätte ein Weckruf für die EU sein sollen. Leider war dies nicht der Fall, auch aufgrund der Entwicklung auf britischer Seite, die bis jetzt nicht die Erwartung nährt, dass das Land die sich aus dem Austritt aus der EU ergebenden Chancen nutzen wird. Aus der Sicht der EU ist das zunächst eine gute Nachricht, sinkt doch vorerst das Risiko weiterer Austritte.

Die Betonung liegt auf »vorerst«, da ohne eine Rückbesinnung auf die Rolle der EU als Garant sicherer Außengrenzen und Basis für die Mehrung von Wohlstand die Spannungen unweigerlich zunehmen werden. Dabei steht die EU, abgesehen von der Europroblematik, vor derselben Herausforderung wie Deutschland: Es muss darum gehen, den Rückgang der Erwerbsbevölkerungszahlen zu verlangsamen und zugleich die Produktivitätsfortschritte zu erhöhen. Ich kann es gar nicht oft genug betonen: Produktivitätsfortschritte sind die Grundvoraussetzung für einen wachsenden Kuchen, und dieser wachsende Kuchen ist die Voraussetzung für Umverteilung innerhalb eines Landes (Sozialstaat) und innerhalb der Staatengemeinschaft (EU-Transfers). Bleiben diese aus, so bedeutet jede Umverteilung eine spürbare Last für den Teil der Bevölkerung, der die Leistungen finanziert, was unweigerlich nur bis zu einem bestimmten Punkt akzeptiert wird. Politische Spannungen wären die Folge.

Kaschiert die Politik die unzureichende Entwicklung der Produktivität mit immer weiteren Schulden (so wie sie das seit Jahren in den schwächeren Mitgliedstaaten tut) nun auch auf der Ebene der EU und in den noch stärkeren Mitgliedsländern, so verschärft sie die Probleme nur. Der Anteil der nicht produktiven Unternehmen (Zombies, siehe Kapitel 8) wächst weiter, und die Vermögensungleichheit nimmt zu, weil die von den Notenbanken geschaffenen Mittel vor allem an die Vermögensmärkte fließen – beides ein sicheres Rezept für zunehmende Spannungen innerhalb und zwischen Ländern.

Für die EU und die EU-fokussierte Politik liegt die Lösung in zunehmenden Bemühungen um Integration. Dies erinnert an den Philosophen Paul Watzlawick, der einmal treffend feststellte, dass, wer als Werkzeug nur einen Hammer hat, in jedem Problem einen Nagel sieht. Doch das ist weder richtig, noch entspricht es den Wünschen der Bevölkerung.[29] Die EU muss dringend umsteuern, will sie sich selbst erhalten – und damit ihren Nutzen für die Bürgerinnen und Bürger, den es durchaus gibt.

Eckpunkte eines Programms zur Stabilisierung der EU aus meiner Sicht wären die folgenden:

- *Steigerung des Wirtschaftswachstums* durch Strukturreformen, die diesen Namen verdienen. Weitere zehn Jahre, in denen die EU die selbst gesteckten Ziele nicht erreicht, können wir uns nicht leisten.
- *Priorität auf Schaffung von Wohlstand* durch eine Änderung der politischen Agenda der EU. Das heutige Ordnungssystem beruht vornehmlich auf Regulierung, Planwirtschaft (siehe Klimapolitik) und Instrumenten zur Unterdrückung von Wettbewerb.
- *Neustart der Klimapolitik* analog zu den Gedanken, die in Kapitel 10 diskutiert wurden.
- *Dezentralisierung statt Zentralisierung* von Entscheidungen in Europa. So viel Subsidiarität wie möglich. Programm zur Rückführung von Aufgaben auf das Niveau der Nationalstaaten.

- *Bund von Nationalstaaten statt Superstaat* durch Aufgabe der Idee einer zunehmenden Zentralisierung. Die Bevölkerung muss wieder stärker an den Entscheidungen beteiligt werden.
- *Mehr Wettbewerb* statt weniger Wettbewerb zwischen den Mitgliedsländern. Es muss sich lohnen, die Initiative zu ergreifen und den eigenen Standort zu stärken. Gerade der intensive Wettbewerb der Länder Europas in den vergangenen Jahrhunderten dürfte ein Grund für den wirtschaftlichen Aufstieg der Region gewesen sein.
- *Wirksame Begrenzung der Zuwanderung* durch Schutz der Außengrenzen und stärkere Orientierung der Zuwanderung an den eigenen ökonomischen Interessen.
- *Demokratisierung* der Institutionen. Es kann nicht sein, dass die Stimmen der einzelnen Bürgerinnen und Bürger im EU-Parlament so unterschiedliche Gewichte haben.[30] Dies geht vor allem dann nicht, wenn man dem Parlament mehr Rechte einräumen möchte.

Zielbild wäre eine EU, die sich auf wenige Kernaufgaben beschränkt, vor allem den Binnenmarkt, den gemeinsamen Schutz der Außengrenzen und die Verteidigung. Dieser Wandel wäre möglich, allerdings setzt er eine Abkehr der EU-Eliten vom bisherigen Kurs voraus. Wahrscheinlicher ist, dass diese am bestehenden Kurs festhalten und damit scheitern – mit weitaus verheerenderen Konsequenzen, als ein freiwilliger Wandel sie je haben könnte.

Deutschland muss auf Wandel dringen

Voraussetzung für den Erhalt der EU ist zweifellos, dass wir die dringend erforderlichen Reformen in Deutschland anpacken, werden wir doch nur dann in der Lage sein, unserer Rolle in der EU und in der Eurozone nachzukommen. Doch auch umgekehrt gilt: Versagt die EU bei den unumgänglichen Reformen der eigenen Institutionen und des Euros, so wird sich der Niedergang fortsetzen, egal wie erfolgreich die Reformbemühungen in Deutschland sein werden. Im Gegenteil: Wenn es gelingt, Deutschland für 2040 fit zu machen, dann wird die Diskrepanz zu den anderen Staaten Europas noch größer. Schwer vorstellbar, dass die EU dies überlebt.

Aus diesem Grund ist eine aktive Rolle Deutschlands bei der Sanierung der EU unerlässlich. Dabei können wir durch intelligente und großzügige Unterstützung bei den Themen Entschuldung und Parallelwährungen einen entscheidenden Beitrag leisten. Zusätzlich wäre es denkbar – wie bereits in *Coronomics* ausgeführt –,[31] dass wir die nach der Verlagerung von Altschulden auf die Ebene der EU deutlich gesunkene Staatsverschuldung hierzulande nutzen, um über Direktinvestitionen und Kredite die wirtschaftliche Entwicklung in den schwächeren Mitgliedstaaten zu fördern. Dazu ließe sich beispielsweise ein »Solidaritätsfonds Europa« einrichten, der Mittel aus Deutschland in diese Regionen lenkt.

Die Unterstützung bei der Entschuldung und die Direktinvestitionen dürften es erleichtern, im Gegenzug eine Mobilisierung der anderen EU-Staaten für den Reformprozess zu erreichen. Auch sollte es dann leichter sein, einige der Konstruktionsfehler der EU zu korrigieren und künftige Aktionen zur Rettung anderer Staaten auszuschließen. So ungerecht dieses Vorgehen gerade aus der Sicht der deutschen Bevölkerung wirken muss, so unerlässlich ist eine gewisse Großzügigkeit, um das Konstrukt am Leben zu erhalten und zu sanieren.

Aufgaben für die nächste Bundesregierung

- Vorschlag eines europäischen Altschuldenfonds mit Rückfinanzierung durch die EZB. Dabei auch ein gewisses Maß an Flexibilität, zum Beispiel durch höhere Entlastung der hoch verschuldeten Staaten

- Programm für Investitionen in den schwächeren Mitgliedstaaten der Eurozone über einen deutschen »Solidaritätsfonds Europa«
- Erarbeitung einer neuen europapolitischen Strategie entlang des Leitmotivs Freiheit, Wettbewerb und Subsidiarität
- Übertragung der deutschen Reformideen auf die Ebene der EU
- Konzept für eine intelligente Klimapolitik auf europäischer Ebene
- Konkretisierung eines Plans zur Sanierung/Neuordnung der Eurozone

12. Wehrhaft und hilfsbereit

»Unsere Sicherheit wird nicht nur, aber auch am Hindukusch verteidigt.«

*Peter Struck (1943 bis 2012),
deutscher Verteidigungsminister von 2002 bis 2005*

»Gemessen an den Herausforderungen unserer Zeit und an unseren Möglichkeiten könnten und sollten wir deutlich mehr tun. Wir müssen mehr tun, um gemeinsam mit anderen Ordnung zu erhalten, Konflikten vorzubeugen, Krisen zu entschärfen und Gegner abzuschrecken.«

*Joachim Gauck, Bundespräsident
der Bundesrepublik Deutschland 2012 bis 2017*

»Wir können uns nicht als eine große Schweiz definieren, die sich sozusagen hinterm Berg verbirgt, und die große Weltpolitik findet woanders statt. Die Weltpolitik hat die Tendenz, zu uns zu kommen.«

Wolfgang Ischinger, Leiter der Münchner Sicherheitskonferenz

»Die Entwicklungspolitik von heute ist die Friedenspolitik von morgen.«

*Willy Brandt (1913 bis 1992), Bundeskanzler
der Bundesrepublik Deutschland von 1969 bis 1972*

Im Herbst 2020, als das Drama um den Brexit wieder an Fahrt gewann, konstatierte die britische *Financial Times* enttäuscht, dass es das Thema in der Prioritätenliste der deutschen Bundeskanzlerin noch nicht einmal unter die Top 5 schaffte.[1] Davor standen die Beziehungen mit Russland nach dem Giftanschlag auf den Oppositionspolitiker Alexei Nawalny, die wirtschaftlichen Folgen der Corona-Krise, der Konflikt zwischen Griechenland und der Türkei im östlichen Mittelmeer, die ungelöste Migrationsproblematik, die Handelsbeziehungen mit China und die bevorstehenden Wahlen in den USA.

Dieses Themenspektrum mag auch zum Teil der Tatsache geschuldet gewesen sein, dass Deutschland im zweiten Halbjahr 2020 die europäische Ratspräsidentschaft innehatte. Es wirft aber ein Schlaglicht auf die Themen, mit denen sich die deutsche Außenpolitik regelmäßig konfrontiert sieht. Dabei wird es von seinen Nachbarn immer weniger akzeptiert, wenn Deutschland versucht, sich vor der Verantwortung zu drücken. Der frühere Botschafter und jetzige Leiter der Münchner Sicherheitskonferenz Wolfgang Ischinger bringt es so auf den Punkt: »Wir haben uns nach der Wiedervereinigung eingeredet, dass jetzt ein paradiesischer Zustand eintritt. (…) Wir glaubten, dass wir fortan nur noch von Freunden umgeben sein würden. Jetzt entdecken wir allmählich, dass das so nicht stimmt. Wir haben zwar neun Nachbarn, und das sind auch alles Freunde. Aber wenn diese Freunde sich in ihrer Nachbarschaft umschauen, sehen sie Terror, Migrationsdruck, Konflikte und auch Krieg. (…) Die Frage der Außenpolitik, der Verteidigung, des Schutzes nicht nur unserer eigenen Grenzen, sondern der unserer Bündnispartner, diese Frage haben wir vernachlässigt. Da besteht Nachholbedarf.«[2]

Ich brauche an dieser Stelle nicht die vielen guten Beiträge zu den strategischen Herausforderungen für Deutschland und Europa zusammenzufassen. Die Welt wird nicht sicherer. Im Gegenteil: Die Konflikte gerade vor unserer Haustür werden immer offensichtlicher und dürften sich allein aufgrund der demografischen Entwicklung im Nahen Osten und Afrika, des anhaltenden Wohlstandsgefälles und des Klimawandels beziehungsweise der dagegen ergriffenen Maßnahmen in den kommenden Jahren weiter verschärfen.

Es ist aus meiner Sicht unvermeidlich, dass wir uns mit Blick auf Deutschland 2040 diesen Herausforderungen stellen. Übersetzt heißt dies: wehrhaft und hilfsbereit sein.

Verteidigung ist auch unsere Aufgabe

Die Bundeswehr befindet sich in einem beklagenswerten Zustand. Nach dem Fall der Mauer wollte man glauben, im dauerhaften Frieden zu leben. Der Verteidigungsetat wurde zusammengestrichen, die Truppe verkleinert, Panzer wurden verschenkt oder verschrottet, Schiffe dem Rost überlassen und Flugzeuge ausgeschlachtet. Die eigentliche Überlegung war damals, eine Bundeswehr in der Größenordnung von bis zu 370 000 Mann zu haben, um im Rahmen der europäischen Partnerschaft einen angemessenen Beitrag zu leisten.[3] Tatsächlich schrumpfte die Personalstärke der Bundeswehr auf deutlich unter 200 000 Mann, und anstatt diese kleinere Truppe wie offiziell angekündigt besser auszustatten, verfiel die Ausrüstung zusehends. Diese traurigen Fakten werden sogar noch verschleiert, indem man bei der offiziellen Berechnung der Einsatzbereitschaft nicht den gesamten Bestand an Waffensystemen zugrunde legt, sondern nur jene, die nicht gerade in Wartung oder Instandsetzung sind. So vermeldet die Regierung, dass von 183 »verfügbaren« Leopard-Panzern 101 einsatzbereit seien, was einer Quote von 55 Prozent entspricht. In Wirklichkeit besitzt die Bundeswehr allerdings 245 Leopard-Panzer, was eine Quote von nur noch 41 Prozent ergibt.[4] Doch nicht nur die Panzer fahren nicht. So sah es Ende 2019 aus:[5]

- Von 75 Helikoptern NH90 waren nur 44 verfügbar, von diesen wiederum nur neun einsatzbereit.
- Von 53 Kampfhubschraubern Tiger waren nur 36 verfügbar und 12 flugbereit.
- Von 71 CH53-Helikoptern waren nur 48 verfügbar und 18 flugfähig. Der »Oldtimer der Bundeswehr« ist für Auslandseinsätze erforderlich. Besonders knapp sind die Modelle mit einer Selbstschutzausrüstung gegen Raketenangriffe.
- Von 93 Tornado-Kampfjets waren 57 verfügbar und 20 flugbereit.
- Von 31 A400M-Transportmaschinen waren im Jahr 2019 durchschnittlich nur 19 verfügbar, acht flugbereit.

- Das neueste Waffensystem der Bundeswehr, der Schützenpanzer Puma, ist gleichfalls ein Ausfall: Von 284 Panzern sind 191 verfügbar und 67 einsatzbereit.
- Nicht besser sieht es bei Gewehren und Schutzausrüstung aus.

Kein Wunder, dass sogar die Frauen in der Bundeswehr wenig davon angetan waren, als das Verteidigungsministerium im Sommer 2020 über weibliche Dienstgrade nachdachte. Bessere Ausrüstung sei wohl wichtiger.[6]

Obwohl die Politik mittlerweile den Verteidigungsetat erhöht und die Ausgaben für militärisches Gerät gegenüber dem Tiefpunkt von 8,6 Milliarden Euro (2013) fast verdoppelt hat, schlägt sich diese Ausgabenoffensive nicht in der Ausrüstung nieder. Dies liegt zum einen an der bereits in Kapitel 4 kritisierten fehlenden Bereitschaft, vorhandene und funktionsfähige Waffensysteme von der Stange zu kaufen – so zuletzt an der Weigerung der SPD, dem Kauf amerikanischer Kampfflugzeuge zuzustimmen.

Zum anderen zeigt sich hier, wie schon beim Thema Infrastruktur, der langfristige Schaden einer kurzfristig orientierten Politik. Es genügt nicht, das Budget zu erhöhen. Erforderlich ist auch die Kompetenz, das Geld sinnvoll auszugeben. Es geht um Planung, Beschaffung und Umsetzung, der Wehrbeauftragte beschrieb diese Prozesse 2019 als »dysfunktional« und »sklerotisch«. Die Bundeswehr hat entscheidende Fähigkeiten verloren beziehungsweise muss sie reaktivieren, und dies ist offensichtlich im starren bürokratischen Gerüst nur schwer möglich.

Die Bundeswehr benötigt einen Neustart, der vielleicht nur in Form einer Neugründung gelingen kann. Befreit von tradierten bürokratischen Pfaden, wäre es unter Umständen leichter möglich, eine schlagkräftige und moderne Truppe zu bilden. Eine Neugründung, die sich am wahrlich nicht knappen Angebot sofort verfügbarer und funktionsfähiger Ausrüstung bedient, in einem Prozess, in dem die Politik die Ziele und das Budget vorgibt und den Rest den Fachleuten überlässt.

Dazu gehört auch eine nachhaltige und stabile Finanzierung, die sich am Zwei-Prozent-Ziel der NATO orientiert. Dies entspricht rund 70 Milliarden Euro pro Jahr, also einer Erhöhung des Wehretats um rund 25 Milliarden Euro. Auch dieser Betrag unterstreicht, wie wichtig es ist, die Leistungsfähigkeit der deutschen Volkswirtschaft zu steigern, denn dieser Ausgabenbedarf steht in direkter Konkurrenz zu den anderen Positionen, vor allem soziale Sicherung, Klimaschutz und Investitionen.

Aufgaben für die nächste Bundesregierung

- Bekenntnis zur Notwendigkeit einer funktionierenden Bundeswehr mit moderner Ausrüstung und gesicherter, stabiler Finanzierung
- Einhalten des in der NATO vereinbarten Ziels von Militärausgaben in Höhe von 2 Prozent des BIP
- Prüfung der Idee »Neugründung der Bundeswehr«, um Prozesse in Sinne höherer Effizienz und größerer Effektivität neu zu implementieren

Effizient und effektiv in der humanitären Hilfe

Das andere große Thema unserer Zeit bleibt die Bekämpfung der Armut in der Welt. Deutschland ist hier seit Jahrzehnten aktiv, und das wird auch so bleiben. Auch dies setzt voraus, dass wir unsere wirtschaftliche Leistungskraft bewahren, können wir doch nur dann einen Beitrag leisten, wie er humanitär geboten ist.

An dieser Stelle möchte ich nicht weiter auf die allgemeine Entwicklungshilfe eingehen. Stattdessen belasse ich es bei der Anregung, die Empfängerländer konsequenter nach Bedürftigkeit auszuwählen. Dass es an einer konsequenten Selektion mangelt, darauf deutet der Umstand hin, dass die Entwicklungshilfezahlungen nach China – immerhin rund 630 Millionen Euro im Jahr 2019 – erst im Jahr 2020 auslaufen. Angesichts der dortigen wirtschaftlichen Entwicklung und des sich immer deutlicher abzeichnenden Wettkampfs auf wirtschaftlicher und politischer Ebene ist dies schwer verständlich.

Rund 10 Milliarden Euro gibt die Bundesrepublik Deutschland direkt für Entwicklungshilfe aus. Dieser Betrag ist nur ein Bruchteil der Kosten, die für die Versorgung von Geflüchteten und um Asyl Nachsuchenden in Deutschland ausgegeben werden. Allein auf der Ebene des Bundes fielen im Jahr 2019 für Letzteres rund 15 Milliarden Euro an, hinzu kommen noch rund 5 Milliarden Euro auf der Ebene der Länder und Kommunen. 8 Milliarden Euro werden zusätzlich für die Bekämpfung von Fluchtursachen ausgegeben, fließen also nach Afrika und in die Türkei, um die Zahlen der Zuwandernden zu vermindern.[7]

Neben diesen direkt sichtbaren Kosten im Bereich Flucht und Asyl entstehen weitere Kosten, sobald die Menschen dauerhaft in Deutschland bleiben. Zwar mag es gelingen, sie in den Arbeitsmarkt zu integrieren, doch liegen die Erwerbsbeteiligung und das Einkommen deutlich unter dem allgemeinen Niveau in Deutschland. Dies schlägt sich in einem wachsenden Anteil an Menschen mit Migrationshintergrund als Empfänger von Hartz-IV-Leistungen nieder. Während bis zur Corona-Krise dank der guten Arbeitsmarktlage die Zahl der deutschen »Regelleistungsbezieher« auf zuletzt 3,4 Millionen (5,8 Millionen im Jahr 2007) sank, stieg die Zahl der Empfänger mit Migrationshintergrund auf 2 Millionen (1,3 Millionen im Jahr 2007). Diese erhielten 12,9 Milliarden Euro. Allein 6,1 Milliarden Euro entfielen auf Menschen aus den acht wichtigsten Asyl-Herkunftsstaaten.[8] Damit dürften sich die Gesamtkosten für die Versorgung der Menschen hierzulande pro Jahr auf rund 30 Milliarden Euro belaufen.

Nicht in diesen Zahlen enthalten sind die indirekten Folgekosten: erhöhte Anforderungen an Schulen, öffentliche Dienstleistungen,

Infrastruktur und Wohnungsbau. Ebenfalls nicht enthalten sind die Folgen für den gesellschaftlichen Zusammenhalt und die durchaus gegebenen – wenn auch gerne verdrängten – Probleme mit der Integration. Dafür weitere 10 Milliarden Euro anzusetzen dürfte nicht zu tief gegriffen sein.

Es liegt auf der Hand, dass es überproportional teurer ist, unser humanitäres Engagement im Inland zu erbringen. Ökonomen weisen zwar darauf hin, dass diese erhöhten Ausgaben in die Wirtschaft zurückfließen und damit eine belebende Wirkung haben. Dies gelte allerdings auch bei einer anderen Mittelverwendung. Da Deutschland keineswegs ein »reiches« Land ist, wie die Politik immer behauptet, und zudem vor erheblichen Herausforderungen steht, müssen wir auch in diesem Bereich zu den Grundsätzen von Effizienz und Effektivität zurückkehren.

Unser heutiges System ist nicht effizient, weil die Kosten der Versorgung eines Menschen in Deutschland bei mindestens dem Fünffachen, eher dem Zehnfachen einer Versorgung vor Ort liegen. Wir könnten also mit jährlich 40 Milliarden Euro zehn Millionen Menschen und mehr versorgen.

Unser System ist auch nicht effektiv, weil es vor allem nicht jenen dient, die wirklich schutzbedürftig sind. Dies sieht man allein daran, dass die Gesamtschutzquote – also die Anerkennung als Flüchtling oder Asylbewerber – bei rund 40 Prozent liegt. Bei mindestens 60 Prozent der auf diesem Wege zugewanderten Menschen waren demzufolge wirtschaftliche Motive ausschlaggebend. Dies deckt sich mit den Erkenntnissen des Hochkommissars der Vereinten Nationen für Flüchtlinge (UNHCR), nachdem über 70 Prozent der Menschen, die über das Mittelmeer nach Europa kommen, keinen Schutzanspruch haben. Er fordert deshalb auch ein »faires und gerechtes Rückführungssystem«, weil sonst »das gesamte Asylsystem infrage gestellt wird«[9]. Klartext: Die UN befürwortet ein System, bei dem die Menschen, die aus wirtschaftlichen Gründen nach Europa zuwandern wollen, nach der Überquerung des Mittelmeers nicht in Europa verbleiben, sondern nach Afrika zurückgebracht werden. In die gleiche Richtung gehen Überlegungen der seit 2019 amtierenden EU-Innenkommissarin Ylva Johannsson.[10]

Dies sollte auch die Politik in Deutschland im Hinterkopf haben, wenn sie angesichts aktueller Ereignisse – Rettungsboote, die Migrantinnen und Migranten aufgenommen haben, Flüchtlingslager, die überfüllt sind oder in denen es Brände gab – humanitäre Hilfe fordern und anbieten. Überwiegend erreicht diese großzügige Geste nicht jene, die es wirklich verdient hätten, und zudem ist sie deutlich teurer als die Hilfe vor Ort. Hinzu kommt, dass solche Alleingänge eine einheitliche Lösung auf der Ebene der EU erschweren.

Im Interesse der echt Schutzbedürftigen muss die EU den Schutz der Außengrenzen mit höchster Priorität und mit aller Konsequenz betreiben. Schnelle Asylverfahren mit konsequenter Rückführung der Abgelehnten und die Verteilung der Anerkannten innerhalb der EU muss das Ziel sein. Das heutige System, innerhalb dessen sich Menschen aus durchaus nachvollziehbaren wirtschaftlichen Überlegungen auf Asyl berufen, um nach Europa zu gelangen, ist weder gerecht noch auf Dauer durchzuhalten.

Deutschland ist offensichtlich für Zuwandernde besonders attraktiv. Dies liegt nicht zuletzt daran, dass der hiesige Sozialstaat besonders großzügig verfährt. Eine Studie der renommierten Princeton University hat am Beispiel Dänemarks nachgewiesen, dass die Kürzung von Sozialleistungen für Eingewanderte zu einem deutlichen Rückgang der Einwanderung geführt hat.[11] Dies kann nicht verwundern, wissen die Einwandernden doch sehr gut, in welchem Land sie mit welchen Leistungen zu rechnen haben. In keinem der größeren Staaten Europas sind die Leistungen für sie so hoch wie in Deutschland.[12]

Leider gelingt es Deutschland nicht, einen Nutzen aus der Zuwanderung zu ziehen. Wie schon in der Phase der Gastarbeiterzuwanderung liegen Erwerbsbeteiligung und Gehaltsniveau der Zugewanderten nachhaltig unter dem Niveau der schon länger hier lebenden Bevölkerung[13] – ein Problem, das sich auch in der nachfolgenden Generation (verstärkt) fortsetzt, was sich zum Beispiel an den Daten zur türkischstämmigen Bevölkerung in Deutschland ablesen lässt. Die Armutsquote liegt weit über dem Schnitt der Gesamtbevölkerung, die Erwerbsbeteiligung weit darunter und das Gehaltsniveau ebenso. Nicht verwunderlich, haben doch 40 Prozent der 17- bis 45-Jährigen mit türkischen Wurzeln höchstens einen Hauptschulabschluss und 51 Prozent keine abgeschlossene Berufsausbildung.[14] Hier beweist sich erneut, dass ein Sozialstaat und offene Grenzen nicht zusammenpassen, wie schon Milton Friedman wusste.[15] Auf Dauer ist er nicht finanzierbar.

Nun gibt es Überlegungen, die Zuwanderung über ein sogenanntes Zuwanderungsgesetz zu steuern. Wie in Kapitel 7 diskutiert, dürfen wir uns dabei aber keinen Illusionen hingeben. Im Wettbewerb mit anderen Staaten haben wir neben der relativ hohen Abgabenbelastung auch den Nachteil einer Sprachbarriere. Die angelsächsischen Länder sind hier im Vorteil. Mit Initiative kann es dennoch gelingen, Talente aus Asien anzulocken. Diese können helfen, die demografischen Herausforderungen zu bewältigen, denen Deutschland gegenübersteht.

Trotzdem brauchen wir eine Antwort auf die Bevölkerungsexplosion in Afrika und im Nahen Osten. Es ist naiv anzunehmen, dass es gelingen wird, die Zuwanderung in Zukunft auf jene Menschen zu beschränken, die einen echten Anspruch auf Asyl haben. Jedoch ist auch ein Weiter-so nicht sinnvoll. Auch angesichts der demografischen Entwicklung wird Deutschland eine anhaltende Zuwanderung in das Sozialsystem nicht zuletzt finanziell überfordern.

Wir sollten deshalb einen legalen Weg zur Zuwanderung von Menschen aus diesen Regionen eröffnen, selbst wenn diese die zu Recht hohen Anforderungen an eine formelle Berufsausbildung nicht erfüllen. Konkret schlage ich vor, in den Herkunftsländern der Menschen Ausbildungszentren zu schaffen, die die Möglichkeit eröffnen, sich durch Spracherwerb, Berufsausbildung und Teilnahme an Integrationskursen für die Einwanderung nach Deutschland zu qualifizieren. Nach erfolgreichem Abschluss dieser dreistufigen Ausbildung sollte der Zuzug nach Deutschland nicht nur legal möglich sein, sondern gefördert werden. Schon vor Ort könnten Arbeitsstelle und Unterbringung in Deutschland organisiert werden.

Dies ist – wie ich finde – nicht nur ein deutlich humanitärerer Weg der Migration als die heute überwiegend von kriminellen Schlepperbanden organisierte Migration über das Mittelmeer, sondern auch ein deutlich gerechteter. Steht der Weg über Qualifikation doch jedem offen, der motiviert genug ist, ihn zu gehen, und nicht nur jenen, die in der Lage sind, Schlepper zu bezahlen.

Auch dann, wenn die Menschen nach Abschluss der Ausbildung entscheiden, in ihren Heimatländern zu verbleiben, hätte Deutschland einen sinnvollen Beitrag geleistet – und zwar zur Entwicklung vor Ort.

Auch wenn wir in den kommenden Jahrzehnten, selbst bei der Umsetzung des in diesem Buch beschriebenen Programms, an relativer wirtschaftlicher Bedeutung verlieren werden, muss Deutschland einen Beitrag in der Welt leisten. Dieser kann nur in der Kombination aus Wehrhaftigkeit und damit einer effektiven Verteidigung westlicher Werte mit humanitärer Hilfe bestehen – beides effizient und effektiv.

Aufgaben für die nächste Bundesregierung

- Konsequente Umsetzung geltenden Asylrechts mit Abschiebung jener Menschen, die keinen Schutzanspruch haben
- Programm zum Aufbau von Ausbildungszentren in zentralen Zuwanderungsländern des Nahen Ostens und Afrikas

13. Mehr Vermögen für alle

»Es ist schwer, dem Sparen ein festes Ziel zu setzen. Man sucht den Haufen stets zu vergrößern und ihn von Summe zu Summe zu erhöhen, bis man sich schließlich des Genusses seiner Güter kläglich beraubt und alles darumsetzt, den Schatz zu hüten und nichts davon zu gebrauchen. – Alles in allem ist es mühseliger, das Geld zu hüten, als es zu erwerben.«

Michel de Montaigne (1522 bis 1592), französischer Philosoph

»Geld gleicht dem Dünger, der wertlos ist, wenn man ihn nicht ausbreitet.«

Francis Bacon (1561 bis 1626), englischer Philosoph

»Niemand, der Getreide anbaut, gräbt die Saat nach einem oder zwei Tagen wieder aus, um zu sehen, ob sie aufgegangen ist. Bei Aktien aber wollen die meisten mittags ein Konto eröffnen und abends den Gewinn kassieren.«

Charles Henry Dow (1851 is 1902), amerikanischer Börsenexperte

Weniger Wohlstand macht nicht glücklicher, wie wir in Kapitel 1 gesehen haben. Dabei ist Wohlstand nicht nur das laufende Einkommen, sondern auch das Vermögen, über das ein Land verfügt. So zeigen Studien, dass höhere Vermögen auch mit einer größeren Zufriedenheit der Bürger einhergehen.[1] Auch Menschen mit geringem Einkommen sind zufriedener, solange sie über Vermögen verfügen. Wie in Kapitel 6 gezeigt, sind die Deutschen trotz hoher Einkommen und fleißigen Sparens im Vergleich mit anderen Nationen deutlich ärmer. Das zeigen auch die Daten der Crédit Suisse, die in ihrem jährlich erscheinenden Global Wealth Report das Privatvermögen ermittelt.[2] Relativ zum BIP belegen die deutschen Haushalte einen der hinteren Plätze – hinter Ländern wie Italien, Frankreich und Spanien. Ein enttäuschender Befund, erwirtschaften wir doch seit Jahren ein höheres BIP pro Kopf und sind zudem sehr sparsam.

Dieser Befund hat nichts mit der Verteilung der Vermögen zu tun. Selbst wenn alle Vermögen in Deutschland umverteilt würden und jeder Einzelne gleich viel Vermögen besitzen würde, wären wir immer noch deutlich ärmer als unsere großen Nachbarn. Überschlägig fehlt uns das 1,2- bis 2-Fache des BIP an Vermögen, um zu Frankreich und Italien aufzuschließen, das heißt rund 4 000 bis 6 900 Milliarden Euro. Pro Kopf sind dies beeindruckende 48 000 bis 84 000 Euro. Dies unterstreicht die dringende Notwendigkeit, entsprechend mehr dafür zu tun, den Wohlstand im Land zu erhöhen.

Das fehlende Vermögen der Mitte

Leider dreht sich die Diskussion in Deutschland fast ausschließlich um die Verteilung der Vermögen. So richtig es ist, dass die Vermögen kleiner sind als in den anderen Ländern Europas, so zutreffend ist auch die Feststellung, dass sie deutlich ungleicher verteilt sind. Dies zeigen auch die Daten der EZB (siehe Tabelle 17).[3]

Das Medianvermögen liegt deutlich unter dem Eurozonen-Durchschnitt, was mit der Erkenntnis der zu geringen Vermögen hierzulande korrespondiert. Umgekehrt ist die Relation der Vermögen der oberen 10 Prozent zum Median in keinem anderen Land so ungleich wie in Deutschland. Nach Berechnungen des DIW besitzen 10 Prozent der Erwachsenen rund 67 Prozent des Vermögens. Auf das oberste Prozent entfallen 35 Prozent.[4]

Land	Median	Obere 10 Prozent	Obere 10 Prozent/Median
Luxemburg	498 500	1 369 400	2,7
Malta	236 100	515 400	2,2
Belgien	212 500	476 000	2,2
Zypern	195 900	748 400	3,8
Irland	185 000	599 800	3,2
Italien	132 300	399 500	3,0
Spanien	119 100	432 000	3,6
Frankreich	117 600	494 100	4,2
Finnland	107 200	396 400	3,7
Eurozone	**99 400**	**411 200**	**4,1**
Österreich	82 700	402 600	4,9
Portugal	74 800	291 600	3,9
Deutschland	**70 800**	**460 600**	**6,5**
Niederlande	67 400	274 400	4,1
Kroatien	61 500	128 000	2,1
Polen	60 500	127 800	2,1
Griechenland	60 000	149 600	2,5
Estland	47 700	150 900	3,2
Litauen	45 900	73 300	1,6
Ungarn	35 900	88 700	2,5
Lettland	20 500	76 900	3,8

Tabelle 17: **Nettovermögen in Euro**
Quelle: https://www.ecb.europa.eu/home/pdf/research/hfcn/HFCS_Statistical_Tables_Wave_2017.pdf?906e702b7b7dd3eb0f28ab558247efc5 S. 56

Mehr Vermögen für alle

Doch man kann auch feststellen, dass unsere »Reichen« mit einem Vermögen von 460 600 Euro keineswegs ungewöhnlich reich sind. Sie liegen etwas vor den Italienern und hinter den Franzosen. Ganz anders bei den anderen Bevölkerungsgruppen. Auf die untere Hälfte entfallen in Deutschland nur 2,6 Prozent des Nettovermögens, etwas mehr als 12 000 Euro. Die ärmere Hälfte der Italiener hat im Durchschnitt 3,5-mal so viel Vermögen (42 000 Euro beziehungsweise 9,9 Prozent), in Frankreich liegt der Wert bei 28 000 Euro (5,8 Prozent).[5]

Womit das Problem deutlich ist: Viele Deutsche haben zu wenig Vermögen, und dies gilt es zu ändern. Interessanterweise scheint sich diese Erkenntnis zumindest teilweise auch in Deutschland durchzusetzen. So haben Forscher des DIW mit viel Aufwand herausgefunden, dass die Ungleichheit der Vermögen noch größer ist als bislang angenommen, und zugleich die richtige Schlussfolgerung daraus gezogen: Wir müssen mehr tun, um die Breite der Bevölkerung wohlhabender zu machen. Einfach höhere Steuern auf Einkommen und Vermögen zu erheben löst das Problem demnach nicht.[6]

Dies liegt auch daran, dass eine höhere Besteuerung nicht so gerecht wäre, wie es auf den ersten Blick erscheint. Die Top 10 der Bürgerinnen und Bürger, die Einkommensteuern zahlen, tragen derzeit mehr als 50 Prozent zum gesamten Aufkommen aus der Einkommensteuer bei. Außerdem ist die Vorstellung falsch, dass reiche Menschen Privatiers seien, die nicht arbeiten und ihr Geld verkonsumieren. Rund drei Viertel der Millionäre in Deutschland sind selbstständig oder unternehmerisch tätig. Rund 40 Prozent des Vermögens der Millionäre steckt im Betriebsvermögen, an dem Arbeitsplätze, Gehälter und Steuereinnahmen hängen.[7]

Statt die Reichen zu besteuern, sollte die Regierung sich stärker um Modelle des Vermögensaufbaus für breite Teile der Bevölkerung kümmern, argumentieren die DIW-Forscher zu Recht. Deshalb gehören zum Programm 2040 zwingend Maßnahmen für eine bessere Vermögensanlage, sodass die Deutschen im Allgemeinen reicher, wohlhabender werden. Welche Maßnahmen dazu geeignet sind, ist Gegenstand der folgenden Abschnitte.

> **Aufgabe der künftigen Bundesregierung**
> - Rückbesinnung auf die Frage, wie sich das Vermögen aller Deutschen steigern und erhalten lässt, Abkehr von nutzlosen Verteilungsdiskussionen

Ahnung von Geld macht glücklich

Die Deutschen sparen viel, deutlich mehr als 10 Prozent ihres verfügbaren Einkommens. Auf rund 12 500 Milliarden Euro wird das Gesamtvermögen geschätzt.[8] Runde 6 500 Milliarden Euro davon sind in Form von Bargeld, Wertpapieren, Bankeinlagen sowie Ansprüchen gegenüber Versicherungen angelegt. Weniger als ein Viertel derjenigen, die sparen, besitzt auch Aktien oder Investmentfonds.[9]

Wer nach den Gründen für diese Art der Geldanlage fragt, bekommt seit Jahren die gleichen Antworten. In allen Altersgruppen ist »Sicherheit« das wichtigste Kriterium bei der Geldanlage. Ein höheres Risiko einzugehen und so zugleich die Renditechancen zu erhöhen, wird von über 80 Prozent der Befragten abgelehnt. Dabei ist bekannt, dass sich in der derzeitigen Phase der Niedrigzinsen mit dieser Art der Geldanlage kein Ertrag erwirtschaften lässt. Mehr als 50 Prozent glauben jedoch, das Zinstief »aussitzen« zu können.[10]

Indes spricht nichts für Letzteres. So zeigt eine viel diskutierte Studie, dass wir uns seit nunmehr 700 Jahren in einem Trend sinkender Zinsen befinden. Die Ursachen sind in der Ökonomie strittig. Einige sehen den Grund in der zunehmenden Alterung der

Gesellschaft und konstatieren einen »Ersparnisüberhang«, andere verweisen auf den besseren Schutz von Eigentumsrechten und damit das geringere Risiko für Kapitalgeber. Basierend auf dem Trend sollen Negativzinsen auf Staatsanleihen künftig zur Normalität werden.[11] Doch gab es in den besagten 700 Jahren immer wieder unerwartete und rasche Trendwenden, ausgelöst durch Krisen wie Kriege und Epidemien. Dabei stiegen die Zinsen in kurzer Zeit drastisch an.

Bezogen auf heute bedeutet dies: Entweder es bleibt auf Jahre oder gar Jahrzehnte hinaus bei den niedrigen Zinsen, oder aber es kommt zu einer raschen Trendwende. Letztere wäre vermutlich ausgelöst durch eine radikale Notenbankpolitik der Inflationierung mittels direkter Staatsfinanzierung. Dies ist, wie an anderer Stelle ausführlich erklärt, angesichts der ungelösten Eurokrise und der überbordenden Verschuldung unvermeidlich.[12] Für die Vermögen der Deutschen bedeutet dies: So oder so drohen massive Verluste – entweder durch anhaltend negative Zinsen oder aber durch eine sehr hohe Inflation, die das Geld schneller entwertet als bereits heute.

Der wesentliche Grund für die relative Armut der Deutschen ist in der Suche nach vermeintlicher Sicherheit zu finden. Es mangelt nicht an Studien, die eindeutig zeigen, dass diese »Sicherheit« teuer erkauft und noch dazu eine Illusion ist. Die Betrachtung der Erträge verschiedener Anlageklassen im Zeitraum von 1870 bis 2015 ergibt Folgendes:[13]

- Der reale Ertrag »sicherer Anlagen« war in der betrachteten Zeit gering. Staatsanleihen erbrachten im Durchschnitt 1 Prozent pro Jahr, Unternehmensanleihen 2,5 Prozent. Obwohl die Schwankungen geringer waren als bei Aktien und Immobilien, bot diese Anlageklasse keinen Schutz vor erheblichen Vermögensverlusten in Inflationszeiten. Auf heute bezogen muss man feststellen, dass nicht nur die Realzinsen deutlich negativ sind, sondern auch die Nominalzinsen. Anleihen bringen also einen garantierten Verlust.

- Demgegenüber liegt der langfristige Ertrag vermeintlich »weniger sicherer« Anlagen in Form von Immobilien und Aktien bei 6 bis 8 Prozent pro Jahr – ein sehr robuster und stabiler Ertrag. Die Schwankungen von Aktien waren dabei größer als die von Immobilien, aber bei ausreichender Haltedauer ist man immer besser gefahren als mit den vermeintlich sicheren Anleihen.

Der Unterschied im Ergebnis ist erheblich. Legt man 1000 Euro an und reinvestiert den jährlichen Ertrag, so hat man bei einer Anlage zu 1 Prozent Zins nach 30 Jahren ein Vermögen von 1350 Euro. Legt man sein Geld zu 6 Prozent an, so wächst das Vermögen in derselben Zeit auf 5743 Euro an.

Hinzu kommt, dass die Kosten der Geldanlage zu hoch sind. So unterstellt die Bundesregierung eine jährliche Verzinsung der Beiträge für die Riesterrente von 4 Prozent, bei Kosten von 10 Prozent der eingezahlten Summe. In Wahrheit liegen die Kosten signifikant über diesen Werten, im Extremfall bei dem Fünffachen, wie eine Untersuchung der Verbraucherzentrale ergeben hat. Infolgedessen fallen die Erträge deutlich geringer aus.[14] Nicht besser sieht es bei den Lebensversicherungen aus. Allein im Jahr 2015 berechneten die Versicherungen ihren Kundinnen und Kunden 7,2 Milliarden Euro Abschlusskosten für neue Verträge.[15] Das ist Geld, das in die Kassen der Unternehmen und ihrer Aktionäre fließt. Und das seit Jahrzehnten.

Den Deutschen fehlt schlichtweg das Wissen, wenn es um die Themen Wirtschaft und Geldanlage geht. Das zeigt sich auch, wenn sie nach ihren Ertragserwartungen gefragt werden. Dieselben, die aus Sicherheitsgründen auf praktisch zinslose Anlageformen setzen, erwarten einen durchschnittlichen jährlichen Ertrag von 4,6 Prozent. Bei den Jugendlichen ist die Selbsttäuschung noch frappierender: Obwohl sie noch mehr Geld auf Girokonto und Sparbuch anlegen, rechnen sie mit Erträgen von durchschnittlich 9,2 Prozent pro Jahr![16] Angesichts dieser Zahlen kann es nicht mehr verwundern, dass wir mit die Ärmsten in der Eurozone sind.

Wissen über wirtschaftliche Zusammenhänge und die Prinzipien der Geldanlage sind ein Schlüssel zum Glück – finden zumindest die Finnen, bekanntlich das glücklichste Land der Welt. Als Reaktion auf die steigende Privatverschuldung hat die finnische Notenbank ein Programm aufgelegt, um dem finnischen Volk Finanzwissen nahezubringen. In den Worten des damaligen finnischen Notenbankpräsidenten Olli Rehn: »Finanzwissen ist eine wichtige staatsbürgerliche Fähigkeit.«[17] Gerade vor dem Hintergrund der Ergebnisse mangelnden Wissens hierzulande kann man ihm nur zustimmen.

Doch nicht nur von Finnland können wir lernen. So hat Österreich die Notwendigkeit erkannt, die private »Vermögensbildung« (im doppelten Wortsinne!) zu stärken. Dort setzt man auf eine Vielzahl von Einzelmaßnahmen wie steuerliche Begünstigung von Immobilienerwerb und Wertpapiergewinnen nach einer bestimmten Haltefrist. Außerdem will man die »Financial Literacy von Jung und Alt« stärken. Dies beinhaltet laut Koalitionsvertrag im Einzelnen Folgendes:[18]

- verstärkte Eingliederung der Grundlagen des Wirtschaftsverständnisses und Finanzwissens sowie der kritischen Finanzbildung und ihrer Bedeutung für die Gesamtwirtschaft und die Gesellschaft in heimische Lehrpläne;
- Teilnahme Österreichs am entsprechenden Modul der PISA-Tests;
- Schaffung lebenslanger berufsbegleitender Lehrangebote zum Kapitalmarkt mit privaten Partnern, um gesamtgesellschaftliche Teilhabe zu ermöglichen.

Ab 2023 geht es in Österreich los.[19] Besonders hervorzuheben ist, dass man sich auch zum Ziel setzt, an den diesbezüglichen Modulen des PISA-Test teilzunehmen. Damit wird auch sichergestellt, dass künftig ein Benchmarking stattfinden kann, das Aufschluss über Fortschritte gibt.

Genau dasselbe müssen wir in Deutschland erreichen. Deutschland braucht eine deutlich bessere Bildung in finanziellen Themen. Es braucht Aufklärung über Erträge, Kosten und Risiken der einzelnen Anlageformen.[20] Es braucht auch eine andere Regulierung gerade der Versicherungen, die es diesen ermöglicht, einen höheren Anteil der Vermögen in Aktien anzulegen. Im Kern: Wir müssen von einem Volk der Sparerinnen und Sparer endlich zu einem Volk der Anlegerinnen und Anleger werden. Sonst werden wir auch im Jahr 2040 noch die Ärmsten Europas sein. Dass es sich lohnt, mag die folgende Rechnung zeigen. Wenn wir das vorhandene Geldvermögen von 6,5 Billionen Euro ab sofort statt zu 1 Prozent (was vermutlich schon zu hoch gegriffen ist) zu 2 Prozent anlegen, wird es in 20 Jahren statt 7,9 Billionen Euro 9,7 Billionen Euro wert sein.

Aufgaben für die nächste Bundesregierung

- Verankerung des Fachgebiets Finanzwissen als Lehrfach nach dem österreichischen Vorbild
- Teilnahme am entsprechenden PISA-Modul
- Erarbeitung eines Programms zur Schulung der Bevölkerung zum Thema Finanzwissen
- Beseitigung steuerlicher Hürden zur Förderung einer intelligenteren Geldanlage der Deutschen

Nur 25 Prozent haben Immobilien

Die Deutschen besitzen nicht nur zu wenige Aktien, sondern auch zu wenige Immobilien. Wir ziehen es vor zu mieten, was sich auf die Vermögenssituation erheblich auswirkt. Das Geld, das in die Miete fließt, fehlt den ärmeren Haushalten zum Sparen.

Die Eigentumsquote ist in keinem anderen Land der Eurozone so niedrig wie in Deutschland. Im Vergleich der OECD-Länder liegt Deutschland an vorletzter Stelle. Während die deutschen Haushalte zu 45 Prozent Eigentümer der eigenen Wohnung sind, beträgt der entsprechende Anteil OECD-weit rund 70 Prozent. Im unteren Fünftel der Gesellschaft beträgt der Anteil der Haus- oder Wohnungseigentümer hierzulande nur 16 Prozent. In Frankreich sind es in dieser Gruppe 30 Prozent, in Italien 51 Prozent und in Griechenland sogar 63 Prozent.[21]

Dies hat zwei Folgen: Die Vermögen sind hierzulande insgesamt deutlich geringer, und die Verteilung ist ungleichmäßiger. Während Haushalte mit selbst genutztem Wohneigentum über 400 000 Euro Nettovermögen haben, liegt der Wert bei Mietern nur bei 50 000 Euro.[22]

Hätten wir in Deutschland eine ähnlich hohe Eigentumsquote wie in den Nachbarländern, so wäre nicht nur die Vermögensverteilung deutlich gleichmäßiger, sondern wir hätten auch in Summe ein um rund 11 Prozent höheres Vermögen.

Es gibt Wege dorthin. Wissenschaftler sehen drei entscheidende Hebel, um den Erwerb selbst genutzter Immobilien zu fördern:[23]

- Reduktion der *Transaktionssteuern*. Die hohen Grunderwerbsteuern in Deutschland belasten Käufe selbst genutzter Immobilien übermäßig und sind deshalb ein Kauf-Verhinderungsinstrument.
- Die steuerliche *Abzugsfähigkeit von Hypothekenzinsen* ist in anderen Ländern weit verbreitet. Sie erleichtert es Haushalten mit ausreichendem Einkommen, aber unzureichendem Vermögen, Eigentum zu erwerben.
- *Kein sozialer Wohnungsbau*. Dies dürfte der überraschendste Punkt in der Liste sein. Der soziale Wohnungsbau reduziert den Anreiz zur Vermögensbildung und bringt auf Dauer sogar den unteren Einkommensschichten, die kein Eigentum erwerben, weniger ein als gedacht. Dies liegt daran, dass nicht selten Haushalte

in den Genuss günstiger Mietwohnungen kommen, die keine Notwendigkeit (mehr) haben, vergünstigt zu wohnen. Besser wäre es, statt des sozialen Wohnungsbaus die betroffenen Menschen mit Mietzuschüssen direkt zu fördern.

Gemäß der zitierten Analyse würden die drei genannten Anpassungen die Wohneigentumsquote von derzeit 45 Prozent auf 58 Prozent erhöhen und vor allem Haushalte in der Mitte der Vermögensverteilung zu Eigentümern machen – ein Ziel, das sich im Lauf von 20 Jahren problemlos erreichen lässt, wenn wir es nur wollen. Weniger Eingriffe in den Wohnungsmarkt würden ebenfalls helfen. Mietpreisbremsen, Mietendeckel und mieterfreundliche Änderungen des Mietrechts tragen eher nicht zur Eigentumsförderung bei. Das ist vor allem deshalb so, weil vor allem jene gut verdienenden Bevölkerungsgruppen davon profitieren, denen diese Eingriffe offiziell gar nicht zugutekommen sollen. Hier würden höhere Mieten einen Anreiz zur Vermögensbildung darstellen. Es ist paradox, einerseits geringe Vermögen zu beklagen und andererseits die Belastung durch Mieten. Das gilt, zumal die Mieten im internationalen Vergleich – selbst in München, Hamburg und Frankfurt – gering sind.[24]

Aus dem gleichen Grund sind Verbote zwecks Verhinderung der Umwandlung von Mietwohnungen in Eigentumswohnungen genau das Falsche. Gerade im Umfeld der niedrigen Zinsen könnten Haushalte laufende Kosten in Form von Mieten sparen und zugleich Vermögen bilden. Besser wäre es hier, den Mietparteien zu helfen, ihr bereits vorhandenes Vorkaufsrecht zu nutzen – zum Beispiel indem Nachrangdarlehen gewährt werden, die als Eigenkapitalersatz genutzt werden können.[25]

Aufgaben für die nächste Bundesregierung

- Änderung der steuerlichen Rahmenbedingungen, um in Deutschland die Anreize zum Erwerb von Wohneigentum zu stärken
- Neuausrichtung der Mietenpolitik, um die Bildung von Eigentum zu fördern
- Beendigung des sozialen Wohnungsbaus und Ersatz durch direkte Transfers an Bedürftige/Berücksichtigung bei der Überarbeitung des Steuer- und Abgabensystems
- Wo möglich, Bevorzugung von Selbstnutzern beim Verkauf öffentlichen Grundbesitzes
- Eigentumsquote als Bestandteil des jährlichen Erfolgsberichts der Regierung

Staatsfonds zur Diversifikation des Vermögens

Ich komme zum traurigsten Teil der Vermögensbildung hierzulande: zum deutschen Auslandsvermögen. Indirekt sind wir alle aufgrund unserer Ersparnisse internationale Investorinnen und Investoren. Die sogenannten Kapitalsammelstellen – Banken, Versicherungen, Unternehmen und Pensionsfonds – legen jedes Jahr viele Milliarden Euro der in Deutschland gebildeten Ersparnisse im Ausland an. Das ist die Folge der deutschen Exporterfolge.

Wenn ein Land einen Außenhandelsüberschuss erzielt, bedeutet dies zwangsläufig einen Export von Ersparnissen ins Ausland. Dieser Export geschieht in Form von Krediten oder von Direktinvestitionen im Ausland.

Um das zu erklären, stelle man sich vor, es gäbe keinen Außenhandel. In diesem Fall bestünden die sogenannten Wirtschaftssubjekte der Volkswirtschaft aus den privaten Haushalten, den Unternehmen und dem Staat. Jeder dieser Sektoren kann sparen oder sich verschulden. Die Summe der Finanzierungssalden der drei Sektoren ist per Definition null. Normalerweise sparen die privaten Haushalte, während die Unternehmen Defizite eingehen, weil sie investieren und dabei auf Finanzmittel Dritter (Fremdkapital) angewiesen sind. Die Mittel, die der Privatsektor nicht selbst verwendet, leiht sich der Staat. Sparen die Haushalte mehr, als Unternehmen und Staat leihen wollen, so kommt es zu einer Rezession, und die Angleichung erfolgt über sinkende Einkommen und Ersparnis oder höhere Staatsdefizite. In einer geschlossenen Volkswirtschaft, also einer Welt ohne Außenhandel, ist es folglich nicht möglich, »zu viel« zu sparen. Es kommt zu einem Ausgleich.

Anders ist das, wenn man als weiteren Sektor das Ausland einführt. So kann es sein, dass ein Land Ersparnisse aus dem Ausland importiert oder eigene Ersparnisse exportiert. Die Summe der Finanzierungssalden der vier Sektoren – private Haushalte, Unternehmen, Staat und Ausland – ist ebenfalls zwingend null. Wichtig zu wissen ist zudem, dass ein Nettokapitalimport aus dem Ausland zwangsläufig ein genauso großes Handelsdefizit bedeutet und umgekehrt ein Handelsbilanzüberschuss immer auch einen Nettokapitalexport in gleicher Höhe bedingt.

Da Deutschland seit Jahren Handelsüberschüsse aufweist, exportieren wir seit Jahren Kapital in erheblichem Maße ins Ausland. Mittlerweile hat Deutschland mit fast 2 500 Milliarden US-Dollar nach Japan das zweitgrößte Nettoauslandsvermögen. Pro Jahr kommen rund 300 Milliarden US-Dollar dazu.[26] Theoretisch bauen wir damit Vermögen auf, das wir zu einem späteren Zeitpunkt, zum Beispiel dann, wenn die Folgen des demografischen Wandels eintreten, verkaufen können, um unseren Lebensstandard zu erhalten.

Das Problem ist jedoch, dass wir das Geld im Ausland nicht gut investieren. Die Summe der Außenhandelsüberschüsse der vergangenen Jahre ist nämlich höher als der Zuwachs an Auslandsvermögen. Allein in der Finanzkrise, so schätzt das DIW, hat Deutschland 400 Milliarden Dollar verloren – also fast den Überschuss von zwei

Mehr Vermögen für alle **297**

Jahren! Die Summe der Handelsüberschüsse der zurückliegenden Jahre liegt deutlich über dem Zuwachs des Auslandsvermögens.

In einer Welt, die sich immer mehr dem Zustand der Überschuldung nähert, ist es keine gute Idee, Gläubiger zu sein. So erinnert das Sparverhalten der Deutschen an das Eichhörnchen, das zwar fleißig vorsorgt, aber vergisst, wo es sein Erspartes versteckt hat.

Ein Forschungsteam hat sich den Erfolg der deutschen Kapitalanlage im Ausland gründlich angeschaut.[27] Dabei hat es sich gezeigt, dass die Deutschen bei ihrer internationalen Geldanlage ähnlich erfolglos sind wie bei der Anlage ihrer Ersparnisse. So wächst das Auslandsvermögen zwar kontinuierlich, aber nur deshalb, weil jedes Jahr neue Ersparnisse – als Folge weiterer Exportüberschüsse – hinzukommen. Der Ertrag, den wir mit dem Vermögen erzielen, ist im Vergleich damit gering.

Andere Länder sind mit der Anlage ihres Auslandsvermögens deutlich erfolgreicher. Seit 1975 liegt die jährliche Rendite deutscher Anlagen im Ausland um 5 Prozentpunkte unter den Erträgen, die die USA erwirtschaften, und immer noch 3 Prozentpunkte unter der Rendite, die die anderen europäischen Länder im Durchschnitt erwirtschaften (siehe Tabelle 18). Man bedenke: Eine Anlage von 100 Euro ergibt bei 10 Prozent pro Jahr von 1975 bis heute 7 290 Euro, eine solche zu 5 Prozent pro Jahr 898 Euro – ein Unterschied von 6 391 Euro!

Nun könnte man meinen, dass die Deutschen prinzipiell ganz besonders stark Risiken vermeiden und deshalb einfach weniger Aktien und Immobilien kaufen als andere. Doch leider zeigt die Studie, dass Deutschland in jeder Vermögensklasse schlechter abschneidet als die anderen Länder. Außerdem erleiden wir regelmäßig Verluste – wie mit Bezug zur Finanzkrise bereits erwähnt. Das kann vor dem Hintergrund eines über 30 Jahre anhaltenden Booms an den Vermögensmärkten ebenfalls nur überraschen.

Wer jetzt denkt, dass das daran liegt, dass wir angesichts unserer demografischen Entwicklung gezielt in risikoreicheren Schwellenländern investieren, die aufgrund einer guten Demografie und eines besseren Bildungsstands vor einer deutlichen Wachstumsphase stehen, wird ebenfalls enttäuscht. 70 Prozent des deutschen Auslandsvermögens sind in anderen Industrieländern angelegt, die vor den gleichen demografischen Herausforderungen stehen. Übersetzt: Wenn wir unsere Mittel abziehen wollen, um unseren Lebensabend zu finanzieren, dürften die Preise dieser Vermögenswerte verfallen, weil es an Nachfrage nach ihnen mangelt.

Nur Finnland hat in der Gruppe der untersuchten Länder noch schlechter abgeschnitten als Deutschland. Daraus zu schließen, dass

	1975-2017	1999-2017	2009-2017
USA	10,64	8,00	9,27
Großbritannien	10,22	5,68	4,09
Kanada	9,19	4,93	8,98
Schweden	8,99	6,45	5,38
Norwegen	8,00	5,89	7,38
Italien	7,96	3,31	4,39
Spanien	7,91	2,09	2,89
Frankreich	7,38	4,01	4,43
Niederlande	6,65	4,82	6,05
Dänemark	5,32	5,32	6,98
Portugal	5,01	2,71	2,20
Deutschland	4,93	3,68	3,69
Finnland	4,43	3,90	3,39

Tabelle 18: **Entwicklung der Renditen in Prozent p. a. auf Auslandsvermögen**

Quelle: Centre for Economic Policy Research, »Exportweltmeister: The Low Returns on Germanys Capital Exports«, 18. Juli 2019, abrufbar unter https://cepr.org/content/free-dp-download-18-july-2019-exportweltmeister-low-returns-germany's-capital-exports

man ja dennoch glücklich sein kann – wie die Finnen ja schließlich beweisen –, halte ich für falsch. Gerade angesichts der vor uns liegenden Herausforderungen ist es dringend angezeigt, das Geld international besser anzulegen.

Die Autoren rechnen vor, wie viel Geld die Deutschen nicht verdient haben, weil sie ihr Vermögen so schlecht anlegen: Allein im Zeitraum seit der Finanzkrise hätte Deutschland ein zusätzliches Vermögen im Umfang von 2 bis 3 Billionen Euro aufbauen können, hätte es sein Geld ähnlich gut angelegt wie Kanada oder Norwegen. Pro Kopf der deutschen Bevölkerung entspricht das 28 000 bis 37 500 Euro! Auf einen Schlag hätten wir ein um 50 Prozent höheres Vermögen (siehe dazu Tabelle 1 im ersten Kapitel dieses Buches).

Was zu der folgenden Frage führt: Woran liegt es? Darüber kann man nur spekulieren. Die Forscher haben ihre Daten bewusst um die Folgen von Währungsaufwertungen korrigiert. Es liegt also tatsächlich an der Art der Geldanlage. Um uns zu verbessern, sollten wir zwei Dinge tun: weniger im Ausland anlegen und unsere Anlagen im Ausland besser managen.

Eingangs habe ich den Zusammenhang zwischen Ersparnissen und Handelsbilanz erläutert. Ob nun die Ersparnisse zu den Handelsbilanzüberschüssen führen oder umgekehrt die Handelsbilanzüberschüsse zu den Ersparnissen, ist eine unter Ökonomen heftig geführte, aus meiner Sicht allerdings irrelevante Diskussion. Klar ist, dass es nichts bringt, Geld im Ausland zu investieren, wenn man dabei Geld verliert. Besser ist es, mehr im Inland zu investieren. Wir brauchen also dringend ein Programm für mehr Investitionen im Inland. Was hier zu tun ist, habe ich bereits in Kapitel 8 dargelegt. Deshalb hier nur die erneute Bestätigung, wie wichtig es ist, als Standort für Investitionen wieder attraktiver zu werden.

Außerdem müssen wir unserer Ersparnisse im Ausland besser anlegen. Eine mögliche Idee dazu ist, sich am Vorbild anderer Länder zu orientieren und einen »Staatsfonds« aufzulegen. Angesichts des bisherigen Erfolgs unserer Auslandsanlagen sowie des geringen ökonomischen und finanziellen Wissens der Bevölkerung mag diese

Idee völlig abwegig sein. Das unterstreichen bereits die Äußerungen führender Politiker. So fordern beispielsweise die Grünen einen »Bürgerfonds« für Deutschland. Der Fonds »sollte allen Bürgern offenstehen und langfristig in sinnvolle Projekte zum Umbau der Wirtschaft investieren«[28]. Obwohl in diesem Zusammenhang auf das richtige Vorbild Norwegens verwiesen wird, sehen wir bereits eine Vermischung von Zielen. Offensichtlich geht es hier nicht um bessere Rendite, sondern um einen Topf, mit dem aus Sicht der Politik »langfristig sinnvolle Projekte zum Umbau der Wirtschaft« finanziert werden sollen. Letztere führen aber selten zu einer angemessenen Rendite. Hier sollte es um Anlagen im Ausland gehen und damit per Definition außerhalb des Zugriffs der Parteien. Nur dann ist es ein sinnvolles Unterfangen.

Die Idee eines Staatsfonds für Deutschland ist nicht neu. So schlugen bereits 2013 die Ökonomen Daniel Gros und Thomas Mayer einen solchen Fonds vor:[29]

»Aufgrund der Schwierigkeit des privaten Sektors, nationale Überschussersparnisse gewinnbringend im Ausland anzulegen, haben Länder mit chronischen Leistungsbilanzüberschüssen in der Regel staatliche Fonds zu diesem Zweck geschaffen. Der klassische Fall eines Landes mit chronischem Leistungsbilanzüberschuss ist ein rohstoffreiches Land mit relativ geringer Bevölkerung. Dort können die Erlöse aus Rohstoffexporten von den Inländern nicht vollständig zu Konsum und Investition verwendet werden. Sie werden daher über einen Staatsfonds in ausländische Vermögenswerte angelegt. (...) Erreicht würde dies dadurch, dass ein zu gründender deutscher Vermögensbildungsfonds im Inland langlaufende Anleihen zur privaten Altersvorsorge mit einem garantierten positiven Realzins anbietet. Damit die Garantien des Staatsfonds langfristig nicht im Trend relativ zum Bruttoinlandsprodukt wachsen, könnte sich der Realzins am deutschen Potenzialwachstum von etwa einem Prozent pro Jahr orientieren. Darüber hinausgehende Anlageerfolge könnten den Sparern als Boni gutgeschrieben werden. Bei Eintritt in den Ruhestand würde dann das Altersvorsorgevermögen zur Aufbesserung der staatlichen Rente graduell abgebaut.

Die aufgenommenen Mittel würde der Fonds langfristig in Beteiligungen an Unternehmen und öffentlicher Infrastruktur im In- und Ausland anlegen. Die globale Allokation der Mittel könnte sich an der Größe des Bruttoinlandsprodukts der Länder orientieren. Da der Vermögens-

fonds wegen seiner größeren Möglichkeit zur Diversifizierung und seines längeren Anlagehorizonts die mit Anlagen in Unternehmensbeteiligungen und Infrastrukturprojekten verbundenen höheren Risiken besser tragen kann als der Privatinvestor, kann er diesem die einem Aktienportfolio entsprechende Rendite bei dem einem Rentenportfolio entsprechenden Risiko bieten.«

Das ist alles so einleuchtend, dass man sich fragt, warum wir das nicht schon lange machen. Vor allem, weil es mittlerweile eine Vielzahl von Studien gibt, die zum selben Schluss kommen.[30] Wichtig ist aber, dass es eben nicht politischen Wunschprojekten dient, sondern der Geldanlage zur Vermögensbildung.

Die Bertelsmann-Stiftung kommt in einer vergleichenden Untersuchung ebenfalls zu einem positiven Schluss und fasst die Voraussetzungen für einen Erfolg zusammen:[31]

- *Regierungsunabhängige Organisation.* In Norwegen hat beispielsweise die Zentralbank ein Verwaltungsmandat für den Government Pension Fund Global. Es ist also kein Platz für Politikerposten.
- *Transparenz.* Sie fördert nicht nur das Vertrauen der Bevölkerung, sondern auch der Länder, in denen investiert wird.
- *Überprüfung der Investitionsentscheidungen durch eine Ethikkommission.* In Norwegen prüft eine unabhängige Ethikkommission die Einhaltung sozialer, ethischer und ökologischer Richtlinien bei Unternehmen, in die investiert wird beziehungsweise werden soll. Diese Richtlinien sind nicht gleichzusetzen mit dem Kriterium »politisch sinnvolles Projekt«. Hier geht es beispielsweise um die Abkehr von Investitionen in CO_2-intensiven Branchen.
- *Verwendung nur der erwirtschafteten Rendite.* Das garantiert eine nachhaltige Vermögensakkumulation und schützt das Staatsfondsvermögen vor kurzfristigen Plünderungen nach Kassenlage.
- *Konzentration auf ausländische Investitionen.* Der norwegische Staatsfonds darf ausschließlich im Ausland investieren, um die Entwicklung des Fondsvermögens auch in einheimischen Wirtschafts-

krisen zu stabilisieren und inländische Rezessionen nicht noch zu verstärken. Eine inländische Investitionsbeschränkung wäre aus demselben Grund auch für einen deutschen Staatsfonds empfehlenswert, um mit einem stark diversifizierten Portfolio das Risiko etwaiger Vermögensverluste breit zu streuen. Zudem beugt es Vetternwirtschaft und Korruption vor. Fazit der Bertelsmann-Stiftung:

»*Die regierungsunabhängige Organisation eines deutschen Staatsfonds könnte dadurch gewährleistet werden, dass das Bundesministerium der Finanzen der Deutschen Bundesbank ein Verwaltungsmandat erteilt. Die Bundesbank hat Erfahrung mit der Verwaltung von Fondsvermögen, sie hat bereits das Mandat für mehrere Pensionsfonds. Sie ist zum Beispiel an der Verwaltung des Bayerischen Pensionsfonds beteiligt. Eine unabhängige Ethikkommission könnte die Investitionsentscheidungen der deutschen Zentralbank hinsichtlich ethischer, sozialer und ökologischer Richtlinien überprüfen und gegebenenfalls ein Veto einlegen. Die Vorgaben sollten im Bundestag beschlossen werden. Die Legislative sollte sich ebenfalls darauf einigen, dass nur die erwirtschaftete Rendite verwendet werden darf, um die Ziele des Fonds zu verfolgen.*«[32]

Es sind vernünftige Lehren, die die Bertelsmann-Stiftung aus dem Vergleich mit den erfolgreichen Staatsfonds anderer Nationen zieht. Wir müssen auch hier das Rad nicht neu erfinden. Wir müssen es nur endlich machen.

Aufgaben für die nächste Bundesregierung

- Gründung eines deutschen Staatsfonds zur international diversifizierten Anlage der in Deutschland gebildeten Ersparnisse
- Geldanlage ohne direkten politischen Einfluss unter Führung der Bundesbank
- Kostengünstiges Instrument für die Vermögensbildung der Bürgerinnen und Bürger mit garantiertem Realzins
- Transparente Regeln und jährliches Reporting im Inland wie auch in den Investitionsländern

Reiches Volk statt reichem Staat

Man kann diese Idee noch weitertreiben, wie ich in diesem und im nächsten Abschnitt zeigen werde. Zunächst gilt es, die Verteilung des Vermögens zwischen dem Staat und dem Privatsektor zu hinterfragen. Wie gezeigt, verfügen die Privathaushalte in Italien, Frankreich und Spanien über deutlich mehr Vermögen, während die Staaten in diesen Ländern deutlich höher verschuldet sind als der deutsche. Scheinbar nehmen wir geringe private Vermögen hin, wenn dafür der Staat geringer verschuldet ist. Ich denke aber, statt die Deutschen mit zusätzlichen Steuern zu belasten, um »europäische Solidarität« zu finanzieren, und statt Vermögensteuern und -abgaben zu diskutieren, um »Gerechtigkeit« herzustellen, sollten zunächst die privaten Vermögen hierzulande gestärkt werden.

Neben den bereits angesprochenen Maßnahmen ließe sich auch darüber nachdenken, den Staatsfonds mit einer Einmalzahlung des Staates aufzulegen. So könnte der Staat im Rahmen des »Programms zur Wohlstandsmehrung der Bürgerinnen und Bürger« jedem Deutschen unter 65 Jahren 25 000 Euro schenken. Bei überschlägig 55 Millionen Deutschen in dieser Alterskohorte entspricht dies 1 375 Milliarden Euro oder rund 40 Prozent des BIP. Die Grenze der Begünstigung bei 65 Jahren ist darin begründet, dass ein Großteil des Vermögens in Deutschland ohnehin bei den über 65-Jährigen liegt und etwaige Guthaben hier nicht genutzt, sondern perspektivisch vererbt werden.

Die besagten 25 000 Euro würden nicht direkt an die Begünstigten überwiesen, sondern als Einmalzahlungen auf individuelle Alterskonten beim Staatsfonds geleistet. Der Staat würde die Ursprungseinzahlung von 25 000 Euro garantieren. Die Verzinsung käme hinzu. Mit Vollendung des 65. Lebensjahres und nach einer Haltedauer im Fonds von mindestens zehn Jahren würde das Guthaben an die Begünstigten ausgezahlt.

Ergänzend sollte der Staat den Bürgerinnen und Bürgern anbieten, zusätzlich in diesem Fonds zu sparen. Hier sollte neben der

Einzahlung eine Mindestverzinsung – zum Beispiel 1 Prozent pro Jahr – garantiert werden, um die Abneigung der Bevölkerung gegen vermeintlich riskante Anlagen in Aktien und Immobilien zu überwinden. Dies ist im Hinblick auf die absehbare Geldentwertung infolge der Post-Corona-Politik und der unabwendbaren Monetarisierung der Schulden im Euroraum (siehe Kapitel 11) dringend erforderlich, um die Deutschen nicht zu den großen Verlierern der kommenden Jahrzehnte zu machen.

Angesichts der Notwendigkeit, die Eigentumsquote im Inland zu erhöhen, sollte den Bürgerinnen und Bürgern zusätzlich die Möglichkeit gegeben werden, das Guthaben im Staatsfonds für den Kauf von Immobilien zu verwenden. Dazu sollte der Fonds das Vermögen zinslos beleihen, und die Mittel sollten bei der Beurteilung der Kreditwürdigkeit als Eigenkapital gewertet werden, was sie ja de facto sind.

Das Ergebnis wäre sehr interessant und vorteilhaft:

- Die Deutschen hätten ein höheres Privatvermögen von überschlägig dem 4,2-Fachen des BIP. Damit lägen sie zwar immer noch deutlich hinter Frankreich, Spanien und vor allem Italien, aber bei entsprechender Anlage in den kommenden Jahrzehnten sollte es deutlich anwachsen.
- Die Ungleichheit der Vermögensverteilung würde merklich verringert.
- Der deutsche Staat wäre mit einer Verschuldung von rund 110 Prozent des BIP trotz Corona und »Programm zur Wohlstandsmehrung der Bürgerinnen und Bürger« nur so hoch verschuldet wie der Durchschnitt der Eurozone und immer noch deutlich geringer als Frankreich, Spanien und Italien.
- Das Argument, der »reiche deutsche Staat« könne und solle für alles eintreten, verlöre an Gewicht.
- Zugleich hätte der deutsche Staat genug Schulden, um an der aus meiner Sicht unausweichlichen großen Lösung für die europäischen Staatsschulden teilzunehmen und so wie die anderen großen Staaten davon zu profitieren (siehe Kapitel 11).

> **Aufgaben für die nächste Bundesregierung**
>
> • Erstausstattung des Staatsfonds mit einem Guthaben für jede Bürgerin und jeden Bürger im Alter von bis zu 65 Jahren
> • Öffnung des Fonds für direkte individuelle Geldanlage zur Altersvorsorge mit Garantie für Kapital und Mindestverzinsung
> • Berücksichtigung der tatsächlichen Vermögenssituation Deutschlands bei den europäischen Verhandlungen

Target2 mobilisieren

Damit nicht genug. Wir sollten darüber nachdenken, die Target2-Forderungen der Bundesbank zu einem echten Vermögenswert zu machen. Bekanntlich führen die Ungleichgewichte in der Eurozone zu immer größeren Forderungen der Bundesbank im europäischen Zahlungssystem Target2. Im Herbst 2020 betrugen diese Forderungen, die sich überwiegend gegen Italien richteten, mehr als 1000 Milliarden Euro. Ihre Ursache waren die Leistungsbilanzüberschüsse Deutschlands und zunehmend die Kapitalflucht aus den Krisenländern, vor allem Italien und Spanien. Diese Kapitalflucht wurde und wird von der EZB mit ihrer Geldpolitik gefördert, da sie den »Flüchtenden«, also vor allem Großinvestoren, Wertpapiere zu überhöhten Preisen abkauft.[33]

Während diese Summe offiziell zum Auslandsvermögen gerechnet wird, streitet man sich in der Wissenschaft darüber, ob es sich hierbei um eine Forderung oder lediglich um eine unwesentliche Verrechnungsgröße handelt.[34] Folgendes Beispiel des Münchner Investors Hans Albrecht verdeutlicht, dass es erhebliche Ausfallrisiken gibt:[35]

»Nehmen wir an, wir hätten eine normale Forderung gegen die EZB (zum Beispiel, weil wir ihr Radiergummis verkauft haben). Nehmen wir weiter an, die EZB hätte kein Geld mehr und Italien würde just in diesem Moment aus dem Euro ausscheiden. Dann könnte die EZB unsere Radiergummirechnung entweder bezahlen, indem sie einfach ›Geld druckt‹.

Das aber ist ein Problem, da Gelddrucken ohne gleichzeitige Erhöhung des dagegenstehenden Angebotes an Waren und Dienstleistungen die Kaufkraft aller schon im Umlauf befindlichen Euros entwertet, sodass in diesem Fall eigentlich nicht die EZB, sondern alle Eurosparer der Welt unsere Radiergummis bezahlt hätten.

Oder die EZB könnte unsere Radiergummirechnung bezahlen, indem sie von allen Anteilseignern eine Einlage gemäß ihrem EZB-Anteil einfordert. Da die EZB eine Tochter der Notenbanken der Eurozone ist, müssten also die Notenbanken nachschießen. Wenn unser Radiergummi zum Beispiel einen Euro gekostet hätte, würde die Bundesbank also mit knapp 26 Cent in Anspruch genommen werden.

Leider kommt nach dieser Einlageaufforderung aber kein ganzer Euro zusammen, da Italien ja ausgeschieden ist. Der Anteil Italiens muss also auf alle anderen Anteilseigner der EZB umgelegt werden. Zudem haben wir das Problem, dass Griechenland, Spanien, Frankreich, Portugal und noch einige andere auch gerade kein Geld für Einlagen in die EZB haben, sodass deren Anteil auch noch von anderen übernommen werden muss.

Am Ende bleiben nur Österreich, die Niederlande, Luxemburg und wir übrig, die in der Lage sind, die hier zur Begleichung unserer Radiergummirechnung notwendige Kapitalerhöhung der EZB zu zeichnen, was wiederum heißt, dass wir nicht nur knapp 26 Prozent, sondern eher 80 Prozent der von uns an die EZB gelieferten Radiergummis werden bezahlen müssen.

Dies verdeutlicht, dass es für uns nicht ganz ungefährlich ist, ›Geschäfte mit der EZB‹ zu machen, da deren Verpflichtungen gegenüber uns letztlich zu circa 80 Prozent nur wir selber garantieren. Jeder, der die Mär glaubt, dass Verpflichtungen der EZB (und einiger anderer der vielen anderen E-irgendwas-Töpfe) uns gegebenenfalls nur zu knapp 26 Prozent träfen, glaubt vermutlich auch noch an Münchhausens Geschichte, in der dieser behauptet, sich an seinen eigenen Haaren aus dem Sumpf ziehen zu können.«

Persönlich neige ich dazu, Hans-Werner Sinn zu folgen, der die Target2-Forderungen als unverzinslich und uneinbringlich und damit letztlich wertlos ansieht. Vor allem kann die Kreditgeberin – also die Bundesbank und damit die deutsche Bevölkerung – nicht selbst darüber entscheiden, ob sie den zinslosen Kredit gewähren will. Die Gegenseite nimmt ihn sich einfach.

Doch selbst wenn man Target2 nur für eine Verrechnungsgröße ohne weitere Bedeutung hält, sollte man ganz im Sinne Blaise Pascals[36] auf Nummer sicher gehen: Es ist besser zu handeln, statt das Risiko einzugehen, sich zu irren, und entsprechend mehr als 12 000 Euro pro Kopf der Bevölkerung zins- und tilgungsfrei anzulegen – und im schlimmsten Fall zu verlieren.

Folglich sollten wir versuchen, die Target2-Position der Bundesbank für den vorgeschlagenen Staatsfonds zu mobilisieren. Dass dies funktionieren kann, hat Hans Albrecht in diversen Beiträgen in den Medien vorgerechnet. In einem Beitrag für meinen Blog brachte er es folgendermaßen auf den Punkt:[37]

Die Bundesbank kann aus Eigeninitiative Geld auf eines ihrer Konten im Euroausland überweisen, dadurch Target2-Forderungen abbauen und die Mittel weltweit diversifiziert anlegen.»*Zum Beispiel in einem ›Weltaktien‹-Portfolio‹, indem sie – ähnlich einem World-ETF, nur konsequenter – einfach agnostisch und vollautomatisch jede auf der Welt gehandelte Aktie pro rata ihres Anteiles an der ›World-Marketcap‹ kauft. Das wäre dann in erster Näherung ein Anteil am Produktivvermögen der Menschheit. Und das ist das sicherste Investment der Welt, weil – solange Menschen geboren werden, leben und sterben – man Produktivität braucht. Man ›wettet‹ bei so einer Investition also nur auf das ›Überleben der Menschheit‹. Zudem ist man nicht nur in einem ›Produkt‹, das gesichert gebraucht wird, solange Menschen leben, sondern – solange die Menschheit wächst und der weltweite Pro-Kopf-Konsum steigt – auch in einem Wachstumsmarkt.«* ... *Institutionen, wie zum Beispiel die Schweizerische Nationalbank oder der Norwegische Staatsfonds, legen ihre Mittel ziemlich genau so an.«*

Auf einen Schlag ließen sich so bereits 12 000 Euro pro Kopf der Bevölkerung für den Staatsfonds mobilisieren. Künftige Target2-Forderungen sollten gemäß diesem Modell regelmäßig in den Fonds überwiesen und angelegt werden. Zweifellos ist diese Form der Geldanlage besser als die Fortsetzung der gegenwärtigen Politik.

Fazit: Wir haben unser Vermögen in der Hand. Das absolute Vermögen der Deutschen kann gemehrt werden, und zugleich lässt sich die Verteilung gerechter gestalten. Im Hinblick auf die Alterung, aber auch die inflationären Gefahren, ist dies dringend erforderlich und auch machbar. Wie bei vielen der Themen, die in diesem Buch diskutiert werden, liegen die Vorschläge auf dem Tisch. Sie strategisch anzugehen ist dringend erforderlich.

Aufgaben für die nächste Bundesregierung

- Beauftragung der Bundesbank mit der Erarbeitung einer Vorgehensweise zur Mobilisierung von Target2-Guthaben als Grundstock für einen deutschen Staatsfonds
- Umsetzung der Maßnahmen innerhalb von zwölf Monaten
- Laufende Einspeisung neuer Target2-Guthaben in den Staatsfonds

14. Die öffentlichen Aufgaben gerecht finanzieren

»Arbeit muss sich wieder lohnen.«
*Michael Sommer, Bundesvorsitzender
des Deutschen Gewerkschaftsbunds, 2002 bis 2014*

»Leistung muss sich wieder lohnen.«
Kurt Beck, Bundesvorsitzender der SPD, 2006 bis 2008

»Leistung muss sich wieder lohnen.«
CDU-Wahlslogan 1982

Liest man die Sprüche von Politikern – die Liste ließe sich beliebig verlängern –, so kann man nur einen Schluss ziehen: Es ist kein Erkenntnis-, sondern ein Umsetzungsproblem. Was natürlich auch daran liegt, dass je nach politischer Position diejenigen, die »leisten« und es demzufolge »verdienen«, andere sind. Was mitschwingt, ist die leider auf allen Politikfeldern grassierende Selbstwahrnehmung der Politik, besser als die Bürgerinnen und Bürger zu wissen, was »gut für sie ist« – und als Folge daraus entsprechend steuernd einzugreifen.

Grund genug, auch mit Blick auf die Verteilung des Wohlstands in Deutschland neue Grundsätze aufzustellen. Dabei gehe ich von zwei Zielen aus: Gerechtigkeit und Orientierung an dem diesem Buch zugrunde liegenden Hauptziel, dass Deutschland auch im Jahr 2040 ein wohlhabendes, leistungsstarkes Land sein soll. Wie gezeigt, erfordern die Alterung der Gesellschaft, die Notwendigkeit zu mehr Investitionen im Inland, die Bekämpfung des Klimawandels, der internationale Beitrag für die EU, die Verteidigung und die humanitäre Hilfe jedes für sich einen guten Teil der wirtschaftlichen Leistungskraft Deutschlands. Und zur Wahrung dieser Leistungskraft sind erhebliche Anstrengungen nötig.

Die logische Konsequenz ist deshalb, dass die Verteilung des verbleibenden Teils des Kuchens die Verfolgung der in den Kapiteln 7 bis 9 postulierten Ziele unterstützen muss. Dies bedeutet zuallererst, sicherzustellen, dass eine Teilnahme am Erwerbsleben hochgradig attraktiv ist. Dazu wiederum gehören eine angemessene Bezahlung, eine vernünftige Belastung der Einkommen und gezielte staatliche Transfers.

Wer trägt den Staat?

Ich beginne mit der Standortbestimmung: Wer trägt eigentlich den Staat? Dass die Abgabenlast in den zurückliegenden Jahren kontinuierlich gestiegen ist, ist keine Neuigkeit. Dass die Politik die Mittel vor allem konsumtiv einsetzt und die Zukunft des Landes dabei verspielt, habe ich ausführlich dargelegt.

Doch wer zahlt eigentlich? Sind es diejenigen, die besser verdienen, die überproportional zum Einkommensteueraufkommen beitragen? Derzeit wird ab etwa 270 000 Euro Jahreseinkommen jeder zusätzlich verdiente Euro zu 45 Prozent versteuert, in der Spanne zwischen 57 000 und 270 000 Euro sind es 42 Prozent. Hinzu kommt der Solidaritätszuschlag. Das oberste Prozent der Steuerpflichtigen erbringt damit 21,5 Prozent des gesamten Aufkommens der Einkommensteuer. Die obersten 10 Prozent stehen für 55 Prozent des Aufkommens, die obersten 25 Prozent für fast 77 Prozent.

Wenn man nun – wie gerne gefordert – »endlich die Superreichen« mit Jahreseinkünften über 250 000 Euro höher besteuert, trifft dies 0,8 Prozent der Steuerpflichtigen. Wenn man hier von 45 Prozent auf 50 Prozent hochgeht, so erbringt dies Mehreinnahmen im einstelligen Milliardenbereich. Bei einem Einkommensteueraufkommen von rund 300 Milliarden Euro bedeutet dies keine spürbare Veränderung. Um einen merklichen Effekt auf die Staatskassen zu erzeugen, muss es immer die Masse der Steuerpflichtigen treffen. Deshalb wird auch so viel von Entlastung gesprochen – und so wenig dafür getan.

Jedoch ist die Einkommensteuer nur eine von mehreren Quellen der Staatsfinanzierung. Es gibt weitere, die natürlich auch eine Verteilungswirkung haben. Deshalb lohnt sich der Blick auf die gesamten Einnahmen des Staates (siehe Tabelle 19).

Insgesamt sind also 1564,7 Milliarden Euro in die Kassen des Staates und der Sozialversicherungen geflossen, immerhin 45,5 Prozent des BIP. Die Einkommensteuer macht zwar einen großen Betrag aus, trägt aber nur rund 20 Prozent zu den Staatseinnahmen bei. Die Sozialbeiträge stehen für gut 31 Prozent der Einnahmen, die Umsatzsteuer für 15,5 Prozent.

Deshalb lohnt es sich, einen genaueren Blick auf die Finanzierung des Staates zu werfen. Dies haben Forscher am Deutschen Institut für Wirtschaftsforschung (DIW) getan, und die Ergebnisse sind durchaus interessant:[1]

- Die direkten Steuern (Einkommen-, Abgeltung-, Unternehmenssteuern) werden von den oberen Einkommensgruppen getragen. Die obersten 10 Prozent zahlen 59 Prozent, das oberste Prozent 26 Prozent. Damit wirkt die Steuer »progressiv«, das heißt, sie steigt nicht nur absolut, sondern auch im Verhältnis zum Einkommen.
- Bei den indirekten Steuern – also Steuern, die auf den Verbrauch erhoben werden, wie Umsatzsteuer, Tabaksteuer und auch die Umlage für erneuerbare Energien – ist es naturgemäß anders. Je höher der Anteil des Konsums am Einkommen, desto höher auch die relative Belastung mit diesen Steuern. So entfallen auf die un-

Quelle	Einnahmen in Mrd. Euro	Anteil in Prozent
Einkommensteuer	310,5	19,8
Solidaritätszuschlag	19,5	1,2
Versicherungsteuer	14,1	0,9
Umsatzsteuer	243,3	15,5
Stromsteuer	6,7	0,4
Energiesteuern	40,6	2,6
Tabaksteuer	14,3	0,9
Alkoholsteuern	3,1	0,2
Kfz-Steuern	9,3	0,6
Grundsteuer	14,0	0,9
Wettsteuer	2,0	0,1
Sonstige Steuern	119,0	7,6
Steuern gesamt	**796,4**	**50,9***
EEG-Umlage	22,6	1,4
Sozialbeiträge	487,8	31,2
Sonstige Einnahmen	257,9	16,5
Gesamt	**1564,7**	

* Rundungsdifferenz

Tabelle 19: **Staatseinnahmen Deutschland 2019**
Quelle: IW-Report 6/2020, »Die Verteilung von Steuern, Sozialabgaben und Transfereinkommen der privaten Haushalte«, 15. Februar 2020, abrufbar unter https://www.iwkoeln.de/fileadmin/user_upload/Studien/Report/PDF/2020/IW-Report_2020_Online-Tool_Steuern_Transfers.pdf

tersten 10 Prozent der Einkommen gut 5 Prozent des Steueraufkommens, obwohl dort nur 3 Prozent des Gesamteinkommens anfallen.

- Zählt man die Sozialbeiträge hinzu, so bestreiten die oberen 10 Prozent ein Drittel des Aufkommens, das obere Prozent 16 Prozent. Die unteren 10 Prozent tragen rund 2 Prozent zur Finanzierung bei.
- Die indirekten Steuern hängen vom Konsum ab, und die Konsumneigung ist in den untersten Einkommensgruppen am höchsten (beziehungsweise die Möglichkeit zu sparen am geringsten). Die Abgabenbelastung im Verhältnis zum Einkommen geht deshalb mit steigenden Einkommen zunächst zurück, bevor sie wieder ansteigt.
- Besonders deutlich ist die Wirkung der Sozialbeiträge: Bei Menschen mit Einkommen bis zu 90 Prozent der Verteilung – also alle außer den Top 10 Prozent – spielen die Sozialbeiträge eine größere Rolle als die Steuern bei der Abgabenlast. Bei den oberen 10 Prozent sinkt die Belastung mit Sozialbeiträgen deutlich; hier zeigt sich der Effekt der Beitragsbemessungsgrenze.

Die Sozialbeiträge sind faktisch eine Mischung aus Versicherung und Steuer. Zum Teil dienen sie der individuellen Vorsorge, zum Teil werden sie seit Jahren von der Politik zur Umverteilung missbraucht. So werden Krankenkassenleistungen für Geringverdiener mit Beiträgen der Besserverdienenden subventioniert. Diese Art der Umverteilung ist insofern problematisch, als sie nur von einem Teil der Bevölkerung bestritten wird – konkret von jenen, die beispielsweise noch in der gesetzlichen Krankenkasse versichert sind.

Das DIW hat in der Berechnung vereinfachend angenommen, dass die Hälfte der Sozialbeiträge faktisch Steuern sind.[2] Davon ausgehend hat es die Verteilung der Kosten des Staates ermittelt (siehe Abbildung 18).

Die Verteilung der Belastung sieht sicherlich anders aus, als man angesichts der öffentlichen Diskussion denken könnte. Die Kurve

Steuern und Sozialbeiträge in Prozent des Haushaltsbruttoeinkommens 2015[1]

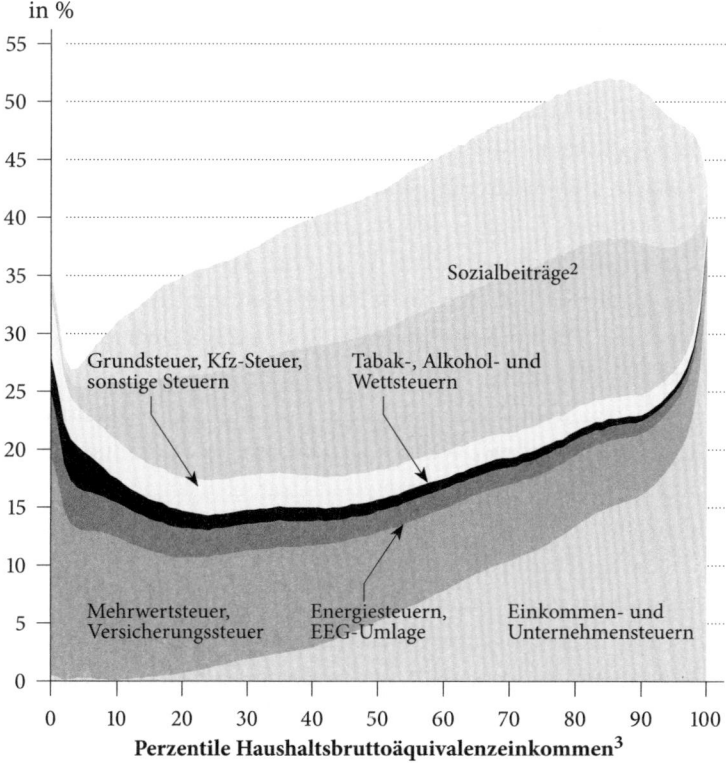

[1] Werte polynomisch geglättet. [2] Hälftige Aufteilung der Sozialbeiträge.
[3] Äquivalenzgewichtet mit der neuen OECD-Skala.

Abbildung 18: Beiträge zur Finanzierung des Staates

Quelle: Integrierte Datenbasis SOEP und EVS sowie Einkommensteuerstatistik, fortgeschrieben auf 2015. DIW Wochenbericht 51+52/2016, »Steuerlastverteilung«, abrufbar unter https://www.diw.de/de/diw_01.c.549396.de/publikationen/wochenberichte/2016_51_1/wer_traegt_die_steuerlast_in_deutschland__steuerbelastung_nur_schwach_progressiv.html

Die öffentlichen Aufgaben gerecht finanzieren

verläuft deutlich flacher, als zu erwarten wäre. Vor dem Hintergrund der Herausforderungen, vor denen Deutschland steht, ließen sich die folgenden Schlüsse ziehen:

- Es ist richtig, dass die Belastung zunächst sinkt. Dies gibt einen Anreiz, am Erwerbsleben teilzunehmen.
- Allerdings steigt die Abgabenlast zu früh und vor allem viel zu steil an. Wie bereits in Kapitel 7 gezeigt, ist es für Menschen, die Hartz-IV-Leistungen beziehen, höchst unattraktiv, mehr zu arbeiten und zu verdienen, da die Grenzbelastung der Summe ihrer Einkünfte bis zu 80 Prozent betragen kann. Hier muss gehandelt werden – was wiederum keine neue Erkenntnis ist, sondern das Versagen der Politik in den vergangenen Jahren unterstreicht.
- Die Belastung in der Mitte ist deutlich zu hoch. Durchgehend nimmt der Staat 40 oder mehr Prozent vom erarbeiteten Einkommen weg. Daraus erklärt sich der Ruf Deutschlands als »Steuer- und Abgabenhölle«.
- Im obersten Bereich ist, wie das DIW aufzeigt, die Belastung unter Umständen geringer, weil im Unternehmenssektor eine größere Bandbreite an Steuervermeidungsstrategien angewendet werden kann. Allerdings fällt in diesem Segment die Erbschaftsteuer an, die in dieser Analyse fehlt. Hier wird also das Einkommen, das gespart und deshalb nicht über die Konsumsteuern belastet wurde, durch eine andere Steuerart erfasst. Dass diese Steuer für Unternehmen nicht anfällt, ist eine der potenziellen Ungerechtigkeiten im System.
- Generell würde man sich einen stärker U-förmigen Verlauf der Kurve, das heißt einen stärkeren Anstieg am Ende und eine absolut geringere Belastung, wünschen.

Bevor ich ein Fazit ziehe, möchte ich zeigen, wie die Umverteilungsmaschinerie des Staates wirkt. Die Einnahmen, die der Staat generiert, fließen bekanntlich nur zu einem geringeren Teil in Investitionen und stattdessen überwiegend in Transferleistungen. Immerhin 1040 Milliarden Euro wurden 2019 im weitesten Sinne für Soziales ausgegeben, entsprechend zwei Drittel der Staatseinnahmen (siehe Tabelle 20).

Ausgabenposition	Ausgaben in Mrd. Euro	Anteil in Prozent
Rentenversicherung	330,20	21,10
Krankenversicherung	250,10	15,98
Pflegeversicherung	42,39	2,71
Unfallversicherung	14,20	0,91
Arbeitsförderung und Arbeitslosenversicherung	72,62	4,64
Beamtenpensionen	62,96	4,02
Altershilfe für Landwirte	2,84	0,18
Entgeltfortzahlung	58,80	3,76
Kindergeld	47,65	3,05
Erziehungs-/Elterngeld	7,81	0,50
Soziale Entschädigung	0,77	0,05
Wohngeld	1,03	0,07
Kinder- und Jugendhilfe	49,67	3,17
Sozialhilfe	40,34	2,58
Sonstiges	58,94	3,77
Gesamt	**1040,33***	**66,49**

* Rundungsdifferenz

Tabelle 20: **Ausgaben für Soziales in Deutschland 2019**
Quelle: Bundesministerium für Arbeit und Soziales, Deutschland in Zahlen, abrufbar unter: https://www.deutschlandinzahlen.de/tab/deutschland/soziales/sozialbudget-sozialausgaben/sozialbudget

Staatliche Umverteilung am Werk: Dies muss natürlich in die Überlegung einfließen, wenn es darum geht, den Wohlstand richtig zu verteilen. Nur auf die Last zu blicken, wie es das DIW getan hat, genügt demzufolge nicht.

Das Institut der deutschen Wirtschaft (IW) hat im Januar 2020 die beiden Sichtweisen zusammengeführt – die Finanzierung des Gemeinwesens einerseits und die Umverteilungswirkung andererseits. Naturgemäß kann sich eine solche Untersuchung nur der Wahrheit nähern, weil es – wie auch bei der Finanzierungsanalyse des DIW – nicht möglich ist, für jedes Individuum eine perfekte Rechnung aufzustellen. Das ist auch einer der Gründe dafür, dass die Politik zum Teil schwer nachvollziehbare Entscheidungen trifft, wie beispielsweise die Einführung der Grundrente, obwohl bekannt ist, dass geringe staatliche Renten keineswegs ein ausreichender Indikator für Altersarmut sind. Das Ergebnis der Nettobetrachtung kann wenig überraschen (siehe Abbildung 19).

Was sagt Abbildung 19 aus? Die dargestellten Proportionen sind durchaus aufschlussreich:[3]

- Die untere Hälfte der Bevölkerung zahlt netto so gut wie nichts für den Staat. Die Ausgaben beispielsweise für die öffentliche Infrastruktur, die öffentliche Verwaltung und die Landesverteidigung werden ausschließlich von den oberen 50 Prozent der Bevölkerung getragen.
- Zwar wirken die indirekten Steuern für die Haushalte in der unteren Hälfte der Verteilung regressiv. Allerdings wird dieser Effekt durch Sozialleistungen implizit vom Staat ausgeglichen.
- Die Belastungskurve verläuft durchaus so, wie man sie sich vorstellen würde, das heißt, sie beginnt im negativen Bereich und endet im positiven. Sie verläuft allerdings nicht linear. Auch hier zeigt sich der negative finanzielle Anreiz zur Arbeitsaufnahme im Bereich der unteren Einkommensgruppen.
- Des Weiteren spiegelt die Kurve die Philosophie der Politik wider, wonach es darum gehen soll, möglichst viel politisch zu definie-

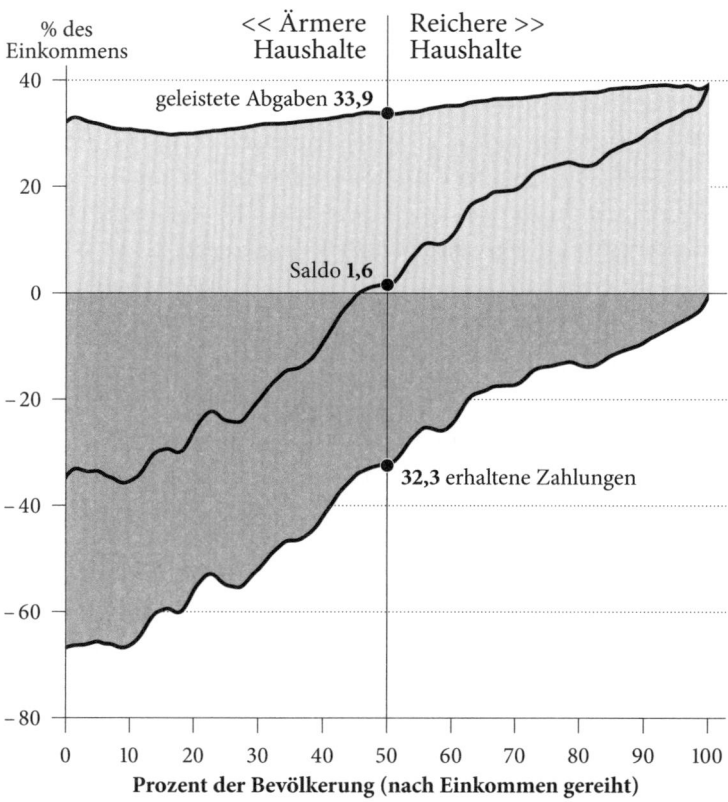

Abbildung 19: Durchschnittswerte Einkommen in Prozent
Quelle: Institut der deutschen Wirtschaft Köln e. V., »Staatliche Umverteilung. Wer zahlt, wer empfängt?«, 12. Februar 2020, abrufbar unter https://www.iwkoeln. de/presse/pressemitteilungen/beitrag/martin-beznoska-wer-zahlt-wer-empfaengt.html

ren und damit die Bürgerinnen und Bürger eher in einem Abhängigkeitsverhältnis zu sehen. Besser wäre es, den Bereich der Umverteilung klarer zu umreißen, also in der breiteren Mitte gar nicht umzuverteilen und die Abgaben zu senken.

Die aus der Analyse gewonnenen Erkenntnisse haben deutliche Implikationen für die in Kapitel 7 und 12 diskutierte Migrationspolitik. Da die Zuwanderungen ins Sozialsystem beziehungsweise in die unteren Einkommensgruppen überwiegen, wächst die Notwendigkeit, den Sozialstaat auszubauen und damit die Einkommensgruppe der oberen 50 Prozent stärker zu belasten. Dies lässt sich nicht beliebig fortsetzen.

Insgesamt gesehen spricht vieles dafür, den Kurvenverlauf des »Saldos« und die Verteilung der hell- und dunkelgrauen Fläche zu verändern beziehungsweise beide zu verkleinern. Es ist schlichtweg nicht erforderlich, dass der Staat einen solch großen Anteil der erwirtschafteten Leistung umverteilt. Im mittleren Bereich der Einkommen (Einkommen zwischen 30 und 70 Prozent des Einkommenshöchstwerts) sollte der Staat sich idealerweise einer Umverteilung enthalten, in den übrigen Bereichen hingegen stärker zielgerichtet vorgehen. Bevor ich diesen Vorschlag näher begründe, möchte ich noch einen Blick auf die neue Komponente im Spiel werfen: die CO_2-Besteuerung.

CO_2-Steuern wirken regressiv

In Kapitel 10 habe ich gezeigt, dass die Besteuerung von CO_2-Emissionen im Hinblick auf die Erreichung der Klimaziele eine wichtige Rolle spielt. Richtig wäre es, wenn diese Steuer der einzige Hebel der Politik wäre. Das Problem besteht darin, dass sie regressiv wirkt, also ihr Belastungseffekt mit steigendem Einkommen abnimmt. Wie bei der Mehrwert-, Tabak- und Alkoholsteuer und den weiteren indirekten Steuern belastet sie den Verbrauch – im konkreten Fall den »Verbrauch« sauberer Luft in Gestalt des Ausstoßes von CO_2. Zwar stoßen die Haushalte mit höheren Einkommen überwiegend auch mehr CO_2 aus – tendenziell wohnen sie in größeren Häusern, fahren größere Autos, reisen häufiger –, doch ihre Belastung durch eine CO_2-Steuer im Verhältnis zu ihren Einkommen dürfte geringer ausfallen als im Fall der Haushalte mit kleinen und mittleren Einkommen. Auch deshalb fordern die meisten Befürworter der CO_2-Steuer eine Umverteilung der Einnahmen zurück an die Haushalte, vor allem jene mit kleinen und mittleren Einkommen. Umgekehrt muss es allerdings auch für die Haushalte, die ausschließlich von Transfers leben, einen Anreiz zur Einsparung von CO_2 geben. Beispielsweise gibt es im heutigen System dort, wo die Wohnkosten direkt vom Staat bezahlt werden, kaum einen Anreiz zur Senkung des Energieverbrauchs.

Angesichts der Dimensionen des von der Politik angestrebten Umbaus der Wirtschaft muss die CO_2-Steuer sehr schnell eine spürbare Wirkung entfalten. Anfangs, im Jahr 2021, soll sie – Stand Sommer 2020 – zunächst 35 Euro pro Tonne betragen.[4] Dies entspricht bei den rund 800 Millionen Tonnen CO_2, die pro Jahr in Deutschland anfallen,[5] einem Steueraufkommen von 28 Milliarden Euro, mithin rund 1,8 Prozent der Staatseinnahmen des Jahres 2019. Die Staatsquote würde sich ohne Senkung anderer Abgaben deutlich der 50-Prozent-Marke nähern. Da die Steuer in den kommenden Jahren deutlich steigen wird, reden wir schnell von 100 Milliarden Euro und mehr. Wenn man an den aggressiven Zielen im Bereich des Klimaschutzes festhält, geht dies nur mit exponentiell steigenden Preisen für CO_2, auch um den erhofften Rückgang der Einnahmen aus dieser Steuerart zu kompensieren.

Selbstverständlich muss ein Teil der Einnahmen aus der Steuer dazu verwendet werden, diejenigen Bereiche, die besonders von der Verteuerung des CO_2 betroffen sind, beim Umbau zu unterstützen, beispielsweise die Gebäudeertüchtigung. Allerdings spricht vieles dafür, diese Maßnahmen auch aus einer Umschichtung der Mittel zu mobilisieren. Eines ist jedenfalls offensichtlich: Die Einführung der CO_2-Steuer ist neben der Notwendigkeit, den Kurvenverlauf zu korrigieren, ein weiterer wichtiger Grund, das Steuer- und Abgabensystem zu überarbeiten.

Grundeinkommen mit falschem Anreiz

Ein weiterer Gedanke gewinnt in der öffentlichen Diskussion zunehmend an Unterstützung: die Idee eines »bedingungslosen Grundeinkommens« (BGE). Laut Befragungen des DIW aus vergangenen Jahren sympathisiert in Deutschland grundsätzlich die Hälfte der Bevölkerung mit diesem Konzept. Es gibt prominente Unterstützer wie Tim Höttges, Vorstandsvorsitzender der Telekom, die hierin eine Antwort auf die neue Welt sehen. Die Argumente der Unterstützer lauten knapp gefasst wie folgt:

- Ein BGE fördert die Freiheit des Einzelnen, weil es allen gleichermaßen zugutekommt.
- In der modernen Gesellschaft gilt der Grundsatz: Freiheit ist die beste Voraussetzung guter Dienstleistung. Wenn ich will, dass andere möglichst gut für mich arbeiten, dann habe ich dafür zu sorgen, dass sie dies aus freien Stücken tun können. Wer nicht arbeiten muss, der will arbeiten.
- Anstrengung hat nichts mit Geld, sondern mit Sinn zu tun. Wir beginnen überhaupt erst, uns wirklich anzustrengen, wenn wir uns für eine Sache begeistern können.

Das BGE gilt als Waffe gegen vieles: gegen Armut, Stress, Kriminalität, Unterdrückung von Frauen, die Folgen von künstlicher Intelligenz/Automatisierung/Digitalisierung und natürlich den Klimawandel.

Das passt etwas nicht zusammen. Wie soll es zum einen die Wirtschaft stabilisieren, indem es die Konsumnachfrage stärkt, und zum

anderen das Klima retten? Es sei denn, man schriebe vor, was »sinnvoller/guter« Konsum ist.
Schon heute ist der Staat überwiegend damit beschäftigt, Kaufkraft umzuverteilen. Zweifellos müssen die Sozialgesetze in Deutschland von Grund auf neu gestaltet werden. Die Fortschreibung des Bestehenden führt angesichts der Tendenz der Politik, jeden Einzelfall spezifisch regeln zu wollen, und dem Wunsch, es allen Interessengruppen recht zu machen, zu ineffizienten und teuren Lösungen.
Ziel sollte sein, alle Sozialleistungen zu bündeln und durch pauschale Geldzahlungen zu ersetzen. Dieser Ansatz unterscheidet sich grundlegend von der Idee des BGE. Ich befürworte

- eine drastische Verkleinerung der Verwaltung des Sozialstaats;
- eine Vereinfachung der Unterstützung;
- eine Hilfe, die sich an den Schwachen orientiert;
- ein System, das eine Beteiligung am Erwerbsleben und Investitionen in die eigene Produktivität fördert und belohnt.

Genau diese Anforderungen erfüllt ein BGE nicht. Zunächst ist festzuhalten, dass ein BGE von 1 000 Euro pro Monat fast eine Billion Euro pro Jahr (jeweils 12 000 Euro für 82 Millionen Menschen) kostet. Das entspricht den gesamten Staatsausgaben für Sozialleistungen. Um diesen Betrag zu finanzieren, müssten alle Sozialleistungen und Rentenzahlungen eingestellt werden. Das hieße unter anderem, all diejenigen, die in die gesetzliche Rentenversicherung eingezahlt haben, zu enteignen. Das wäre eine massive Umverteilung, die vor dem Bundesverfassungsgericht keine Chance haben dürfte. Wenn man das nicht will, reden wir rasch von 1 500 Milliarden Euro im Jahr – und entsprechender Umverteilung.
Damit potenzieren wir den Unsinn, Abgaben zu erheben und dann in praktisch gleicher Höhe wieder zurückzugeben. Genau das passiert nämlich heute, wie oben gezeigt. Was bleibt, ist ein Minus, bedingt durch die Kosten dieser Umverteilung.[6] Besser wäre es,

die Sozialleistungen auf das untere Drittel der Bevölkerung zu beschränken und durch das obere Drittel der Bevölkerung bezahlen zu lassen. Die Sinnhaftigkeit dieses Ansatzes zeigen auch Studien. So hat der Ökonom Ive Marx in den Niederlanden vorgerechnet, dass drei Viertel der 18- bis 64-Jährigen finanziell mit einem BGE schlechter gestellt wären; 30 Prozent der Menschen in dieser Altersgruppe würden mehr als 10 Prozent ihres verfügbaren Einkommens verlieren. Die Ungleichheit würde leicht zurückgehen, die Armut hingegen um 3 Prozentpunkte zulegen. Länder mit gut ausgebauten Sozialsystemen verschlechtern die Lage nach dieser Studie, statt sie zu verbessern. Das BGE ist »massiv ineffizient, wenn man sich um die Ärmsten der Gesellschaft sorgt«[7]. Dies liegt auch daran, dass die Lebenshaltungskosten durchaus unterschiedlich sind. Man müsste also zwischen Oranienburg und München unterscheiden, will man »Gerechtigkeit« schaffen. Sobald man aber differenziert, braucht man wieder eine Umverteilungsbehörde, und der wesentliche Vorteil der Kostensenkung in der Verwaltung fällt weg. Jede Politik führt zu Gewinnern und Verlierern, da es um die Verteilung von Ressourcen geht. Kurz und gut: Wenn behauptet wird, niemand würde verlieren, gilt es aufzupassen.

Pilotversuche deuten darauf hin, dass ein BGE nicht dazu führt, dass mehr Menschen arbeiten und dass es oftmals eine Verkürzung der individuellen Arbeitszeit nach sich zieht. In einer finnischen Studie kam es zu positiven Effekten: leicht höhere Erwerbsbeteiligung, höhere Zufriedenheit der Empfänger und mehr Vertrauen in die Institutionen des Staates.[8]

Wenig verwunderlich, muss auch in Deutschland ein solcher Pilotversuch stattfinden – wir lernen ja nicht gerne nur von anderen (siehe Kapitel 4). Durchgeführt vom DIW, fand im Herbst 2020 eine Verlosung der Plätze für die Teilnahme statt. Die Reaktion der Gewinner: »Ich habe sofort gekündigt«, so ein Titel zum Thema in der *Zeit*.[9] Genau das brauchen wir angesichts des erheblichen demografischen Wandels nicht.

Hinzu kommt, dass wir mit einem BGE Gefahr laufen, die ohnehin schon schwierige Integration Zugewanderter zu erschweren, ist doch bekannt, wie wichtig eine aktive Teilnahme am Berufsleben für eine erfolgreiche Integration ist. Wenn nun ein BGE bezahlt wird, das über dem BIP/Kopf der Herkunftsländer liegt (was bei 12 000 Euro im Jahr für praktisch alle Hauptherkunftsländer gilt), bedeutet dies einen verstärkten Anreiz für ein Leben in Parallelgesellschaften.

Was mich zu folgendem Fazit führt: Das bedingungslose Grundeinkommen ist weder finanzierbar noch gerecht. Es wäre die Fortsetzung des Weges in den Fürsorgestaat und damit in Unfreiheit. Besser wäre es, das bestehende Sozialsystem zu vereinfachen und auf die tatsächlich Bedürftigen auszurichten.

Chancen- statt Ergebnisgleichheit

Bevor ich zur Philosophie bei der Neugestaltung des Steuer- und Abgabenwesens komme, noch ein kurzer Blick auf die Gerechtigkeitsdiskussion hierzulande. Wie soeben gezeigt, ist die Einkommensverteilung nach Umverteilung in Deutschland durchaus als »gleichmäßig« anzusehen. Die Vermögensverteilung hingegen ist deutlich ungleichmäßiger, was nicht daran liegt, dass die »Reichen« im europäischen Vergleich überdurchschnittlich reich wären, sondern daran, dass die Masse der Bevölkerung über ein bestenfalls geringes Vermögen verfügt. Deshalb auch der Vorschlag, über einen Staatsfonds die Vermögensbildung zu fördern (siehe Kapitel 13).

Stellt sich die Frage, ob wir zusätzliche Maßnahmen ergreifen müssen, um die Verteilung von Einkommen und Vermögen noch gleichmäßiger zu gestalten.

Ich beginne mit den Einkommen. Im Frühjahr 2020 zeigten neue (Vor-Corona-)Daten einen erfreulichen Rückgang der Einkommensungleichheit.[10] Demnach sinkt die Lohnungleichheit schon seit dem Jahr 2006 und liegt wieder auf dem Niveau des Jahres 2000, also dem Jahr vor den Reformen der Regierung unter dem damaligen Bundeskanzler Gerhard Schröder. Parallel dazu sank der Anteil der Beschäftigten im Niedriglohnsektor. Diese Entwicklung unterstreicht deutlich, dass sich eine gute wirtschaftliche Entwicklung positiv auf Beschäftigung und Löhne auswirkt. Die Ungleichheit in der Gesamtbevölkerung sank nämlich schon länger, und dass die Einkommensungleichheit zunächst zunahm, war einem statistischen Effekt geschuldet: Die Integration von bisher Arbeitslosen und von Zugewanderten in den Arbeitsmarkt erfolgte am unteren Ende der Qualifikations- und damit Einkommensskala, was zu Lohndruck führen musste. So stieg die Ungleichheit unter den Beschäftigten, während die Ungleichheit in der Gesamtbevölkerung sank, da Menschen ohne Einkommen (die Arbeitslosen) nun ein Einkommen bezogen.[11]

An diesem positiven Befund ändert auch die Tatsache nichts, dass einige interessierte Ökonomen mit einseitigen Aussagen über die vermeintlich zunehmende Einkommensungleichheit die Vorurteile bedienen. Allen voran Marcel Fratzscher. Nachdem das vom ihm geleitete DIW die gute Nachricht von der abnehmenden Lohnungleichheit übermittelt hatte, betonte er sogleich, dass das ja noch gar nicht bedeuten würde, dass es »gerechter« zuginge. So sei die Situation von Hartz-IV-Empfängern, Studierenden und Rentenbeziehern davon unberührt. Heißt übersetzt: In Deutschland geht es immer weniger gerecht zu, weil in Deutschland

- der Anteil derer steigt, die eine Rente beziehen;
- immer mehr junge Leute studieren, anstatt in der dualen Ausbildung einen Beruf zu erlernen;
- Zuwanderern geholfen wird;
- die Zuwanderung nicht an den eigenen ökonomischen Interessen orientiert wird und deshalb überwiegend gering qualifizierte Menschen angezogen werden;
- vor allem auch wegen der Zuwanderung mehr Kinder geboren werden.

Obwohl die Menschen in Deutschland objektiv gesehen besser dastehen, wird die Gesellschaft nach dieser Logik ungerechter, wird der Ruf nach mehr Umverteilung lauter. Demgegenüber habe ich gezeigt, dass der Staat schon jetzt erheblich umverteilt, was die Frage aufwirft, ob die Mitte der Gesellschaft, die qua Masse den größten Teil der Umverteilung schultert, noch gerecht behandelt wird. Sogar *Spiegel Online* musste einräumen, dass das Gefühl der Ungleichheit bei den Einkommen nicht den Fakten entspricht und zudem laut Umfragen der medialen Darstellung geschuldet ist.[12]

Wie ist es mit den Vermögen bestellt? Deutschland ist keineswegs allein mit seiner hohen Vermögensungleichheit. So ist in Schweden die Vermögensverteilung noch ungleichmäßiger als hierzulande. Dies hat unter anderem mit der massiven Umverteilung in beiden Ländern zu tun. Ein ausgebauter Sozialstaat führt zum einen zu höheren Abgaben, die die private Vermögensbildung erschweren, zum anderen sichert er die Bürgerinnen und Bürger ab, was die Notwendigkeit der privaten Vorsorge entsprechend senkt.

Die Schweizer Professorin Monika Bütler bringt es gut auf den Punkt:

> »*Abgesehen von den Superreichen ist Vermögen kaum Selbstzweck, sondern vor allem Vorsorge. Im Sozialstaat ist die Ausbildung der Kinder jedoch kostenlos, und die Bewohner sind gegen die meisten Lebensrisiken wie Arbeitslosigkeit, Alter oder Tod gut versichert. Müssten wir ohne diese Versicherungen auskommen, wären wir gezwungen, nur schon für den Invaliditätsfall mehrere Jahreslöhne als Puffer auf die hohe Kante zu legen. (…) Wo die Vorsorge für den Mittelstand knapp ist, so in Italien oder Australien, ist die Vermögensverteilung gleichmäßiger. Umgekehrt ist Schweden das unerwartete Schlusslicht in der Gleichheitsrangliste. Die vermögensärmsten 30 Prozent der schwedischen und dänischen Haushalte haben sogar Schulden. Die Ersparnisse eines Großteils der Bevölkerung sind genau deshalb so gering, weil angesichts kollektiver Vorsorge die private Vorsorge im Wohlfahrtsstaat gar nicht nötig ist.*«[13]

Und weil angesichts der hohen Steuer- und Abgabenlast in diesen Ländern private Vorsorge nicht möglich ist, würde ich ergänzen.

Diese Erkenntnis stützen auch die Daten für Deutschland: Unter Einbeziehung von Renten- und Pensionsansprüchen ist die Vermögensverteilung deutlich gleichmäßiger: Der Gini-Koeffizient sinkt von 0,73 auf 0,53.[14] So gesehen spiegelt die Verteilung der Vermögen nicht die Verteilung des künftigen Wohlstands wider.

Noch ein weiterer Aspekt trägt zur Ungleichheit bei: Menschen verhalten sich unterschiedlich. Die einen sparen mehr, die anderen bevorzugen Konsum, wieder andere gründen Unternehmen und sind damit erfolgreich oder scheitern. Im Lauf der Zeit muss dies selbst bei gleichen Einkommen zu unterschiedlichen Vermögen führen – und dies zu Recht.

Will man dennoch die Vermögen (höher) besteuern, so stößt man sogleich auf ein weiteres Problem: In Deutschland besitzen die Reichen überwiegend Beteiligungen an Unternehmen. Dass der Aufschwung in den vergangenen zehn Jahren vor allem dem Export zu verdanken war, hat sich in höheren Gewinnen der Unternehmen niedergeschlagen. Da diese Gewinne zu einem guten Teil in den Unternehmen verbleiben, hat auch dies die Vermögenskonzentration verstärkt. Will man nun höhere Steuern erheben, so schwächt man letztlich die Stütze der Wirtschaft, die ohnehin noch länger die Folgen der Corona-Pandemie und die Kosten für den ökologischen Umbau der Wirtschaft bewältigen muss.

Viel entscheidender ist die Frage, welche Art von Gerechtigkeit wir anstreben. Die Ergebnisgerechtigkeit in Form möglichst gleicher Einkommen und Vermögen oder die Chancengerechtigkeit, die es jedem Menschen ermöglicht, sein Leben aus eigener Kraft zu gestalten? Wenn man die Zahlen für Deutschland betrachtet, könnte man zu dem Schluss kommen, dass es um die Ergebnisgerechtigkeit nicht so schlecht gestellt ist. Die Umverteilung ist erheblich, und sie wirkt. Diese noch weiter zu verstärken würde aus meiner Sicht dem generellen Ziel widersprechen, auch 2040 ein wohlhabendes Land zu sein. Die Anreize für Erwerbsbeteiligung und Unternehmertum würden leiden.

Stellt sich die Frage nach der Chancengerechtigkeit. Damit ist gemeint, dass die Erfolgsaussichten wie Schulbildung, Einkommen oder ein gesundes Leben nicht von Faktoren abhängen dürfen, die sich dem persönlichen Einfluss entziehen, wie beispielsweise das Elternhaus oder das Geschlecht.

Forscher am ifo-Institut sind der Frage nachgegangen, wie es um die Chancengerechtigkeit in Deutschland bestellt ist.[15] Demnach sind rund 25 Prozent der gemessenen Ungleichheit der Einkommen auf Faktoren zurückzuführen, »die sich dem individuellen Einflussbereich entziehen«, also auf die äußeren Umstände zurückzuführen und damit nicht gerecht sind. Dies ist unbefriedigend, aber im internationalen Vergleich ein sehr gutes Ergebnis. In Großbritannien, in Frankreich und auch in der Schweiz ist die Vorbestimmung durch den familiären Kontext deutlich stärker ausgeprägt.[16]

Als wichtigste externe Einflussfaktoren machen die Forscher das Bildungsniveau des Vaters und den Migrationshintergrund aus. Dies schlägt sich jeweils im Bildungserfolg der nachfolgenden Generation nieder und damit in den Lebenseinkommen. Wie bereits in Kapitel 7 aufgezeigt, sind in einigen Zuwanderergruppen wie beispielsweise der türkischstämmigen Bevölkerung, die Strukturen verfestigt. Eine unzureichende Schul- und Berufsbildung schlägt sich in dauerhaft niedrigen Einkommen und damit entsprechenden Transferzahlungen des Staates nieder.

Hier gilt es also anzusetzen, wenn man in Deutschland mehr Gerechtigkeit will – und das sollten wir auch im Eigeninteresse wollen, müssen doch in Zukunft alle einen größeren Beitrag zur Wohlstandssicherung leisten. Deutschland hat auf den ersten Pisa-Schock hin im Jahr 2000 nicht konsequent reagiert. Wenn überhaupt, so hat lediglich ein Teil der Eltern die Anstrengungen erhöht, was die Chancengerechtigkeit eher noch weiter verringert hat.

2009 hat Angela Merkel die »Bildungsrepublik Deutschland« ausgerufen. 2020 hat an den Tag gebracht, wie wenig dieser Appell bewirkt hat. So belegte Deutschland im internationalen Vergleich bezüglich des Übergangs zum Online-Unterricht in der Corona-Krise den letzten Platz.[17] Der Handlungsbedarf ist offensichtlich.

In Deutschland geht es, verglichen mit anderen Staaten, aber auch mit seinen eigenen Ansprüchen, »gerecht« zu. Das bedeutet nicht, dass es nicht besser werden sollte. Einen wichtigen Ansatzpunkt dazu bildet das Bildungssystem. Daneben müssen wir uns eingestehen, dass die Ungleichheit mit der Art zu tun hat, wie wir Zuwanderung organisieren und Integration gestalten. Integration ist eine Aufgabe der Zuwandernden mindestens ebenso wie der aufnehmenden Gesellschaft. In dieser Hinsicht war Deutschland in der Vergangenheit nicht konsequent genug. Hinzu kommt, dass das Qualifikationsniveau der Zugewanderten sich auch im Bildungsniveau ihrer Kinder niederschlägt. Je restriktiver die Einwanderungspolitik ist – und damit die Auswahl der Zuwandernden nach ökonomischen Kriterien –, desto höher die schulischen Leistungen der Kinder der Zugewanderten. Wer den Wohlstand im Land heben und zugleich die Armut bekämpfen will, muss auch hier ansetzen.

Ideen zum Umbau der Staatsfinanzierung

Obwohl es in Deutschland einigermaßen gerecht zugeht, besteht dennoch angesichts der Herausforderungen der kommenden 20 Jahre ein erheblicher Handlungsbedarf. Die wesentlichen Problemfelder sind die folgenden:

- eine insgesamt zu hohe Abgabenbelastung, die nicht weiter ansteigen, sondern eher sinken sollte;
- eine unnötige Belastung der breiten Mittelschicht, ohne nennenswerte Änderung der verfügbaren Einkommen. Hier bewirkt die Umverteilung letztlich nur eine Entmündigung der Bürgerinnen und Bürger, weil diese zunächst Geld beim Staat abliefern, um es danach für bestimmte Dinge wieder zurückzuerhalten. Besser wäre eine konsequente Beschränkung der Umverteilung

von den oberen 30 Prozent auf die unteren 30 Prozent der Bevölkerung;
- eine Abgabenstruktur, die dazu führt, dass in einigen Bereichen der Anreiz zur Erzielung eines höheren Einkommens – sei es zum Beispiel durch die Aufnahme einer Tätigkeit oder die Verlängerung der individuellen der Arbeitszeit – gering ist;
- eine Vermischung der Einnahmen und Ausgaben im Bereich der Sozialversicherung. Auf der Einnahmenseite stehen zum Teil Versicherungsbeiträge, zum Teil Quasi-Steuern (höhere Beiträge ohne Mehrleistung). Auf der Ausgabenseite stehen zum Teil Versicherungsleistungen, zum Teil gesamtgesellschaftliche Ausgaben. Wiederum werden Steuern temporär oder dauerhaft (Beispiel Rente) in die Sozialkassen umgeleitet;
- eine Verschleierung der wahren Kosten der Sozialversicherung durch die Trennung in Arbeitgeber- und Arbeitnehmeranteil. Denn selbstverständlich zahlt nicht der Arbeitgeber, sondern der Arbeitnehmer, da es von seinem wirklichen Bruttolohn abgezogen wird;
- eine absehbar regressive Wirkung der CO_2-Besteuerung. Diese gilt es so zu korrigieren, dass der Anreiz zur Einsparung von CO_2 erhalten bleibt;
- ein kompliziertes Steuer- und Abgabensystem, das aufgrund des Wunsches der Politik, immer gezielter einzugreifen, letztlich intransparent und damit ungerecht ist. Profiteure sind dann jene, die die Möglichkeiten des Systems zur Steuergestaltung ausnutzen können;
- eine wahre Flut an offenen und verdeckten Subventionen. Offiziell wird deren Summe vom Bund auf rund 50 Milliarden Euro beziffert. Demgegenüber kommt der Kieler Subventionsbericht auf über 200 Milliarden Euro, die der Staat jedes Jahr über Steuervergünstigungen und Transfers dazu verwendet, bestimmte Bereiche der Wirtschaft zu begünstigen. Fast 30 Milliarden Euro sind nach Analysen »widersprüchlich« oder gar »gesamtwirtschaftlich schädlich«, so die Vergünstigungen für Landwirte und Hoteliers

und die einseitige Förderung der Elektromobilität. Einige andere Punkte wie die Begünstigung von Unternehmen im Erbfall habe ich bereits diskutiert.[18]

Diese Punkte verdeutlichen, dass ein Umbau der Finanzierung von Staat und Sozialsystem schon lange überfällig ist. Konkret schlage ich Folgendes vor:

- Die Finanzierung der Sozialsysteme wird stärker mit dem Steuersystem verknüpft. So sollten Grundleistungen, bei denen die Versicherungsleistung einkommensunabhängig ist, wie bei der Krankenversicherung, aus Steuern bezahlt werden. So würden alle Bürgerinnen und Bürger in das System einbezahlen. Da damit auch diejenigen, die in privaten Krankenkassen versichert sind, über ihre Steuern die gesetzliche Krankenversicherung mitbezahlen, würden die privaten Kassen ebenfalls eine Auszahlung vom Staat in Höhe des Pro-Kopf-Satzes der gesetzlichen Kassen für ihre Mitglieder erhalten. Der Differenzbetrag würde die Zusatzleistungen und Altansprüche abdecken.
- Bei den Leistungen, deren Niveau einkommensabhängig ist – wie zum Beispiel Rente und Arbeitslosenversicherung –, wird ein bestimmter Anteil in das Steuersystem integriert, und zwar auf dem Niveau, das 50 Prozent der Beitragszahler erfasst. Über dieses Niveau hinausgehende Beiträge, die auch zu entsprechenden Ansprüchen für künftige Zahlungen führen, werden wie heute vom jeweiligen Versicherten geleistet. Man muss sich dies wie eine umgekehrte Beitragsbemessungsgrenze vorstellen. Statt wie heute eine Kappungsgrenze hätten wir einen Mindestbetrag, ab dem zusätzlich zu den Steuern in die Sozialkassen einbezahlt werden muss.
- Der Arbeitgeberanteil wird abgeschafft, und die heutigen Gehälter zuzüglich des bisherigen Arbeitgeberanteils werden als neue Bruttogehälter festgelegt. Damit ändert sich für beide Seiten wirtschaftlich nichts, doch die Abrechnung wird transparenter. Im

Gegenzug sinkt die Steuerlast um mindestens den Betrag, der erforderlich ist, um die Nettogehälter konstant zu halten.

Bereits durch diese Maßnahme ergibt sich eine höhere Belastung der obersten Einkommensgruppen, die oftmals nicht in die Sozialversicherungen einzahlen, was zu dem besagten (in Abbildung 18 ersichtlichen) Rückgang der Belastung im oberen Einkommensbereich beiträgt.

Im nächsten Schritt muss über eine intelligente Einbeziehung der CO_2-Steuer in das System nachgedacht werden. Die meisten Ökonomen denken an eine Senkung der Steuer- und Abgabenlast im unteren und mittleren Einkommensbereich. Damit soll die Kurve weiter unten beginnen und erst später, dann aber steiler nach oben verlaufen. Meines Erachtens wäre es sinnvoller, im Gegenzug zur Einführung der CO_2-Steuer die Umsatzsteuer zu senken. Das hieße, eine indirekte Steuer einzuführen und im Gegenzug eine andere indirekte Steuer zu senken. Dies würde dazu beitragen, die relativen Preise von Energie nochmals zu erhöhen und damit den Anreiz zu Einsparungen zu stärken. Diese Maßnahme ist einer allgemeinen Senkung von Abgaben und Steuern vorzuziehen, da diese den regressiven Charakter der indirekten Steuern verstärken würde. Dann ist es auch nicht erforderlich, die Transfers an die unteren Einkommensgruppen zu erhöhen. So oder so ist sicherzustellen, dass die höheren Kosten des Ausstoßes von CO_2 die erhoffte Steuerungswirkung entfalten.

In einem weiteren Schritt sind die Verhältnisse zu korrigieren, die sich im Verlauf der in Abbildung 19 wiedergegebenen Kurve widerspiegeln. Da die Steuergesetze und die Umverteilungsmechanismen intransparent sind, findet zum einen eine deutliche Vereinfachung statt: Pauschalen anstelle von Berechnungen aufgrund von Einzelnachweisen, deutlich höhere Freibeträge und weniger Abzugsmöglichkeiten. Dabei sollten wir uns an anderen Staaten mit deutlich einfacheren Steuergesetzen orientieren. Ziel muss es sein, die Umverteilung auf das untere Drittel und die Belastung auf das obere

Drittel zu konzentrieren, verbunden mit einem deutlichen Anreiz zur Teilnahme im Erwerbsleben. Auf keiner Stufe sollte der Staat mehr als 50 Prozent von einem zusätzlich verdienten Euro erhalten.[19] Ebenso darf es in keinem Fall attraktiver sein, nicht zu arbeiten als zu arbeiten. Gerade im Übergang vom Hartz-IV-Bezug ins Erwerbsleben sollten den Betroffenen deutlich mehr als 50 Prozent des verdienten Geldes bleiben.

Angesichts der Bedeutung der demografischen Entwicklung sollten zudem besonders Familien entlastet werden, die Einkommen beziehen. Davon ausgehend bietet es sich an, ein Familiensplitting einzuführen, um einen Anreiz zu geben, gerade auch in mittleren und höheren Einkommensgruppen mehr Kinder zu bekommen und die Kosten der Kinderbetreuung mit aufzufangen. Die Abschaffung des Ehegattensplittings bietet sich angesichts des Ziels, die Erwerbsbeteiligung von Frauen zu fördern, ebenfalls an. Letzteres allerdings nur im Zuge einer allgemeinen Senkung der Abgabenbelastung, denn andernfalls wäre die Abschaffung nichts anderes als eine indirekte Steuererhöhung.

Ein weiterer Aspekt ist die gleichmäßige Besteuerung aller Einkunftsarten. Es kann nicht sein, dass Erwerbstätigkeit höher besteuert wird als Kapitalgewinne. In diesem Sinne ist die Abgeltungsteuer zu reformieren – beziehungsweise die Sätze sind anzupassen –, und zugleich sollten alle Kapitalgewinne, also auch solche aus Immobilien und alternativen Anlagen, mit demselben Satz besteuert werden. Um eine übermäßige Belastung aufgrund des einmaligen Anfalls dieser Erträge zu verhindern, sollten großzügige Freibeträge und ein Steuersatz nach einem mehrjährigen Durchschnitt des Steuersubjekts angewandt werden.

Was zur Besteuerung von Vermögen führt. Wie wir gesehen haben, ist dies ein besonders in Deutschland populäres Thema, obwohl die höhere Besteuerung der Vermögen nicht geeignet wäre, die Ungleichheit zu reduzieren. Dazu ist vielmehr, wie in Kapitel 12 gezeigt, eine Förderung der Vermögensbildung im Kreis der weniger vermögenden Teile der Bevölkerung erforderlich. Jedoch gilt es anzuerkennen, dass die vermögensbezogenen Steuern – neben der Vermögensteuer auch die Grundsteuer, die Erbschaft- und Schenkungsteuer und die Kapitalverkehrsteuern – in Deutschland nur rund 1 Prozent des BIP ausmachen, verglichen mit dem OECD-Durchschnitt von über 1,5 Prozent. Besonders hoch ist die Besteuerung in Großbritannien mit 4 Prozent des BIP.

Blickt man auf die Komponenten, so stellt man fest, dass eine Vermögensteuer nur in der Schweiz, in Luxemburg und in Norwegen einen wesentlichen Anteil an den vermögensbezogenen Steuern hat; überall sonst dominiert die Grundsteuer.[20]

In der Schweiz fließt die Vermögensteuer den Kantonen zu. Der Satz liegt zwischen 0,2 und 1 Prozent und erfasst alle Arten von Vermögen: Unternehmensbeteiligungen, Barguthaben, Wertpapiere, Autos, Schmuck, Kunstwerke, Pferde, Jachten und Immobilien. Zwar stößt die Steuer gerade auch bei den Unternehmen nicht auf große Begeisterung, sie wird aber angesichts einer generell geringen Steuerlast akzeptiert.[21] So liegt die Belastung einer alleinverdienenden Person in der Schweiz mit Steuern und Abgaben im Durchschnitt bei 22,3 Prozent, in Deutschland sind es demgegenüber 49,4 Prozent. Die Erbschaft- und Schenkungsteuer ist in der Schweiz ebenfalls geringer, und in den meisten Kantonen wird sie erst gar nicht erhoben.

Dennoch gibt es eine ökonomische Logik, Vermögen auch in Deutschland höher zu besteuern, solange es im Zuge eines Gesamtumbaus des Steuersystems geschieht. Ihr Kern: Sie schafft einen Anreiz, Vermögen ertragskräftig anzulegen. So wie wir anstreben, die Erwerbsbeteiligung und die Produktivität zu steigern, so wollen wir auch, dass das Vermögen produktiv eingesetzt wird: Unternehmensbeteiligung statt Jacht, wäre das Motto.

Sobald man jedoch darüber nachdenkt, wie der Anteil der vermögensbezogenen Steuern erhöht werden könnte, erkennt man Hindernisse. Da ist der bürokratische Aufwand der Vermögenserfassung und -bewertung, der in der Vergangenheit erheblich war und faktisch die Erträge der Steuer aufgefressen hat. Da ist die Tatsache, dass man allein schon aus Gerechtigkeitsgründen den Wert von Pensionsansprüchen – die auch bei Politikern schnell die Millionengrenze erreichen – mit einrechnen müsste. Da ist die Tatsache, dass ein großer Teil des Vermögens der wirklich Reichen in Unternehmen gebunden ist und man diese aus gutem Grund schon bei der Erbschaftsteuer ausnimmt. Angesichts dieser Umstände würde ich gegen die Einführung der Vermögensteuer plädieren und für eine Reform der Erbschaftsteuer.

Diese sollte mit niedrigeren Sätzen alle Vermögen umfassen, also auch die Unternehmensbeteiligungen. Für Unternehmensbeteiligungen sollte jedes Jahr 1/33 einer vereinfacht ermittelten Erbschaftsteuer abgeführt werden. Damit würde ein Erbgang alle 33 Jahre simuliert und die Belastung der Liquidität der Unternehmen vermieden. Es wäre zudem gerecht, da die derzeitige Regelung die Erben von Immobilien und Finanzvermögen deutlich schlechter stellt.

Ein weiterer Ansatzpunkt ist die Grundsteuer, die in den meisten anderen Ländern der OECD deutlich mehr zum Steueraufkommen beiträgt. Dies hat zum einen damit zu tun, dass die steuerlichen Werte in Deutschland deutlich unter den Marktwerten lagen – was mit der derzeitigen Reform teilweise geändert wird –, zum anderen mit der Tatsache, dass die Immobilienwerte in Deutschland trotz des Anstiegs in den vergangenen Jahren deutlich unter denen der Nachbarländer liegen. So hielt der IWF noch 2018 deutsche Immobilien für unterbewertet,[22] was auch dann noch stimmt, wenn man die sehr hohen Bewertungen in einigen Ballungszentren wie Frankfurt am Main und München berücksichtigt.

Die OECD rät Deutschland seit Jahren, die Belastung der Arbeitseinkommen zu senken und stattdessen die Grundsteuer zu erhöhen. Selbst nach einer Verdoppelung des Aufkommens läge Deutschland noch unter dem Schnitt der OECD-Länder und deutlich hinter den USA, wo die Grundsteuern rund 12 Prozent der Steuereinnahmen ausmachen.

Will man nun die Grundsteuern weiter erhöhen, so hat dies verschiedene Folgen. So führt dies zu weiter steigenden Mietkosten, da nach geltender Regelung die Grundsteuer auf die Mietpartei umgelegt werden kann. Dies ist auch richtig so, soll sie doch zur Finanzierung der Infrastruktur dienen, und diese wird im Zweifel von der Mietpartei in Berlin genutzt und nicht vom Eigentümer, der in München wohnt. Wenn die Grundsteuer nicht mehr umgelegt wird, dann senkt dies die Rendite der Immobilieninvestition. Kann der Vermieter die gestiegenen Koste nicht in Form einer höheren Miete weitergeben – aufgrund der Marktlage oder auch von Eingriffen der Politik wie Mietpreisbremse und -deckel –, so sinkt die Bereitschaft, in Immobilien zu investieren und Wohnraum zu schaffen, was wiederum das Angebot verknappt. Kommen noch Auflagen zur energetischen Sanierung der Immobilien hinzu, so droht ein Verfall der Gebäudesubstanz. Man denke an die deutlich höheren Sanierungskosten nach jahrelang zu geringen Investitionen im Fall der untergegangenen DDR.

Ein weiteres Argument gegen eine Erhöhung der Grundsteuern besteht darin, dass sie den Anreiz zur Vermögensbildung in Form des Erwerbs von Grundeigentum schwächt. Deshalb sollte die Grundsteuer auf selbst genutztes Grundeigentum eventuell einen ermäßigten Satz aufweisen. Schließlich sollte die Grunderwerbsteuer (die ebenfalls in die Kategorie der vermögensbezogenen Steuern fällt) auf den Erwerb des Erstwohnsitzes reduziert oder erlassen werden.

Die Besteuerung der Unternehmen gehört ebenfalls überarbeitet. Neben einer Entlastung zur Herstellung der internationalen Wettbewerbsfähigkeit – in den wichtigsten anderen Staaten wie den USA wurden die Unternehmen in den vergangenen Jahren deutlich entlastet – geht es vor allem um deutlich stärkere Anreize für Investitionen und Innovationen im Inland. Hier bieten sich deutlich bessere Abschreibungsmöglichkeiten an. Mit Blick auf die Finanzierung von Start-ups müssen Regelungen, die die Geltendmachung von Verlusten von Risikokapitalgebern beschränken, abgeschafft werden. Ohnehin ist es hanebüchen, wie unser Finanzamt jegliche Art von Wagnisfinanzierung durch Private steuerlich benachteiligt.

Dies sind Gedanken, die keineswegs vollständig sind oder gar genügen, um einen Umbau des deutschen Steuer- und Abgabensystems zu beginnen. Sie sollen aber aufzeigen, in welche Richtung Deutschland sich bewegen sollte. Wir haben uns in dem Versuch, Gerechtigkeit herzustellen, durch immer mehr Eingriffe immer weiter von einer wohlverstandenen Gerechtigkeit im Sinne von Chancengleichheit entfernt. Dies gilt es zu korrigieren.

Spielraum zur Abgabensenkung nutzen

Erleichtert werden sollte der Umbau dadurch, dass wir auf die Finanzierung des Staates in den kommenden Jahren auf eine gänzlich andere Weise blicken als in der Vergangenheit. Die »schwarze Null«, deren Nachteile bereits in Kapitel 2 dargelegt wurden, ist im Zuge der Corona-Krise ad acta gelegt worden und sollte auch nach der Erholung der Wirtschaft nicht wieder angestrebt werden. Dies liegt zum einen an den dargelegten Argumenten, die für eine stetig wachsende Verschuldung des Staates sprechen, im Einklang mit dem Wirtschaftswachstum. Zum anderen ist es der Tatsache geschuldet, dass die EU und der Euro nur dann überleben können, wenn ein großer Teil der ausstehenden Staatsschulden von der EZB »monetarisiert« wird.

Verschiedentlich, zuletzt in *Coronomics*,[23] habe ich erläutert, weshalb dieser Weg gegangen wird, und angeregt, dass Deutschland, da es sich der Entwicklung ohnehin nicht widersetzen kann, mitmacht. Konkret plädiere ich dafür, dass alle Staaten der EU-Staatsschulden bis zu einem Betrag von 75 Prozent des Vor-Krisen-BIP in einem europäischen Schuldentilgungsfonds poolen, der von der EZB zins- und tilgungsfrei refinanziert wird. Die EU befindet sich seit den Beschlüssen vom Sommer 2020 ohnehin auf diesem Weg, und es wäre töricht, nur zuzusehen, wie die hoch verschuldeten Staaten des Südens diesen Weg gehen und hierzulande Steuern und Abgaben erhöhen.

Der einmalige Schuldenschnitt würde auch die hiesigen Staatsfinanzen deutlich verbessern; die Bundesrepublik wäre faktisch schuldenfrei (wenn man von den verdeckten Schulden absieht). Dies würde es ermöglichen, die vielfältigen in diesem Buch genannten Maßnahmen zu ergreifen, um Deutschland fit für das Jahr 2040 zu machen. Schon eine partielle Teilnahme an dem Programm hätte eine enorme Bedeutung. Außerdem würde es uns erlauben, die Steuer- und Abgabenquote signifikant zu senken.

Doch auch ohne einen solchen einschneidenden Schritt ist es möglich, die in diesem Buch vorgeschlagenen Reformen und die Senkung der Abgabenlast zu finanzieren. Bei einer insgesamt sinkenden Belastung der Bürgerinnen und Bürger ist es umso leichter, die Maßnahmen umzusetzen. Erfolgt der Umbau auf dem bestehenden Abgabenniveau, so führt er zwangsläufig zu Gewinnern und Verlierern. Bauen wir hingegen das System in Kombination mit einer deutlichen Entlastung um, so gewinnen alle, selbst wenn die Menschen nicht alle gleichermaßen profitieren.

Aufgaben für die nächste Bundesregierung

- Konzentration auf Chancengerechtigkeit statt Ergebnisgleichheit
- Initiierung und Teilnahme am europäischen Schuldentilgungsfonds
- Spürbare Reduktion der Steuer- und Abgabenquote
- Abbau von Subventionen
- Umbau des Steuer- und Abgabensystems mit dem Ziel, den Anreiz für Erwerbsbeteiligung und Bildung zu erhöhen

Ein Traum, den wir gemeinsam realisieren können – und müssen!

»Man, like animals, has a natural tendency to imitation …
The opinions and beliefs of crowds are specially propagated
by contagion, but never by reasoning.«
Gustave Le Bon (1841 bis 1931), französischer Universalgelehrter

»Jeder, sieht man ihn einzeln, ist leidlich klug und verständig.
Sind sie in corpore, gleich wird dir ein Dummkopf daraus.«
Friedrich Schiller (1759 bis 1805), deutscher Dichter

»Worldly wisdom teaches us that it is better for reputation to fail
conventionally than to succeed unconventionally.«
*John Maynard Keynes (1883 bis 1946), britischer Ökonom,
Politiker und Mathematiker*

»Das Rückgrat ist bei manchen Politikern unterentwickelt –
vielleicht weil es so wenig benutzt wird.«
Margaret Thatcher (1925 bis 2013), ehemals britische Premierministerin

Es fehlt wahrlich nicht an Büchern, die ähnlich wie dieses hier versuchen, eine Reform für Deutschland anzustoßen. Gerade angesichts der Bundestagswahl im Herbst 2021 ist es naheliegend, fast 20 Jahre nach den Reformen der Agenda 2010 auf die immer offener zutage tretenden Versäumnisse hinzuweisen. Zu lange hat die Politik sich von der guten Konjunktur- und Beschäftigungslage blenden lassen und verkannt, wie unser Wohlstand schon vor dem Corona-Schock schleichend erodierte. Scheinbar braucht es immer eine einschneidende Krise, bis die Bereitschaft für Reformen in Politik und Gesellschaft reift.

Der Reformbedarf ist erheblich und tief greifend, wie gezeigt. Dabei erhebe ich nicht den Anspruch auf Vollständigkeit. Viele weitere Themen sind relevant und werden entsprechend von anderen Autoren in die Diskussion gebracht. Stichworte wie Digitalisierung, Entbürokratisierung und Modernisierung der Wirtschaft fallen regelmäßig zu Recht. Sie stehen nicht im Widerspruch zu dem hier dargelegten Programm *Deutschland 2040*, sondern sind wichtige Bestandteile. Mehr Investitionen bedeuten heutzutage zwingend eine moderne digitale Infrastruktur. Ein effizienter Staat will im eigenen Interesse weniger Bürokratie. Eine modernisierte Wirtschaft entwickelt sich bei guten Rahmenbedingungen am besten.

Die wahren Hürden für die Realisierung eines Programms zur Sicherung von Glück und Wohlstand in diesem Land sind nicht fehlende Analysen. Was zu tun ist, ist bei nüchterner Betrachtung schon seit Längerem offensichtlich. Das Problem liegt woanders.

- Die Bevölkerung beschäftigt sich zu wenig mit den Grundlagen ihres Wohlstands. Bis weit in die sogenannten gutbürgerlichen Kreise hinein ist es schick, sich nicht mit Wirtschaft zu beschäftigen. Solange die eigenen Einkommen sich befriedigend entwickeln, stehen andere Themen auf der Agenda. Genährt wird diese Haltung auch durch fehlende wirtschaftliche Bildung breiter Gesellschaftsschichten.
- Die Medien verfolgen tagesaktuelle Ereignisse und sind damit wenig an den grundsätzlichen und damit schwer vermittelbaren Themen interessiert. Hinzu kommt auch bei Journalisten ein überwiegend gering ausgeprägtes Interesse an wirtschaftlichen Themen beziehungsweise eine tendenziell ablehnende Haltung gegenüber unserer Wirtschaftsordnung.

- Die Politik verhält sich im eigenen Interesse rational. Will man Wahlen gewinnen, so darf man dem Volk keine schlechten Nachrichten übermitteln und sollte dem folgen, was gerade »populär« ist. Das Schicksal Gerhard Schröders, dessen Reformen unstrittig einen Beitrag für den Aufschwung in den Jahren vor Corona geleistet haben, gilt nicht nur in der SPD als abschreckendes Beispiel.

Damit haben wir eine paradoxe Situation: Die Notwendigkeit von Reformen – die man am besten in guten Zeiten durchführen sollte, weil sie dann am wenigsten schmerzen – kommt immer erst in Krisen auf den Tisch, das heißt dann, wenn die Situation ohnehin schon schwierig ist. So war es 2003, und so ist es auch heute wieder. Schuld daran tragen die Regierungen der vergangenen Jahre, die die guten Jahre nicht genutzt haben. Die Herausforderungen, vor denen wir stehen, sind enorm. Aber sie können bewältigt werden.

Reformen der Politik

Die Politik in diesem Land muss sich ändern. Nicht nur muss nach Jahrzehnten der Verteilungsdiskussionen das Thema Wohlstandssicherung wieder auf die Agenda. Wir müssen auch die Frage aufwerfen, ob wir mit der Art und Weise, wie die Parteiendemokratie politische Führungsfiguren befördert, den richtigen Auswahlmechanismus für das Management unseres Landes haben. Rhetorische Fähigkeiten, verbunden mit einem guten Gespür für aktuell populäre Themen, sind da scheinbar wichtiger für die Karriere als andere Kompetenzen. Vor allem fehlt in den Parlamenten das Verständnis für Fragen der Wirtschaft.

Ich behaupte dies, obwohl immerhin 115 der 709 Abgeordneten im Bundestag Wirtschaftswissenschaften studiert haben. Die größte Gruppe bilden die Juristinnen und Juristen mit 152 Abgeordneten.[1]

Das Problem aus meiner Sicht ist, dass ein zu großer Anteil der Abgeordneten nicht in der freien Wirtschaft gearbeitet hat. Nur 33 Prozent der Abgeordneten kommen aus der Wirtschaft – und diese Zahl umfasst auch Verbandsvertreter, also Menschen, die Wirtschaft nur indirekt erlebt haben. Gleiches gilt für die Vertreter der »beratenden Berufe« mit einem Anteil von 14 Prozent, denn auch diese – und ich als Berater darf das sagen – kennen Wirtschaft mehrheitlich nur aus Beobachtungen, weniger aus eigenem Handeln. 44,3 Prozent stammen eindeutig aus wirtschaftsfernen, nicht selten gar wirtschaftsfeindlichen Bereichen – dem öffentlichen Dienst, Schulen und Hochschulen –, sind bei den Parteien Beschäftigte oder vertreten sonstige politische und gesellschaftliche Institutionen.[2]

Wenn in der Politik Menschen agieren, die bislang allein politisch aktiv waren und noch nie nennenswert am »normalen« Erwerbsleben teilgenommen haben, wie zum Beispiel Kevin Kühnert von der SPD, dürfen wir uns nicht wundern, wenn in der Politik die Grundvoraussetzungen für eine Politik der Wohlstandsmehrung fehlen: Man versteht sie dort einfach nicht. Ich kann mich des Eindrucks nicht erwehren, dass der Anteil der Parteikarrieren und der Vertreter anderer politischer Organisationen, die auf direktem Wege, ohne persönliche Erfahrungen in der Wirtschaft gesammelt zu haben, in Parlamente und Regierungen streben, ständig zunimmt.

Die Weigerung der Politik, eine Verkleinerung des Bundestags zu beschließen, unterstrich im Herbst 2020 nochmals, wie sehr sich unsere politische Kaste auf die Verteidigung der eigenen Pfründe anstatt auf die Mehrung des Wohlstands aller Deutschen konzentriert. Was wäre zu tun?

Nun, neben der dringend nötigen Verkleinerung des Bundestages sollten wir

- vorgeben, dass ein Mindestanteil der Abgeordneten aller Parteien vor dem Einzug in das Parlament mindestens fünf Jahre einem sozialversicherungspflichtigen Beruf oder einer selbstständigen Tätigkeit außerhalb des öffentlichen Sektors nachgegangen ist;

- eine zeitliche Begrenzung für Ämter einführen. So sollten Abgeordnete ihr Amt maximal drei Legislaturperioden nacheinander und vier Legislaturperioden insgesamt ausüben können. Regierungsämter sollten auf maximal zwei Legislaturperioden beschränkt werden;
- die Legislaturperiode für Bund, Länder und Kommunen deutschlandweit auf fünf Jahre verlängern;
- die Höhe der Altersbezüge von Politikern an die Entwicklung des BIP pro Kopf der Bevölkerung knüpfen. Steigt der Wohlstand in Zukunft an, so profitieren davon auch die ehemaligen Politiker. Sinkt er hingegen, so werden die Zahlungen gekürzt. So soll angeregt werden, dass die Politik eine Perspektive einnimmt, die über den nächsten Wahltag hinausreicht.

Dies nur beispielhaft. Es dürfte offensichtlich sein, dass angesichts der Aufgaben und Herausforderungen, vor denen wir stehen, und der dabei unstrittig wichtigen Rolle des Staates eine Qualitätssteigerung im Bereich der Politik essenziell ist. Ob die Parteien dazu in der Lage sind, wage ich nicht zu beurteilen. Ich bleibe aber skeptisch und könnte mir vorstellen, dass, wie schon 2018 gemutmaßt, neue politische Parteien an Einfluss gewinnen.

Ein neues Narrativ

Das Wort »Narrativ« stammt vom lateinischen *narrare* ab, steht also für eine »Erzählung«. Diese Erzählung kann etwas sein, das eine Gesellschaft zusammenhält, es kann aber auch eine Erzählung sein, die den Blick auf die Realität trübt. Eine Geschichte also, die oft und variantenreich wiederholt dazu führt, dass die Menschen sie als »wahrhaftig« empfinden, obwohl sie eben nicht mit der Realität übereinstimmt. Ein Beispiel habe ich bereits in Kapitel 13 genannt. Selbst der *Spiegel* sah sich bemüßigt, darauf hinzuweisen, dass die Wahrnehmung der zunehmenden Ungleichverteilung von Einkommen nicht der Realität entspricht, sondern der von den Medien betriebenen (Falsch-)Information geschuldet ist.

Zunehmend beherrschendes Narrativ ist die Erzählung vom Versagen des Marktes und des Kapitalismus bei der Lösung unserer Probleme. Es wird vom »Neoliberalismus« geschrieben und gesprochen, der seit Jahren in Deutschland das Sagen habe und verantwortlich sei für verfallende Infrastruktur, schlechte Schulen, den Rückstand in der Digitalisierung, die Wohnungsnot und natürlich auch den Klimawandel. Wie fraglich diese Argumentation ist, haben ich an mehreren Stellen in diesem Buch gezeigt. Am offensichtlichsten ist es bei den Staatsausgaben. In den zehn Jahren vor dem Corona-Schock mangelte es der Politik nicht an Geld. Sie hat es nur lieber für höhere Sozialtransfers verwendet anstatt für Zukunftsinvestitionen. Ein Staatsanteil von rund 50 Prozent des BIP ist sicherlich kein überzeugender Beweis für die Dominanz des »Neoliberalismus« in Deutschland.

Dies hindert Ökonomen und Journalisten nicht daran zu behaupten, wir müssten endlich eine »Kehrtwende« vollziehen. Bücher werden geschrieben, Artikel verfasst und in Talkshows lauthals zitiert – auf Einladung anderer Journalisten, die genau dieses Narrativ bedienen wollen.

Dabei genügt ein kurzer Blick auf die von den Kapitalismusgegnern angeführten Beweise, um zu erkennen, dass sie eben nicht taugen, ein »Marktversagen« zu dokumentieren, sondern eher Beispiele für das Versagen von Staat und Politik sind. Beispielhaft für viele sei an dieser Stelle ein Beitrag aus *Spiegel Online* vom Herbst 2020 angeführt.[3] Ausgangspunkt ist die Feststellung, dass die Mehrheit der Menschen es so sehen würde. Also das Narrativ gilt als Begründung für das Narrativ. Sodann führt der Autor einige Beispiele an, die unterstreichen sollen, dass die Marktwirtschaft nicht geeignet sei, die Probleme der Zeit zu lösen. Betrachtet man diese Beispiele jedoch genauer, so stellt sich heraus, dass sie nicht als Beispiele für das Versagen des Marktes taugen, sondern stattdessen für

Eingriffe der Politik, die den Grundsätzen des systemischen Denkens wie ich sie in Kapitel 3 beschrieben habe, widersprechen:

- Die Probleme der deutschen Automobilindustrie sind nicht Folge des Marktversagens, sondern der jahrelang falschen Politik in Deutschland und in der EU. Wurde zunächst vor dem Hintergrund der CO_2-Emissionen die Dieseltechnologie gefördert, so kam es anschließend zu einem rasanten Kurswechsel in Richtung E-Auto. Grundproblem ist jedoch, dass die Politik den Verkehrssektor vom europäischen Emissionshandel ausgenommen hatte. Wäre dieser von Anfang an einbezogen worden, so wäre die Anpassung der Branche früher erfolgt.
- Finanzkrisen sind ebenfalls kein Beispiel für Marktversagen, sondern das Ergebnis einer falschen Regulierung – die gezielt darauf gesetzt hat, private Verschuldung zu erleichtern – und einer Notenbankpolitik, die seit Jahren »asymmetrisch reagiert« (BIZ) und damit Spekulation und Verschuldung fördert und die Vermögensungleichheit verstärkt. Die staatliche Manipulation des wohl wichtigsten Preises – der Zinsen – ist ursächlich für Überschuldung, Zombifizierung und Finanzkrisen. Das implizite Versprechen von Staaten und Notenbanken, Konkurse auszuschließen, belohnt jene, die immer mehr Risiken eingehen, und schafft die Grundlage für die nächste Krise.
- Sogar die Corona-Krise ist nach dieser Logik dem Kapitalismus geschuldet. Wenn überhaupt, dann wäre das Virus einem staatlichen Institut entfleucht – wenn man denn überhaupt in diese Richtung argumentieren will, was ich nicht tue – und keinem »kapitalistischen«. Dass Unternehmen im Privatsektor im Unterschied zum Staat nicht ewig ohne Einnahmen durchhalten, ist nun wirklich kein Beweis für das Scheitern des Kapitalismus.
- Die zunehmende Vermögensungleichheit ist ebenfalls nur zum Teil dem kapitalistischen Wirtschaftssystem geschuldet. Richtig ist, dass es in der freien Marktwirtschaft auf die individuelle Leistung ankommt, wenn es darum geht, Einkommen zu schaf-

fen und Vermögen zu bilden. Wenn man hier Kritik üben will, dann erneut an Staaten und Notenbanken. Durch den unbedingten Willen, jede Krise auszuschließen, haben sie seit Jahren die Vermögenden »gerettet« und mit ständig sinkenden Zinsen für explodierende Vermögenspreise und zunehmende Ungleichheit gesorgt. Es waren also auch hier die falschen Eingriffe in das System, die erst zu dem Problem geführt haben.

- Am problematischsten finde ich es, wenn man die Marktwirtschaft für den Verfall von Infrastruktur und Schulen und den Rückstand bei der Digitalisierung verantwortlich macht. Wie in Kapitel 6 gezeigt, hat es nicht an mangelndem Geld für den Staat gelegen, sondern an der politischen Verwendung des Geldes. Nun nach mehr Staat zu rufen ist offensichtlich falsch – es geht um einen besseren Staat, Kernthema dieses Buches!
- Ultimatives Argument gegen die marktwirtschaftliche Ordnung ist letztlich der Kampf gegen den Klimawandel. Dieser sei nur erfolgreich, wenn wir das Wirtschaftssystem fundamental ändern. Dabei ist bekannt, dass Wohlstand zu geringeren Geburtenraten führt und die Bevölkerungsexplosion der wichtigste Faktor des Anstiegs der CO_2-Emissionen ist. Deshalb liegt ein Schlüssel für die Probleme darin, den weltweiten Wohlstand zu steigern. Keine Wirtschaftsordnung war bisher damit so erfolgreich wie die Marktwirtschaft. Bekannt ist auch, dass Wachstum nicht voraussetzt, dass immer mehr Ressourcen verbraucht werden. Im Gegenteil: In den zurückliegenden 40 Jahren ist es uns gelungen, den CO_2-Ausstoß zu senken und das BIP pro Kopf deutlich zu steigern. Die Preise für Rohstoffe fallen seit Jahrzehnten real, obwohl die Weltbevölkerung und der Wohlstand deutlich gewachsen sind. Der Sozialismus, auch das konnten wir beobachten, war sicherlich ein schlechteres Umfeld für die Umwelt. Ein Systemwechsel ist wahrlich nicht notwendig.

Was von den Gegnern des Kapitalismus als Beispiel für das Versagen des Systems ins Feld geführt wird, zeugt vielmehr vom Gegenteil. Es waren falsche staatliche Interventionen, die zu den Problemen geführt haben und zu weiteren Interventionen, die die Lage noch verschlimmert haben. Es waren unterlassene Investitionen des Staates, Rekordsteuereinnahmen zum Trotz, die zum Verfall der Infrastruktur und der Schulen geführt haben. Es war falsche Regulierung, der wir das Chaos im Klimaschutz und die rückständige digitale Infrastruktur verdanken. Es ist der Interventionismus der Notenbanken, der Ungleichheit und Zombifizierung fördert.

Wer angesichts eines Staatsanteils von fast 50 Prozent des BIP nicht erkennt, wo die Verantwortung für unsere Probleme liegt, will den Elefanten im Raum nicht sehen.

Dennoch funktioniert das Narrativ sehr gut. Ein Bekannter, der dieses Buch in Auszügen im Entwurf gelesen hat, meinte, es sei »sehr interessant« aber doch irgendwie »wie aus den 1990ern«, ob ich denn nicht »wüsste, dass die alten Rezepte nicht taugen würden«.

Dies bestärkt mich in der dringenden Hoffnung, hier gegenzuhalten. Denn nur ein Programm wie das hier dargelegte wird es uns ermöglichen, alle gesellschaftlichen Ziele zu erreichen: soziale Stabilität, Glück und eine konstruktive Rolle in der Welt. Wir sehen schon heute, wohin die Fortsetzung der heutigen Erzählung führt: in die absolute und relative Verarmung.

Zunehmend wird nicht nur in mehr staatlicher Planwirtschaft die Lösung der Probleme gesehen, sondern in einer Kultur des gezielten Verzichts. Ökonomen und Journalisten predigen mit Verweis auf den Klimawandel eine bewusste De-Industrialisierung und Verarmungspolitik. Dabei mögen die Forderungen der Fridays-for-Future-Bewegung heute noch wie Spinnerei klingen. In Wahrheit finden sie breite Unterstützung in den Medien.

Was dort angedacht wird, sollte uns alle aufrütteln. Nicht nur sollen demnach alle Autos mit Verbrennungsmotor schon 2035 verboten werden, sondern auch die Wohnfläche pro Kopf von den heutigen 47 Quadratmetern auf das Niveau der 1960er-Jahre mit 19 Quadratmeter gesenkt werden. Dazu sollen Bewohner »zu großer« Wohnungen diese mit Familien tauschen.[4] In eine ähnliche Richtung gehen Überlegungen der Grünen, den Bau von Einfamilienhäusern zu verbieten und die Bevölkerung in Mehrfamilienhäusern in Städten zu konzentrieren.[5] Ideen wie diese sind nur in einem Umfeld denkbar, das sich nicht nur von der Marktwirtschaft, sondern auch von der persönlichen Freiheit entfernt. Es ist Sozialismus, dieses Mal nicht mit dem Ziel, einen besseren Menschen zu erschaffen, sondern das Weltklima zu retten – ein Ziel, das nicht erreichbar ist, und schon gar nicht auf diesem Wege.

Dies beweist, dass eine entscheidende Voraussetzung für den dringend erforderlichen Politikwechsel hierzulande eine Änderung des Narrativs ist: Wir müssen vermitteln, dass Wohlstand die Voraussetzung für soziale Gerechtigkeit und Klimaschutz ist – und nicht deren Hindernis.

Wir Bürgerinnen und Bürger sind gefordert

Dieses Ziel zu erreichen ist angesichts des medialen und politischen Dauerfeuers in Richtung staatlicher Steuerung und Planung unzweifelhaft schwer. Dabei plädiert auch dieses Buch nicht für »Neoliberalismus« und einen schwachen Staat. Im Gegenteil geht es mir um einen starken Staat im Sinne eines effektiv handelnden Staates. Die meisten verwechseln bei dem Thema »groß« mit »stark«, dabei haben wir gesehen, dass es in vielen Fällen einer starken Rahmensetzung bedarf.

Diese Nachricht in die öffentliche Diskussion zu bringen ist im gegebenen Umfeld nicht leicht. Umso mehr lohnt es sich, dafür zu kämpfen. Die bevorstehende Bundestagswahl, von der Politik in vorhersehbarer Routine zur »wichtigsten der Geschichte« erklärt, hat in der Tat entscheidende Bedeutung. Gelingt es, die hier postulierten Ziele und Vorschläge in die Diskussion zu bringen und damit einen Kontrapunkt zum vorherrschenden Trend zu setzen, oder nicht? Entscheiden wir uns für eine Fortsetzung der gegenwärtigen Politik, so dürfte der Traum von einem wohlhabenden Land ein Traum bleiben. Wirtschaftlicher Niedergang, soziale Konflikte und das Verfehlen aller Ziele würden unausweichlich.

Fordern wir unsere Politiker also heraus! Vergleichen wir die Wahlprogramme mit den Forderungen in diesem Buch, hinterfragen wir Aussagen und Versprechen der Politik intensiver und genauer als bisher, machen wir Vorschläge, wie es besser geht. Vor allem: Sprechen wir mit unseren Mitmenschen. Nur dann, wenn die Öffentlichkeit anders (hinter)fragt, haben wir eine realistische Chance, den Traum von einem wohlhabenden Land wahr werden zu lassen. Machen Sie mit!

Anhang

Verzeichnis der Abbildungen

Abbildung 1:	Das Nettovermögen von Staaten	43
Abbildung 2:	Digitalisierung im öffentlichen Sektor	76
Abbildung 3:	Produktivitätswachstum im internationalen Vergleich	99
Abbildung 4:	Finanzierungssalden der Wirtschaftssektoren	102
Abbildung 5:	Wenig Anreiz zur Arbeit	143
Abbildung 6:	Wertschöpfung pro Beschäftigten	155
Abbildung 7:	Investitionen relativ zum BIP seit 1990	163
Abbildung 8:	Beschäftigungswachstum und Automatisierungswahrscheinlichkeit in Deutschland	183
Abbildung 9:	Struktur der Staatsausgaben	202
Abbildung 10:	Wohlstandsniveau und Energieverbrauch hängen zusammen	218
Abbildung 11:	Schematischer Kostenverlauf nach Anteil erneuerbarer Energien	223
Abbildung 12:	Energiepreise und Anteil erneuerbarer Energien	224
Abbildung 13:	Energiequellen in Deutschland 1990 bis 2019 (in Kilotonnen Öleinheiten, ktoe)	231
Abbildung 14:	Weltmarkt für Klimaschutztechnologien 2030 (in Mrd. Euro real)	243
Abbildung 15:	Umverteilung innerhalb der EU 2008 bis 2017	253

Abbildung 16: Unüberbrückbare Divergenzen in der Eurozone –
(BIP pro Kopf – GAP) 255
Abbildung 17: Korruption und BIP-Rückgang in 2020 260
Abbildung 18: Beiträge zur Finanzierung des Staates 315
Abbildung 19: Durchschnittswerte Einkommen in Prozent 319

Tabellenverzeichnis

Tabelle 1:	Vermögen im Euroraum	26
Tabelle 2:	Top-10-Länder im World Happiness Report bei wirtschaftlicher Freiheit	71
Tabelle 3:	Ranking im Energiewende-Index	73
Tabelle 4:	Reales Wirtschaftswachstum 2009 bis 2018	91
Tabelle 5:	Deutschlands größte Kunden im Jahr 2019	94
Tabelle 6:	Reales Wirtschaftswachstum	97
Tabelle 7:	Finanzierungssaldo der Unternehmen	104
Tabelle 8:	Entwicklung der Erwerbsbevölkerung in Deutschland bei gleichbleibender Erwerbsquote und Jahresarbeitszeit	126
Tabelle 9:	System zur Steuerung der Einwanderung in Großbritannien	133
Tabelle 10:	Jahresarbeitszeit in den Top-Ländern des World-Happiness-Rankings	145
Tabelle 11:	Beschäftigte im öffentlichen Dienst in Deutschland nach Aufgabenbereichen	150
Tabelle 12:	Rangfolge der Anzahl von Mathe-Assen	175 f.
Tabelle 13:	Investitionen relativ zum BIP	194
Tabelle 14:	Gesundheitsausgaben und Lebenserwartung	206 f.
Tabelle 15:	Allgemeine Staatsausgaben	210
Tabelle 16:	Haushaltsausgaben der EU	251
Tabelle 17:	Nettovermögen in Euro	287
Tabelle 18:	Entwicklung der Renditen in Prozent p.a. auf Auslandsvermögen	299
Tabelle 19:	Staatseinnahmen Deutschland 2019	313
Tabelle 20:	Ausgaben für Soziales in Deutschland 2019	317

Anmerkungen

Vom Träumen zum Handeln

1 Institut für Demoskopie Allensbach, »Generation Mitte 2019«, 12. September 2019, abrufbar unter https://www.gdv.de/resource/blob/51044/9798b562381d4d082086fdf79058c02d/generation-mitte-2019---praesentation-koecher-data.pdf
2 Schon 2008 gaben nur 41 Prozent der Befragten an, von der eigenen Arbeit zu leben. 22 Prozent wurden von Angehörigen versorgt (überwiegend Kinder), 22 Prozent lebten von Renten und Pensionen, 6 Prozent von Arbeitslosengeld I oder II. Trotz deutlich höherer Erwerbsbeteiligung in den vergangenen Jahren dürfte sich an der Grundaussage wenig geändert haben. FAZ, »Nur wenige leben von dem, was sie selbst verdienen«, 27. Februar 2008, abrufbar unter https://www.faz.net/aktuell/wirtschaft/wirtschaftspolitik/transferzahlungen-der-sozialstaat-gibt-und-nimmt-1511361-p2.html

1. Das Ziel: Mehrung des Wohlstands

1 Bhutan hat die Kriterien für Glück klar definiert: http://www.grossnationalhappiness.com/wp-content/uploads/2017/01/Final-GNH-Report-jp-21.3.17-ilovepdf-compressed.pdf

2 *Süddeutsche Zeitung*, »Das Glück der späten Jahre, 7. Februar 2013, abrufbar unter https://www.sueddeutsche.de/gesundheit/lebenszufriedenheit-im-alter-das-glueck-der-spaeten-jahre-1.1593544; Altern im Wandel. Zwei Jahrzehnte Deutscher Alterssurvey (DEAS), Kapitel 11, »Glücklich bis ins hohe Alter ...«, S. 171, abrufbar unter https://link.springer.com/content/pdf/10.1007%2F978-3-658-12502-8.pdf

3 *Washington Times*, »Boom or bust? World Cup winners look for economic boost«, 12.07.2018, abrufbar unter https://www.washingtontimes.com/news/2018/jul/12/world-cup-winners-can-expect-gdp-boost-economy/

4 World Happiness Report 2019, abrufbar unter https://worldhappiness.report/ed/2019/#read

5 *The Economist*, »Economic growth does not guarantee rising happiness«, 21. März 2019, abrufbar unter https://www.economist.com/graphic-detail/2019/03/21/economic-growth-does-not-guarantee-rising-happiness

6 Ebenda.

7 A Compass Towards a Just and Harmonious Society, S. 38 ff., abrufbar unter http://www.grossnationalhappiness.com/wp-content/uploads/2017/01/Final-GNH-Report-jp-21.3.17-ilovepdf-compressed.pdf

8 Daten finden sich u. a. hier: https://en.wikipedia.org/wiki/List_of_countries_by_GDP_(nominal)_per_capita

9 Vgl. Daniel Stelter, »Das Märchen vom reichen Land«, München 2018.

10 Die Daten sind abrufbar unter http://wid.world/data/

11 EZB, The Household Finance and Consumption Survey, abrufbar unter: https://www.ecb.europa.eu/home/pdf/research/hfcn/HFCS_Statistical_Tables_Wave_2017.pdf?906e702b7b7dd3eb0f28ab558247efc5 S.56

2. Ordentliche Buchführung

1 wallstreet:online, »Jeder Zweite will »Schwarze Null« nicht aufgeben«, 11. September 2019, abrufbar unter https://www.wallstreet-online.de/nachricht/11734805-umfrage-zweite-schwarze-null-auf geben
2 *manager magazin*, »Deutscher Staat spart dank Minizinsen 436 Milliarden Euro«, 20. Januar 2020, abrufbar unter https://www.manager-magazin.de/politik/artikel/minizinsen-deutscher-staat-sparte-bis-jetzt-400-milliarden-euro-a-1304215.html
3 Details zur Berechnung finden sich hier: beyond the obvious, Die »schwarze Null« ist keine Leistung, eine Lüge und eine große Dummheit, 10. September 2019, abrufbar unter https://thinkbeyondtheobvious.com/die-schwarze-null-ist-keine-leistung-eine-luege-und-eine-grosse-dummheit/
4 *WirtschaftsWoche*: »Viermal so viele Lehrer im Ruhestand«, 18. Februar 2020, abrufbar unter https://www.wiwo.de/blick-hinter-die-zahlen/blick-hinter-die-zahlen-6-pensionaere-viermal-so-viele-lehrer-im-ruhestand-das-steckt-hinter-der-pensionaers-flut/25539728.html
5 *Gabler Wirtschaftslexikon Online*, »Kameralistik«, abrufbar unter https://wirtschaftslexikon.gabler.de/definition/kameralistik-39724
6 Ebenda.
7 *Gabler Wirtschaftslexikon Online*, »Neues Kommunales Rechnungswesen«, abrufbar unter https://wirtschaftslexikon.gabler.de/definition/neues-kommunales-rechnungswesen-41027
8 Makronom, »Der deutsche Staat kennt seine Bücher nicht«, 2. März 2020, abrufbar unter https://makronom.de/fiskalpolitik-doppik-kameralistik-der-deutsche-staat-kennt-seine-buecher-nicht-35129
9 haushaltssteuerung.de: »Eröffnungsbilanzen«, abrufbar unter https://www.haushaltssteuerung.de/eroeffnungsbilanzen-doppik-bundeslaender-kommunen.html#bundeslaender
10 *Die Welt*, »Die Jugend trägt die Last der Krise – Alte und Beamte werden verschont«, 7. Juli 2020, abrufbar unter: https://www.welt.de/wirtschaft/plus211204941/Staatsverschuldung-Corona-treibt-Gesamtschulden-auf-11-9-Billionen-Euro.html

11 Bundesministerium der Finanzen, »Vierter Bericht zur Tragfähigkeit der öffentlichen Finanzen«, 2016, abrufbar unter https://www.bundesfinanzministerium.de/Content/DE/Standardartikel/Themen/Oeffentliche_Finanzen/Tragfaehige_Staatsfinanzen/2016-03-04-vierter-tragfaehigkeitsbericht.pdf;jsessionid=A0E7B1E657DD15E5FD8AE3A642C13FA5?__blob=publicationFile&v=12
12 European Commission, »Fiscal Sustainability Report 2018«, abrufbar unter https://ec.europa.eu/info/sites/info/files/economy-finance/ip094_en_vol_1.pdf
13 IMF Blog: »The Wealth of Nations: Governments Can Better Manage What They Own and Owe«, 10. Oktober 2018, abrufbar unter https://blogs.imf.org/2018/10/09/the-wealth-of-nations-governments-can-better-manage-what-they-own-and-owe/?utm_medium=email&utm_source=govdelivery
14 Marcel Fratzscher, Simon Junker, »Integration von Flüchtlingen: eine langfristig lohnende Investition«, DIW Wochenbericht 45/2015, S. 1083-1088, abrufbar unter: https://www.diw.de/de/diw_01.c.518260.de/publikationen/wochenberichte/2015_45_4/integration_von_fluechtlingen__eine_langfristig_lohnende_investition.html
15 Damals analysierte ich die Studie des DIW im Detail und kam zu dem Schluss, dass die Kosten systematisch zu gering und die Einnahmen systematisch zu hoch angesetzt worden waren. Nachzulesen u. a. hier: https://think-beyondtheobvious.com/der-diw-faktencheck-teil-1-einfuehrung-und-zusammenfassung/ https://think-beyondtheobvious.com/der-diw-faktencheck-teil-2-kosten-und-investitionen/ Die Daten des Sozio-oekonomischen Panels finden sich hier: Deutsches Institut für Wirtschaftsforschung, »Migranten in Deutschland«, DIW Wochenbericht, 17. Oktober 2014, abrufbar unter https://www.diw.de/documents/publikationen/73/diw_01.c.485479.de/14-43.pdf .

3. Denken in Zusammenhängen

1 Dossier der Stadt Berlin – März 2002, Der Berliner Wohnungsmarkt. Entwicklung und Strukturen 1991–2000, abrufbar unter https://www.ibb.de/media/dokumente/publikationen/berliner-wohnungsmarkt/wohnungsmarktbericht/wohnungsmarktbericht_1991bis2000.pdf
2 *Der Spiegel*, »Wien ist kein Vorbild, 29. Januar 2020, abrufbar unter https://www.spiegel.de/wirtschaft/studie-zum-wohnungsmarkt-wien-ist-kein-vorbild-a-d74f2cbc-7ffb-4429-9057-2e2141713bc5-amp
3 *Spiegel Online*, »Grüne wollen Recht auf Wohnungstausch«, 6. November 2019, abrufbar unter: https://www.spiegel.de/wirtschaft/soziales/mieten-gruene-fordern-rechtsanspruch-auf-wohnungstausch-a-1295174.html
4 *Neue Zürcher Zeitung*, »Die meisten Wiener leben in einer geförderten Wohnung. Was paradiesisch klingt, taugt dennoch nicht als Vorbild in der Wohnungspolitik«, 9. Mai 2019, abrufbar unter https://www.nzz.ch/wirtschaft/in-wien-leben-60-prozent-in-einer-gefoerderten-wohnung-dennoch-ist-die-stadt-kein-vorbild-in-der-wohnungspolitik-ld.1480080?mktcid=nled&mktcval=107_2019-05-09&kid=_2019-5-8
5 *Zeit Online*, »Miethaie gesucht«, 22. Mai 2016, abrufbar unter https://www.zeit.de/wirtschaft/2016-05/immobiliengeschaeft-mietpreise-mietpreisbremse-vermieter-profit/komplettansicht
6 *Der Tagesspiegel*. »Berlins Wohnungsbau steuert in die Krise«, 23. Juli 2019, abrufbar unter https://www.tagesspiegel.de/berlin/baufirmen-stornieren-wegen-mietendeckel-berlins-wohnungsbau-steuert-in-die-krise/24689872.html
7 finanztreff.de, »Umfrage: Sieben von zehn Deutschen finden Berliner Mietendeckel gut«, abrufbar unter: http://www.finanztreff.de/news/umfrage-sieben-von-zehn-deutschen-finden-berliner-mieten deckel-gut/19183369
8 *Handelsblatt*, »Deutschland treibt den Ausstieg voran – doch weltweit boomt die Kohle, 4. Oktober 2019, abrufbar unter https://www.handelsblatt.com/unternehmen/energie/energiepolitik-deutschland-treibt-den-ausstieg-voran-doch-weltweit-boomt-die-kohle/23141178.html

9 energie.de, »Die unterschätzten Risiken des Kohleausstiegs«, 6. Juni 2019, abrufbar unter https://www.energie.de/et/news-detailansicht/nsctrl/detail/News/die-unterschaetzten-risiken-des-kohleaus stiegs-2019446/ und *Der Spiegel*, »Ohne CO_2-Preis bleibt Kohleausstieg wirkungslos«, 4. Juni 2019, abrufbar unter https://www.spiegel.de/wissenschaft/natur/klimaschutz-studie-ohne-co2-preis-bleibt-kohleausstieg-wirkungslos-a-1270600.html
10 *Focus Money*, »Eine riskante Wette«, 9. Februar 2019, abrufbar unter https://www.focus.de/finanzen/news/kohleausstieg-mehr-als-80-milliarden-kosten_id_10266031.html
11 *Zeit Online*, »Der Koxit steht kurz bevor«, 19. Februar 2018, abrufbar unter https://www.zeit.de/zeit-wissen/2018/02/grossbritannien-kohleausstieg-energie-co2 und *Financial Times*, »How Britain ended its coal addiction«, 1. Oktober 2019, abrufbar unter https://www.ft.com/content/a05d1dd4-dddd-11e9-9743-db5a370481bc
12 Frederic Vester, *Die Kunst, vernetzt zu denken*, München, 10. Auflage 2015.
13 *The Market*, »Zehn einfache Lektionen für eine Wirtschaftspolitik in komplexen Systemen«, 19. August 2020, abrufbar unter https://themarket.ch/meinung/zehn-einfache-lektionen-fuer-eine-wirtschaftspolitik-in-komplexen-systemen-ld.2502

4. Von anderen lernen

1 https://de.wikipedia.org/wiki/Not-invented-here-Syndrom
2 *Die Welt*, »Und jährlich verzweifelt der Wehrbeauftragte«, 28. Januar 2020, abrufbar unter https://www.welt.de/politik/deutschland/article205403449/Bundeswehr-Und-jaehrlich-verzweifelt-der-Wehrbeauftragte-Bartels.html
3 World Economic Forum, »Global Competitiveness Report 2019«, abrufbar unter http://www3.weforum.org/docs/WEF_TheGlobalCompetitivenessReport2019.pdf
4 World Economic Forum, »Global Competitiveness Report 2019«,

S. 238–241, abrufbar unter http://www3.weforum.org/docs/WEF_TheGlobalCompetitivenessReport2019.pdf

5 *Die Welt*, »Deutschlands Mittelstand verliert rasant an Innovationskraft«, 21. Februar 2020, abrufbar unter https://www.welt.de/wirtschaft/article206053931/Innovationskraft-Gehen-dem-Mittelstand-die-Erfinder-aus.html

6 Ausführlich dazu: Daniel Stelter, *Das Märchen vom reichen Land*, München 2018.

7 World Economic Forum, »Global Competitiveness Report 2019«, S. 238–241, abrufbar unter http://www3.weforum.org/docs/WEF_TheGlobalCompetitivenessReport2019.pdf

8 Die Frage dazu lautet: In your country, to what extent can police services be relied upon to enforce law and order?

9 *Die Welt*, »Das verheerende Zeugnis für die deutsche Energiewende«, 25. März 2019, abrufbar unter https://www.welt.de/wirtschaft/article190788643/Teuer-und-ineffizient-Deutschland-bei-Energiewende-abgehaengt.html und die vollständige Studie hier: http://www3.weforum.org/docs/WEF_Fostering_Effective_Energy_Transition_2019.pdf

10 So schafften 2017 mehr als doppelt so viele Abiturienten einen Durchschnitt von 1,0 als 2006. Dabei gibt es allerdings regionale Unterschiede. In Niedersachsen ist der Anteil der Einser-Abiturienten mit 1,9 Prozent weniger als halb so hoch wie in Brandenburg und Thüringen. In Berlin wuchs der Anteil der Einser-Abiturienten (1,0 bis 1,4) von einem Prozent auf 4,7, in Brandenburg von 1,8 auf 5,3 und in Thüringen von 2,8 auf 5,3 Prozent. *Frankfurter Allgemeine Zeitung*, »Intelligenzschwemme oder Bedeutungsverlust?«, 7. März 2019, abrufbar unter https://www.faz.net/aktuell/politik/inland/einser-abis-intelligenzschwemme-oder-bedeutungsverlust-16077200.html

11 Ebenda

12 Ebenda.

13 *Die Welt*, »Wie sich China & Co. im Weltbankindex nach oben mogelten«, 29. August 2020, abrufbar unter https://www.welt.de/finanzen/article214594758/Weltbank-Wie-China-Co-sich-im-Doing-Business-Index-nach-oben-mogeln.html

14 Europäische Union, »eGovernment Benchmark 2019«, abrufbar

unter: https://op.europa.eu/en/publication-detail/-/publication/c896937b-f554-11e9-8c1f-01aa75ed71a1
15 Germany Trade and Invest, »Finnland liegt bei der Digitalisierung weit vorne«, 8. März 2019, abrufbar unter https://www.gtai.de/gtai-de/trade/branchen/branchenbericht/finnland/finnland-liegt-bei-der-digitalisierung-weit-vorne-22636
16 *Tagesspiegel*, »Krankenkassen warnen vor Debakel bei der Digitalisierung«, 2. April 2019, abrufbar unter https://www.tagesspiegel.de/politik/sorge-wegen-elektronischer-patientenakte-krankenkassen-warnen-vor-debakel-bei-digitalisierung/24169032.html
17 *Der Spiegel*, »Was Deutschland von den Finnen lernen kann«, 9. Mai 2008, abrufbar unter https://www.spiegel.de/lebenundlernen/schule/zweisprachige-schueler-was-deutschland-von-den-finnen-lernen-kann-a-552614.html
18 *Focus*, »Bargeldloses Bezahlen. Fünf Länder zeigen, wie es richtig geht«, 9. März 2019, abrufbar unter https://www.focus.de/finanzen/bargeldloses-bezahlen-fuenf-laender-zeigen-wie-es-richtig-geht_id_10426627.html
19 *Focus*, »14 Länder, 14 Reporter – Schweden 480 Tage Zeit für die Kinder. Was Deutschland von schwedischer Familienpolitik lernen kann«, 24. September 2018, abrufbar unter https://www.focus.de/perspektiven/14-laender-14-reporter/14-laender-14-reporter-schweden-auswanderer-erklaert-was-wir-von-schwedischer-familienpolitik-lernen-koennen_id_9628013.html
20 *Focus*, »14 Länder, 14 Reporter – Estland: »Tigersprung« und hohe digitale Effizienz. Was Deutschland von den Esten lernen kann«, 22. Oktober 2018, abrufbar unter https://www.focus.de/perspektiven/14-laender-14-reporter/waehlen-und-arztrezept-per-mausklick-wie-estland-uns-die-digitale-zukunft-vorlebt-und-was-deutschland-davon-lernen-kann_id_9221754.html
21 *Handelsblatt*, »Frankreich läuft Deutschland bei digitaler Wettbewerbsfähigkeit den Rang ab«, 7. September 2020, abrufbar unter https://www.handelsblatt.com/politik/international/digitale-transformation-frankreich-laeuft-deutschland-bei-digitaler-wettbewerbsfaehigkeit-den-rang-ab/26159058.html?ticket=ST-9666543-fVGQ1ZEXMCwszrfLFGmj-ap1

5. Sauber rechnen – jemand muss es machen

1 Bunderechnungshof, abrufbar unter https://www.bundesrechnungshof.de/de/ueber-uns/institution/organisation
2 Allerdings muss der Bunderechnungshof dann seinen – nicht nachvollziehbaren – Widerstand gegen die Einführung von EPSAS aufgeben. Ein dem deutschen Handelsgesetzbuch entsprechendes staatliches Rechnungswesen wäre zu konzipieren und zu implementieren. Die Ablehnung des Rechnungshofes lässt sich hier nachlesen: Bundesrechnungshof,»EU-Kommission greift zur falschen milliardenteuren Therapie«, 2017, abrufbar unter https://www.bundesrechnungshof.de/de/veroeffentlichungen/produkte/sonderberichte/2017/epsas/pressemitteilung
3 *Frankfurter Allgemeine Zeitung*:»Neodirigismus«, 7. Februar 2020, abrufbar unter https://zeitung.faz.net/faz/wirtschaft/2020-02-07/dae409ed8fcd80d08c0542394ece3faf/?GEPC=s3
4 *Frankfurter Allgemeine Zeitung*,»Neodirigismus«, 7. Februar 2020, abrufbar unter https://zeitung.faz.net/faz/wirtschaft/2020-02-07/dae409ed8fcd80d08c0542394ece3faf/?GEPC=s3
5 Wikipedia,»Bureau for Economic Policy Analysis«, abrufbar unter https://en.wikipedia.org/wiki/Bureau_for_Economic_Policy_Analysis

6. Das ungenutzte Jahrzehnt

1 Ausführlich analysiert und diskutiert in Daniel Stelter, *Das Märchen vom reichen Land*, München 2018.
2 Statistisches Bundesamt,»Fachserie 7, Reihe 1«, 2018, S. 167, abrufbar unter https://www.destatis.de/DE/Themen/Wirtschaft/Aussenhandel/Publikationen/Downloads-Aussenhandel/zusammenfassende-uebersichten-jahr-vorlaeufig-pdf-2070100.pdf?__blob=publicationFile
3 Statistisches Bundesamt,»Fachserie 7, Reihe 1«, 2018, S. 65, abrufbar unter https://www.destatis.de/DE/Themen/Wirtschaft/Aussenhan

del/Publikationen/Downloads-Aussenhandel/zusammenfassende-uebersichten-jahr-vorlaeufig-pdf-2070100.pdf?__blob=publicationFile

4 Institut der Deutschen Wirtschaft, »Lohnstückkosten im internationalen Vergleich«, 14. Januar 2019, abrufbar unter https://www.iwkoeln.de/studien/iw-trends/beitrag/christoph-schroeder-lohnstueckkosten-im-internationalen-vergleich-414338.html

5 Statistisches Bundesamt, Pressemitteilung 42, 12. Februar 2020, abrufbar unter https://www.destatis.de/DE/Presse/Pressemitteilungen/2020/02/PD20_042_623.html;jsessionid=9FEF08471AB300F4D60041B0959C33E6.internet721

6 Statista, »Abgabenquote in Deutschland 1991 bis 2019«, abrufbar unter https://de.statista.com/statistik/daten/studie/157905/umfrage/entwicklung-der-abgabenquote-in-der-deutschland-seit-1991/

7 The Economist, »The Big Mac Index«, 15. Januar 2020, abrufbar unter: https://www.economist.com/news/2020/01/15/the-big-mac-index

8 Daten dazu finden sich in Daniel Stelter, *Coronomics*, Frankfurt am Main 2020, S. 107 ff.

9 Institut für Weltwirtschaft, »Kieler Beiträge zur Wirtschaftspolitik – Produktivität in Deutschland. Messbarkeit und Entwicklung«, November 2017, abrufbar unter https://www.ifw-kiel.de/fileadmin/Dateiverwaltung/IfW-Publications/-ifw/Kieler_Beitraege_zur_Wirtschaftspolitik/wipo_12.pdf

10 *Financial Times*, »US Economy. The productivity puzzle«, 29. Juni 2014, abrufbar unter http://www.ft.com/intl/cms/s/2/c1149cda-fd39-11e3-8ca9-00144feab7de.html#axzz3jODAHOmy

11 Gordon, Robert: »Is U.S. Economic Growth Over? Faltering Innovation Confronts the Six Headwinds«, NBER Working Paper 18315, abrufbar unter http://www.nber.org/papers/w18315

12 Institut für Weltwirtschaft, »Kieler Beiträge zur Wirtschaftspolitik – Direktinvestitionen im Ausland. Effekte auf die deutsche Leistungsbilanz und Spillovers in den Empfängerländern«, November 2018, abrufbar unter https://www.ifw-kiel.de/de/publikationen/kieler-beitraege-zur-wirtschaftspolitik/direktinvestitionen-im-ausland-effekte-auf-die-deutsche-leistungsbilanz-und-spillovers-in-den-empfaengerlaendern-11629/

13 Weltbank, »Ease of Doing Business 2020. Economy Profile Germany«, abrufbar unter https://www.doingbusiness.org/content/dam/doingBusiness/country/g/germany/DEU.pdf
14 *Frankfurter Allgemeine Zeitung*, »Standort Deutschland: Die schleichende Deindustrialisierung«, 7. Februar 2020, abrufbar unter https://www.faz.net/aktuell/wirtschaft/wie-in-deutschland-die-deindustrialisierung-voranschreitet-16620945.html
15 *Frankfurter Allgemeine Zeitung*, »Der Conti-Schock«, 1. September 2020, abrufbar unter https://www.faz.net/aktuell/wirtschaft/unternehmen/industriestandort-in-gefahr-der-conti-schock-16933203.html
16 Statistisches Bundesamt, »Automobilindustrie. Deutschlands wichtigster Industriezweig mit Produktionsrückgang um 7,1 Prozent im zweiten Halbjahr 2018«, 9. April 2019, abrufbar unter https://www.destatis.de/DE/Presse/Pressemitteilungen/2019/04/PD19_139_811.html
17 Deutschlandfunk, »Bis 2040 müssen alle Pkw mit Verbrennungsmotoren von der Straße verschwinden«, 14. September 2020, abrufbar unter https://www.deutschlandfunk.de/klimaneutraler-verkehr-bis-2040-muessen-alle-pkw-mit.697.de.html?dram:article_id=484091
18 *Münchner Merkur*, »Grünen-Abgeordneter: Wir müssen die Lust-Vielfliegerei eindämmen«, 11. März 2019, abrufbar unter https://www.merkur.de/politik/janecek-will-flugverkehr-reduzieren-11835782.html
19 Wie *Spiegel Online* berichtet, wurde schon vor dem Ausbruch der Corona-Pandemie in Umfragen eine stärkere Rolle des Staates in hohem Maß befürwortet. *Spiegel Online*, »Deutsche wollen mehr Staat«, 30. Oktober 2019, abrufbar unter https://www.spiegel.de/wirtschaft/soziales/deutsche-wollen-mehr-staat-statt-allzu-freien-markt-a-1293966.html
20 Dies zeigen auch die neuesten Daten: Credit Suisse, »Global Wealth Report 2019«, S. 23, abrufbar unter https://www.credit-suisse.com/ch/en/about-us/research/research-institute.html
21 Global Wealth Report 2017, Allianz, abrufbar unter https://www.allianz.com/v_1506497732000/media/press/document/AGWR_17-Report_EN.pdf

22 Institut der Deutschen Wirtschaft, »Investieren Staat und Unternehmen in Deutschland zu wenig?«, 2017, S. 36, abrufbar unter https://www.iwkoeln.de/fileadmin/publikationen/2017/363418/Analyse_118_Investieren_Staat_und_Unternehmen_zu_wenig.pdf
23 Daniel Stelter, *Das Märchen vom reichen Land*, München 2018.
24 Institut der Deutschen Wirtschaft, »Die Infrastruktur braucht mehr Investitionen«, 2019, abrufbar unter https://www.iwd.de/artikel/klare-vorteile-450417/
25 Bundesministerium der Finanzen, »Haushalts- und Vermögensrechnung des Bundes«, abrufbar unter https://www.bundesfinanzministerium.de/Web/DE/Themen/Oeffentliche_Finanzen/Bundeshaushalt/Haushalts_und_Vermoegensrechnungen_des_Bundes/haushalts_vermoegensrechnungen_des_bundes.html
26 Finanzministerium Baden-Württemberg: »Vermögensrechnung Baden-Württemberg 2018«, abrufbar unter https://fm.baden-wuerttemberg.de/fileadmin/redaktion/m-fm/intern/Dateien_Downloads/Haushalt_Finanzen/191218_Vermoegensrechnung_z31122018.pdf
27 *Focus*, »Experte zum Grundrentenplan: »Nichts daran ist richtig, alles ist falsch«, 4. April 2019, abrufbar unter https://www.focus.de/finanzen/altersvorsorge/rente/bernd-raffelhueschen-im-interview-heils-renten-plaene-sind-kompletter-populismus_id_10276422.html
28 Stiftung Marktwirtschaft, »Ehrbarer Staat? Wege und Irrwege der Rentenpolitik im Lichte der Generationenbilanz«, 22. November 2019, abrufbar unter https://www.stiftung-marktwirtschaft.de/fileadmin/user_upload/Pressemitteilungen/2019/Rentenpolitik_PG_22.11.2019/PK-Folien-Ehrbarer-Staat_Rentenpolitik_2019-11-22_Druck.pdf
29 Ebenda.
30 *Die Welt*, »Die Jugend trägt die Last der Krise – Alte und Beamte werden verschont«, 7. Juli 2020, abrufbar unter: https://www.welt.de/wirtschaft/plus211204941/Staatsverschuldung-Corona-treibt-Gesamtschulden-auf-11-9-Billionen-Euro.html
31 Beyond the obvious, »Wer sind die Armen in Deutschland«, 7. Mai 2019, abrufbar unter https://think-beyondtheobvious.com/stelters-lektuere/wer-sind-die-armen-in-deutschland-2/

32 *Focus money Online*, »Regierung weiß mehr über Flüchtlingskosten, gibt Daten aber nicht heraus«, 22. Februar 2016, abrufbar unter https://www.focus.de/finanzen/news/finanzexperte-raffelhueschen-die-regierung-weiss-mehr-ueber-die-fluechtlinge-gibt-die-daten-aber-nicht-heraus_id_5300619.html

33 Flossbach von Storch, »In der Zinsfalle. DAX-30 Pensionslücke auf historischem Niveau«, 8. August 2019, abrufbar unter https://www.flossbachvonstorch-researchinstitute.com/de/studien/in-der-zinsfalle-dax-30-pensionsluecke-auf-historischem-niveau/?utm_medium=email&utm_source=ri&utm_campaign=de.email.me.brand.studien.&utm_content=studien.unternehmen.&utm_term=190829

7. Mehr Menschen in Arbeit bringen

1 *Die Welt*, »Deutschlands globaler Abstieg scheint ausgemacht«, 1. Februar 2020, abrufbar unter https://www.welt.de/wirtschaft/plus205495237/Deutschlands-globaler-Abstieg-scheint-ausgemacht.html

2 »Aktuell produzieren die Amerikaner 5,6-mal so viele Güter und Dienstleistungen wie die Deutschen, die ihrerseits Europas größte Volkswirtschaft stellen. Anfang der Neunzigerjahre war die US-Ökonomie auf Dollar-Basis etwas über dreimal so groß. (…) Das liegt an der höheren Innovationskraft der Amerikaner und natürlich auch an der unternehmerischen Dynamik, für die das Land der unbegrenzten Möglichkeiten berühmt ist.«, *Die Welt*, »Deutschlands globaler Abstieg scheint ausgemacht«, 1. Februar 2020, abrufbar unter https://www.welt.de/wirtschaft/plus205495237/Deutschlands-globaler-Abstieg-scheint-ausgemacht.html

3 Ebenda

4 Diese Zahlen passen auch zu anderen Studien, so zum Beispiel: Deutsches Institut für Wirtschaftsforschung (DIW), »Arbeitskräfte und Arbeitsmarkt im demographischen Wandel. Expertise«; S. 21 f.,

abrufbar unter https://www.bertelsmann-stiftung.de/fileadmin/files/user_upload/Studie_IFT_Arbeitskraefte_und_Arbeitsmarkt_im_demographischen_Wandel_2018.pdf

5 *Handelsblatt*, »Fortschritte bei der Gleichstellung der Geschlechter – aber noch viel zu tun«, 26. Februar 2020, abrufbar unter: https://www.handelsblatt.com/politik/deutschland/arbeitsmarktstudie-fortschritte-bei-der-gleichstellung-der-geschlechter-aber-noch-viel-zu-tun/25580170.html?ticket=ST-7835993-FsrcACz3TuudpPCcjodT-ap4

6 Holger Bonin, »Der Beitrag von Ausländern und künftiger Zuwanderung zum deutschen Staatshaushalt«, Bertelsmann-Stiftung (ohne Jahresangabe), abrufbar unter http://ftp.zew.de/pub/zew-docs/gutachten/ZEW_BeitragZuwanderungStaatshaushalt2014.pdf.

7 Institut für Arbeitsmarkt- und Berufsforschung (IAB), »Integration in Arbeitsmarkt und Bildungssystem macht weitere Fortschritte«, Februar 2020, abrufbar unter http://doku.iab.de/kurzber/2020/kb0420.pdf

8 Unter den Ökonomen vor allem der Präsident des DIW Marcel Fratzscher, der mit einer überoptimistischen Berechnung die Medien dominierte.

9 *Die Welt*, »Jeder zweite Flüchtling hat fünf Jahre nach Ankunft einen Job«, 4. Februar 2020, abrufbar unter https://www.welt.de/wirtschaft/article205588111/Integration-Jeder-zweite-Fluechtling-hat-fuenf-Jahre-nach-Ankunft-einen-Job.html

10 *manager magazin*, »Zuwanderung nach Deutschland. Warum der Regierungsberater DIW bei den ökonomischen Folgen des Flüchtlingsstroms irrt«, 13. November 2015, abrufbar unter http://www.manager-magazin.de/politik/artikel/oekonomische-folgen-der-fluechtlingspolitik-der-diw-faktencheck-a-1062607.html

11 Oxford Martin School, »Migration and the Economy«, September 2018, S. 101, abrufbar unter https://www.oxfordmartin.ox.ac.uk/downloads/reports/2018_OMS_Citi_Migration_GPS.pdf

12 Bruno Klauk, »Intelligenzdiagnostik bei überwiegend Nicht-EU-Migrantinnen und -Migranten«, *Wirtschaftspsychologie*, Heft 4/2019, S. 55–68.

13 Von den nach dem Jahr 2010 zugewanderten Personen sprechen ge-

mäß Sozioökonomischen Panel 20 Prozent schlecht Deutsch, 39 Prozent »zufriedenstellend«. Wido Geis-Thöne, »Sprachkenntnisse entscheidend für die Arbeitsmarktintegration«, *IW-Trends 3/2019*, S. 86, abrufbar unter: https://www.iwkoeln.de/fileadmin/user_upload/Studien/IW-Trends/PDF/2019/IW-Trends_2019-03-05_Sprachkenntnisse_fuer_Arbeitsmarktintegration.pdf

14 *FAZ*, »Jeder zweite scheitert am Deutschtest«, 29. April 2018, abrufbar unter: https://www.faz.net/aktuell/wirtschaft/mehr-wirtschaft/fluechtlinge-jeder-zweite-scheitert-am-deutschtest-15565140.html

15 *Süddeutsche Zeitung*, »Österreich knüpft Sozialhilfe an Sprachkenntnisse«, 28. November 2018, abrufbar unter: https://www.sueddeutsche.de/politik/oesterreich-sozialhilfe-deutsch-kurz-1.4231536 Die Regelung wurde im Dezember 2019 vom österreichischen Verfassungsgerichtshof abgelehnt, weil »man auch ohne Sprachkenntnisse einer Arbeit nachgehen könne«. Mit Blick auf das Ziel, einen Anreiz zum Spracherwerb zu geben, ist dies nicht nachzuvollziehen.

16 Stefanie Knoll, »Sprachkenntnisse und Arbeitsmarktpartizipation Geflüchteter in Deutschland«, IfO Dresden, S. 13, abrufbar unter: https://www.econstor.eu/bitstream/10419/216308/1/ifodre-2020-02-p10-13.pdf

17 Der guten Ordnung halber sei erwähnt, dass neben Italien auch Spanien, Griechenland und Portugal hier auftauchen. Auf diese Länder trifft meines Erachtens dasselbe zu wie auf Italien.

18 *Neue Zürcher Zeitung*, »Nigerianerin darf nicht zu ihrem Mann in die Schweiz ziehen, weil er zu wenig verdient«, 22. Februar 2020, abrufbar unter https://www.nzz.ch/zuerich/nigerianerin-darf-nicht-zu-ihrem-mann-in-die-schweiz-ziehen-weil-er-zu-wenig-verdient-ld.1542102

19 *Die Welt*, »Zuwanderer bewahren Deutschland vor dem Fachkräfte-Kollaps«, 20. November 2019, abrufbar unter https://www.welt.de/wirtschaft/plus203652282/In-Deutschland-fehlen-Hunderttausende-Mint-Fachkraefte.html

20 *Die Welt*, »Deutschlands globaler Abstieg scheint ausgemacht«, 1. Februar 2020, abrufbar unter: https://www.welt.de/wirtschaft/plus205495237/Deutschlands-globaler-Abstieg-scheint-ausgemacht.html

21 *Süddeutsche Zeitung*, »Viele Kinder mit Migrationshintergrund sind unglücklich an deutschen Schulen«, 19. März 2018, abrufbar unter https://www.sueddeutsche.de/bildung/pisa-migranten-deutsche-schulen-1.3912112
22 *Zeit online*, »Bildung der Eltern entscheidet über Schulerfolg der Kinder«, 23. Oktober 2018, abrufbar unter https://www.zeit.de/news/2018-10/23/bildung-der-eltern-entscheidet-ueber-schulerfolg-der-kinder-181022-99-481502
23 Gallup, »World Grows Less Accepting of Migrants«, 23. September 2020, abrufbar unter https://news.gallup.com/poll/320678/world-grows-less-accepting-migrants.aspx
24 *The Telegraph*, »There is no universal rule that says that high immigration benefits the economy«, 19. Februar 2020, abrufbar unter https://www.telegraph.co.uk/news/2020/02/19/no-universal-rule-says-high-immigration-benefits-economy/?WT.mc_id=e_DM1200133&WT.tsrc=email&etype=Edi_FPM_New_ES&utmsource=email&utm_medium=Edi_FPM_New_ES20200219&utm_campaign=DM1200133
25 *Frankfurter Allgemeine Zeitung*, »So viele Deutsche suchen jedes Jahr das Weite«, 4. Dezember 2019, abrufbar unter https://www.faz.net/aktuell/wirtschaft/mehr-wirtschaft/migration-so-viele-deutsche-wandern-jaehrlich-aus-16518880.html
26 Stiftung Marktwirtschaft, »Ehrbarer Staat? Wege und Irrwege der Rentenpolitik im Lichte der Generationenbilanz«, 22. November 2019, abrufbar unter https://www.stiftung-marktwirtschaft.de/fileadmin/user_upload/Pressemitteilungen/2019/Rentenpolitik_PG_22.11.2019/PK-Folien-Ehrbarer-Staat_Rentenpolitik_2019-11-22_Druck.pdf
27 Statista, »Entwicklung der Lebenserwartung bei Geburt in Deutschland nach Geschlecht in den Jahren von 1950 bis 2060 (in Jahren)«, abrufbar unter https://de.statista.com/statistik/daten/studie/273406/umfrage/entwicklung-der-lebenserwartung-bei-geburt--in-deutschland-nach-geschlecht/
28 Statista, »Erreichbares Durchschnittsalter in Deutschland laut der Sterbetafel 2016/2018 nach Geschlechtern und Altersgruppen«, abrufbar unter https://de.statista.com/statistik/daten/studie/1783/

umfrage/durchschnittliche-weitere-lebenserwartung-nach-altersgruppen/
29 *Financial Times*, »The world must wake up to the challenge of longer life-spans«, 28. Februar 2020, abrufbar unter https://www.ft.com/content/b517135e-5981-11ea-abe5-8e03987b7b20
30 *Die Welt*, »Was Unternehmen Senioren bieten müssen, um sie im Job zu halten«, 12. Juli 2017, abrufbar unter https://www.welt.de/wirtschaft/article166579087/Was-Unternehmen-Senioren-bieten-muessen-um-sie-im-Job-zu-halten.html
31 Es ist keineswegs erwiesen, dass ältere Menschen weniger produktiv sind. So zeigen Studien, dass das Mehr an Erfahrung und die eher ausgleichende Rolle im Team dazu beitragen, dass Teams mit älteren Beschäftigten keineswegs weniger produktiv sind. So das Max-Planck-Institut für Sozialrecht und Sozialpolitik, »Altern und Produktivität. Zum Stand der Forschung«, abrufbar unter https://www.mpisoc.mpg.de/sozialpolitik-mea/wissen/themen/contentpool-themen/artikel/altern-und-produktivitaet-zum-stand-der-forschung/
32 Berlin-Institut für Bevölkerung und Entwicklung, »Produktiv im Alter«, Oktober 2013, abrufbar unter https://www.bosch-stiftung.de/sites/default/files/publications/pdf_import/BI_ProduktivIm Alter_Online.pdf
33 *Handelsblatt*, »Fortschritte bei der Gleichstellung der Geschlechter – aber noch viel zu tun«, 26. Februar 2020, abrufbar unter https://www.handelsblatt.com/politik/deutschland/arbeitsmarkt-studie-fortschritte-bei-der-gleichstellung-der-geschlechter-aber-noch-viel-zu-tun/25580170.html?ticket=ST-7835993-FsrcACz3TuudpPCcjodT-ap4
34 Bundesministerium für Wirtschaft und Energie, »Wachstum und Demografie im internationalen Vergleich, Juli 2015, S. 22, abrufbar unter https://www.bmwi.de/Redaktion/DE/Publikationen/Wirtschaft/wachstum-und-demografie-im-internationalen-vergleich.pdf?__blob=publicationFile&v=3
35 So hat der Sachverständigenrat zur Begutachtung der gesamtwirtschaftlichen Entwicklung der Bundesregierung immer wieder Vorschläge unterbreitet, so in seinem Gutachten 2018, abrufbar unter https://www.sachverstaendigenrat-wirtschaft.de/fileadmin/dateiab-

lage/gutachten/jg201819/JG2018-19_gesamt.pdf und im Gutachten 2017 und vor allem in seinem Gutachten 2017, abrufbar unter https://www.sachverstaendigenrat-wirtschaft.de/fileadmin/dateiablage/gutachten/jg201718/JG2017-18_gesamt_Website.pdf

36 In diesem Zusammenhang wird immer das Ehegattensplitting als Hemmnis gesehen. Dabei ist anzumerken, dass seine einfache Abschaffung zu höheren Steuern für Ehepaare führt. Insofern stärkt sie den Anreiz zur Arbeitsaufnahme nur unter der realitätsfernen Annahme, dass die Partner getrennte Kassen führen und jeder nur allein auf das eigene (Grenz-)Einkommen und nicht die gemeinsame Gesamtbelastung blickt. Wenn man das Ehegattensplitting abschafft, sollte dies im Zuge einer allgemeinen Reform erfolgen, die alle Bürgerinnen und Bürger deutlich entlastet.

37 Institut für Arbeitsmarkt- und Berufsforschung, »Erwerbstätige im unteren Einkommensbereich stärken«, 9/2018, abrufbar unter http://doku.iab.de/forschungsbericht/2018/fb0918.pdf

38 *Spiegel Online*, »Wie der Staat die Fleißigen bestraft«, 22. März 2019, abrufbar unter https://www.spiegel.de/wirtschaft/soziales/hartz-iv-und-geringverdiener-wie-der-staat-mehr-arbeit-bestraft-a-1258150.html

39 Ebenda.

40 Eurostat, »Distribution of early leavers from education and training aged 18–24 by labor status 2018, abrufbar unter https://ec.europa.eu/eurostat/statistics-explained/index.php?title=File:Distribution_of_early_leavers_from_education_and_training_aged_18-24_by_labour_status,_2016_(%25_of_population_aged_18-24)_ET17-de.png

41 Deutschland in Zahlen, »Jahresarbeitszeit – in Stunden pro Jahr«, abrufbar unter https://www.deutschlandinzahlen.de/tab/deutschland/arbeitsmarkt/arbeitszeit/jahresarbeitszeit

42 Sachverständigenrat zur Begutachtung der gesamtwirtschaftlichen Entwicklung, Gutachten 2017, S. 368, abrufbar unter https://www.sachverstaendigenrat-wirtschaft.de/fileadmin/dateiablage/gutachten/jg201718/JG2017-18_gesamt_Website.pdf

43 Deutsches Institut für Wirtschaftsforschung, »Arbeitskräfte und Arbeitsmarkt im demographischen Wandel. Expertise«, S. 31, ab-

rufbar unter: https://www.bertelsmann-stiftung.de/fileadmin/files/user_upload/Studie_IFT_Arbeitskraefte_und_Arbeitsmarkt_im_demographischen_Wandel_2018.pdf
44 *Frankfurter Allgemeine Zeitung*, »Deutschlands Studenten wollen zum Staat«, 28. August 2018, abrufbar unter https://www.faz.net/aktuell/wirtschaft/studenten-wollen-zunehmend-in-den-staats dienst-14409966.html
45 Beamtenbund und Tarifunion, »Monitor Öffentlicher Dienst 2020«, Januar 2020, abrufbar unter https://www.dbb.de/fileadmin/pdfs/2020/monitor_oed_2020.pdf
46 OECD, »Employment in general government as a percentage of total employment«, abrufbar unter https://read.oecd-ilibrary.org/governance/government-at-a-glance-2017/employment-in-general-government-as-a-percentage-of-total-employment-2007-2009-and-2015_gov_glance-2017-graph44-en#page1
47 Bundeszentrale für politische Bildung, »Erwerbstätige nach Wirtschaftsbereichen und Berufsgruppen«, 14. November 2018, abrufbar unter: https://www.bpb.de/nachschlagen/datenreport-2018/arbeitsmarkt-und-verdienste/278089/erwerbstaetige-nach-wirtschaftsbereichen-und-berufsgruppen
48 Statistisches Bundesamt, »Beschäftigte des öffentlichen Dienstes nach Aufgabenbereichen«, Januar 2020, abrufbar unter https://www.destatis.de/DE/Themen/Staat/Oeffentlicher-Dienst/Tabellen/beschaeftigte-aufgaben.html

8. Der Weg zum Produktivitäts-Champion

1 Hierbei handelt es sich um eine überschlägige Rechnung. Bezieht man das BIP des Jahres 2019 (rund 3,44 Billionen Euro) auf die geleisteten Arbeitsstunden (61 862 Millionen), so ergibt sich ein BIP pro Stunde von 55,60 Euro. Wenn weiterhin angenommen wird, dass es wie in den zehn Jahren bis Ende 2019 pro Dekade um 10 Prozent steigt, so ergeben sich Werte von 61,20 Euro bzw. 67,30 Euro.

Der für 2019 errechnete Betrag von 55,60 Euro entspricht ungefähr den Daten aus anderen Quellen. Es geht bei diesen Berechnungen vor allem um die Illustration einzelner Handlungshebel.
2 DIW Wochenbericht Nr. 33/2019, S. 577, abrufbar unter https://www.diw.de/sixcms/detail.php?id=diw_01.c.672502.de
3 Institut für Arbeitsmarkt- und Berufsforschung, »GDP-Employment Decoupling and the Slow-down of Productivity Growth in Germany«, Dezember 2019, abrufbar unter http://doku.iab.de/discussionpapers/2019/dp1219.pdf
4 Bundesministerium für Wirtschaft und Energie, »Wachstum und Demografie im internationalen Vergleich, Juli 2015, abrufbar unter https://www.bmwi.de/Redaktion/DE/Publikationen/Wirtschaft/wachstum-und-demografie-im-internationalen-vergleich.pdf?__blob=publicationFile&v=3
5 Wikipedia, »List of Countries by GDP (PPP) per hour worked«, abrufbar unter https://en.wikipedia.org/wiki/List_of_countries_by_GDP_(PPP)_per_hour_worked
6 *Financial Times*, »The post-recession slowdown is structural«, 10. Dezember 2014, abrufbar unter http://blogs.ft.com/andrewsmithers/2014/12/the-post-recession-slowdown-is-structural/
7 Dietram Schneider, *Deutschland – Produktivitätswüste und Zombie-Land*, Books on Demand, 3. Januar 2020.
8 Institut für Weltwirtschaft, »Produktivität in Deutschland – Messbarkeit und Entwicklung«, Kieler Beiträge zur Wirtschaftspolitik, Nr.12, November 2017, S. 251: »Insgesamt fanden 86 Prozent der Ausländer, die seit 2011 eine Beschäftigung in Deutschland aufgenommen haben, ihren Arbeitsplatz in einem Wirtschaftszweig mit unterdurchschnittlicher Arbeitsproduktivität. Die hierdurch verursachte Verschiebung der Branchenstruktur hin zu unterdurchschnittlich produktiven Bereichen dämpfte die gesamtwirtschaftliche Arbeitsproduktivität zwischen 2011 und 2015 um durchschnittlich 0,06 Prozent pro Jahr ….«, abrufbar unter https://www.ifw-kiel.de/de/publikationen/kieler-beitraege-zur-wirtschaftspolitik/produktivitaet-in-deutschland-messbarkeit-und-entwicklung-8001/
9 Institut für Arbeitsmarkt- und Berufsforschung, »GDP-Employment Decoupling and the Slow-down of Productivity Growth in

Germany«, Dezember 2019, abrufbar unter http://doku.iab.de/dis cussionpapers/2019/dp1219.pdf
10 DIW Wochenbericht Nr. 33/2019, S. 577, abrufbar unter https://www.diw.de/sixcms/detail.php?id=diw_01.c.672502.de
11 Ebenda. S. 581 ff.
12 *Handelsblatt*, »Die Last der Bürokratie«, 4. August 2018, abrufbar unter: https://www.handelsblatt.com/politik/deutschland/milliardenkosten-fuer-die-wirtschaft-die-last-der-buerokratie/13966202.html?ticket=ST-15764114-NShLbm72vnZzb1QI9j0D-ap5
13 Bank für Internationalen Zahlungsausgleich, »BIZ-Quartalsbericht September 2018«, abrufbar unter https://www.bis.org/publ/qtrpdf/r_qt1809_de.htm
14 National Bureau of Economic Research, »Zombie Credit and (Dis)Inflation. Evidence from Europe«, Mai 2020, abrufbar unter https://www.nber.org/papers/w27158.pdf
15 Bank für Internationalen Zahlungsausgleich (BIZ), »Corporate Zombies. Anatomy and Life Cycle«, BIS Working Paper 882, September 2020, abrufbar unter https://www.bis.org/publ/work882.pdf und Austrian Institute, »Europäische Geldpolitik und Zombiefizierung«, 2018, abrufbar unter https://austrian-institute.org/wp-content/uploads/2018/06/Herok-und-Schnabl-Geldpolitik-Zombies-AibnPaper-Nr.-21.pdf
16 Reuters, »Bundesbank – Anteil der Zombie-Firmen in Deutschland niedrig«, 18. Dezember 2017, abrufbar unter https://de.reuters.com/article/bundesbank-zombie-firmen-idDEKBN1EC1A8
17 Institut für Weltwirtschaft, »Produktivität in Deutschland – Messbarkeit und Entwicklung«, Kieler Beiträge zur Wirtschaftspolitik, Nr. 12, November 2017, S. 251, abrufbar unter https://www.ifw-kiel.de/de/publikationen/kieler-beitraege-zur-wirtschaftspolitik/produktivitaet-in-deutschland-messbarkeit-und-entwicklung-8001/
18 OECD, »Frontier Firms, Technology Diffusion and Public Policy. Micro Evidence from OECD Countries«, 2015, abrufbar unter https://www.oecd.org/economy/growth/Frontier-Firms-Technology-Diffusion-and-Public-Policy-Micro-Evidence-from-OECD-Countries.pdf

19 Dietram Schneider, *Deutschland – Produktivitätswüste und Zombie-Land*, Books on Demand, 3. Januar 2020.

20 Institut für Weltwirtschaft, »Direktinvestitionen im Ausland – Effekte auf die deutsche Leistungsbilanz und Spillovers in den Empfängerländern«, Kieler Beiträge zur Wirtschaftspolitik, November 2018, abrufbar unter https://www.ifw-kiel.de/de/publikationen/kieler-beitraege-zur-wirtschaftspolitik/direktinvestitionen-im-ausland-effekte-auf-die-deutsche-leistungsbilanz-und-spillovers-in-den-empfaengerlaendern-11629/

21 So warnte der CEO von Uniper im Frühjahr 2020 vor einem Blackout. *Die Welt*, » Die Gefahr eines Blackouts ist da«, 9. März 2020, abrufbar unter https://www.welt.de/wirtschaft/article206425873/Uniper-Chef-Die-Gefahr-eines-Blackouts-ist-da.html

22 Diese von Politikern wie Edmund Stoiber und Guido Westerwelle in die Diskussion gebrachte Zahl dürfte in der Tat viel zu hoch sein. Doch 10 bis 15 Prozent Anteil an der weltweiten Steuerliteratur ist auch nicht schlecht. *Spiegel Online*, »80 Prozent der weltweiten Steuerliteratur ist deutsch. – Stimmt's?«, 15. September 2016, abrufbar unter: https://www.spiegel.de/wirtschaft/service/steuern-kommt-die-mehrheit-der-weltweiten-steuerliteratur-aus-deutschland-a-1111192.html

23 Weitreichende Einspruchs- und Widerspruchsrechte der Bürgerinnen und Bürger führen dazu, dass sich Genehmigungsverfahren massiv in die Länge ziehen. Was vor Jahrzehnten eine wichtige Stärkung der Bürgerrechte war, entpuppt sich immer mehr als ein Instrument für radikale Minderheiten, jegliche Investition zu verhindern. Beispielhaft sei nur an die neue Tesla-Fabrik in Brandenburg erinnert. Dort wollten Bürgerinnen und Bürger durch ihre Proteste einen Wald schützen, der offensichtlich nicht schützenswert war.

24 Justus Haucap, »Warum erlahmt die Investitionsdynamik in Deutschland? Was ist zu tun?«, DICE Ordnungspolitische Perspektiven, Juli 2016, abrufbar unter: https://www.dice.hhu.de/fileadmin/redaktion/Fakultaeten/Wirtschaftswissenschaftliche_Fakultaet/DICE/Ordnungspolitische_Perspektiven/087_OP_Haucap.pdf

25 *Financial Times*, »The Corporate Zombies Stalking Europe«, 8. September 2020, abrufbar unter https://www.ft.com/content/cd90dfbe-3089-4cec-8436-39aed04cafc3

26 Daniel Stelter, *Coronomics*, Frankfurt am Main 2020. S. 165 ff.
27 Bekanntlich gehört der Staat zu den besonders schlechten Schuldnern. Immer wieder gibt es Beispiele mittelständischer Unternehmen, die aufgrund ausbleibender Zahlungen des Staates in Insolvenz gehen.
28 DIW Wochenbericht Nr. 33/2019, S. 577, abrufbar unter https://www.diw.de/sixcms/detail.php?id=diw_01.c.672502.de
29 Gunnar Heinsohn, *Wettkampf um die Klugen*, Zürich 2020.
30 *Neue Zürcher Zeitung*, »Warum die Menschen nicht gleich sind«, 2. März 2020, abrufbar unter https://www.nzz.ch/feuilleton/charles-murray-ueber-geschlechter-rassen-und-klassen-ld.1542531?mktcid=nled&mktcval=107_2020-03-03&kid=nl107_2020-3-3&trco=
31 NZZ, »Deutschland im Akademisierungswahn«, 3. November 2014, abrufbar unter: https://www.nzz.ch/wissenschaft/bildung/deutschland-im-akademisierungswahn-1.18416948
32 *Die Welt*, »Die erschreckenden Bildungsdefizite junger Deutscher«, 11. April 2016, abrufbar unter https://www.welt.de/politik/deutschland/article154187052/Die-erschreckenden-Bildungsdefizite-junger-Deutscher.html
33 DIHK, »Ausbildung 2013 – Ergebnisse einer DIHK-Online-Unternehmensbefragung«, 2013, S. 31, abrufbar unter: https://www.deutschlandradio.de/dihk-ausbildungsumfrage-2013-pdf.media.30ea4432fec2637a906dbb7801218a5d.pdf
34 Ebenda.
35 SkillsfutureCredit, abrufbar unter https://www.skillsfuture.sg/Credit
36 Deutsche Bank Research, »Automatisierung – kein Jobkiller«, Juli 2018, S. 10, abrufbar unter https://www.dbresearch.com/PROD/RPS_DE-PROD/PROD0000000000471296/Automatisierung_-_kein_Jobkiller.PDF
37 Ebenda, S. 3.
38 McKinsey Global Insititute, »Jobs lost, jobs gained. What the future of work will mean for jobs, skills, and wages«, November 2017 Report, S. 1, abrufbar unter https://www.mckinsey.com/featured-insights/future-of-work/jobs-lost-jobs-gained-what-the-future-of-work-will-mean-for-jobs-skills-and-wages#part3

39 IFR International Federation of Robotics, »Top Trends Robotics 2020«, Press Release, 19. Februar 2020, abrufbar unter https://ifr.org/ifr-press-releases/news/top-trends-robotics-2020

40 Forbes Magazine, »Why Robots Will Be The Biggest Job Creators In World History«, 1. März 2015, abrufbar unter https://www.forbes.com/sites/johntamny/2015/03/01/why-robots-will-be-the-biggest-job-creators-in-history/#72a501101749

41 Sachverständigenrat zur Begutachtung der wirtschaftlichen Entwicklung, »Jahresgutachten 2017/18), S. 379, abrufbar unter https://www.sachverstaendigenrat-wirtschaft.de/fileadmin/dateiablage/gutachten/jg201718/JG2017-18_gesamt_Website.pdf

42 McKinsey Global Insititute, »Jobs lost, jobs gained. What the future of work will mean for jobs, skills, and wages,« November 2017 Report, S. 94, abrufbar unter https://www.mckinsey.com/featured-insights/future-of-work/jobs-lost-jobs-gained-what-the-future-of-work-will-mean-for-jobs-skills-and-wages#part3

43 Ebenda, S. 21.

44 Stifterverband, »Future Skills. Welche Kompetenzen in Deutschland fehlen«, ohne Datum, abrufbar unter https://www.stifterverband.org/medien/future-skills-welche-kompetenzen-in-deutschland-fehlen

45 Deutsche Bank Research, »Automatisierung – kein Jobkiller«, Juli 2018, S. 12, abrufbar unter https://www.dbresearch.com/PROD/RPS_DE-PROD/PROD0000000000471296/Automatisierung_-_kein_Jobkiller.PDF

46 McKinsey Global Insititute, »Jobs lost, jobs gained. What the future of work will mean for jobs, skills, and wages«, November 2017 Report, S. 16, abrufbar unter https://www.mckinsey.com/featured-insights/future-of-work/jobs-lost-jobs-gained-what-the-future-of-work-will-mean-for-jobs-skills-and-wages#part3

47 Solche Forderungen gibt es tatsächlich. Noch erhalten sie wenig politische Unterstützung, was aber kein Garant dafür ist, dass es in den kommenden Jahren nicht doch ein populäres Thema wird. Beispiel: *Die Welt*, »Die sollen Steuern zahlen?«, 17. Juli 2016, abrufbar unter: https://www.welt.de/print/wams/wirtschaft/article157100490/Die-sollen-Steuern-zahlen.html

48 *Der Standard*, »Nobelpreisträger: ›Gut bezahlte Fitnesstrainer hat es früher nicht gegeben‹«, 4. Oktober 2019, abrufbar unter https://www.derstandard.de/story/2000109463233/nobelpreistraeger-gut-bezahlte-fitnesstrainer-hat-es-frueher-nicht-gegeben
49 BBC, »What the World can learn from Japan's robots«, 6. Februar 2020, abrufbar unter https://www.bbc.com/worklife/article/20200205-what-the-world-can-learn-from-japans-robots
50 The International Federation of Robotics, »Roboter: Deutschland weltweit auf Rang Drei – IFR stellt neuen Statistikbericht World Robotics vor«, 18. September 2019, abrufbar unter https://www.presseportal.de/pm/115415/4377994
51 Sachverständigenrat zur Begutachtung der gesamtwirtschaftlichen Entwicklung, »Produktivität. Wachstumsbedingungen verbessern«, Jahresgutachten 2019/20, abrufbar unter https://www.sachverstaendigenrat-wirtschaft.de/fileadmin/dateiablage/gutachten/jg201920/JG201920_02_Produktivitaet.pdf
52 Eurostat, »Leichter Anstieg der F&E-Ausgaben in der EU im Jahr 2017 auf 2,07 % des BIP«, 10. Januar 2019, abrufbar unter https://ec.europa.eu/eurostat/documents/2995521/9483602/9-10012019-AP-DE.pdf/054a5cb0-ac62-4ca4-a336-640da396b817
53 Beyond the obvious, »10 Jahre Lissabon-Vertrag – Wie ist die wirtschaftliche Lage der EU heute? Fakten zum Nachlesen«, 1. Dezember 2019, abrufbar unter https://think-beyondtheobvious.com/10-jahre-lissabon-vertrag-wie-ist-die-wirtschaftliche-lage-der-eu-heute-fakten-zum-nachlesen/
54 *Focus*, »Japanische Ingenieure zerlegen einen Tesla 3 – Ein Bauteil beeindruckt sie zutiefst«, 18. Februar 2020, abrufbar unter https://www.focus.de/auto/elektroauto/news/japanische-ingenieure-zerlegen-tesla-model-3-ein-bauteil-beeindruckt-sie-tief_id_11676977.html
55 ADAC, »Autonomes Fahren, digital entspannt in die Zukunft«, 11. Dezember 2019, abrufbar unter https://www.adac.de/rund-ums-fahrzeug/ausstattung-technik-zubehoer/autonomes-fahren/technik-vernetzung/aktuelle-technik/
56 *Die Welt*, »Warum ich als Hirnforscher Deutschland verlasse und nach China gehe«, 6. März 2020, abrufbar unter https://www.welt.

de/wissenschaft/plus206340763/Nikos-Logothetis-Warum-ich-als-Hirnforscher-Deutschland-verlasse-und-nach-China-gehe.html?promio=81757.1413547.33&r=7171411350194247&lid=1413547&pm_ln=33

9. Investitionen sind Pflicht

1 Statistisches Bundesamt, »Bruttoinlandsprodukt. Ausführliche Ergebnisse zur Wirtschaftsleistung im vierten Quartal 2019«, 25. Februar 2020, abrufbar unter https://www.destatis.de/DE/Presse/Pressemitteilungen/2020/02/PD20_056_811.html
2 *Spiegel Online*, »Nirgendwo lief der Umstieg auf Digitalunterricht so schlecht wie in Deutschland«, 9. September 2020, abrufbar unter https://www.spiegel.de/panorama/bildung/schule-und-corona-wechsel-zum-digitalunterricht-war-ein-gluecksspiel-a-8fa3ebb6-4e05-4e27-856f-a936ebf81e56
3 *Tagesspiegel*, »Berliner Senat scheitert an der Digitalisierung der Schulen«, 12. August 2020, abrufbar unter https://www.tagesspiegel.de/berlin/fehlende-it-infrastruktur-berliner-senat-scheitert-an-digitalisierung-der-schulen/26086120.html
4 Deutsche Bundesbank, »Langfristige Perspektiven zur gesetzlichen Rentenversicherung«, Monatsbericht Oktober 2019, S. 55 ff., abrufbar unter https://www.bundesbank.de/resource/blob/811952/dacd4c189414bf6afd2ad73c3340edc7/mL/2019-10-rentenversicherung-data.pdf
5 Statistisches Bundesamt, »Ausgaben, Einnahmen und Finanzierungssaldo des Öffentlichen Gesamthaushalts nach Ebenen, Quartalsdaten«, ohne Datum, abrufbar unter https://www.destatis.de/DE/Themen/Staat/Oeffentliche-Finanzen/EU-Haushaltsrahmenrichtlinie/Tabellen/oeffentlicher-gesamthaushalt.html
6 Statista, »Europäische Union: Staatsquoten der Mitgliedsstaaten 2018, abrufbar unter https://de.statista.com/statistik/daten/studie/6769/umfrage/staatsquoten-der-eu-laender/

7 Universität Duisburg-Essen, Sozialpolitik-aktuell, »Einnahmen und Ausgaben der gesetzlichen Rentenversicherung 2018«, abrufbar unter http://www.sozialpolitik-aktuell.de/tl_files/sozialpolitik-aktuell/ _Politikfelder/Alter-Rente/Datensammlung/PDF-Dateien/abb VIII33.pdf
8 Universität Duisburg-Essen, »Sozialpolitik aktuell: Struktur der Sozialleistungen nach Leistungsarten 2018«, abrufbar unter http:// www.sozialpolitik-aktuell.de/tl_files/sozialpolitik-aktuell/_Politik felder/Finanzierung/Datensammlung/PDF-Dateien/abbII2.pdf
9 iwd – Informationsdienst der deutschen Wirtschaft, »Etwas zu viel des Guten«, 8. November 2019, abrufbar unter https://www.iwd.de/ artikel/etwas-zu-viel-des-guten-448583/
10 *Frankfurter Allgemeine Zeitung*, »Staat unterstützt fast jeden Zweiten«, 11. Februar 2020, abrufbar unter https://www.faz.net/aktuell/ wirtschaft/staat-unterstuetzt-fast-jeden-zweiten-steuerpolitik-166 29210.html
11 iwd – Informationsdienst der deutschen Wirtschaft, »Etwas zu viel des Guten«, 8. November 2019, abrufbar unter https://www.iwd.de/ artikel/etwas-zu-viel-des-guten-448583/
12 Statista, »Apothekendichte in ausgewählten europäischen Ländern im Jahr 2018«, abrufbar unter https://de.statista.com/statistik/ daten/studie/300302/umfrage/apothekendichte-im-europaeischen-vergleich/
13 Bundesamt für Gesundheit, »Kostendämpfungsmaßnahmen zur Entlastung der obligatorischen Krankenpflegeversicherung, Bericht der Expertengruppe« 25. Oktober 2017, abrufbar unter https://www. bag.admin.ch/bag/de/home/versicherungen/krankenversicherung/ kostendaempfung-kv.html

10. Neustart im Klimaschutz

1 *Neue Zürcher Zeitung*, »Die Klima-Apokalypse wird wohl nicht ganz so düster. Dafür, und das vergessen wir gerne, droht uns ande-

res«, 20. August 2020, abrufbar unter https://www.nzz.ch/feuilleton/klima-die-apokalypse-wird-nicht-so-duester-dafuer-droht-anderes-ld.1569858

2 Bundesministerium für Umwelt, Naturschutz und nukleare Sicherheit, »Der Klimaschutzplan 2050 – Die deutsche Klimaschutzlangfriststrategie, abrufbar unter https://www.bmu.de/themen/klima-energie/klimaschutz/nationale-klimapolitik/klimaschutzplan-2050/

3 Joachim Weimann, »Internationale Lösung durch nationale Politik«, ifo Schnelldienst 3/2016, S. 3 ff., abrufbar unter https://www.ifo.de/DocDL/sd-2016-03-weimann-etal-pariser-klimaabkommen-2016-02-11.pdf

4 Deutsche Bank, »Reiches Land – hoher CO_2-Ausstoß«, 24. Januar 2020, abrufbar unter https://www.dbresearch.de/PROD/RPS_DE-PROD/PROD0000000000504540/Reiches_Land_-_hoher_CO_2-Ausstoß.PDF?undefined&realload=aN0wml15LT0P1Knklu8VN34Op~zCs1~2oC17Zo1Yw886xdQ28QtydFqwWD~1yuXz4Bi~r8kCWtQ=

5 Ebenda

6 *Handelsblatt*, »Japan baut weiter neue Kohlekraftwerke – aber die Kritik an der Strategie wächst«, 3. Juli 2020, abrufbar unter https://www.handelsblatt.com/politik/international/klimapolitik-japan-baut-weiter-neue-kohlekraftwerke-doch-die-kritik-an-der-strategie-waechst/25958548.html?ticket=ST-553051-fDeTJZ5PGov32Ymldg0B-ap1

7 International Renewable Energy Agency, »Renewables increasingly beat even cheapest coal competitors on cost«, 2. Juni 2020, abrufbar unter https://www.irena.org/newsroom/pressreleases/2020/Jun/Renewables-Increasingly-Beat-Even-Cheapest-Coal-Competitors-on-Cost

8 *Financial Times*, »Green power needs to account for all of its costs«, 7. September 2020, abrufbar unter https://www.ft.com/content/2780e175-adeb-49f0-bfde-ce2bb408d316

9 Department for Business, Energy and Industrial Strategy, » Electricity Generation Cost 2020«, abrufbar unter https://assets.publishing.service.gov.uk/government/uploads/system/uploads/attachment_data/file/911817/electricity-generation-cost-report-2020.pdf

10 Internationale Energieagentur, »Is exponential growth of solar PV the obvious conclusion?«, 6. Februar 2019, abrufbar unter https://www.iea.org/commentaries/is-exponential-growth-of-solar-pv-the-obvious-conclusion

11 *Finanz und Wirtschaft*, »Die wahren Kosten der Photovoltaik«, 23. Juli 2020, abrufbar unter https://www.fuw.ch/article/die-wahren-kosten-der-photovoltaik/

12 Holger Watter, »Wasserstoff aus Windkraft«, abrufbar unter https://holgerwatter.wordpress.com/2019/09/12/wasserstoff-aus-wind/

13 Holger Watter, »Die physikalischen Grenzen der Energiewende«, 24. Oktober 2020, abrufbar unter https://think-beyondtheobvious.com/die-physikalischen-grenzen-der-energiewende/

14 Foreign Affairs, »The path to net zero«, Mai/Juni 2020, abrufbar unter https://www.foreignaffairs.com/articles/2020-04-13/paths-net-zero

15 United Nations Intergovernmental Panel on Climate Change, »Global Warming of 1,5 Degree Celsius«, Oktober 2018, abrufbar unter https://report.ipcc.ch/sr15/pdf/sr15_spm_final.pdf

16 BBC, »The countries building miniature nuclear reactors«, 9. März 2020, abrufbar unter https://www.bbc.com/future/article/20200309-are-small-nuclear-power-plants-safe-and-efficient. Ein Beispiel für solche Entwicklungen ist auch der in Berlin entwickelte Dual Fluid Reaktor, https://dual-fluid-reaktor.de

17 Foreign Affairs, »The path to net zero«, Mai/Juni 2020, abrufbar unter https://www.foreignaffairs.com/articles/2020-04-13/paths-net-zero

18 *Tagesspiegel*, »Opfer der Energie«, 25. März 2011, abrufbar unter https://www.tagesspiegel.de/wissen/stromerzeugung-opfer-der-energie/3986380.html

19 Foreign Affairs, »The path to net zero«, Mai/Juni 2020, abrufbar unter https://www.foreignaffairs.com/articles/2020-04-13/paths-net-zero

20 *Capital*, »Energiewende – Mythen reloaded«, 29. November 2019, abrufbar unter: https://www.capital.de/wirtschaft-politik/energiewende-mythen-reloaded?article_onepage=true

21 So schätzt der UN-Klimarat den Wohlstandsverlust durch den Kli-

mawandel bis zum Jahr 2070 auf bis zu 2 Prozent. Im selben Zeitraum sollen allerdings die weltweiten Einkommen um über 360 Prozent steigen. NZ Herald, »Bjorn Lomborg,« Joe Biden's US$ 2 trillion climate plan could fix it«, 21. Oktober 2020, abrufbar unter: https://www.nzherald.co.nz/world/bjorn-lomborg-joe-bidens-us2-trillion-climate-plan-could-fix-it/KSJ5P3LEHLJQ6EOT7S256SZPGM/ Der IWF beziffert den Verlust an Produktivität durch höheren Temperaturen beispielsweise auf 1,5 Prozent für Länder wie Bangladesch und Haiti. Doch auch hier muss man dies als eine Verringerung des Zuwachses an Wohlstand sehen. DW, »Flucht und Wohlstandsverlust durch Klimawandel«, 29. September 2017, abrufbar unter: https://www.dw.com/de/klima-iwf-flucht-migration-extremwetter-klimawandel-wohlstand-gesundheit-hitze-dürre/a-40742370

22 Internationale Politik und Gesellschaft, »Interviews – Kein Grund zur Panik«, 4. August 2020, abrufbar unter https://www.ipg-journal.de/interviews/artikel/kein-grund-zur-panik-4531/?utm_campaign=de_40_20200804&utm_medium=email&utm_source=newsletter

23 Arbeitsgemeinschaft Energiebilanzen e. V., »Auswertungstabellen«, Stand März 2020, abrufbar unter https://ag-energiebilanzen.de/10-0-Auswertungstabellen.html

24 Umweltinstitut München, »Atommüll«, abrufbar unter http://www.umweltinstitut.org/themen/radioaktivitaet/atommuell.html

25 *Neue Zürcher Zeitung*, »Risikoforscher Didier Sornette: ›Eine Gesellschaft, die Risiken immer stärker kontrollieren will, steuert auf ihren Tod zu‹«, 12. Februar 2020, abrufbar unter https://www.nzz.ch/wirtschaft/risikoforscher-didier-sornette-eine-gesellschaft-die-risiken-immer-staerker-kontrollieren-will-steuert-auf-ihren-tod-zu-ld.1539913

26 *Internationale Politik und Gesellschaft*, »Interviews: Kein Grund zur Panik«, 4. August 2020, abrufbar unter https://www.ipg-journal.de/interviews/artikel/kein-grund-zur-panik-4531/?utm_campaign=de_40_20200804&utm_medium=email&utm_source=newsletter

27 *Frankfurter Allgemeine Sonntagszeitung*, »Letzte Hoffnung Atomkraft«, 6. September 2020, S. 6.

28 *Wall Street Journal*, »World's Dumbest Energy Policy«, 29. Januar

2019, abrufbar unter https://www.wsj.com/articles/worlds-dum best-energy-policy-11548807424

29 Arbeitsgemeinschaft Energiebilanzen e. V., »Auswertungstabellen«, Stand März 2020, abrufbar unter https://ag-energiebilanzen.de/10-0-Auswertungstabellen.html

30 Ebenda.

31 Ebenda.

32 Fraunhofer-Institut für Solare Energiesysteme, »Wege zu einem klimaneutralen Energiesystem«, Februar 2020, abrufbar unter https://www.ise.fraunhofer.de/content/dam/ise/de/documents/publications/studies/Fraunhofer-ISE-Studie-Wege-zu-einem-klimaneutralen-Energiesystem.pdf

33 Arbeitsgemeinschaft Energiebilanzen e. V., »Auswertungstabellen«, Stand März 2020, abrufbar unter https://ag-energiebilanzen.de/10-0-Auswertungstabellen.html

34 Fraunhofer Cluster of Excellence Integrierte Energiesysteme, »Die Deutsche Energiewende«, 2020, abrufbar unter https://www.ise.fraunhofer.de/content/dam/ise/de/documents/publications/studies/Fraunhofer-CINES-13-Thesen-Wie-die-Energiewende-gelingen-kann.pdf

35 Science Direct, »Energy descent as a post-carbon transition scenario. How ›knowledge humility‹ reshapes energy futures for post-normal times«, September 2020, abrufbar unter https://www.sciencedirect.com/science/article/abs/pii/S0016328720300550

36 *The Atlantic*, »We need an energy Miracle«, November 2015, abrufbar unter https://www.theatlantic.com/magazine/archive/2015/11/we-need-an-energy-miracle/407881/

37 *Die Welt*, »1,3 Billionen Euro für einen sechswöchigen Klimaeffekt«, 3. Oktober 2020, abrufbar unter https://www.welt.de/wirtschaft/plus217066166/Klimawandel-Jetzt-wird-die-EU-aktiv-und-verschwendet-Billionen.html

38 Fraunhofer-Institut für Solare Energiesysteme, »Wege zu einem klimaneutralen Energiesystem«, Februar 2020, abrufbar unter https://www.ise.fraunhofer.de/content/dam/ise/de/documents/publications/studies/Fraunhofer-ISE-Studie-Wege-zu-einem-klimaneutralen-Energiesystem.pdf

39 Ebenda.
40 Ebenda.
41 Boston Consulting Group (BCG), Prognos, »Klimapfade für Deutschland«, Januar 2018, abrufbar unter https://www.zvei.org/fileadmin/user_upload/Presse_und_Medien/Publikationen/2018/Januar/Klimapfade_fuer_Deutschland_BDI-Studie_/Klimapfade-fuer-Deutschland-BDI-Studie-12-01-2018.pdf
42 Ebenda
43 *Frankfurter Allgemeine Zeitung*, »Warum Greta Thunberg jetzt ›Atomlobbyismus‹ vorgeworfen wird«, 20. März 2019, abrufbar unter https://www.faz.net/aktuell/politik/ausland/warum-greta-thunberg-sich-fuer-atomenergie-ausspricht-16099744.html
44 Deutschlandfunk, »Die Städte sind in der Lage, Klimaschutz umzusetzen«, 22. Juni 2019, abrufbar unter https://www.deutschlandfunk.de/vorbild-bottrop-die-staedte-sind-in-der-lage-klimaschutz.694.de.html?dram:article_id=452028
45 *Die Welt*, »340 Milliarden für den Klimaschutz und der Effekt ist gleich Null«, 1. Juli 2020, abrufbar unter https://www.welt.de/finanzen/immobilien/plus210800627/Gebaeudesanierung-Ausgaben-fuer-Klimaschutz-verpuffen.html
46 Fraunhofer-Institut für Solare Energy Systems, »Photovoltaics Report«, 23. Juni 2020, abrufbar unter https://www.ise.fraunhofer.de/content/dam/ise/de/documents/publications/studies/Photovoltaics-Report.pdf
47 Gesamtausstoß CO_2 laut Bundesumweltamt von 907 Millionen Tonnen zuzüglich der gesparten 19 Millionen Tonnen ergibt 926 Millionen Tonnen, Bundesumweltamt, »Treibhausgasemissionen in Deutschland, abrufbar unter https://www.umweltbundesamt.de/daten/klima/treibhausgas-emissionen-in-deutschland#textpart-1
48 wissenschaft.de, »CO_2-Emissionen steigen weiter«, abrufbar unter https://www.wissenschaft.de/erde-klima/co2-emissionen-steigen-weiter/
49 *Die Welt*, »Deutschland gerät ins Abseits – aus Angst vor der Technologie«, 15. September 2020, abrufbar unter https://www.welt.de/wissenschaft/plus215736554/Klimaschutz-Warum-die-Entnahme-von-CO2-aus-der-Luft-in-Deutschland-keine-Rolle-spielt.html

50 *The Telegraph*, »Boris Johnsons »green industrial revolution« is our path to economic and political revival«, 19. November 2020, abrufbar unter https://www.telegraph.co.uk/business/2020/11/18/boris-johnsons-green-industrial-revolution-path-economic-political/

51 Der zuständige Ingenieur bei Toyota brachte das Problem im Gespräch mit dem *Spiegel* so auf den Punkt: »Ich verstehe das nicht. Was die deutschen Unternehmen machen, ist Selbstmord.«, *Der Spiegel*, »Der Anti-Tesla«, Nr. 35, 22. August 2020, S. 100

52 *Handelsblatt*, »Umweltministerin Schulze schließt CO_2-Preis für klimaneutralen Sprit nicht aus«, 10. September 2020, abrufbar unter https://www.handelsblatt.com/politik/deutschland/co2-bepreisung-umweltministerin-schulze-schliesst-co2-preis-fuer-klimaneutralen-sprit-nicht-aus/26173082.html?ticket=ST-737784-xVeh4fhtby5SGhULgf2V-ap3

53 Boston Consulting Group (BCG), Prognos, »Klimapfade für Deutschland«, Januar 2018, abrufbar unter https://www.zvei.org/fileadmin/user_upload/Presse_und_Medien/Publikationen/2018/Januar/Klimapfade_fuer_Deutschland_BDI-Studie_/Klimapfade-fuer-Deutschland-BDI-Studie-12-01-2018.pdf

54 The National Academies of Science, Engineering, Medicine, »Technologies That Remove Carbon Dioxide From Air and Sequester It Need to Play a Large Role in Mitigating Climate Change, Says New Report«, 24. Oktober 2018, abrufbar unter https://www.nationalacademies.org/news/2018/10/technologies-that-remove-carbon-dioxide-from-air-and-sequester-it-need-to-play-a-large-role-in-mitigating-climate-change-says-new-report

55 Manhattan Institute, »The ›New Energy Economy‹. An Exercise in Magical Thinking«, März 2019, abrufbar unter https://media4.manhattan-institute.org/sites/default/files/R-0319-MM.pdf

56 NZ Herald, »Bjorn Lomborg, »Joe Biden`s US$ 2 trillion climate plan could fix it«, 21. Oktober 2020, abrufbar unter: https://www.nzherald.co.nz/world/bjorn-lomborg-joe-bidens-us2-trillion-climate-plan-could-fix-it/KSJ5P3LEHLJQ6EOT7S256SZPGM/

57 *Die Welt*, »1,3 Billionen Euro für einen sechswöchigen Klimaeffekt«, 3. Oktober 2020, abrufbar unter https://www.welt.de/wirtschaft/

plus217066166/Klimawandel-Jetzt-wird-die-EU-aktiv-und-ver schwendet-Billionen.html

11. Reform der Europäischen Union

1 Daniel Stelter, *Coronomics*, Frankfurt am Main 2020.
2 Europäische Kommission, »EUROPA 2020. Eine Strategie für intelligentes, nachhaltiges und integratives Wachstum«, 3. März 2010, abrufbar unter https://ec.europa.eu/eu2020/pdf/COMPLET%20%20DE%20SG-2010-80021-06-00-DE-TRA-00.pdf
3 Eurostat, »Leichter Anstieg der FuE-Ausgaben in der EU im Jahr 2017 auf 2,07 % des BIP«, 10. Januar 2019, abrufbar unter https://ec.europa.eu/eurostat/documents/2995521/9483602/9-10012019-AP-DE.pdf/054a5cb0-ac62-4ca4-a336-640da396b817
4 WIPO World Intellectual Property Organization, »World Intellectual Property Indicators 2019«, abrufbar unter: https://www.wipo.int/edocs/pubdocs/en/wipo_pub_941_2019.pdf
5 Thomson Reuters: »The Top 100 Global Technology Leaders«, abrufbar unter https://www.thomsonreuters.com/content/dam/ewpm/documents/thomsonreuters/en/pdf/reports/thomson-reuters-top-100-global-tech-leaders-report.pdf
6 Shanghai Index, »Academic Ranking of World Universities«, abrufbar unter http://www.shanghairanking.com/ARWU2019.html
7 Gemäß Daten der Weltbank. Zur Berechnung siehe beyond the obvious, »10 Jahre Lissabon-Vertrag – Wie ist die wirtschaftliche Lage der EU heute? Fakten zum Nachlesen«, 1. Dezember 2019, abrufbar unter https://think-beyondtheobvious.com/10-jahre-lissabon-vertrag-wie-ist-die-wirtschaftliche-lage-der-eu-heute-fakten-zum-nachlesen/
8 *Handelsblatt*, »Der Wiederaufbaufonds hilft – Vor allem in Süd- und Osteuropa«, 27. Oktober 2020, abrufbar unter: https://www.handelsblatt.com/politik/international/eu-wiederaufbau-der-wiederaufbaufonds-hilft-vor-allem-in-sued-und-osteuropa/26308704.html

9 *Neue Zürcher Zeitung*, »EU-Gipfel endet ohne Haushaltsplan«, 21. Februar 2020, abrufbar unter https://www.nzz.ch/wirtschaft/eu-gipfel-endet-ohne-haushaltsplan-fuenf-antworten-zum-eu-treffen-ld.1541682

10 *Die Welt*, »Diese Rechnung macht Deutschland zum größten Nettozahler des EU-Wiederaufbaus«, 6. Oktober 2010, abrufbar unter https://www.welt.de/wirtschaft/article217229518/Wiederaufbau-Plan-Deutschlands-EU-Rechnung-betraegt-minus-52-3-Mrd-Euro.html

11 European Commission, »Fiscal Sustainability Report 2018«, Januar 2019, abrufbar unter https://ec.europa.eu/info/sites/info/files/economy-finance/ip094_en_vol_1.pdf

12 So eine Studie der US-Bank JPMorgan. Demnach wäre eine Union aller Staaten der Welt mit dem Anfangsbuchstaben »M« besser als die Eurozone, nachzulesen u. a. hier: *The Atlantic*, »The Funniest Graph I've Ever Seen About Why the Euro Is Totally Doomed«, 7. Mai 2012, abrufbar unter https://www.theatlantic.com/business/archive/2012/05/the-funniest-graph-ive-ever-seen-about-why-the-euro-is-totally-doomed/256793/

13 Internationaler Währungsfonds, »Economic Convergence in the Euro Area: Coming Together or Drifting Apart?«, 23. Januar 2018, abrufbar unter https://www.imf.org/en/Publications/WP/Issues/2018/01/23/Economic-Convergence-in-the-Euro-Area-Coming-Together-or-Drifting-Apart-45575

14 Flossbach von Storch, »Mehr Geld wird die EWU nicht retten«, 4. September 2020, abrufbar unter https://www.flossbachvonstorch-researchinstitute.com/de/kommentare/mehr-geld-wird-die-ewu-nicht-retten/

15 *manager magazin*, »Wie Italien sich selbst helfen kann«, 22. April 2020, abrufbar unter https://www.manager-magazin.de/politik/europa/italien-hohe-privatvermoegen-brauchen-keine-eurobonds-a-1306445.html

16 *The Telegraph*, »Europe's €750bn recovery fund is an economic pop-gun – but a political howitzer«, 21. Juli 2020, abrufbar unter https://www.telegraph.co.uk/business/2020/07/21/europes-750bn-recovery-fund-economic-pop-gun-political-howitzer/

17 European Commission, »Measuring Public Administration. A feasibility study for better comparative indicators in the EU«, März 2018.
18 *Finanz und Wirtschaft*, »V-Erholung oder Dauermisere?«, 25. Mai 2020, abrufbar unter https://www.fuw.ch/article/v-erholung-oder-dauermisere/
19 Pew Research Center, »European Public Opinion Three Decades After the Fall of Communism«, 14. Oktober 2019, abrufbar unter https://www.pewresearch.org/global/2019/10/14/the-european-union/
20 *Süddeutsche Zeitung*, »Exportboom verschärft soziale Unterschiede«, 10. Juli 2019, abrufbar unter https://www.sueddeutsche.de/wirtschaft/iwf-exporte-soziale-ungleichheit-1.4517665
21 Malte Fischer kommentierte dies in der *Wirtschaftswoche* sehr treffend: »Diesem Argument folgend müsste Deutschland zuvorderst Transferzahlungen an die USA und China leisten. Geradezu ein Irrsinn. Ohnehin ist das Argument ökonomisch von ähnlicher Güte wie der Versuch eines Würstchenbudenbesitzers, seinen Umsatz dadurch anzukurbeln, dass er seinen Kunden Geld schenkt, damit sie ihm anschließend seine Würstchen abkaufen.«, »Auf dem Weg in die EU-Schuldenunion«, 19. Mai 2020, abrufbar unter https://www.wiwo.de/politik/europa/corona-wiederaufbaufonds-auf-dem-weg-in-die-eu-schuldenunion/25844614.html
22 Daniel Stelter, »Zehn Gründe, warum die Deutschen nicht die Gewinner des Euro sind«, *ifo Schnelldienst*, 09/2015.
23 VOX[EU], Centre for Economic Policy Research, »Complex Europe: Quantifying the cost of disintegration«, 6. September 2020, abrufbar unter https://voxeu.org/article/complex-europe-quantifying-cost-disintegration
24 VOX[EU], »Complex Europe: Quantifying the cost of disintegration«, 6. September 2020, abrufbar unter https://voxeu.org/article/complex-europe-quantifying-cost-disintegration
25 »Understanding Euro-Zone breakup: how much would the euro drop«, Deutsche Bank, 9. März 2017, abrufbar unter https://think-beyondtheobvious.com/wp-content/uploads/2017/03/DB-Understanding-Eurozone-break-up-09.03.17.pdf

26 Flossbach von Storch, »Die Lateinische Münzunion: Ein Präzedenzfall für den Euro«, 16. Mai 2019, abrufbar unter https://www.flossbachvonstorch-researchinstitute.com/fileadmin/user_up load/RI/Studien/files/studie-190516-die-lateinische-muenzunion.pdf

27 Daniel Stelter, *Coronomics*, Frankfurt am Main 2020, S. 156 ff.

28 Die Idee der Einführung von Parallelwährungen ist nicht neu, vgl. *Frankfurter Allgemeine Zeitung*, »Wege aus der Eurofalle«, 2. Januar 2014, abrufbar unter https://www.faz.net/aktuell/wirtschaft/parallelwaehrungen-wege-aus-der-eurofalle-12734752.html?printPagedArticle=true#pageIndex_2

29 Das ist zumindest der Schluss, den man aus Umfragen ziehen muss. Während 76 Prozent der Deutschen in der Mitgliedschaft in der EU etwas Gutes sehen, sind es in Frankreich nur knapp mehr als 50 Prozent der Bevölkerung, in Italien nur 36 Prozent. Damit ist die Unterstützung nicht so stark, wie man sie erwarten müsste angesichts der Herausforderungen, vor denen die EU steht. European Parliament, »Spring Eurobarometer 2019«, S. 16, abrufbar unter https://www.europarl.europa.eu/at-your-service/files/be-heard/eurobarometer/2019/closer-to-the-citizens-closer-to-the-ballot/report/en-eurobarometer-2019.pdf

30 So vertritt ein Abgeordneter aus Luxemburg ca. 82 000 Bürger und aus Deutschland knapp 830 000 Bürger. Dies liegt an der »degressiven Proportionalität«, die gilt, damit das Parlament nicht zu groß wird. Je mehr Macht jedoch an das Parlament geht, vor allem bei wirtschaftlich relevanten Fragen wie der Verteilung von Geld, desto mehr entfernt sich die EU von einem entscheidenden demokratischen Grundsatz: »No taxation without representation«.

31 Daniel Stelter, *Coronomics*, Frankfurt am Main 2020, S. 160 ff.

12. Wehrhaft und hilfsbereit

1 *Financial Times*, »Germany has more pressing concerns than Brexit«, 14. September 2020, abrufbar unter https://www.ft.com/content/e9b7b193-47d4-4887-abe1-2c12f344922a
2 *Internationale Politik und Gesellschaft*, »Wir sind nicht die Schweiz«, 9. Januar 2020, abrufbar unter https://www.ipg-journal.de/interviews/artikel/wir-sind-nicht-die-schweiz-3981/
3 Deutschlandfunk, »Rühe wirft Deutschland ›geschichtslose‹ Sicherheitspolitik vor, 15. Februar 2019, abrufbar unter https://www.deutschlandfunk.de/zum-start-der-muenchener-sicherheitskonferenz-ruehe-wirft.694.de.html?dram:article_id=441138
4 *Der Spiegel*, »Sanierungsfall Bundeswehr«, 18. November 2019, abrufbar unter https://www.spiegel.de/politik/deutschland/einsatzbereitschaft-bundeswehr-hat-grosse-probleme-mit-waffensystemen-a-1297015.html
5 *Der Spiegel*, »Sanierungsfall Bundeswehr«, 18. November 2019, abrufbar unter https://www.spiegel.de/politik/deutschland/einsatzbereitschaft-bundeswehr-hat-grosse-probleme-mit-waffensystemen-a-1297015.html
6 *Die Welt*, »Der Feldwebelin fehlt es an Ausrüstung«, 12. September 2020, abrufbar unter https://www.welt.de/debatte/kommentare/article215564516/Bundeswehr-Der-Feldwebelin-fehlt-es-an-Ausruestung.html
7 Bundeszentrale für politische Bildung, »Asylbedingte Kosten und Ausgaben«, 15. Oktober 2019, abrufbar unter https://www.bpb.de/gesellschaft/migration/flucht/zahlen-zu-asyl/265776/kosten-und-ausgaben
8 *Münchner Merkur*, »Hartz IV. Die Kosten für Ausländer steigen – doch insgesamt sind sie rückläufig«, 1. Januar 2020, abrufbar unter https://www.merkur.de/politik/hartz-iv-auslaender-fluechtlinge-zahlen-kosten-bundestag-regelleistung-zr-13371090.html
9 *The Telegraph*, »Majority of migrants crossing sea to get to EU not in need of protection, says UN envoy«, 18. August 2020, abrufbar unter https://www.telegraph.co.uk/news/2020/08/18/majority-migrants-crossing-major-sea-route-eu-not-need-protection/

10 DLF, »Menschen haben das Recht, einen Antrag auf Asyl zu stellen«, 27. Oktober 2020, abrufbar unter: https://www.deutschlandfunk.de/eu-innenkommissarin-ylva-johansson-menschen-haben-das-recht.694.de.html?dram:article_id=486455
11 National Bureau of Economic Research, »The Welfare Magnet Hypothesis: Evidence From an Immigrant Welfare Scheme in Denmark«, November 2019, abrufbar unter https://www.nber.org/papers/w26454
12 University of Oxford, »Migration and the Economy«, S. 127, Abb. 188, September 2018, abrufbar unter https://www.oxfordmartin.ox.ac.uk/downloads/reports/2018_OMS_Citi_Migration_GPS.pdf
13 Ebenda, S. 104 ff.
14 *Frankfurter Allgemeine Zeitung*, »Viele Türken in Deutschland sind arm«, 19. Mai 2016, abrufbar unter https://www.faz.net/aktuell/wirtschaft/arm-und-reich/viele-tuerken-in-deutschland-sind-arm-14240249.html
15 »Because it is one thing to have free immigration to jobs. It is another thing to have free immigration to welfare. And you cannot have both. If you have a welfare state, if you have a state in which every resident is promised a certain minimal level of income, or a minimum level of subsistence, regardless of whether he works or not, produces it or not. Then it really is an impossible thing.«

13. Mehr Vermögen für alle

1 World Bank, »The Changing Wealth of Nations 2018. Building a Sustainable Future«, abrufbar unter https://openknowledge.worldbank.org/bitstream/handle/10986/29001/9781464810466.pdf?sequence=4&isAllowed=y
2 Crédit Suisse, »Global Wealth Report 2019«, Oktober 2019, abrufbar unter https://www.credit-suisse.com/about-us/en/reports-research/global-wealth-report.html
3 EZB, »The Household Finance and Consumption Survey«, abrufbar

unter https://www.ecb.europa.eu/home/pdf/research/hfcn/HFCS_Statistical_Tables_Wave_2017.pdf?906e702b7b7dd3eb0f28ab558247efc5 S. 56

4 *Die Zeit*, »Das obere Prozent«, 14. Juli 2020, abrufbar unter https://www.zeit.de/wirtschaft/2020-07/vermoegensverteilung-deutschland-diw-studie-ungleichheit

5 *Frankfurter Allgemeine Zeitung*, »Vermögen für Jeden«, 22. August 2020, abrufbar unter https://zeitung.faz.net/faz/wirtschaft/2020-08-22/b063ae2e5188991a305e644dc7318d8b/?GEPC=s5

6 *Die Zeit*, »Das obere Prozent«, 14. Juli 2020, abrufbar unter https://www.zeit.de/wirtschaft/2020-07/vermoegensverteilung-deutschland-diw-studie-ungleichheit

7 Ebenda.

8 Crédit Suisse, »Global Wealth Report 2019«, Oktober 2019, S. 48, abrufbar unter https://www.credit-suisse.com/about-us/en/reports-research/global-wealth-report.html

9 ntv, »So sparen die Deutschen«, 13. August 2019, abrufbar unter https://www.n-tv.de/ratgeber/So-sparen-die-Deutschen-article21203409.html

10 t-online, Deutsche sparen falsch – und werden dennoch immer reicher«, 2. Januar 2020, abrufbar unter https://www.t-online.de/finanzen/geldanlage/id_87075676/geldvermoegen-deutsche-sparen-falsch-und-werden-dennoch-immer-reicher.html

11 beyond the obvious, »Zinstrend unter null oder rasante Zinswende? Lehren aus 700 Jahren Zinsgeschichte«, 21. Januar 2020, abrufbar unter https://think-beyondtheobvious.com/stelters-lektuere/zinstrend-unter-null-oder-rasante-trendwende-lehren-aus-700-jahrenzinsgeschichte/

12 Daniel Stelter, *Eiszeit in der Weltwirtschaft*, Frankfurt am Main 2016, und beyond the obvious, https://think-beyondtheobvious.com

13 Òscar Jordà, Katharina Knoll, Dmitry Kuvshinov, Moritz Schularick, Alan M. Taylor, »The Rate of Return on Everything 1870–2015«, NBER Working Paper 24112, abrufbar unter https://www.frbsf.org/economic-research/files/wp2017-25.pdf

14 Die meisten Verträge sind viel zu teuer, siehe *WirtschaftsWoche* (online), 3. Januar 2018, abrufbar unter https://www.wiwo.de/finanzen/

vorsorge/riester-produkte-die-meisten-vertraege-sind-viel-zu-teuer/20809864.html

15 *manager magazin online,* »Deutsche sparen immer noch falsch – auch dank der Allianz«, 26. September 2016, abrufbar unter http://www.manager-magazin.de/finanzen/artikel/deutsche-sparen-immer-noch-falsch-auch-dank-der-allianz-a-1113275.html

16 Postbank, »Geldanlage: Erträge maßlos überschätzt«, 29. Oktober 2019, abrufbar unter https://www.postbank.de/postbank/pr_presseinformation_2019_10_29_geldanlage_ertraege_masslos_ueberschaetzt.html

17 *The Telegraph,* »The key to happiness is financial literacy, say the Finns«, 11. Februar 2020, abrufbar unter https://www.telegraph.co.uk/business/2020/02/11/key-happiness-financial-literacy-say-finns/?WT.mc_id=e_DM1195342&WT.tsrc=email&etype=Edi_Cit_New_v2&utmsource=email&utm_medium=Edi_Cit_New_v220200211&utm_campaign=DM1195342

18 »Aus Verantwortung für Österreich«, Regierungsprogramm 2020–2024, abrufbar unter: https://www.wienerzeitung.at/_em_daten/_wzo/2020/01/02/200102-1510_regierungsprogramm_2020_gesamt.pdf

19 *Die Presse,* »Finanzwissen soll ab 2023 an Schulen unterrichtet werden«, 1. September 2020, abrufbar unter https://www.diepresse.com/5860611/finanzwissen-soll-ab-2023-an-schulen-unterrichtet-werden

20 Wer wissen will, wieso die Deutschen so wenig von ökonomischen Zusammenhängen verstehen, der mag sich Unterlagen zur wirtschaftlichen Bildung ansehen. So stellt die Landeszentrale für politische Bildung Baden-Württemberg beim Thema Wohnungsnot ausschließlich staatliche Eingriffe dar, ohne das Thema der Angebotserhöhung durch Neubau und entsprechende Rahmensetzungen überhaupt zu erwähnen: lpb, »Wohnungsnot – Wenn Wohnen Luxus wird«, abrufbar unter https://www.lpb-bw.de/fileadmin/lpb_hauptportal/pdf/machs_klar/2019/mk39/mk39_wohnen.pdf

21 *Frankfurter Allgemeine Zeitung,* »Vermögen für jeden«, 22. August 2020, abrufbar unter https://zeitung.faz.net/faz/wirtschaft/2020-08-22/b063ae2e5188991a305e644dc7318d8b/?GEPC=s5

22 *Makronom*, »Warum ist das Wohneigentum in Deutschland so gering?«, 11. November 2019, abrufbar unter https://makronom.de/warum-ist-das-wohneigentum-in-deutschland-so-gering-34055
23 Ebenda.
24 Deloitte, »Property Index – Overview of European Residential Markets«, Juli 2019, S. 25, abrufbar unter: https://www2.deloitte.com/content/dam/Deloitte/de/Documents/real-estate/property-index-2019-2.pdf
25 Institut der deutschen Wirtschaft, »Die Folgen eines Umwandlungsverbots für den Wohnungsmarkt in Deutschland«, 8. September 2020, abrufbar unter https://www.iwkoeln.de/studien/gutachten/beitrag/michael-voigtlaender-die-folgen-eines-umwandlungsverbots-fuer-den-wohnungsmarkt-in-deutschland.html
26 Centre for Economic Policy Research, »Exportweltmeister: The Low Returns on Germanys Capital Exports«, 18. Juli 2019, abrufbar unter https://cepr.org/content/free-dp-download-18-july-2019-exportweltmeister-low-returns-germany's-capital-exports
27 Ebenda.
28 *Frankfurter Allgemeine Zeitung*, »Grüne fordern Bürgerfonds für die Altersvorsorge«, 23. August 2019, abrufbar unter https://www.faz.net/aktuell/finanzen/gruene-fordern-buergerfonds-fuer-die-altersvorsorge-16347439.html
29 *Frankfurter Allgemeine Zeitung*, »Ein Vermögensbildungsfonds für Deutschland«, 22. November 2013, abrufbar unter https://www.faz.net/aktuell/wirtschaft/wirtschaftspolitik/gastbeitrag-ein-vermoegensbildungsfonds-fuer-deutschland-12674947.html?printPagedArticle=true#pageIndex_2
30 Clemens Fuest, Christa Hainz, Volker Meier, Martin Werding, »Staatsfonds für eine effiziente Altersvorsorge – welche innovativen Lösungen sind möglich?«, 25. Juli 2019, abrufbar unter https://www.ifo.de/DocDL/sd-2019-14-Fuest-etal-deutscher-buergerfonds-2019-07-25.pdf und Bertelsmann-Stiftung, »Ein Staatsfonds für Deutschland?«, o. D., abrufbar unter https://www.bertelsmann-stiftung.de/fileadmin/files/BSt/Publikationen/GrauePublikationen/NW_Ein_Staatsfonds_fuer_Deutschland.pdf
31 Bertelsmann-Stiftung, »Ein Staatsfonds für Deutschland?«, o. D.,

abrufbar unter: https://www.bertelsmann-stiftung.de/fileadmin/files/BSt/Publikationen/GrauePublikationen/NW_Ein_Staatsfonds_fuer_Deutschland.pdf

32 Ebenda

33 *Frankfurter Allgemeine Zeitung*, »Vor allem Kapitalflucht treibt den Target-Saldo«, 10. August 2020, abrufbar unter https://www.faz.net/aktuell/wirtschaft/vor-allem-kapitalflucht-treibt-den-target-saldo-16897131.html

34 Fazit – das Wirtschafts-Blog der *Frankfurter Allgemeinen Zeitung*, »Sind Target-Salden gefährlich«, 9. Juli 2020, abrufbar unter https://blogs.faz.net/fazit/2020/07/09/sind-target-salden-gefaehrlich-11486/

35 Hans Albrecht, »Weltaktien-Portfolio: Corona-Rettungsbeiträge und gleichzeitig Geldreserven aufbauen«, beyond the obvious, 18. April 2020, abrufbar unter https://think-beyondtheobvious.com/corona-rettungsbeitraege-finanzieren-und-gleichzeitig-geldreserven-aufbauen/

36 Der Philosoph Blaise Pascal (1623 bis 1662) kam bezüglich der Frage, ob er an Gott glauben solle, zu dem Schluss, dass es im Zweifel besser sei, an ihn zu glauben.

37 Hans Albrecht, »Weltaktien-Portfolio: Corona-Rettungsbeiträge und gleichzeitig Geldreserven aufbauen«, beyond the obvious, 18. April 2020, abrufbar unter https://think-beyondtheobvious.com/corona-rettungsbeitraege-finanzieren-und-gleichzeitig-geldreserven-aufbauen/

14. Die öffentlichen Aufgaben gerecht finanzieren

1 DIW Wochenbericht 51+52/2016, »Steuerlastverteilung«, abrufbar unter https://www.diw.de/de/diw_01.c.549396.de/publikationen/wochenberichte/2016_51_1/wer_traegt_die_steuerlast_in_deutschland__steuerbelastung_nur_schwach_progressiv.html

2 Ebenda, S. 1213

3 Institut der deutschen Wirtschaft Köln e. V., »Staatliche Umverteilung. Wer zahlt, wer empfängt?«, 12. Februar 2020, abrufbar unter https://www.iwkoeln.de/presse/pressemitteilungen/beitrag/martin-beznoska-wer-zahlt-wer-empfaengt.html
4 *WirtschaftsWoche*, »CO_2-Steuer – Alles was Sie wissen müssen«, 19. März 2020, abrufbar unter https://www.wiwo.de/finanzen/steuern-recht/klimaschutz-co2-steuer-alles-was-sie-wissen-muessen/25533826.html
5 Umweltbundesamt, »Treibhausgasemissionen in Deutschland«, abrufbar unter https://www.umweltbundesamt.de/daten/klima/treibhausgas-emissionen-in-deutschland#emissionsentwicklung-1990-bis-2018
6 *Frankfurter Allgemeine Zeitung*, »Staat unterstützt fast jeden Zweiten«, 11. Februar 2020, abrufbar unter https://www.faz.net/aktuell/wirtschaft/staat-unterstuetzt-fast-jeden-zweiten-steuerpolitik-16629210.html
7 Flanders Today, »Basic income doesn't work, Antwerp research suggests«, 13. Juni 2018, abrufbar unter http://www.flanderstoday.eu/basic-income-doesnt-work-antwerp-research-suggests
8 McKinsey, »An experiment to inform universal basic income«, 15. September 2020, abrufbar unter https://www.mckinsey.com/industries/public-and-social-sector/our-insights/an-experiment-to-inform-universal-basic-income
9 *Die Zeit*, »Ich habe sofort gekündigt«, 14. September 2020, abrufbar unter https://www.zeit.de/arbeit/2020-09/bedingungsloses-grundeinkommen-forschung-projekt-kuenstler-studierende-pilotprojekt
10 Deutsches Institut für Wirtschaftsforschung, »Lohnungleichheit in Deutschland sinkt«, DIW-Wochenbericht 7/2020, abrufbar unter https://www.diw.de/documents/publikationen/73/diw_01.c.725379.de/20-7-1.pdf
11 Paul Hufe, Andreas Peichl, Marc Stöckli, »Ökonomische Ungleichheit in Deutschland – ein Überblick«, IDEAS, abrufbar unter https://www.degruyter.com/downloadpdf/j/pwp.2018.19.issue-3/pwp-2018-0028/pwp-2018-0028.pdf
12 *Spiegel Online*, »Bürger empfinden Deutschland als extrem ungerecht«, 5. März 2020, abrufbar unter https://www.spiegel.de/wirt

schaft/soziales/buerger-empfinden-deutschland-als-extrem-unge recht-a-bed86bc6-aecc-4b00-b0a5-a1519ebfc111

13 Cicero, »Vermögen ist ein schlechter Indikator für Ungleichheit«, 24. Januar 2019, abrufbar unter https://www.cicero.de/wirtschaft/oxfam-studie-weltwirtschaftsforum-vermoegen-arm-reich

14 Paul Hufe, Andreas Peichl, Marc Stöckli, »Ökonomische Ungleichheit in Deutschland – ein Überblick«, IDEAS, abrufbar unter https://www.degruyter.com/downloadpdf/j/pwp.2018.19.issue-3/pwp-2018-0028/pwp-2018-0028.pdf

15 Paul Hufe, Ravi Kanbur, Andreas Peichl, »Measuring Unfair Inequality. Reconciling Equality of Opportunity and Freedom from Poverty«, ifo Working Papers, März 2020, abrufbar unter https://www.ifo.de/DocDL/wp-2020-323-hufe-kanbur-peichl-measuring-unfair-inequality.pdf

16 Deutschlandfunk, »Michael Hüther: Keine Verschlechterung der Vermögensverteilung«, 17. Dezember 2019, abrufbar unter https://www.deutschlandfunk.de/studie-des-instituts-der-deutschen-wirt schaft-huether-keine.694.de.html?dram:article_id=466004

17 *Spiegel Online*, »Umstieg auf Digitalunterricht fiel Deutschland besonders schwer«, 8. September 2020, abrufbar unter https://www.spiegel.de/panorama/bildung/schule-und-corona-wechsel-zum-di gitalunterricht-war-ein-gluecksspiel-a-8fa3ebb6-4e05-4e27-856f-a936ebf81e56

18 Institut für Weltwirtschaft Kiel, »Kieler Subventionsbericht 2020. Subventionen auf dem Vormarsch«, September 2020, abrufbar unter https://www.ifw-kiel.de/fileadmin/Dateiverwaltung/IfW-Publicati ons/-ifw/Kieler_Beitraege_zur_Wirtschaftspolitik/wipo_29.pdf

19 Das Bundesverfassungsgericht hatte im Jahr 1995 den sogenannten Halbteilungsgrundsatz aufgestellt, wonach Einkommen- und Vermögensteuern nicht zu einer Last von über 50 Prozent führen dürfen. Dies spielt bei meinen Überlegungen jedoch keine Rolle, weil ich prinzipiell der Meinung bin, dass im Sinne ausreichender Leistungsanreize eine Begrenzung bei 50 Prozent gelten sollte.

20 Daten der OECD, schön dargestellt bei: *Private Banking Magazin*, »So hoch sind die vermögensbezogenen Steuern in den OECD-Ländern«, 28. August 2018, abrufbar unter https://www.private-ban

king-magazin.de/grafik-der-woche-so-hoch-sind-vermoegensbezogene-steuern-in-den-oecd-laendern/
21 *Frankfurter Allgemeine Zeitung*, »Debatte über Vermögensteuer. So funktioniert das Original in der Schweiz«, 26. August 2019, abrufbar unter https://www.faz.net/aktuell/wirtschaft/arm-und-reich/vermoegensteuer-in-der-schweiz-so-funktioniert-das-original-16352627.html
22 Internationaler Währungsfonds, »Fundamental drivers of house prices«, 13. Juli 2018, abrufbar unter https://www.imf.org/en/Publications/WP/Issues/2018/07/13/Fundamental-Drivers-of-House-Prices-in-Advanced-Economies-46053
23 Daniel Stelter, *Coronomics*, Frankfurt am Main 2020, S. 156 ff.

Ein Traum, den wir gemeinsam realisieren können – und müssen!

1 *Berliner Zeitung*, »Berufe im Bundestag. Was haben die Abgeordneten eigentlich gelernt?«, 17. Mai 2018, abrufbar unter https://www.berliner-zeitung.de/politik-gesellschaft/berufe-im-bundestag-was-haben-die-abgeordneten-eigentlich-gelernt-li.16712
2 Deutscher Bundestag, »Abgeordnete in Zahlen, Berufe«, abrufbar unter https://www.bundestag.de/abgeordnete/biografien/mdb_zahlen_19#url=L2FiZ2VvcmRuZXRlL2Jpb2dyYWZpZW4vbWRiX3phaGxlbl8xOS9CZXJ1ZmUtNTI5NDky&mod=mod529494
3 *Spiegel Online*, »Kapitalismus-Reform jetzt!«, 25. September 2020, abrufbar unter https://www.spiegel.de/wirtschaft/soziales/30-jahre-einheit-kapitalismus-reform-jetzt-kolumne-a-06f9879a-431f-4250-906e-48d29672beb2
4 *Frankfurter Allgemeine Zeitung*, »Aktivisten fordern kleinere Wohnungen«, 13. Oktober 2020, abrufbar unter https://www.faz.net/aktuell/wirtschaft/klima-energie-und-umwelt/fridays-for-future-fordern-kleinere-wohnungen-16999975.html
5 *Die Welt*, »Die Grünen sind dem Haus im Grünen nicht mehr grün«,

16. November 2019, abrufbar unter https://www.welt.de/print/welt_kompakt/print_politik/article203630082/Die-Gruenen-sind-dem-Haus-im-Gruenen-nicht-mehr-gruen.html

Register

20-Punkte-Plan 109
80/20-Regel 238

Abgabenbelastung 30, 135, 142, 283, 314, 330, 334
Abgabenquote 95, 114, 118, 339
Abgeltungsteuer 334
Adenauer, Konrad 34
»Agenda 2010« 15, 340
»Akademisierungswahn« 178
Albrecht, Hans 306, 308
Alterskohorten 152
Altersversorgung 40, 119, 244
»Altlastenfonds Corona« 168
Altmaier, Peter 109
Altschuldenfonds 267, 273
Arbeitslosenquote 92
Arbeitslosigkeit 10, 92, 114, 119, 123, 144, 151, 169, 327
Arbeitsmarkt 13, 45, 98, 128, 139, 142 f., 150, 152, 155, 181 f., 258 f., 280, 326
Arbeitsproduktivität 98–100, 156 f., 179
Arbeitszeiten 106, 140, 142, 145, 147, 151, 158, 324, 331 siehe auch Jahresarbeitszeit

Atomkraft 171 f., 221, 226, 229 f., 233, 235, 238, 241
Aufschwung 10, 96, 108, 121, 151, 212, 328, 342
Augstein, Rudolf 247
Auslandsinvestitionen 103
Auslandsvermögen 193, 296–299, 306, 353
Außenhandelsquote 93
Außenhandelsüberschuss 296 f.
Automatisierung 67, 147, 149, 151, 174, 180–186, 188 f., 213, 322, 351
Automobilindustrie 68, 105–107, 109, 185, 187 f., 237, 241, 346

Bank für Internationalen Zahlungsausgleich (BIZ) 61, 159, 346
Batterietechnik 225
Bedingungsloses Grundeinkommen (BGE) 322, 325
Beer, Stafford 48, 60
Beitragszahler 36, 332
Benchmarking 67, 75–77, 79, 83 f., 105, 292
Beschäftigungswachstum 183, 351
Best Practice 83 f., 88
Bestandsmieten 51 f.
Bildungsniveau 23, 329 f.

Bildungssystem 75, 77, 165, 167, 330
Binnennachfrage 10
Blüm, Norbert 28
Brandt, Willi 275
Breitbandanschlüsse 45, 69, 250
Brexit 132, 248 f., 270, 275
Bruttoinlandsprodukt (BIP) 11, 21 f., 24 f., 31, 42 f., 68, 78, 92 f., 95 f., 99 f., 111, 114, 116, 118 f., 123, 148, 153 f., 161–163, 185, 187, 191–194, 196–201, 203 f., 208–210, 212, 217 f., 220, 236, 240, 244, 249 f., 252, 254 f., 257, 260, 268, 279, 286, 304 f., 312, 325, 335, 338, 344 f., 347 f., 351 f.
Bruttowertschöpfung 104, 106, 219
Buchführung 17, 28, 41, 112
– doppelte 38, 47, 201 siehe auch Doppik
– kaufmännische 40
Bundesagentur für Arbeit 183, 204
Bundeshaushalt 29, 31, 34 f., 41, 44, 81, 112
Bundesrechnungshof 81 f., 85–88, 130
Bundesverband der Deutschen Industrie (BDI) 237, 241–243
Bundesverband deutscher Wohnungs- und Immobilienunternehmen (GdW) 239
Bundeswehr 31 f., 66 f., 114, 116, 149, 277, 279
Bürokratie 104, 166, 341
Bürokratisierung 158, 167, 190, 341
Bütler, Monika 327

Chancengerechtigkeit 328 f., 339
Churchill, Winston 74, 247
Club of Rome 61
CO_2-Ausstoß 58 f., 83 f., 106, 109, 172, 215, 218, 227–229, 235, 240–242, 321, 333, 347
CO_2-Emissionen 58 f., 83, 106, 216–219, 242, 245 f., 320, 346 f. siehe auch Emissionen
CO_2-Neutralität 235
CO_2-Steuer 245, 320–322, 331, 333
Complex Adaptive System 61
Corona-Krise 14, 16, 44, 90, 96, 107, 109 f., 121, 141, 156, 159, 164, 168 f., 195, 199, 205, 209, 234, 248, 252, 256, 259, 262, 276, 280, 329, 338, 346
Corona-Pandemie 10, 12, 24, 69, 90, 92, 94, 109, 123, 138, 154, 203, 208, 328
Corona-Schock 14, 90, 96, 108, 154, 228, 256, 341, 345
Covid-19 168, 206 f. siehe auch Corona
»Cyberagentur« 82

Deflation 62
Demografierisiko 34
Demografische Entwicklung 42, 50, 106, 128, 130, 134, 149, 164, 166, 169, 181, 193, 199, 208, 262, 276, 283, 298 f., 334
Demografische Lücke 127
Demografischer Wandel 152, 157, 160, 204, 261, 297, 324
Demokratisierung 272
Deutsche Bundesbank 29, 40, 159, 196, 303, 306–309
Deutscher Industrie- und Handelskammertag (DIHK) 178
Deutscher Verband für Wohnungswesen, Städtebau und Raumordnung (DV) 239
Deutsches Institut für Wirtschaftsforschung (DIW) 45 f., 56, 135, 174, 214, 227, 286, 288, 297, 312, 314–316, 317 f., 322, 324, 326
Dezentralisierung 271
Dienstleistungssektor 157 f., 186, 189

Digitalisierung 11, 15, 33, 76–78, 105, 147, 158, 174, 180 f., 185 f., 188 f., 195, 213, 244, 251 f., 322, 341, 345, 347
– im öffentlichen Sektor 75 f., 211, 351
Direktinvestitionen 104, 273, 296
»Doing-Business-Index« 74
Dollar-Schwäche 110
Doppik 38, 40, 47 siehe auch Buchführung, doppelte
Draghi, Mario 30
Drescher, Burkard 239
Dudenhöffer, Ferdinand 107
»Dunkelflaute« 221 f., 234
Dynamik 62, 122, 203

E-Health-System 77
Eden, Anthony 192
Einkommensentwicklung 12
Einkommensteuer 57, 288, 311–313, 315
Einwanderer 128, 131
Elektroautos 107, 223
Elektrolyseur 233
Elektromobilität 68, 241, 332
Elektronische Patientenakte 77
Emissionshandel 58, 245, 346
Emissionszertifikate 58–61, 84, 216
Empfängerstaaten 13
Energiekosten 160, 165, 171 f.
Energiepreise 104, 172, 224, 351
Energiequellen 226, 231, 351
Energieverbrauch 217–219, 230, 233, 321, 351
Energieversorgung 165, 171 f., 217, 222, 230, 241, 244
Energiewende 12, 36, 64, 72 f., 75, 104, 172, 225, 227–230, 234, 237 f., 243–245, 352
Energiewende-Index 72 f., 352
Entbürokratisierung 167, 341

Enteignung 56, 71, 105, 166
Erbschaftsteuer 165, 316, 335 f.
Erhard, Ludwig 122
Erneuerbare Energien 72 f., 171 f., 217, 221–226, 229 f., 232, 234 f., 241, 312, 351
Ersparnisse 11, 13, 29, 101, 108, 195, 203, 296–298, 300 f., 303, 327
Erwerbsbeteiligung 42, 46, 123, 128–130, 136, 139 f., 143 f., 146 f., 152, 213, 280, 282 f., 324, 328, 334 f., 339
Erwerbsbevölkerung 10, 13, 17, 98, 123–127, 129, 134, 137–140, 149, 151–154, 160 f., 167, 184 f., 189, 191, 213, 254, 270, 352
Erwerbsquote 125 f., 140, 352
– von Zugewanderten 129
EU-Erweiterung 25
EU-Gipfel 2020 11, 256
Euroländer 13, 258
Europäische Investitionsbank (EIB) 168
Europäische Union 17, 76, 91, 97
– Reform 17, 247, 264, 267, 273 f.
Europäische Zentralbank (EZB) 12 f., 25 f., 29 f., 92, 95, 121, 173, 256, 268, 273, 286, 306 f., 338
Europäischer Stabilitätsmechanismus (ESM) 256
European Public Sector Accounting System (EPSAS) 39, 41
Euroraum 25 f., 254, 305, 352
Eurozone 25 f., 29, 91, 95, 97 f., 103, 110, 112, 120, 199, 203, 207, 228, 248, 254 f., 258, 260 f., 266 f., 272, 274, 286, 291, 294, 305–307, 352
Exportindustrie 110, 189, 262
Exportüberschüsse 11, 96, 193, 270, 298
Extinction Rebellion 220

Fachkräftemangel 147, 160

Finanzierungssalden 101–104, 297, 351 f.
Finanzkrise 60 f., 64, 100, 105, 156 f., 160 f., 164, 168, 173, 297 f., 300, 346
Finanzlücke 203
Finanzpolitik 30
Fotovoltaik 221, 224 f., 232, 240
Fratzscher, Marcel 326
Friedman, Milton 35, 48, 283

Gates, Bill 234
Gauck, Joachim 80, 275
Geldanlage 289, 291–293, 298, 300, 302 f., 306, 308
Geldflussrechnung 47 siehe auch Kameralistik
Gentrifizierung 56
Gesetzliche Krankenversicherung 32, 202, 205, 317, 332
Gesundheitsausgaben 207–209, 212, 352
Gesundheitssystem 138, 206–209
Gesundheitsversorgung 118, 196 f., 200, 206–208
Gewinn-und-Verlust-Rechnung 39
Global Competitiveness Report 67, 71
Globalisierung 94, 110, 121, 164, 167, 212
Glücksindex 24, 145
Gorbatschow, Michail 122
Grenzkosten der Energieerzeugung 171, 221 f.
Grenzkostenausgleich 216
Gros, Daniel 301
Grundrente 38, 41, 44, 113, 118, 318
Grundsteuer 313, 315, 335–337
»Grüner« Wasserstoff 225

Handelsbilanz 300
Handelsbilanzüberschuss 101, 103, 297, 300
»Hart-Euro« 269

Hartz-IV-Reformen 94
Haushaltsausgaben der EU 251, 352
Hayek, Friedrich von 49
Heinsohn, Gunnar 176 f.
Hochkommissar der Vereinten Nationen für Flüchtlinge (UNHCR) 281
Hypothekenzinsen 294

Ikea 66 f., 78
Incremental Capital Output Ratio (ICOR) 161
Indikatoren 23, 63, 69, 91 f., 101, 175, 250, 318
Inflationsraten 159, 228
Informationstechnologie 69, 187 f.
Innovationsfähigkeit 68, 175
Innovationsfeindlichkeit 187
Innovationskraft 68 f., 187, 249, 254
Institut für Arbeitsmarkt- und Berufsforschung (IAB) 128, 142 f., 154 f., 158
Integration von Migranten 13, 32, 45, 119, 127 f., 130–132, 142, 144, 147, 222, 226, 247 f., 256, 264, 266, 271, 281, 283, 325 f., 330
International Public Sector Accounting System (IPSAS) 39
Internationaler Währungsfonds (IWF) 14, 24, 42, 96, 218, 336
Interventionsspirale 49 f., 86
Investitionshemmnisse 164
Investitionslücken 115
Ischinger, Wolfgang 275 f.

Jahresarbeitsleistung 153
Jahresarbeitszeit 125 f., 145–147, 152, 213, 352
Johannsson, Ylva 282

Kameralistik 37 f., 40
Kapitalexport 11, 101, 113, 297

»Kapitalismusskala« 70
Kapitalstock 35, 44, 161, 193
Kaufkraft 24, 57, 96, 263, 307, 323
Kernkraftwerke 230
Keynes, John Maynard 48, 340
Kieler Institut für Weltwirtschaft 159
Klimaneutralität 60, 226, 238
Klimapaket der Bundesregierung 82 f.
Klimaschutz 14, 17, 32, 59, 109, 115, 171 f., 214 f., 216, 220, 226–228, 234 f., 237–240, 244 f., 279, 321, 328 f.
Klimaschutzplan 215
Klimaschutztechnologien 242 f., 351
Klimaschutzziele 243
Klimawandel 14, 106, 109, 166, 214 f., 220, 227 f., 233, 238, 240, 242, 276, 311, 322, 345, 347 f.
Köcher, Renate 9
Kohleausstieg 36, 58–61, 64, 73, 235, 244
»Kohlekommission« 230
Kohlekraftwerke 58 f., 171, 220 f.
Kohleverstromung 49, 58, 229 f.
Komplexität 60–62, 87, 204
Kompromisse 9, 61
Konjunkturprogramme 14
Konsumentenpreisindex 63
Konsumnachfrage 322
Konvergenz, wirtschaftliche 254
Korruption 21 f., 55 f., 260, 303, 352
Korruptionsindex 259
Korruptionswahrnehmung 261
Kreditanstalt für Wiederaufbau (KfW) 69, 104
Kreditgeber 29, 307
Künstliche Intelligenz 147, 181, 185 f., 188, 322
Kurz, Sebastian 247
Kurzarbeitergeld 156

Länderfinanzausgleich 258, 260

Langzeitarbeitslose 141
Laschet, Armin 108
Lebenserwartungsfaktor 137, 139
Lebenslanges Lernen 179 f.
Lebensstandard 23, 220, 297, 319
Lebensversicherungen 13, 29, 120, 291
Logothetis, Nikos 188
Lohnkosten 15
Lohnstückkosten 94
Lohnzurückhaltung 94 f., 103, 158

Marktversagen 109, 345 f.
Mayer, Thomas 301
McKinsey 181 f.
Medianvermögen 25 f., 286, 352
Mietendeckel 51, 54–58, 295
Mietenniveau 50
Mieterschutz 52
Mietpreisbremse 51–54, 57, 295, 337
Migrationsdruck 276
Migrationskrise 127
Migrationspolitik 12, 131, 157, 320
Mindestinvestitionsquote, staatliche 198
MINT-Fächer (Mathematik, Informatik, Naturwissenschaften und Technik) 131, 133, 165, 179 f., 190, 222
Mises, Ludwig von 48 f.
Misswirtschaft 22
Mittelstand 11, 69, 173, 327
Mobilfunk der fünften Generation (5G) 170
Mobilfunknetze 45
Moral Hazard 62
Multiplikatoreffekt 110, 237
Münchner Sicherheitskonferenz 275 f.
Mütterrente 12, 41

Nachhaltigkeitsbericht des Bundesfinanzministeriums 42
Nachhaltigkeitsbilanz 117

Nachhaltigkeitslücke 118, 137
Negativzinspolitik der EZB 173
Neodirigismus 86
Nettovermögen von Staaten 42 f., 115, 287 f., 351 f.
Nettoverschuldung von Staaten 44
Netzausbau 237
Niedriglohnsektor 157, 326
Notenbanken 14, 228, 266, 271, 307, 346–348
Nullwachstum 10, 192

OECD-Ausgabenniveau 169
OECD-Staaten 12, 91, 97, 135, 148, 217 f.
Österreichisches Institut für Wirtschaftsforschung Wien (Wifo) 124
Osterweiterung der EU 135
Oettinger, Günther 122

Parallelwährungen 267, 269, 273
Pariser Klimaschutzabkommen 215
Parteiendemokratie 342
Patent Cooperation Treaty (PCT) 177
Patentanmeldungen 177
Pensionsansprüche 11, 328, 336
Pensionsverpflichtungen 37, 40, 120
Personalkosten
– Anteil an den Länderhaushalten 117
– von Beamten 40, 201, 203
– von Unternehmen 164
Piketty, Thomas 25
PISA-Studien 74, 176, 292 f., 329
Politikwende 15
Ponzi, Charles 33
Ponzi-Schema 33–37
Preisdynamik im Strommarkt 59
Privatvermögen 11, 25, 286, 305
Produktivitätswachstum 99–101, 154, 159 f., 174, 351
Prognosen 63, 113, 228

Pro-Kopf-Einkommen 23 f., 124, 236, 250, 254
Pumpspeicherkraftwerke 225

Quaschning, Volker 214

Rechnungslegung, staatliche 39 f., 44, 47, 49, 88, 117
Regionalbanken 173
Regulierung 15, 65, 72, 86, 170, 271, 293, 346, 348
»Rente mit 63« 118
Rentenansprüche 11, 112
Renteneintrittsalter 36, 118, 136–139, 152, 213, 257, 261
Rentenversicherung 33 f., 41, 118, 137, 196, 317, 323
Rezession 60, 93 f., 156, 203, 265 f., 297, 303
Robotik 181, 184 f.
Rückkoppelungseffekte 61

Sanierungsbedarf 113, 116
Sanktionsmechanismen 215
Schäuble, Wolfgang 247
Schenkungsteuer 335
Schlüsselindustrien 13, 106, 108, 212
Scholz, Olaf 82, 93, 247, 256
Schröder, Gerhard 105, 137, 326, 342
Schulden- und Transferunion 14, 256 f.
Schuldenerlass 169
Schuldentilgung 30, 268, 338 f.
Schuldenunion 13, 255, 268
»Schwarze Null« 29 f., 38, 41, 112 f., 199, 203, 338, 356
Selbstverpflichtung 190, 235, 264
Selbstverwaltung 211
Shellenberger, Michael 227
Sicherheit
– äußere 20, 23
– finanzielle 23 f.

– innere 20, 23, 70, 149, 151
»Solidaritätsfonds Europa« 273 f.
Solidaritätszuschlag 81, 311, 313
Sommer, Michael 310
Sondervermögen 32
Sozialhilfe 119, 131, 202, 317
Sozialleistungen 36, 98, 130, 193, 202, 204, 258, 282, 318, 323 f.
Sozialstaat 15, 23, 98, 119, 128 f., 131, 151 f., 202–204, 270, 282 f., 320, 323, 327, 354
Sozialsysteme 35 f., 44, 128 f., 133 f., 156, 205, 211, 283, 320, 324 f., 332
Sozialversicherung 41, 46 f., 81, 128 f., 148, 198, 204 f., 211, 312, 331, 333, 343
Staatsausgaben 116, 200–202, 210 f., 323, 345, 351 f.
– Kürzungen 208
– Struktur 202
Staatseinnahmen 202, 312 f., 317, 323, 353
Staatsfinanzierung 110, 290, 312, 330
Staatsfonds 296, 300–306, 308 f., 325
Staatsquote 109, 198–201, 321
Staatsverschuldung 41 f., 44, 117, 122, 195, 203, 273
Staatsverwaltung 209, 212
Stabilisierung 127, 139 f., 167, 191, 270 f.
Stabilität, makroökonomische 63, 69
Statistisches Bundesamt 94, 99, 124–127, 136, 150, 198, 202, 243
Steuer- und Abgabenlasten 134, 327, 333
Steuermehreinnahmen 30
Struck, Peter 275
Strukturkrise 101
Strukturreformen 62, 271
Stundenproduktivität 154
Subsidiarität 211, 271, 274

Subventionen 73, 201–203, 211, 263, 331, 339
Subventionsabbau 203
Systemtheorie 60, 65

Target2-System 262 f., 265, 306–309
Thatcher, Margaret 12, 340
Thunberg, Greta 238
Totale Faktorproduktivität 99 f.
Transferunion 14, 108, 256 f., 262, 265
Transmissionsmechanismus 61
Transparenz 17, 20, 39, 43, 60, 64, 80, 82–84, 209, 302
Treibhausgase 215 f.
Trump, Donald 11, 96

Überforderung 12, 237
Unsicherheit 63, 85, 168
Unzufriedenheit 10 f., 57, 261
US-Immobilienmarkt 11

Vermögensquote 24
Vermögensrechnung 38, 40, 117
Vermögensteuer 165, 304, 335 f.
Vermögensverteilung 11, 112, 256 f., 294 f., 305, 325, 327 f.
Vermögenswerte 23, 39, 42 f., 101, 299, 301
Versicherungsfremde Leistungen 32
Verteidigungsetat 277 f.
Verteilungskonflikte 121
Verwaltungsausgaben 204 f., 210 f.

Währungsunion 254 f., 265, 267
Watzlawick, Paul 247, 271
Weede, Erich 70
Weichenstellungen 16 f.
Weltbank 74, 91, 96 f., 104, 163, 259
Welthandel 110, 164
Weltklimarat IPCC 238
Weltwirtschaftsforum (WEF) 67 f.
Wertschöpfung pro Beschäftigten 155

Wettbewerbsfähigkeit 15, 68, 72, 78, 94, 121, 164, 250, 264, 266 f., 269, 337
Wettbewerbsvorteil 233
White, William 61, 64
Wiederaufbaufonds 11, 247, 252, 260, 262 f., 268
Wiedervereinigung 141, 155, 170, 245, 258, 276
Wind- und Solarkapazität, installierte 224
Windenergie 225, 232
Wirkungsgrad 223
Wirtschaftskraft 14, 124, 237, 250, 258, 260, 266, 268
Wirtschaftswachstum 13 f., 45, 91, 96–98, 123, 154, 162, 271, 338, 352
Wohlfahrtsverluste 219
Wohlstandsmehrung 28, 304 f., 343
Wohlstandsoptimierung 65, 80, 87
Wohlstandssicherung 89, 128, 179, 270, 329, 342

Wohlstandsverlust 125, 227
Wohnungsmarkt 65, 236, 263, 267
Work-Life-Balance 23, 148
World Happiness Report (Weltglücksreport) 21, 71, 352
World's Dumbest Energy Policy 230

Zahlungsverkehr 78
Zentralbanken 64
Zentralisierung 271 f.
Zinsaufwendungen 29, 199
Zinsniveau 159, 162, 199
Zinspolitik 12, 30, 173
Zombies 159, 169, 271
Zufriedenheit 9–11, 22 f., 57, 199, 220, 261, 285, 324
Zuwanderungspolitik 119
»Zwangskonsum« 228, 236
Zweitwährung 269

Daniel Stelter
Coronomics
Nach dem Corona-Schock:
Neustart aus der Krise

2020. 217 Seiten. Klappenbroschur
Auch als E-Book erhältlich

Der Beginn einer neuen Wirtschafts- und Finanzordnung

März 2020. Angela Merkel spricht von der größten Herausforderung seit dem Zweiten Weltkrieg. Einschränkungen des gesellschaftlichen und wirtschaftlichen Lebens haben innerhalb kürzester Zeit zu Veränderungen geführt, die hierzulande noch völlig unmöglich erschienen als sie in China bereits Realität waren. Dann kam der Corona-Schock – der größte ökonomische Crash der Weltgeschichte.

Daniel Stelter legt mit Coronomics das Fundament für die Zukunft der Wirtschaft. Seine Logik: Was zumacht, muss auch wieder aufmachen. Aber resistenter als zuvor! Stelter legt dar, wie wir uns jetzt für die Zukunft nach Corona aufstellen müssen. Das wirtschaftliche Umfeld wird ein anderes sein: Aktive Notenbanken, aktive Staaten, Abkehr von der Globalisierung. Die Rückkehr der Inflation droht. Dies verlangt andere Prioritäten: Investition statt Konsum. Echte Reformen von Staat und Gesellschaft. So kann eine alttestamentarisch anmutende Katastrophe der Schlüssel zu einer prosperierenden Zukunft für uns alle werden.

campus.de

Frankfurt. New York